清代準噶爾史料初編

莊吉發譯註

康熙朝服像軸 北京故宮博物院藏

滿 語 叢 刊

文史哲出版社印行

康熙皇帝 諭皇太子整軍進剿噶爾丹情形 康熙三十五年五月初十 國立故宮博物院藏

序

準噶爾一詞，其原意爲左翼。據西方史家鄧比（Ch. Denby）稱西元第七世紀時，天山北路伊里河流域爲突厥族所據。旋分裂爲兩半，東部稱爲準噶爾（Jungar），西部稱爲波稜噶爾（Borongar）（註一）。蒙古勢力興起後，成吉思汗將伊里河流域分封其次子察哈台，察哈台即在伊里河岸之阿力痲里城（Almalik）設立汗帳（註二）。元朝覆亡後，伊里河流域爲厄魯特（ūlet）四部即：綽羅斯、杜爾伯特、和碩特、土爾扈特所分據，習稱四衛拉特，實即四部聯盟，而以綽羅斯部爲聯盟首領，世代承襲汗位。其後綽羅斯恃強凌弱，土爾扈特與之不睦，率眾遠徙伏爾迦河，另以土爾扈特所屬輝特別爲一部，仍稱四衛拉特，清代文書統稱之爲厄魯特。禮親王昭槤稱準噶爾本係元朝太尉，也速之後，以元綱不整，遁居於伊里邊遠地方。雍正七年（1729）二月，清世宗頒諭云：「準噶爾一部落，原係元朝之臣僕，其始祖曰額森，森之子托渾，漸至大員，因擾亂元之宗族，離間蒙古，恐獲重罪，遂背負元朝之恩，逃匿於西北邊遠之處。元末，又煽誘匪類，結成黨與，遂自稱準噶爾。」（註三）清聖祖康熙十二年（1673），噶爾丹（g'aldan）繼承準噶爾汗位。康熙十七年（1678），噶爾丹率兵入侵天山南路，擄去喀什噶爾部長，另建白山回部傀儡政權。塔什干及中亞諸城多置於其統治之下。康熙十八年（1679），達賴剌嘛加噶爾丹封號爲「博碩克圖汗」。

其勢力復向東發展，屢侵喀爾喀。康熙三十五年（1696），清聖祖御駕親征，遠涉朔漠。國立故宮博物院出版之宮中檔康熙朝奏摺第八、九兩輯，係康熙年間之滿文諭旨、奏摺、咨文、供詞及清單等，其中有關清朝征討準噶爾之文書，件數甚夥，史料價值極高。清初纂修聖祖實錄、平定朔漠方略及起居注冊等，即據當時諭摺等文書摘譯而成。惟潤飾刪略甚多，間有部分諭摺，實錄館、方略館等未經譯漢。本書即選譯部分諭摺，並參考起居注冊，略作補充，俾有助於清初史事之探討。為便於查閱，特據諭摺原文輯錄重鈔，將年月日期移置於各件之首，逐件注出羅馬拼音，標明單字意義，然後譯成漢文，滿漢對照，其疏漏之處，尚望方家不吝教正。本書譯漢初稿，承神田信夫先生、松村潤先生、岡田英弘先生分別訂正，並蒙胡格金台先生審閱潤飾，無任銘感。付梓期間，由蔡淵絜君協助校對，特此一併致謝

中華民國六十六年九月一日

莊 吉 發 識

註一：Ch. Denby, Jr: “The Chinese Conqest of Songar ia.” P. 166. 1891.

註二：清高宗平定準噶爾後，改伊里為伊犁，以寓犁庭掃穴之意。

註三：清世宗實錄，卷七八，頁一五。二月癸巳，上諭。

序

准噶尔一词，其原意为左翼。据西方史家邓比（Ch. Denby）称公元第七世纪时，天山北路伊里河流域为突厥族所据。旋分裂为两半，东部称为准噶尔（Jungar），西部称为波棱噶尔（Borongar）（注一）。蒙古势力兴起后，成吉思汗将伊里河流域分封其次子察哈台，察哈台即在伊里河岸之阿力麻里城（Almalik）设立汗帐（注二）。元朝覆亡后，伊里河流域为厄鲁特（ūlet）四部即：绰罗斯、杜尔伯特、和硕特、土尔扈特所分据，习称四卫拉特，实即四部联盟，而以绰罗斯部为联盟首领，世代承袭汗位。其后绰罗斯恃强凌弱，土尔扈特与之不睦，率众远徙伏尔迦河，另以土尔扈特所属辉特别为一部，仍称四卫拉特，清代文书统称之为厄鲁特。礼亲王昭梿称准噶尔本系元朝太尉，也速之后，以元纲不整，遁居于伊里边远地方。雍正七年（1729）二月，清世宗颁谕云：「准噶尔一部落，原系元朝之臣仆，其始祖曰额森，森之子托浑，渐至大员，因扰乱元之宗族，离间蒙古，恐获重罪，遂背负元朝之恩，逃匿于西北边远之处。元末，又煽诱匪类，结成党与，遂自称准噶尔。」（注三）清圣祖康熙十二年（1673），噶尔丹（g'aldan）继承准噶尔汗位。康熙十七年（1678），噶尔丹率兵入侵天山南路，掳去喀什噶尔部长，另建白山回部傀儡政权。塔什干及中亚诸城多置于其统治之下。康熙十八年（1679），达赖剌嘛加噶尔丹封号为「博硕克图汗」。

其势力复向东发展，屡侵喀尔喀。康熙三十五年（1696），清圣祖御驾亲征，远涉朔漠。国立故宫博物院出版之宫中档康熙朝奏折第八、九两辑，系康熙年间之满文谕旨、奏折、咨文、供词及清单等，其中有关清朝征讨准噶尔之文书，件数甚伙，史料价值极高。清初纂修圣祖实录、平定朔漠方略及起居注册等，即据当时谕折等文书摘译而成。惟润饰删略甚多，间有部分谕折，实录馆、方略馆等未经译汉。本书即选译部分谕折，并参考起居注册，略作补充，俾有助于清初史事之探讨。为便于查阅，特据谕折原文辑录重钞，将年月日期移置于各件之首，逐件注出罗马拼音，标明单字意义，然后译成汉文，满汉对照，其疏漏之处，尚望方家不吝教正。本书译汉初稿，承神田信夫先生、松村润先生、冈田英弘先生分别订正，并蒙胡格金台先生审阅润饰，无任铭感。付梓期间，由蔡渊洯君协助校对，特此一并致谢

中华民国六十六年九月一日

莊 吉 發 識

注一：Ch. Denby, Jr: “The Chinese Conqest of Songaria.” P. 166. 1891.

注二：清高宗平定准噶尔后，改伊里为伊犁，以寓犁庭扫穴之意。

注三：清世宗实录，卷七八，页一五。二月癸巳，上谕。

滿　洲　字　母　表

共　通　字　母

母　音　字

	獨立	語頭	語中	語尾
a				
e				
i				
o				
u				
ū				

子　音　字

	語頭	語中	語尾
n			
k	(a, o, ū) (e, i, u)		
g	(a, o, ū) (e, i, u)		—
h	(a, o, ū) (e, i, u)		—
b			
p			—
s			
š			—
t	(a, i, o) (e, u, ū)		
d	(a, i, o) (e, u)		—
l			
m			
c			—
j			—
y			—
r			
f	(a, e) (i, o, u)	(a, e) (i, o, u)	—
w	(a, e)	(a, e)	—
ng	—		

特　殊　字

	獨立	語頭	語中	語尾
k'	—			—
ǵ	—			—
ḣ	—			—
ts'	—			—
ts'y				
dz (dzy)				
ž	—		—	—
sy				
c'	—			—
ǰ	—			—

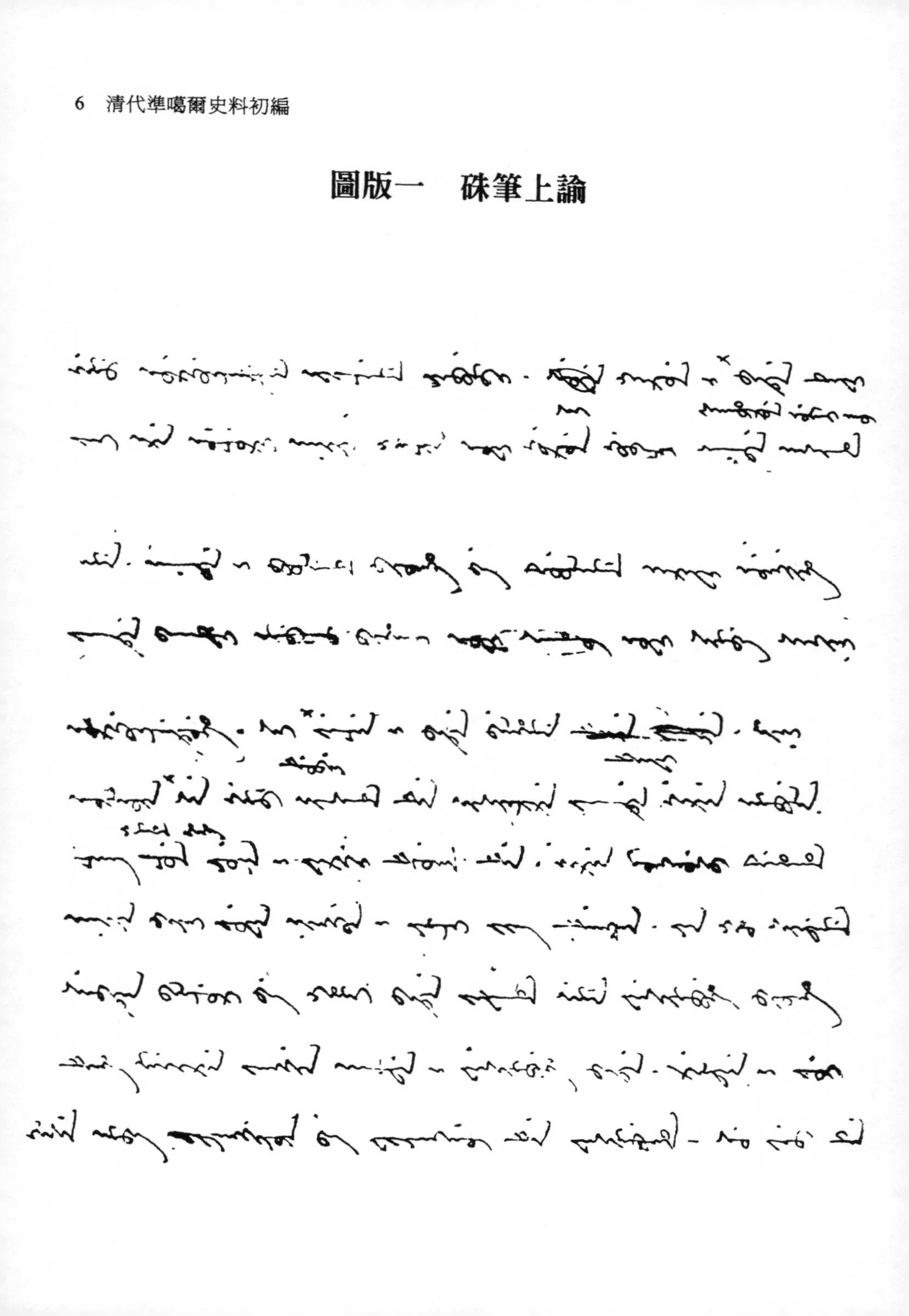

圖版一　硃筆上諭

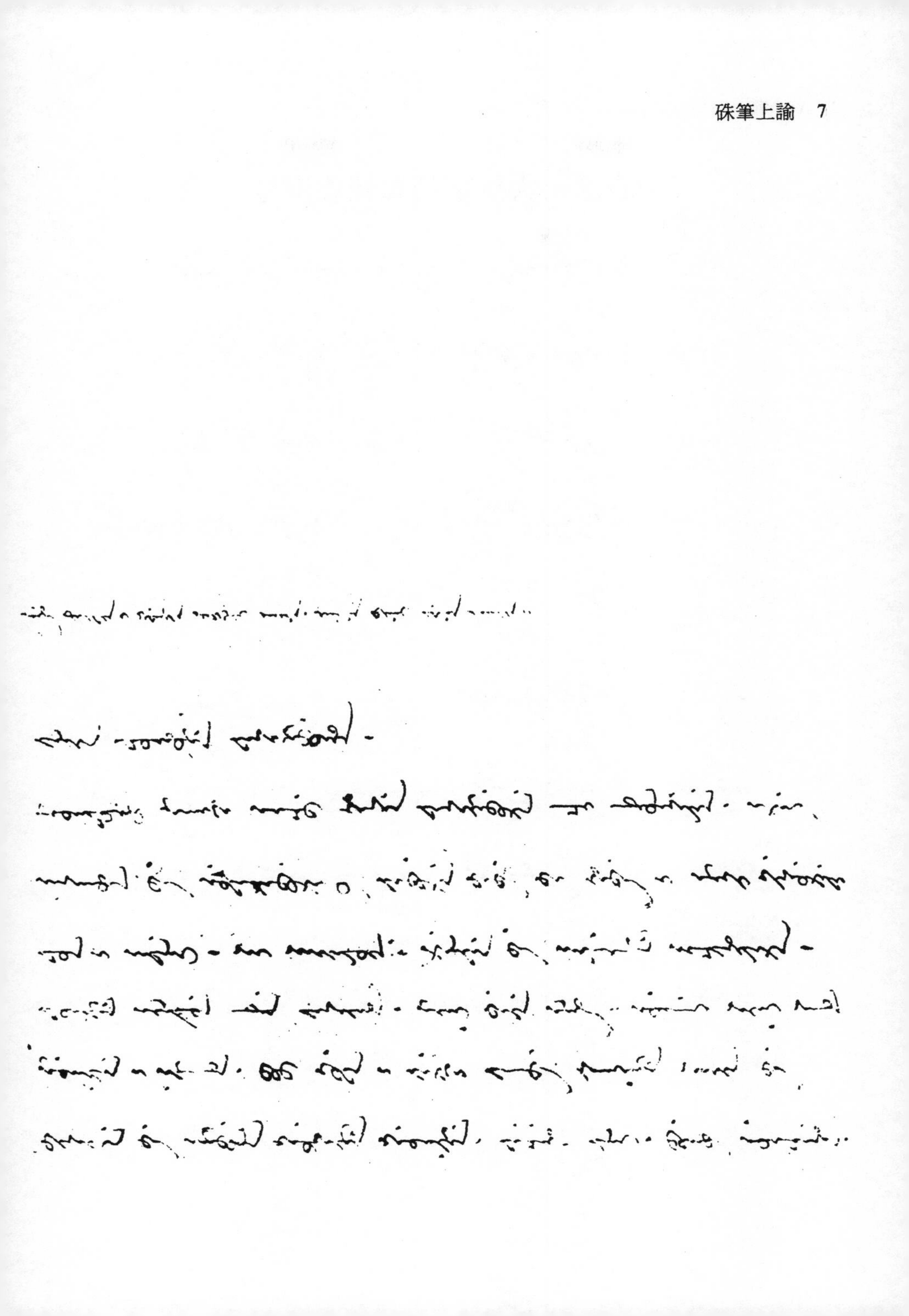

圖版二　大將軍伯費揚古奏章

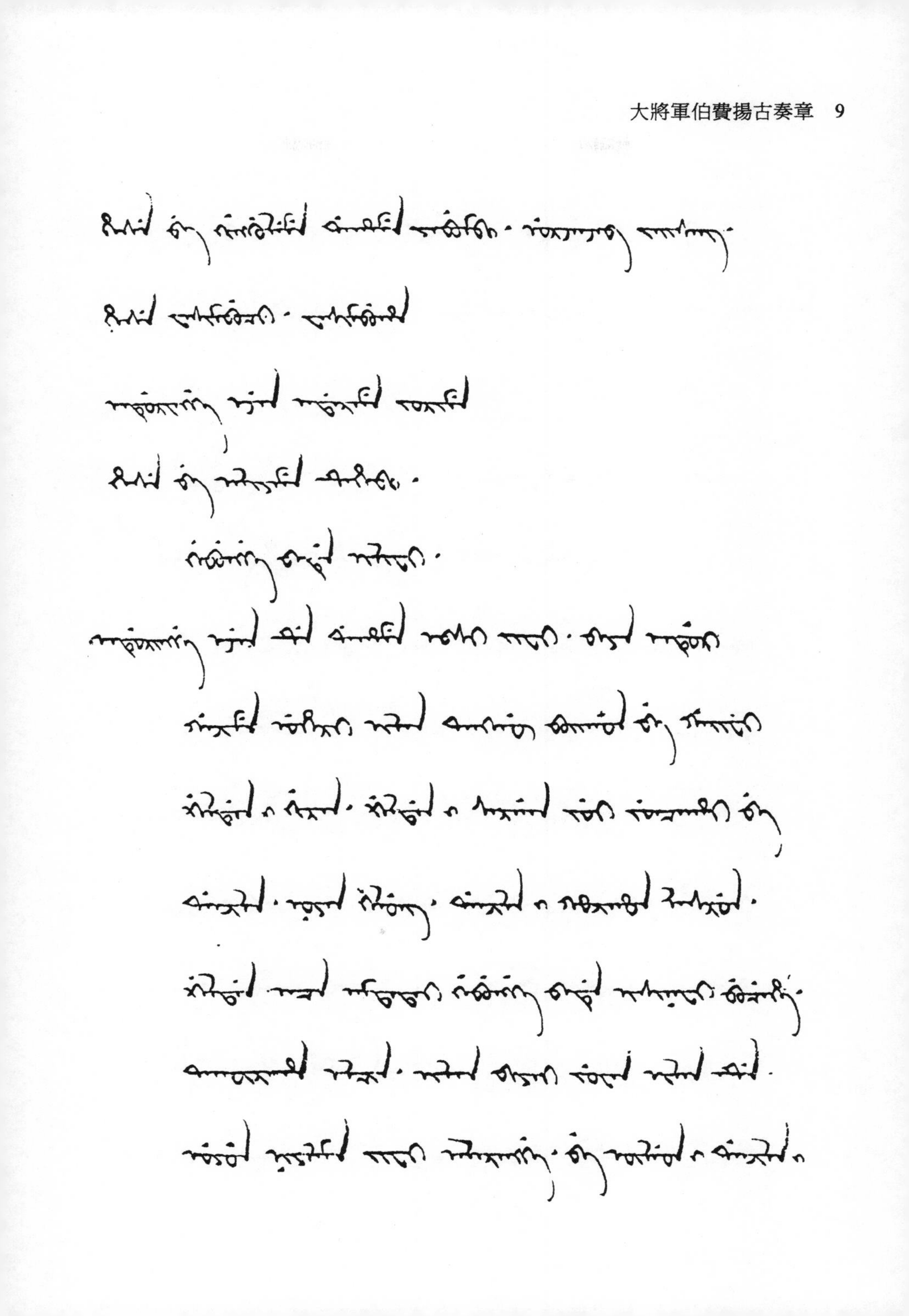

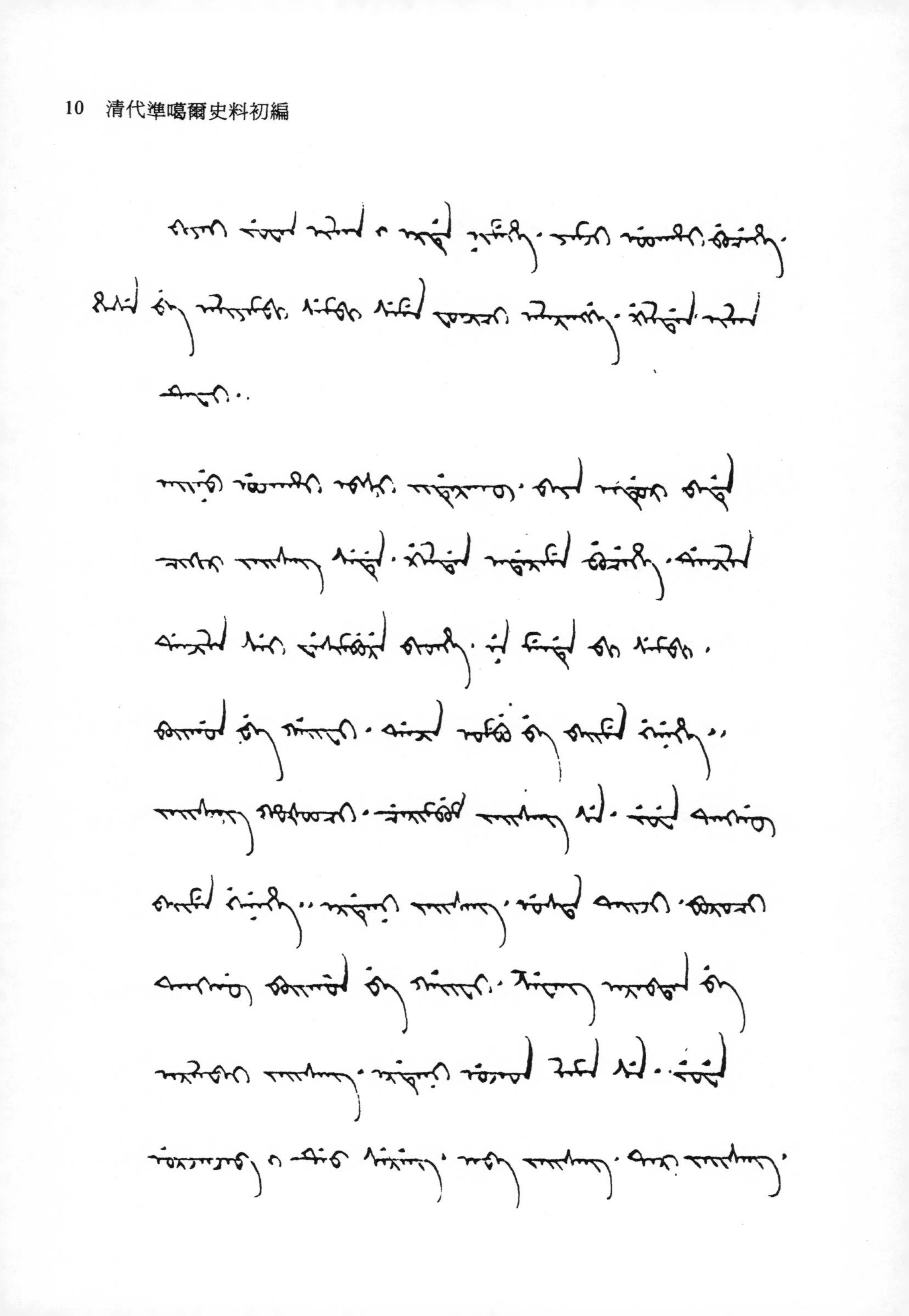

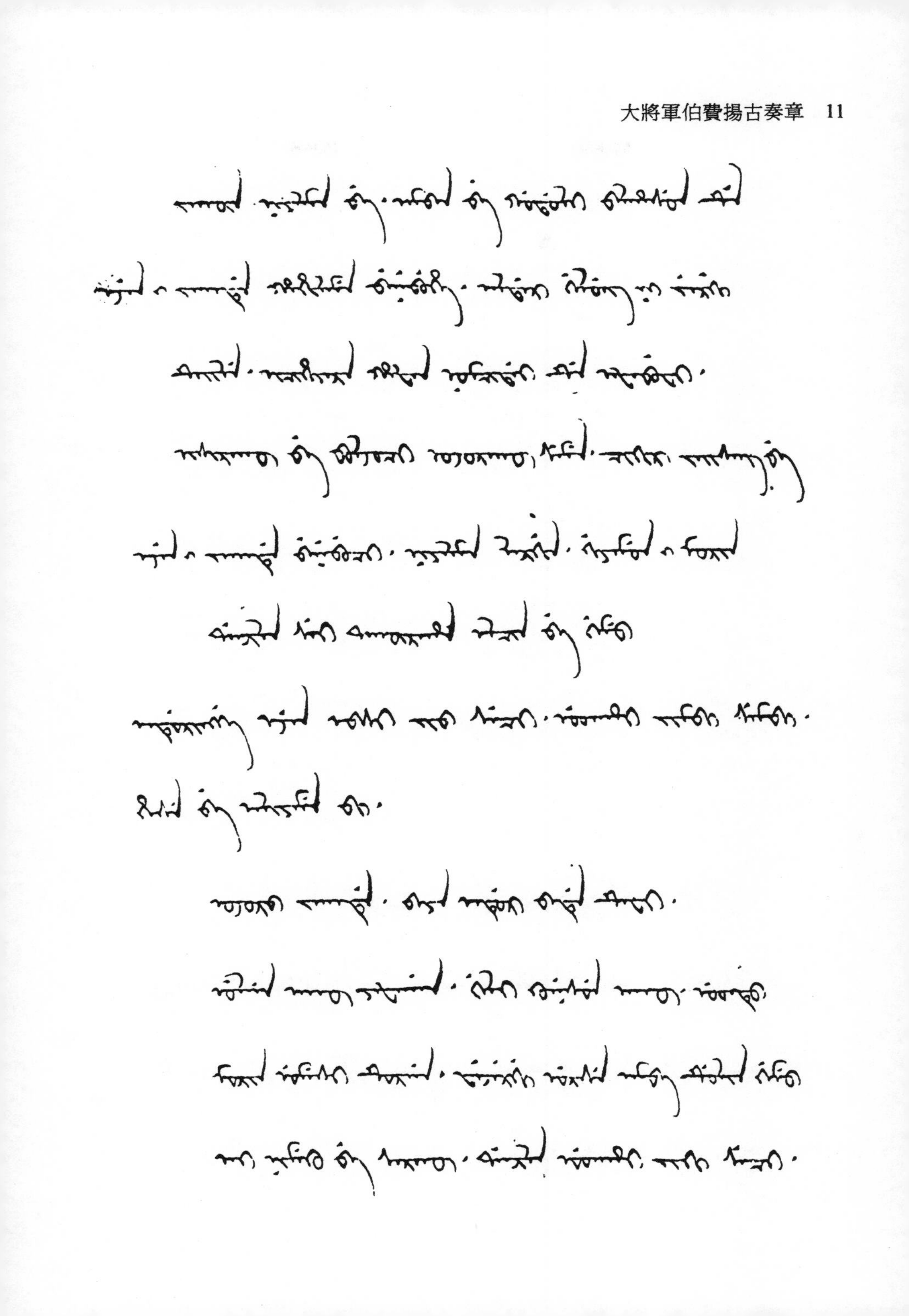

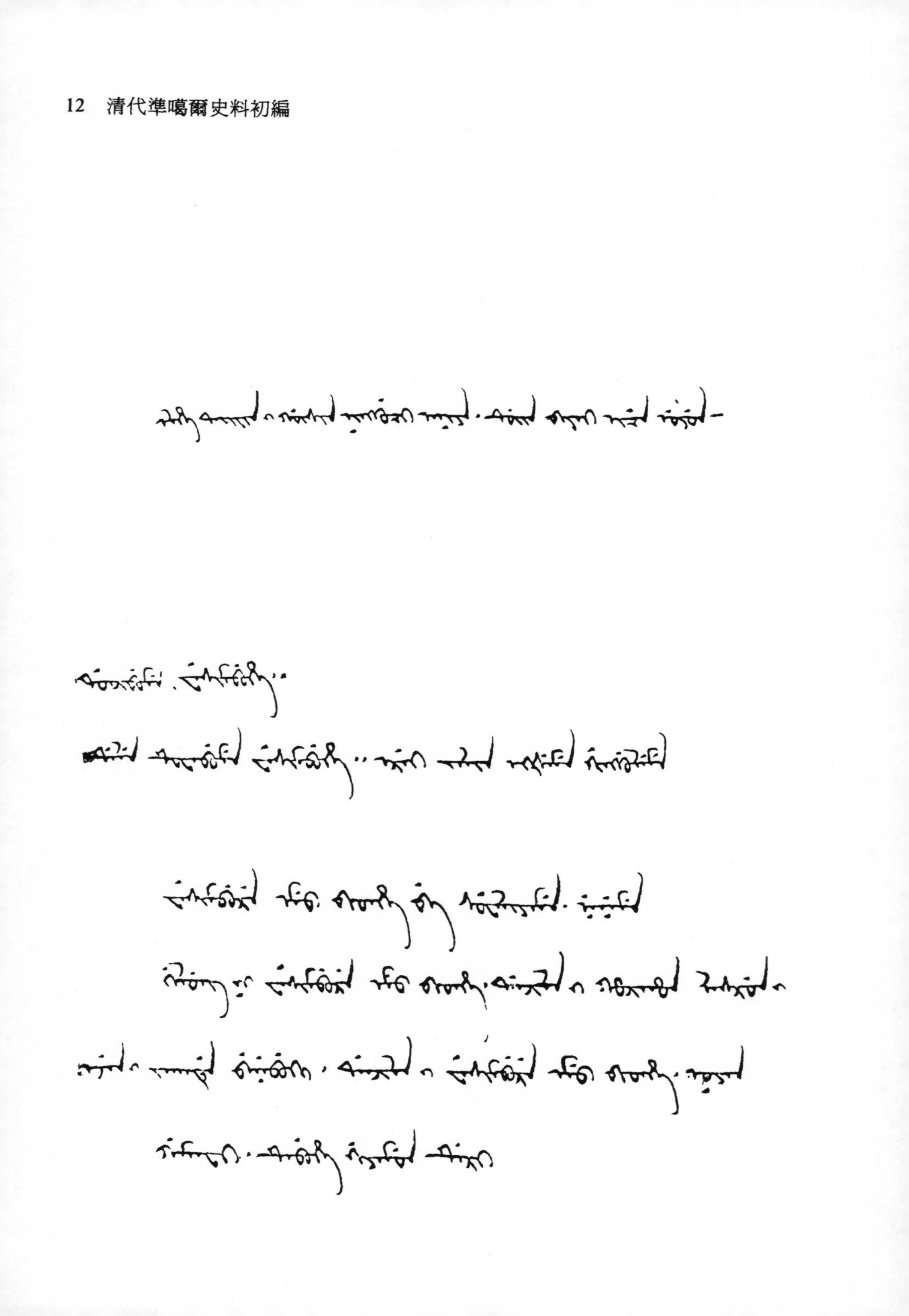

清代準噶爾史料初編

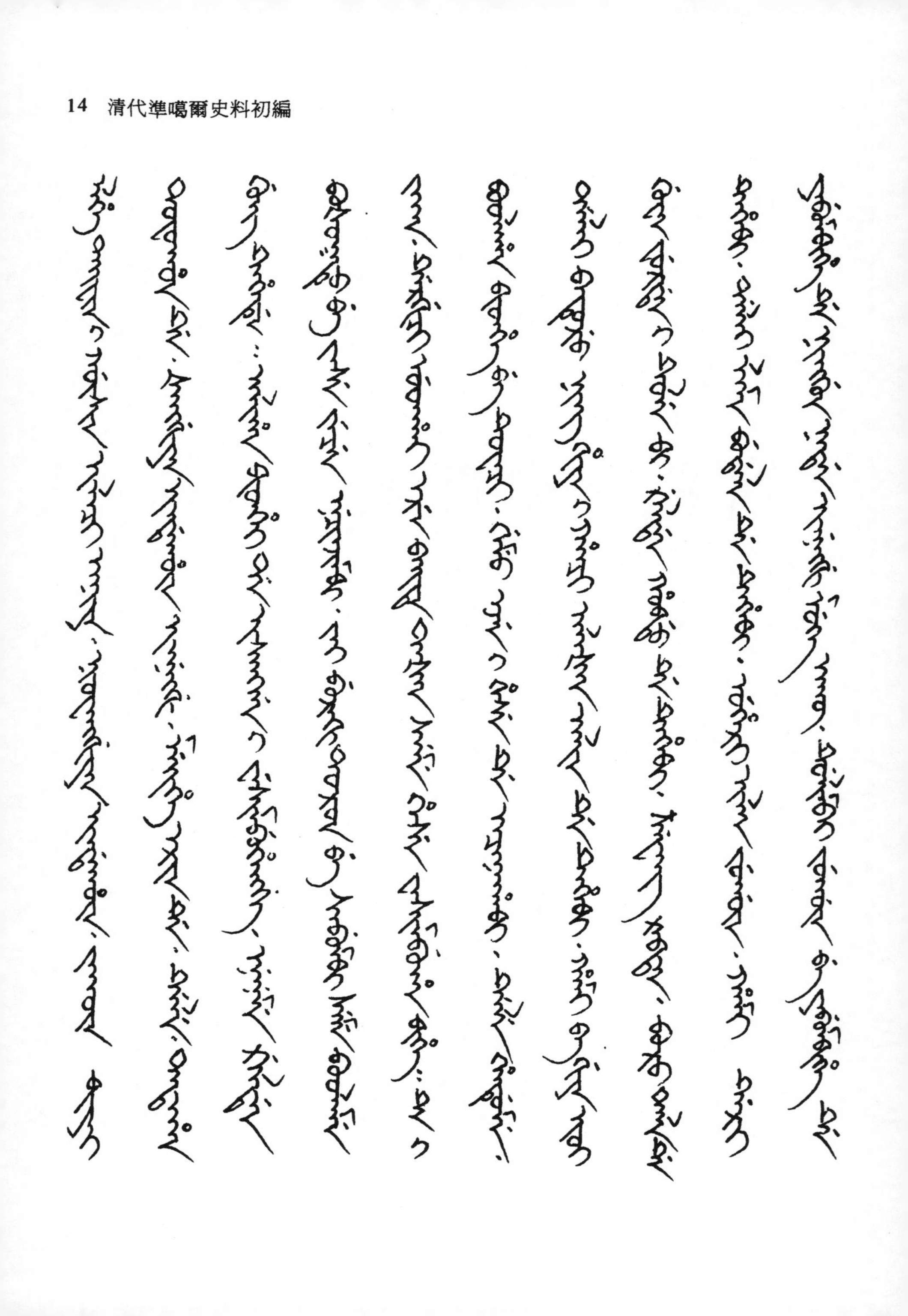

elhe taifin i gūsin ilaci aniya, niowanggiyan indahūn, jakūn
康 熙 的三十 第三 年 甲 戌 八

biyai tofohon de, šanggiyan indahūn inenggi, meihe erin de,
月的 十 五 於 庚 戌 日 巳 時 於

dele, tataha gung de tehede. aliha bithei da isangga i
上 住的 宮 於 坐了時 大 學 士 伊桑阿 的

wesimbuhengge, neneme g'aldan bošoktu be jase jecen
所奏者 先 噶爾丹博碩克圖把 邊 境

necinjimbi, jai buraki toron be sabumbi seme boolame jaka,
來犯 再 塵 飛塵把 看見 云 報 將纔

dergici uthai ere baita tašan seme hese wasimbuha bihe, te i
由上 卽 此 事 虛 云 旨 降 了 來着今的

boolaha bithe be tuwaci, gemu ejen i hese acanahabi, dele
報的 文 把看時 皆 主 的旨 相合 上

hendume, dalai baturu ning hiya i hanci alašan alin de
曰 達賴巴圖魯寧 夏 的 附近 阿喇善 山 於

tehebi, hami ba giya ioi guwan furdan i tule bi, g'aldan
住 了 哈密 地 嘉 峪 關 關 的 外 在 噶爾丹

hobdo de tehebi, tsewang rabtan, boro tala de tehebi,
壑薄多 於 住 了 策 妄 喇布坦 博羅 塔拉 於 住 了

dalai lama budala de tehebi, uheri ilan jugūn, hami
達賴 喇嘛 布達拉 於 住 了 共 三 路 哈密

deri yabumbihe de ninggun nadan inenggi muke akū,
由 行走來着 於 六 七 日 水 無

dulimbai jugūn be yabumbihe de
中央的 路 把 行走來着 於

康熙三十三年甲戌八月十五日庚戌，巳時，上御行宮。大學士伊桑阿奏曰：前者適報噶爾丹博碩克圖來侵邊界，又云望見塵起。是時，皇上即傳諭此事非真。今觀報文，皆與皇上諭旨相符。上曰：達賴巴圖魯在寧夏附近阿喇善山駐牧，哈密在嘉峪關外，噶爾丹在壑薄多駐牧，策妄喇布坦在博羅塔拉駐牧，達賴喇嘛在布達拉駐牧。共有三路，若由哈密一路行走，凡六、七日無水，由中路行走，

康熙三十三年甲戌八月十五日庚戌，巳时，上御行宫。大学士伊桑阿奏曰：前者适报噶尔丹博硕克图来侵边界，又云望见尘起。是时，皇上即传谕此事非真。今观报文，皆与皇上谕旨相符。上曰：达赖巴图鲁在宁夏附近阿喇善山驻牧，哈密在嘉峪关外，噶尔丹在壑薄多驻牧，策妄喇布坦在博罗塔拉驻牧，达赖喇嘛在布达拉驻牧。共有三路，若由哈密一路行走，凡六、七日无水，由中路行走，

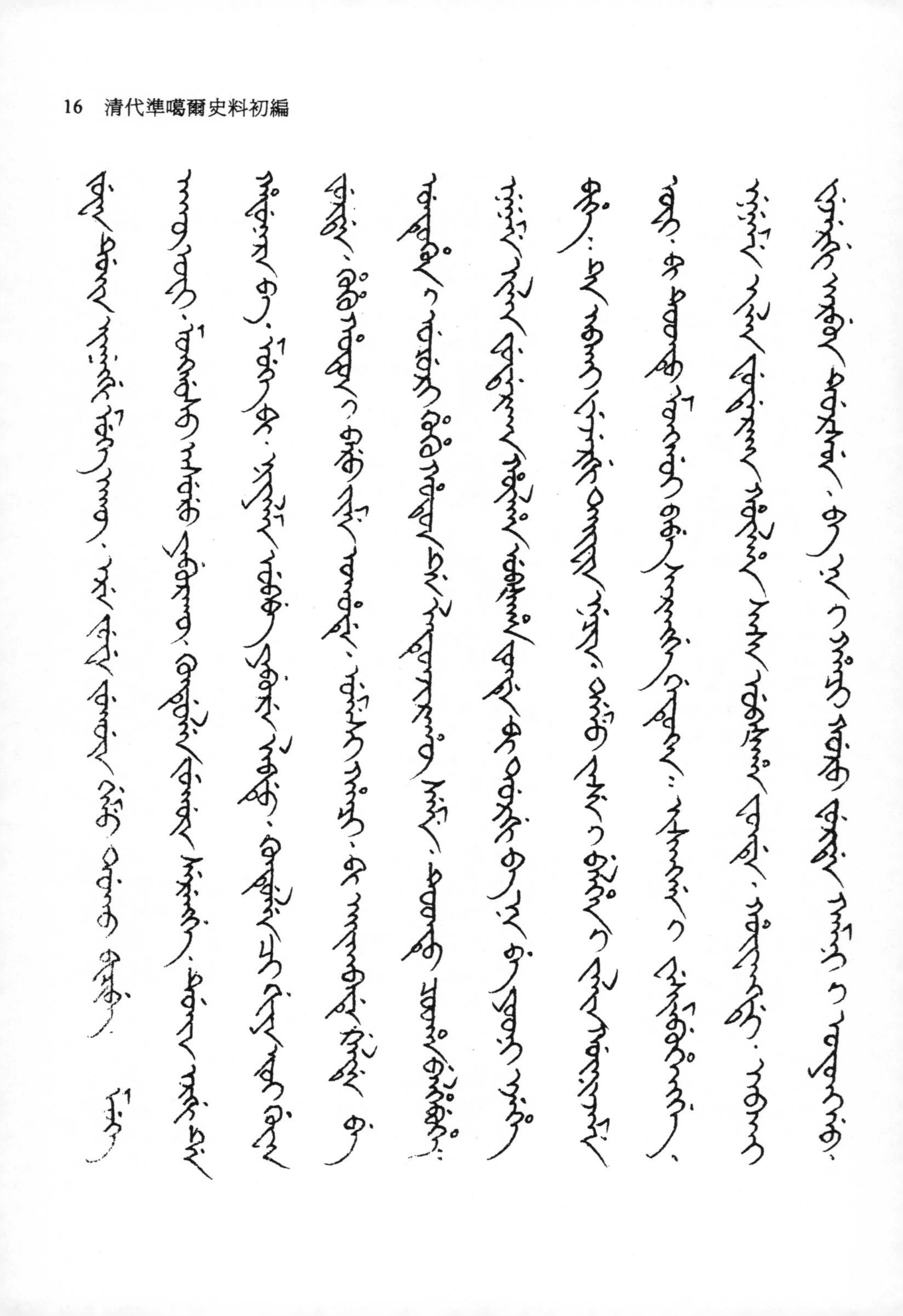

juwan duin inenggi muke akū, ere juwe jugūn gemu doko
十 四 日 水 無 此 二 路 皆 捷徑
bicibe, muke akū ofi, monggoso asuru yaburakū, kundulen
雖 水 無 因 蒙古們 甚 不行走 崐都崙
jugūn serengge, duin ergi de hafunara ba, muke bi, niyalma
路 所說的 四 邊 於 通過的 地 水 有 人
ubabe yabure labdu, kundulen ci giya ioi guwan furdan,
把此處 行走的 多 崐都崙。 從 嘉 峪 關 關
huhu hoton i baru jime ohode, umesi hanci, bi aikabade
歸化 城 的 向 來 設若 很 近 我 設若
g'aldan be untuhun i ucuri huhu hoton de latunjirahū seme
噶爾丹 把 空 的 機會 歸化 城 於 恐來侵犯 云
tuttu cooha belhebuhe. neneme ilan fudaraka hūlha ubašaha
所以 兵 使預備了 先 三 爲逆的 賊 叛的
fonde, bi dorgi ba na be yooni ejehe bihe. teabkai fejergi
時 我 內 地方 把 俱 記了 來着 今 天的 下
taifin necin, damu jase i belhen i jalin gūninjame ofi,
太平 平 惟 邊 的 備 的 爲 思量 因
bi tuttu monggoi babe sarangge getuken. isangga i
我 所以 蒙古的 把地 所知的 明白 伊桑阿 的
wesimbuhengge, neneme ilan fudaraka hūlha sasa ubašaha
所奏的 先 三 爲逆的 賊 齊 叛的
fonde, hūwangdi abkai fejergi arbun dursun, ba na i
時 皇帝 天的 下 形 狀 地方 的
hanci goro,, furdan kamni i oyonggo,
近 遠 關 隘 的緊要

凡十四日無水，此二路雖皆係捷徑，然因無水，蒙古人不大行走，惟崐都崙一路，乃四達之地，且有水，人行此路者多，若從崐都崙向嘉峪關、歸化城而來甚近，朕恐噶爾丹或乘虛來犯歸化城，故令發兵預備。往者三逆反叛時，朕將內地形勢，俱行牢記。今天下承平，惟爲邊備，常繫朕懷，故於蒙古地形知之甚悉。伊桑阿奏曰：往者三逆同時反叛，皇帝於天下形勢，凡地方之遠近，關隘之緊要，

凡十四日无水，此二路虽皆系快捷方式，然因无水，蒙古人不大行走，惟昆都仑一路，乃四达之地，且有水，人行此路者多，若从昆都仑向嘉峪关、归化城而来甚近，朕恐噶尔丹或乘虚来犯归化城，故令发兵预备。往者三逆反叛时，朕将内地形势，俱行牢记。今天下承平，惟为边备，常系朕怀，故于蒙古地形知之甚悉。伊桑阿奏曰：往者三逆同时反叛，皇帝于天下形势，凡地方之远近，关隘之紧要，

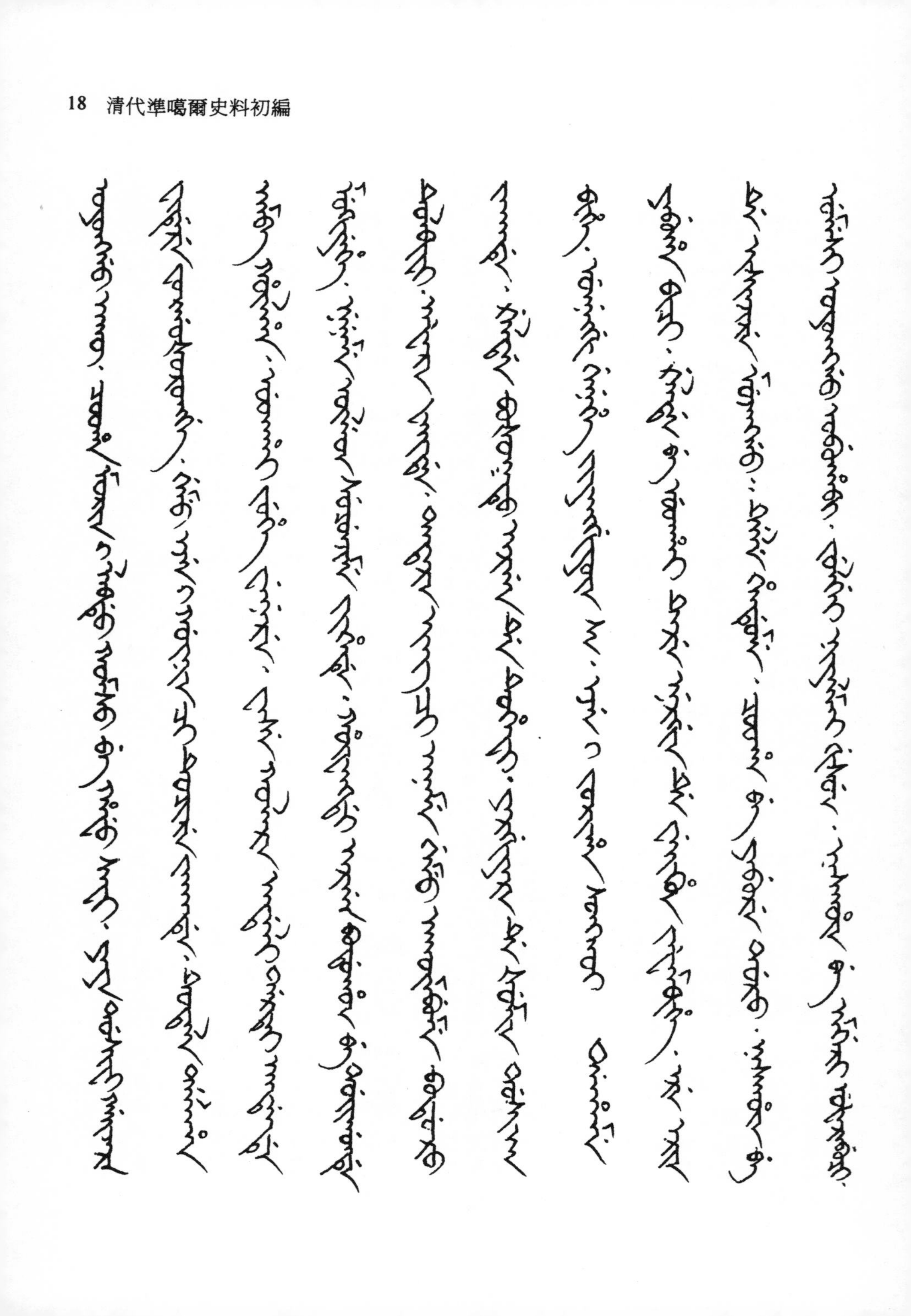

oyonggo akū, cooha morin i labdu komso be hafu safi,
緊要 不 兵 馬 的 多 少 把 通 知了
yaya dosifi gaijara, fidere forgošorongge, gemu ejen i
諸凡 進入了 取 的 調 調遣的 皆 主 的
gūnin ci tucire jakade, tutala dalaha amba hūlha, uthai
意 從 出的 之故 那些 爲首 大 賊 即
juhe wenere wase kolara adali dartai andande mukiyehe,
氷 化的 瓦 揭去的 相同 暫時 轉瞬間 滅 了
neneme ūlet sucunjime jihede, hūwangdi arga bodohonbe
先 厄魯特 來 衝 來時 皇 帝 計 謀 把
doigonde tulbifi, afara faidan, tatara ing ci aname
預 先 揆 度 了 攻 打 陣 住 的 營 從 推 延
gemu akūmbume bodoro jakade, g'aldan bošoktu arga de
皆 盡 心 籌 畫的 之故 噶爾丹 博碩克圖 計 於
tuhefi, yargiyara de šumin dosika bihe, unenggi genehe
墮入了 驗 實的 於 深 進入了 來着 果眞 前往的
jiyanggiyūn sa, ejen i joriha songkoi dahame yabuha bici
將 軍 們 主 的 指示的 照 隨 行了 若有
g'aldan be uthai tere nergin de weihun jafambihe, ere
噶爾丹 把 即 那 當時 於 生 拿來着 此
erin de isinjire mujanggo. dele hendume, cooha be yabure
時 於 到 來 果然 嗎 上 曰 兵 把 行的
doro, nashūn be umesi oyonggo obuhabi, julgei niyalmai
道 機 會 把 很 緊 要 成 了 昔 人 的
gisun, nashūn be emgeri ufarabuci,
言 機 會 把 一 經 若 失

不緊要，兵馬之多寡，無不洞悉，一應進取調度，皆出皇上之意，故此等元惡大賊，即如冰消瓦解，轉瞬殄滅。前厄魯特來衝陣時，預先揆度計謀，自行陣駐營等事，無不周慮，噶爾丹博碩克圖墮計，實已深入，倘使差往將軍等果能遵奉皇上指示辦理，則噶爾丹即於彼時生擒矣，尚能至今日乎？上曰：行兵之道，機會最要緊，古人有言，機會一失，

不紧要，兵马之多寡，无不洞悉，一应进取调度，皆出皇上之意，故此等元恶大贼，即如冰消瓦解，转瞬殄灭。前厄鲁特来冲阵时，预先揆度计谋，自行阵驻营等事，无不周虑，噶尔丹博硕克图堕计，实已深入，倘使差往将军等果能遵奉皇上指示办理，则噶尔丹即于彼时生擒矣，尚能至今日乎？上曰：行兵之道，机会最要紧，古人有言，机会一失，

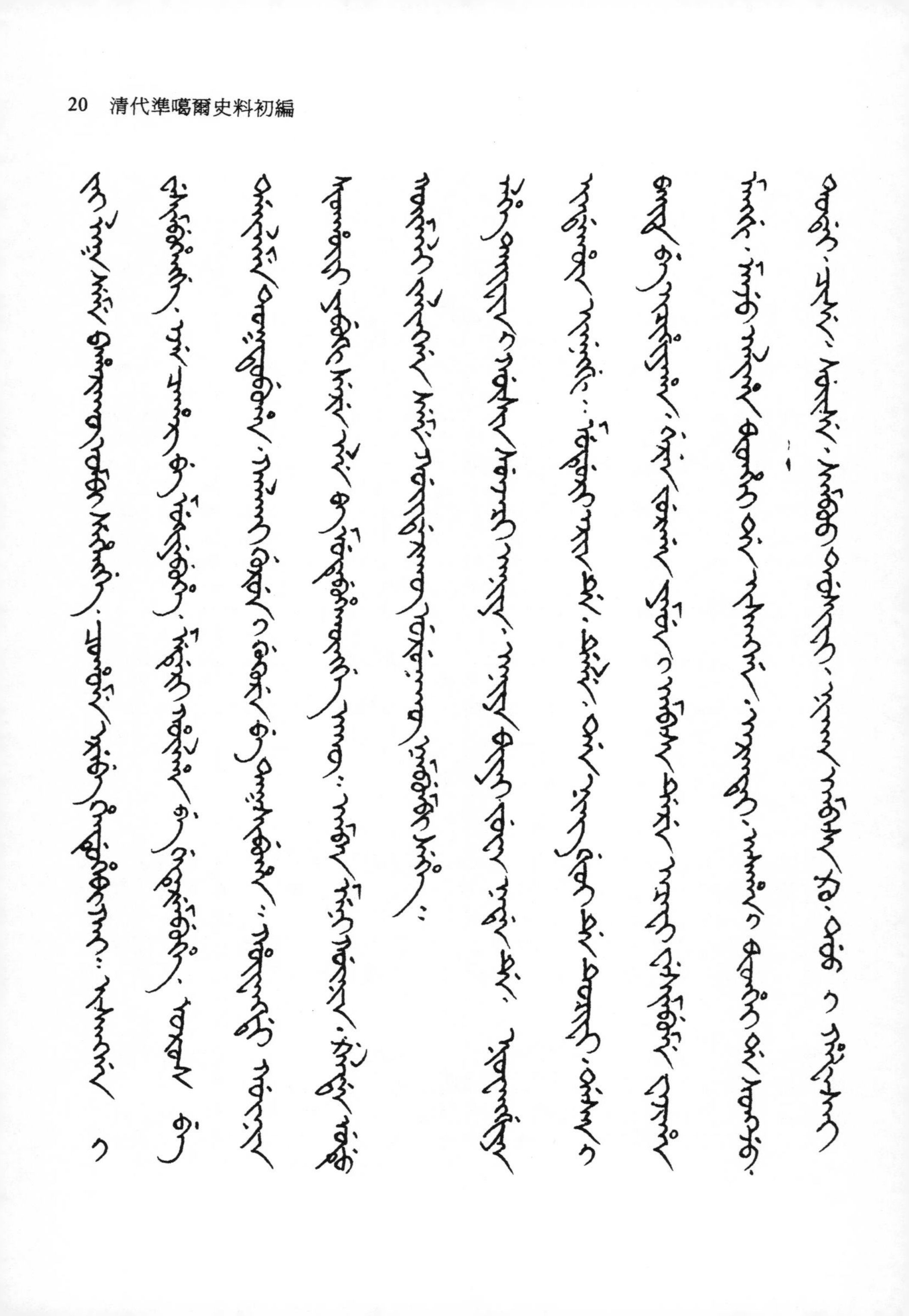

jai lak seme baharakū ombi sehengge, cohome erebe
再 恰 好 不 獲 可 所說者 特 把此
henduhebi kai. isangga i wesimbuhengge, ejen cahar be
說了 啊 伊桑阿 的 所奏者 主 察哈爾 把
mukiyebuhe, mederi hūlha be geterembuhe, oros be
使滅 海 賊 把 掃除了 俄羅斯 把
dailame toktobuha, kalkai gurun i gukure be taksibuha.
討 平定了 喀爾喀的國 的 亡 把 使存的
hūwangdi gūnin sithūfi yabuki sere ele ba mutebuhekūngge
皇帝 意 專心 欲行 說的所有處 不成者
akū. amban meni gūnin, g'aldan udu koimali jalingga
無 臣 我們的 意 噶爾丹 雖 狡詐 奸
seme goidarakū urunakū nambumbi sehe.
云 不久 必定 拿獲 說了
elhe taifin i gūsin sunjaci aniya, aniya biyai juwan
康熙 的 三十 第五 年 正 月的 十
nadan de, niowanggiyan indahūn inenggi. muduri erin de,
七 於 甲 戌 日 辰 時 於
dele, dan ning gioi de tucifi, dasan i baita be icihiyaha
上 澹寧居 於 出了 政 的 事 把 辦理
geren jurgan yamun i ambasa dere acafi wesimbume
衆 部 衙門 的 大臣們 面 會見了 奏
wajiha manggi, manju aliha bithei da isangga, arantai,
完了 後 滿洲 大學士 伊桑阿 阿蘭泰
ashan i bithei da songju, todai, cise, suise, samboo
學士 宋柱 陶岱 齊穡 綏色 三寶
dosifi, nikan ambasa k'o, doo i hafasai
入了 漢 大臣們 科 道 的 官們的

不可恰巧復得者特謂此也。伊桑阿奏曰：皇上征滅察哈爾，掃蕩海寇，討平俄羅斯，存撫喀爾喀，皇上專心圖之，凡事從無不成者。以臣等之見，噶爾丹雖甚奸狡，不久必擒獲也。
康熙三十五年正月十七日甲戌，辰時，上御澹寧居聽政，各部院衙門見面奏畢後，滿洲大學士伊桑阿、阿蘭泰，學士宋柱、陶岱、齊穡、綏色、三寶進入，將漢大臣及科、道官員

不可恰巧复得者特谓此也。伊桑阿奏曰：皇上征灭察哈尔，扫荡海寇，讨平俄罗斯，存抚喀尔喀，皇上专心图之，凡事从无不成者。以臣等之见，噶尔丹虽甚奸狡，不久必擒获也。
康熙三十五年正月十七日甲戌，辰时，上御澹宁居听政，各部院衙门见面奏毕后，满洲大学士伊桑阿、阿兰泰，学士宋柱、陶岱、齐穑、绥色、三宝进入，将汉大臣及科、道官员

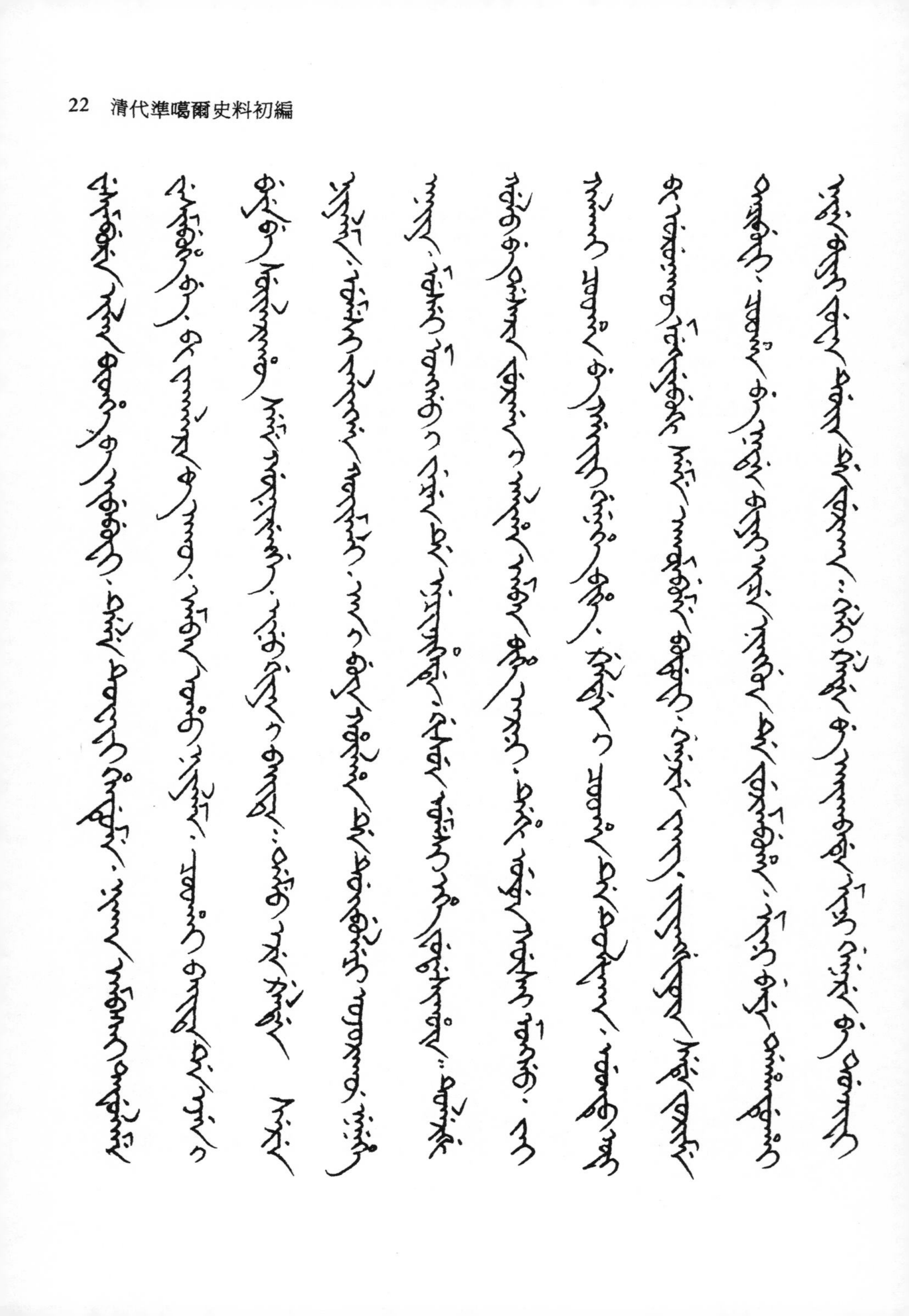

wesimbure ilan bithe be ibebufi, dele tuwafi hendume,
奏的 三 文 把 進了 上 看了 曰
nikan ambasai tafulame wesimbuhe be, bi wakalara ba
漢 大臣們的 勸 奏的 把 我 怪不是 處
akū, amban oho niyalma, coohai baita de ejen i beye be
無 大臣 爲 人 兵的 事 於 主 的 身 把
suilarahū seme gūnirengge, inu giyan i baita. damu ere
恐勞 云 所思者 亦 理 的 事 但 此
g'aldan sere niyalma, umesi jalingga koimali, an i
噶爾丹 說的 人 很 奸 狡詐 照常
buya hūlha de duibuleci ojorakū, nenehe aniya, musei
小 賊 於 若比 不可 前的 年 我們的
monggo i jecen de necinjihede, gisun umesi ehe fudasihūn
蒙古 的 界 於 來犯時 言 很 惡 逆
tulergi golo be dasara jurgan i aliha amban bihe arni,
理 藩 院 的 尚 書 原來 阿爾尼
dehi uyun gūsai monggo, jai kalkai cooha be gaifi genehe
四十 九 旗的 蒙古 再 喀爾喀的兵 把領了 去了
bihe, g'aldan i cooha de tulfaka, uttu ofi, bi urunakū
來着 噶爾丹 的 兵 於 却回了 此 因 我 必定
mukiyebuki seme akūmbume bodofi, genere wang
欲滅 云 盡 心 籌畫了 去的 王
jiyanggiyūn sede jorime tacibufi, cooha be nadan biyai
將 軍 於們 指 教了 兵 把 七 月的
ice ninggun de jurambuha, mini beye dahanduhai nadan
初 六 於 使起行了 我的 自身 隨 即 七
biyai juwan duin de juraka. geli g'aldan be aikabade
月的 十 四 於 起行了 又 噶爾丹 把 設若
mini genere be donjifi
我的 去的 把 聞了

所奏事情三本進呈，上覽畢，諭曰：漢大臣所諫奏，朕意不以爲非，爲人臣者不欲以軍旅之事親勞君上，此亦理所當然之事。但此噶爾丹之爲人，甚爲奸詐，非尋常小寇可比，向年侵犯我蒙古邊境時，出言極悖逆。原任理藩院尚書阿爾尼率四十九旗蒙古，及喀爾喀兵前往，竟爲噶爾丹所卻，是以朕悉心謀畫，務期勦滅，指示出兵諸王及將軍等，令於七月初六日率師啓行，朕躬隨即於七月十四日起駕而往。又恐噶爾丹聞朕親行，

所奏事情三本进呈，上览毕，谕曰：汉大臣所谏奏，朕意不以为非，为人臣者不欲以军旅之事亲劳君上，此亦理所当然之事。但此噶尔丹之为人，甚为奸诈，非寻常小寇可比，向年侵犯我蒙古边境时，出言极悖逆。原任理藩院尚书阿尔尼率四十九旗蒙古，及喀尔喀兵前往，竟为噶尔丹所却，是以朕悉心谋画，务期剿灭，指示出兵诸王及将军等，令于七月初六日率师启行，朕躬随即于七月十四日起驾而往。又恐噶尔丹闻朕亲行，

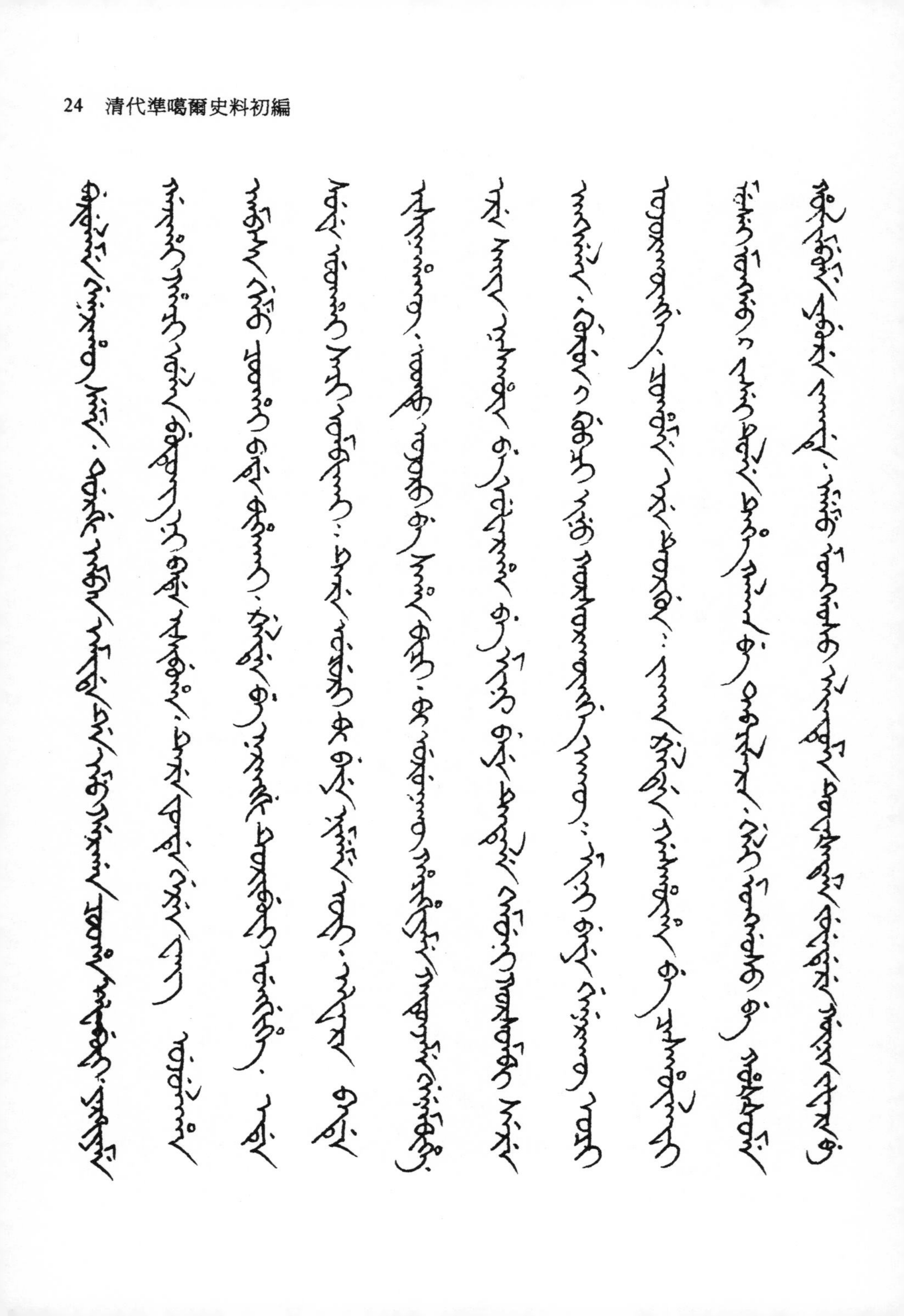

burulame generahū seme dorgi amban amida de emu
敗走 恐去 云 内 大臣 阿密達 於 一
gargan cooha afabufi, yarkiyame gajihai hanci ulan
枝 兵 交了 誘 只管帶來 附近 烏蘭
butung ni bade isibuha, tere fonde geren wang ujulaha
布通 的 於地 到了 那時 衆 王 首輔
ambasa gemu coohai bade bihekai, g'aldan be naranggi
大臣們 皆 兵的 於地 在了啊 噶爾丹 把 畢竟
turibufi unggihe, ede suwe uthai saci ombikai. tere
脫落了 遣了 因此你們 即 若知 可啊 那
ucuri bi beye nimeme ofi, afara bade isinahakū, uttu
時機 我 身 病 因 攻伐的於地 未至 此
ojoro be saha bici, bi urunakū hacihiyame katunjame
爲 把 知了 若有 我 必定 勉強 掙扎
genembihe, ere sain nashūn be ufaraha be mini beye
去來着 此 好 機會 把 失了 把 我的 自身
tetele kemuni korsombi sere anggala, gurun i gubuci inu
迄今 仍 悔 不但 國 的 全 亦
korsorakūngge akū. mini beye generakū oci ojorakūngge,
不悔者 無 我的 自身 不去 若 不可者
cohome ere turgun。jakan g'aldan gashūha be cashūlafi
特 此 緣由 新近 噶爾丹 誓 把 背了
musei monggo i jasei tule tehe kalka be tabcilara geli
我們的 蒙古 的 邊的 外 住的 喀爾喀 把 放搶了 又
monggoso be hošome hūlimbume yabure jakade, ememu
蒙古們 把 哄 誘 被惑 行的 之故 或
monggoso elintume tuwašatame juwedere gūnin jafara be
蒙古們 觀望 照看 二心 意 拿的 把

遽爾逃遁，而交內大臣阿密達兵一枝，誘其近至烏蘭布通地方。斯時諸王、首輔大臣，咸在行間，竟使噶爾丹脫逃，爾等觀此亦可知矣。其時因朕躬有疾，未至戰地。若知如此，朕必勉強力疾而行，失此良機，不但朕心至今深悔，即舉國未有不追悔者，朕躬之所不可不親行者，特爲此故也。頃者噶爾丹違背誓約，搶掠居住我蒙古邊外之喀爾喀，復肆行煽惑眾蒙古，或蒙古中有觀望懷二心者

遽尔逃遁，而交内大臣阿密达兵一枝，诱其近至乌阑布通地方。斯时诸王、首辅大臣，咸在行间，竟使噶尔丹脱逃，尔等观此亦可知矣。其时因朕躬有疾，未至战地。若知如此，朕必勉强力疾而行，失此良机，不但朕心至今深悔，即举国未有不追悔者，朕躬之所不可不亲行者，特为此故也。顷者噶尔丹违背誓约，抢掠居住我蒙古边外之喀尔喀，复肆行煽惑众蒙古，或蒙古中有观望怀二心者

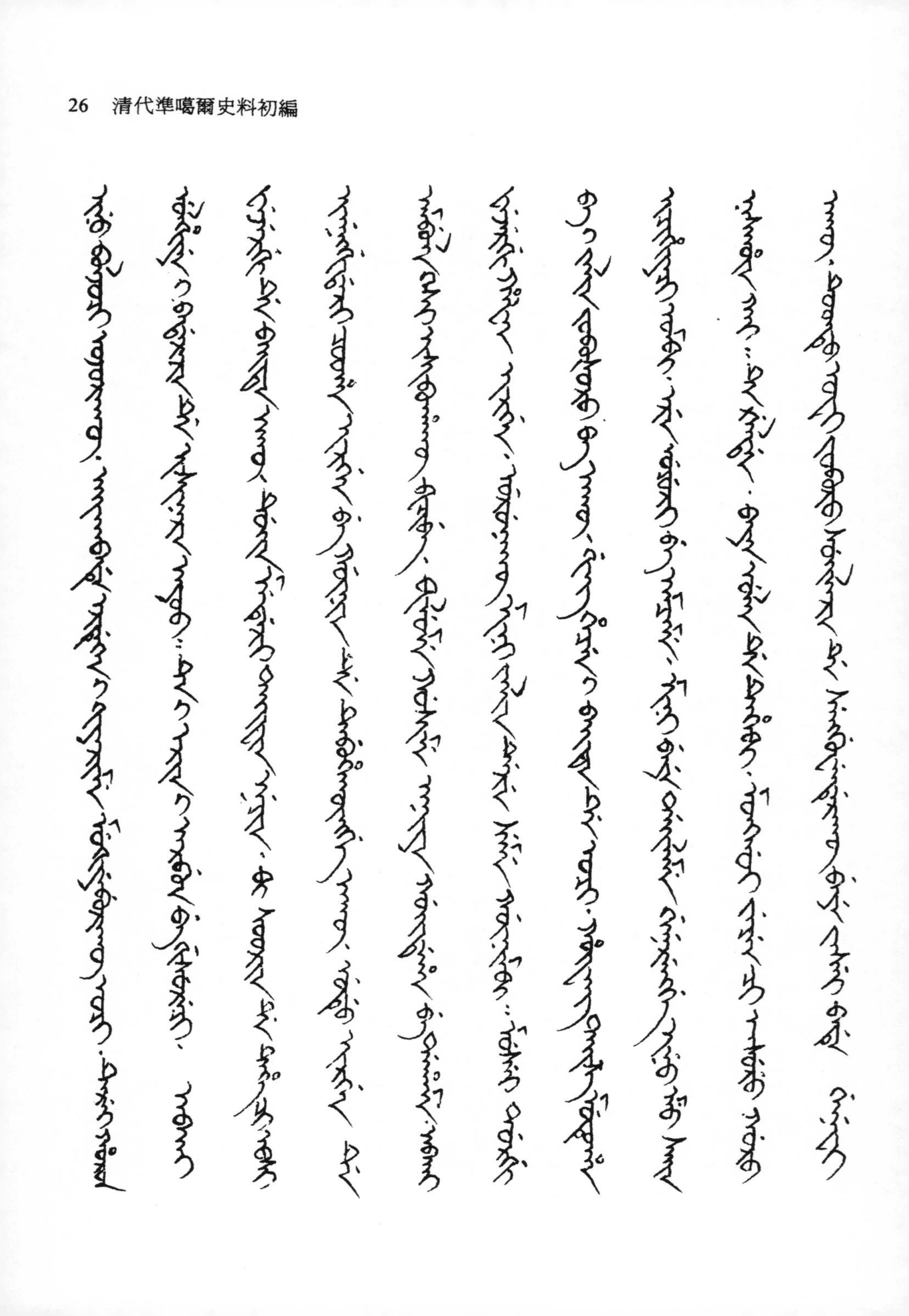

[illegible]

inu boljoci ojorakū, aikabade erdeken i kiyarime
亦 若計 不可 設若 早早 的 盡殺
mukiyeburakū oci, terei horon ulhiyen i badarara de
不使滅 若 他的 威勢 漸漸 的 張大的 於
isinara ayoo. te i erin arbun be gisureci, abkai fejergi
至於 惟恐 今的時 樣子 把 說時 天的 下
de baita akū, duin mederi taifin necin, bi soorin de
於 事 無 四 海 太平 平 我 位 於
tehe ci ebsi, inenggidari cooha irgen be gūnin de
坐了 從以來 每天 兵 民 把 心 於
tebuhekūngge akū, udu irgen de ambula kesi isibuhakū
未居者 無 雖 民 於 廣多 恩 未及
bicibe, bilume gosime aniya goidaha be dahame, abkai
雖 撫養 仁愛 年 久了 把 因 天的
fejergi hafan irgen, urunakū mini jalin dere seme
下 官 民 必定 我的 爲 吧 云
gūnimbi. musei dorgi ba i jalin jobošoro ba akū, ging
想 我們的 內 地的 爲 憂愁 處 無 京
hecen i baita de oci, hūwang taidz mutuha, icihiyaci
城的 事 於若 皇 太子 長的 若辦時
ombi, ere ucuri be amcame, mini beye dailame generengge
可 此際 把 追 我的 自身 征討 去者
inu emu sain nashūn kai. te g'aldan, bayan ulan de tehebi
亦 一 良 機 啊 今 噶爾丹 巴顏 烏闌 於 住了
monggoi jecen ci asuru goro akū, tuttu ofi joboro suilara
蒙古的 邊境 從 甚 遠 不 此 因 辛苦 勞
de sengguwenderakū beye jasei bade genefi
於 不 憚 躬 邊的 於地 去了

亦未可知，若不早行撲滅，恐其勢將日益滋蔓，且以今日時勢言之，天下無事，四海承平，朕自臨御以來，無日不以兵民爲念，雖未能有深恩渥澤遍及於百姓，然撫綏歲久，意天下官民，必皆爲朕也。我內地無可爲慮之處，京師諸事，皇太子年長，可以辦理，朕及此時，躬行討伐，亦一良機也。今噶爾丹居住巴顏烏闌地方，去蒙古邊境不甚遼遠，因此不憚辛勞，親臨邊地，

亦未可知，若不早行扑灭，恐其势将日益滋蔓，且以今日时势言之，天下无事，四海承平，朕自临御以来，无日不以兵民为念，虽未能有深恩渥泽遍及于百姓，然抚绥岁久，意天下官民，必皆为朕也。我内地无可为虑之处，京师诸事，皇太子年长，可以办理，朕及此时，躬行讨伐，亦一良机也。今噶尔丹居住巴颜乌阑地方，去蒙古边境不甚辽远，因此不惮辛劳，亲临边地，

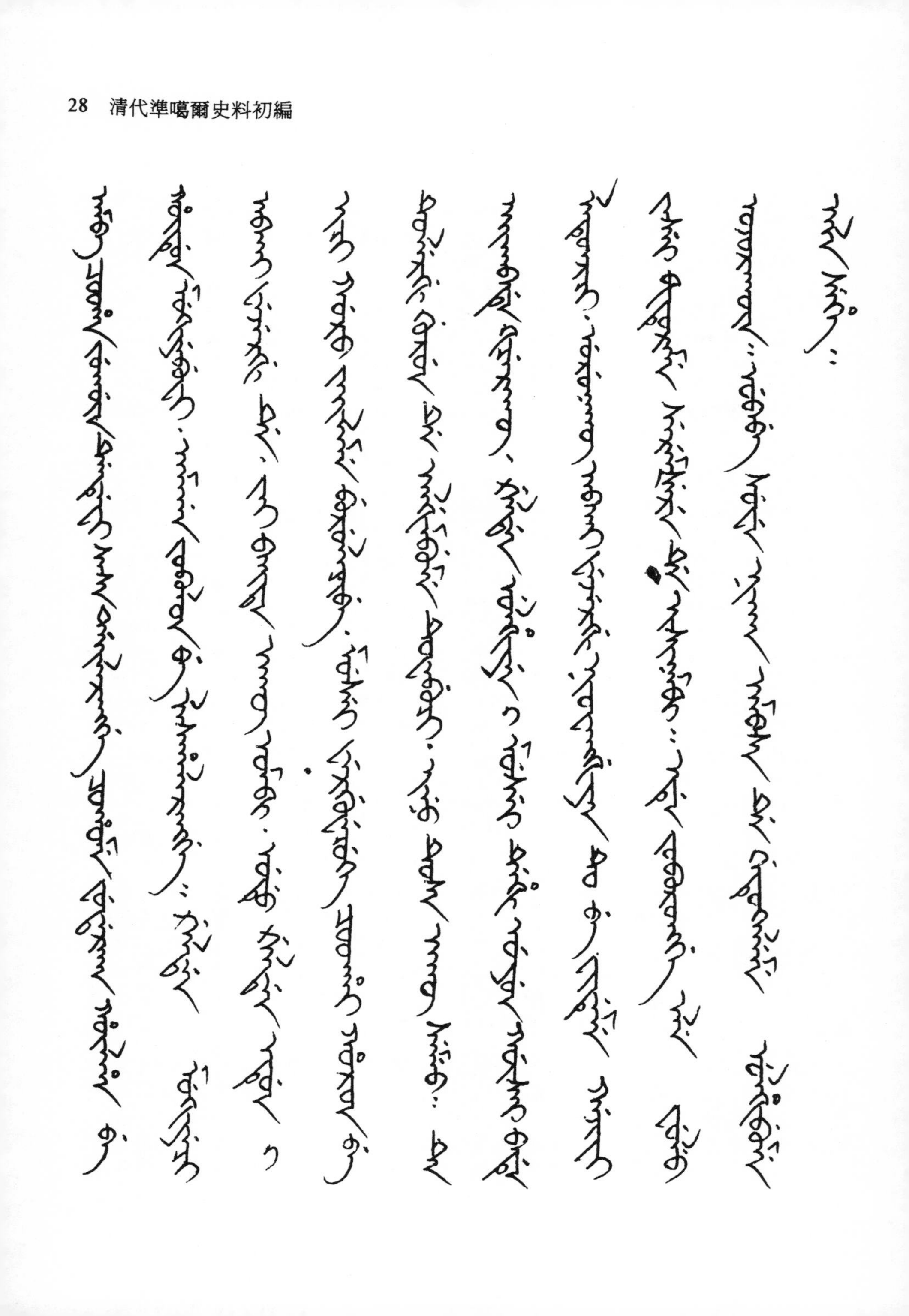

amba cooha jugūn dendefi sasa dailarangge cohome
大 兵 路 分了 齊 征討者 特
fudaraka hūlha be hūdun mukiyebufi, amaga jobolon be
爲逆的 賊 把 速 使滅了 後 患 把
lashalarangge。g'aldan mukiyeci abkai fejergi de, jai
斷 者 噶爾丹 若滅 天的 下 於 再
baita akū ombi, udu g'aldan edun i ici goro jailame
事 無 可 雖 噶爾丹 風 的 向 遠 避
burulacibe, musei ferguwecuke coohai horon be tulergi
雖 逃 我們的 神 奇 兵的 威 把 外
gurun de algimbume tuwabuci, inu tusa akū semeo。 te
國 於 使宣揚 若使看 亦 益 無 云乎 今
aikabade kicerakū, g'aldan ulhiyen i musei dehi uyun
設若 不 圖 噶爾丹 漸漸 的我們的 四十 九
gūsai bade latunjici, urunakū abkai fejergi niowanggiyan
旗的 於地 若來犯 必 定 天的 下 綠
tu be fideme gajifi jasei biturame seremšere de
纛 把 調 帶來 邊的 沿着 防 護 於
isinambi。ede joborongge ele fulu ojorakūn。 ubabe
至 於 因此 愁 者 益 有餘 不可乎 把此
suwe nikan ambasa de getukeleme ulhibume ala sehe。
你們 漢 大臣們 於 明 白 曉 諭 告 說了

大兵分道齊進征討者，特爲克期勦除逆賊，以絕後患也。噶爾丹若滅，天下再無事矣，縱使噶爾丹聞風遠竄，然而將我兵神威宣示外國，豈不亦有裨益乎。今如不圖，致使噶爾丹漸漸來犯我四十九旗之地時，勢必調集天下綠纛士卒，沿邊設防，爲此煩擾者，不益甚耶？爾等可將此明白曉諭諸漢臣知之。

大兵分道齐进征讨者，特为克期剿除逆贼，以绝后患也。噶尔丹若灭，天下再无事矣，纵使噶尔丹闻风远窜，然而将我兵神威宣示外国，岂不亦有裨益乎。今如不图，致使噶尔丹渐渐来犯我四十九旗之地时，势必调集天下绿纛士卒，沿边设防，为此烦扰者，不益甚耶？尔等可将此明白晓谕诸汉臣知之。

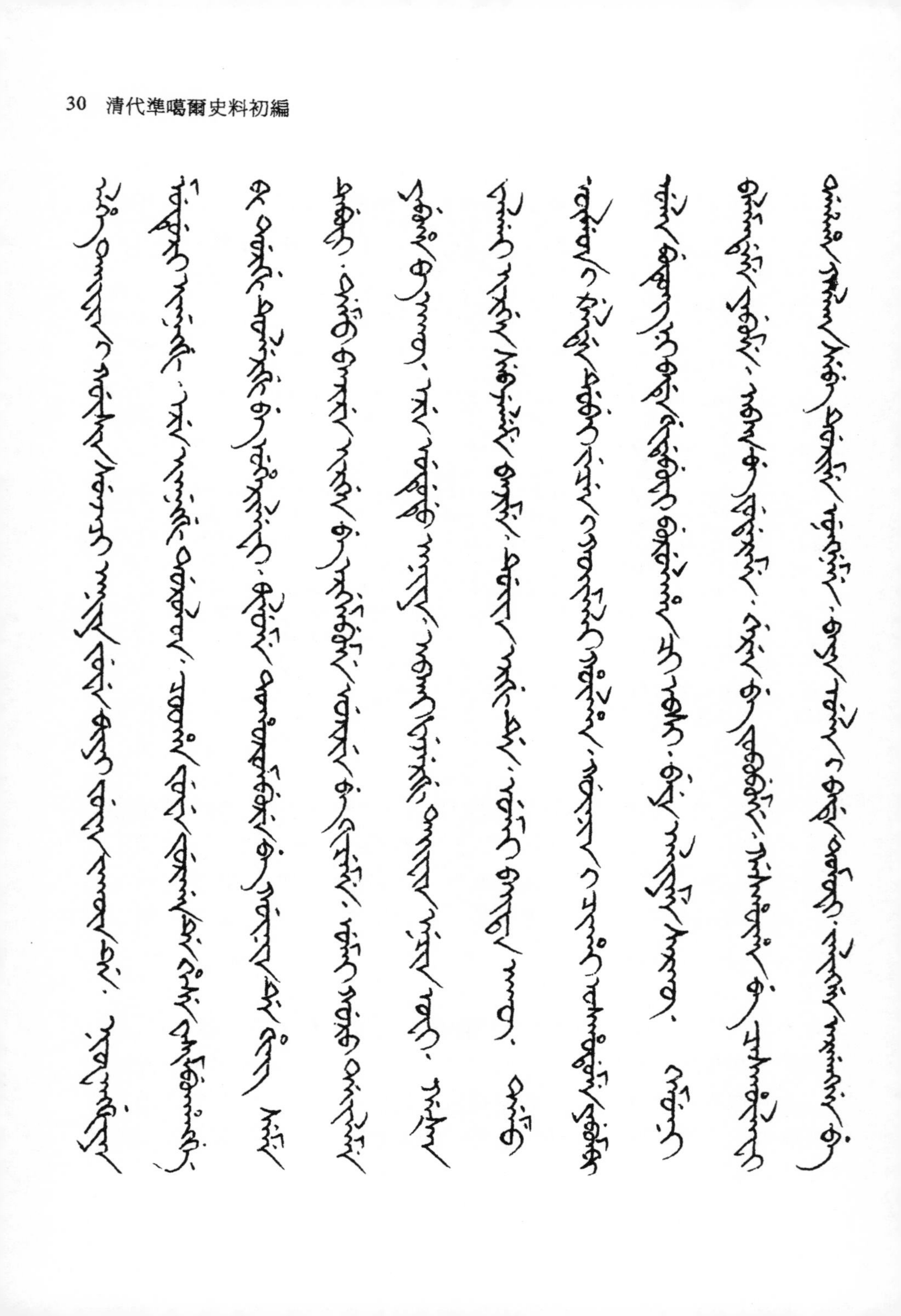

[illegible]

elhe taifin i gūsin sunjaci aniya juwe biyai juwan
康 熙 的 三十 第 五 年 二 月 的 十
jakūn de, niowanggiyan muduri inenggi, ere inenggi
八 於 甲 辰 日 此 日
dorolon, cooha juwe jurgan de hese wasimbuhangge, bi
禮 兵 二 部 於 旨 所 降 者 我
dorgi tulergi be uherilefi, bilume tohorombure be
內 外 把 統一了 撫 養 安 撫 把
gūnin de hing seme tebufi, damu banjire irgen be
意 於 實 心 使居了 但 生 的 民 把
ergembume ujire be kiceme, umai goro dailame yabuha
使安息 養的 把 勤 並 遠 征 討 行的
ba akū, ere ududu aniya, abkai fejergi taifin necinofi,
處 無 此 許多 年 天的 下 太 平 平 因
gašan falgai irgen sebjeleme banjime, duin ergi de
鄉 黨的 民 快 樂 生 活 四 方 於
umai baita akū, damu ūlet i g'aldan dubei jecen i
並 事 無 但 厄魯特的 噶 爾 丹 盡 邊 的
koimali hūlha, gūnin i cihai oshodome yabumbi, ulan
狡 詐 賊 意 的任意 暴 虐 行 烏蘭
butung ni bade gidabufi burulaha ci ebsi, beye aliyame
布通 的 於地 被敗了 敗走了 從 以來 身 悔
sarkū, kemuni balamadame yabume, abka be fudarame,
不知 仍 狂 妄 行 天 把 爲 逆
geren be jobobume, gashūha be cashūlafi, dahaha kalka
衆 把 勞 苦 誓 把 背 了 投降的 喀爾喀
sebe durime nungneme, bayan ulan i bade tomofi jalingga
把們 奪 侵 害 巴 顏 烏 蘭 的 於地 棲 息 了 奸
argangga be
奸 計 把

康熙三十五年二月十八日甲辰，是日，論禮、兵二部曰：朕統一中外，念切撫綏，惟務休養生靈，並無遠行征討之處。比年以來，天下昇平，閭閻樂業，四方固已無事，獨厄魯特噶爾丹，荒裔狡寇，肆意逞兇，自烏蘭布通敗遁以來，不知自悔，仍行狂妄，悖天虐眾，違背誓言，侵掠臣服之喀爾喀等，棲息於巴顏烏蘭地方，肆行詭計，

康熙三十五年二月十八日甲辰，是日，论礼、兵二部曰：朕统一中外，念切抚绥，惟务休养生灵，并无远行征讨之处。比年以来，天下升平，闾阎乐业，四方固已无事，独厄鲁特噶尔丹，荒裔狡寇，肆意逞凶，自乌阑布通败遁以来，不知自悔，仍行狂妄，悖天虐众，违背誓言，侵掠臣服之喀尔喀等，栖息于巴颜乌阑地方，肆行诡计，

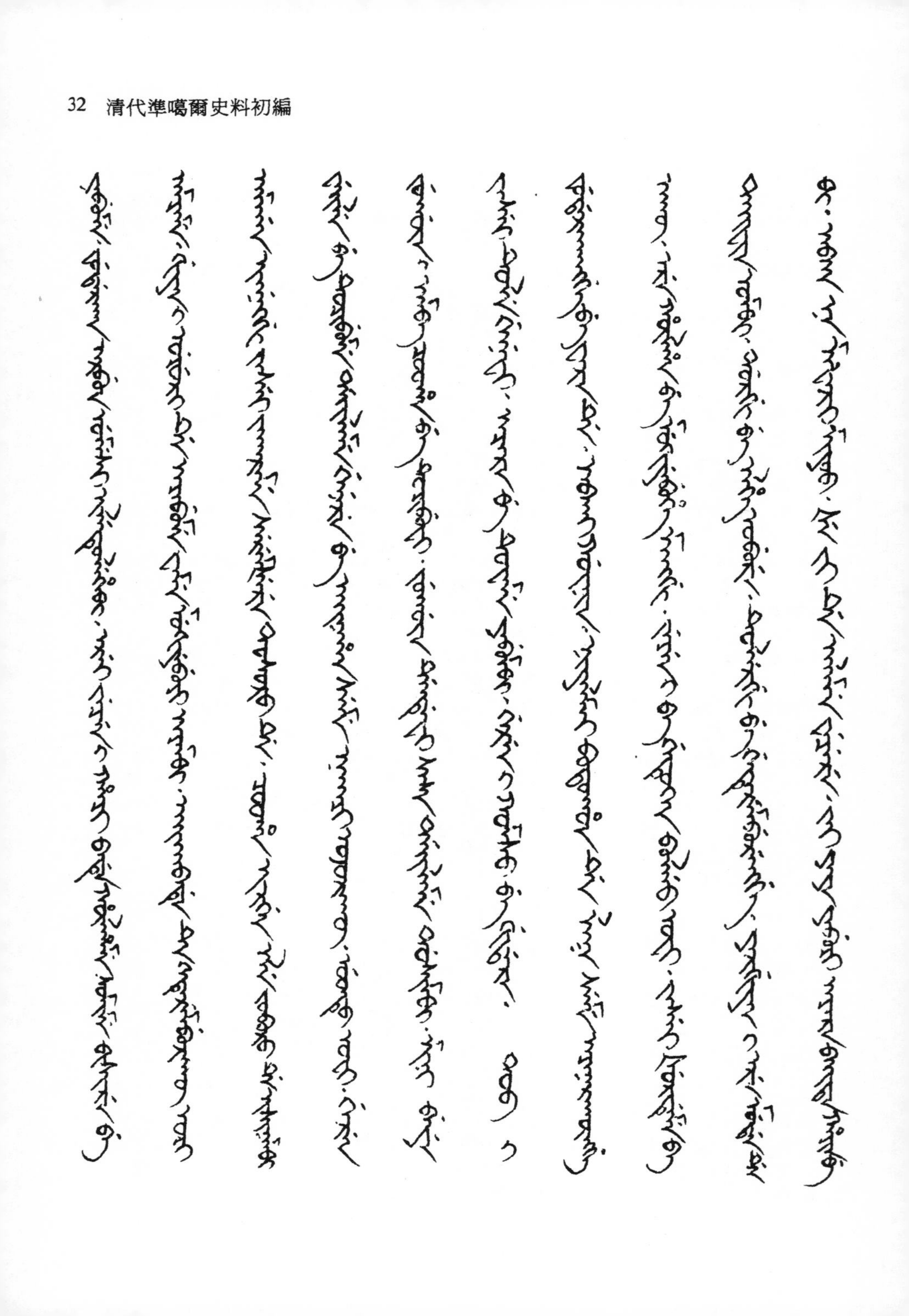

yabume, fudaraka arbun umesi iletulehebi, ereijecen i hanci
行 爲逆的 狀 很 彰顯了 此邊界的附近
bade hūlhame somime bisire be amcame, giyan i ucuri de
於地 偷 藏 所有把 追 理 的時機 於
acabume wame mukiyebuci acambi, aikabade tegeteremburakū
合 殺 若使滅 應 設若 今 不勦除
oci amaga inenggi jasei jakarame seremšere tosoro de
若後 日 邊的 沿 防 護 防備 於
cooha irgen ele joboro de isinambi. weile be tucibume
兵 民 益 困苦於 至於 罪 把 使出
dailame genere be ainaha seme nakaci ojorakū, uttu ofi,
征討 去的 把 斷 然 若停 不可 此因
geren jugūn i amba cooha be tucibufi, jugūn dendefi sasa
衆 路 的 大 兵 把 使出了 路 分了 齊
dailame dosimbi. mini beye jasei tule genefi, acara be
征討 進入 我的自身 邊的 外 去了 酌
tuwame yabumbi, geren i komso be gidara, tob i fudarakangge
量 行 衆 以 少 把敗的 正以 爲逆者
be wara de, abkai gūnin niyalmai bodohon de lak seme
把殺的於 天的 意 人的 謀略 於恰 好
acanarakūngge akū, ere hūlha be mukiyebuhe manggi, jecen i
不合者 無 此 賊 把 使滅了 後 邊界的
ba getuken bolgo ofi, jasei šurdeme ba taifin ombi. dorgi
地 明白 潔淨因 邊的 周圍 地太平 可 内
be elhe obure, tulergi be geteremburengge, yargiyan i ere
把安 成 外 把 勦除者 實在 的此
mudan de bi, abka na mafari miyoo, še ji de alamewecere,
次 於在 天 地 祖 廟 社稷於 告 祭
jai yaya yabuci acara baita hacin be
再 任何 若行 應 事 項 把

逆狀極彰，乘其竄伏近邊，理應及時殲滅，倘今不行翦除，恐致異日沿邊防戍，益累兵民。聲罪往討，斷不容停止，用是遣發各路大兵，分道並進。朕特躬蒞邊外，相機行事，以眾擊寡，以正誅逆，天意人謀，無不允協，此寇殄滅之後，則邊塵蕩濯，疆圉輯寧，內安外攘者，實在此舉。告祭天地、宗廟、社稷，並一切應行事宜，

逆状极彰，乘其窜伏近边，理应及时歼灭，倘今不行翦除，恐致异日沿边防戍，益累兵民。声罪往讨，断不容停止，用是遣发各路大兵，分道并进。朕特躬莅边外，相机行事，以众击寡，以正诛逆，天意人谋，无不允协，此寇殄灭之后，则边尘荡濯，疆圉辑宁，内安外攘者，实在此举。告祭天地、宗庙、社稷，并一切应行事宜，

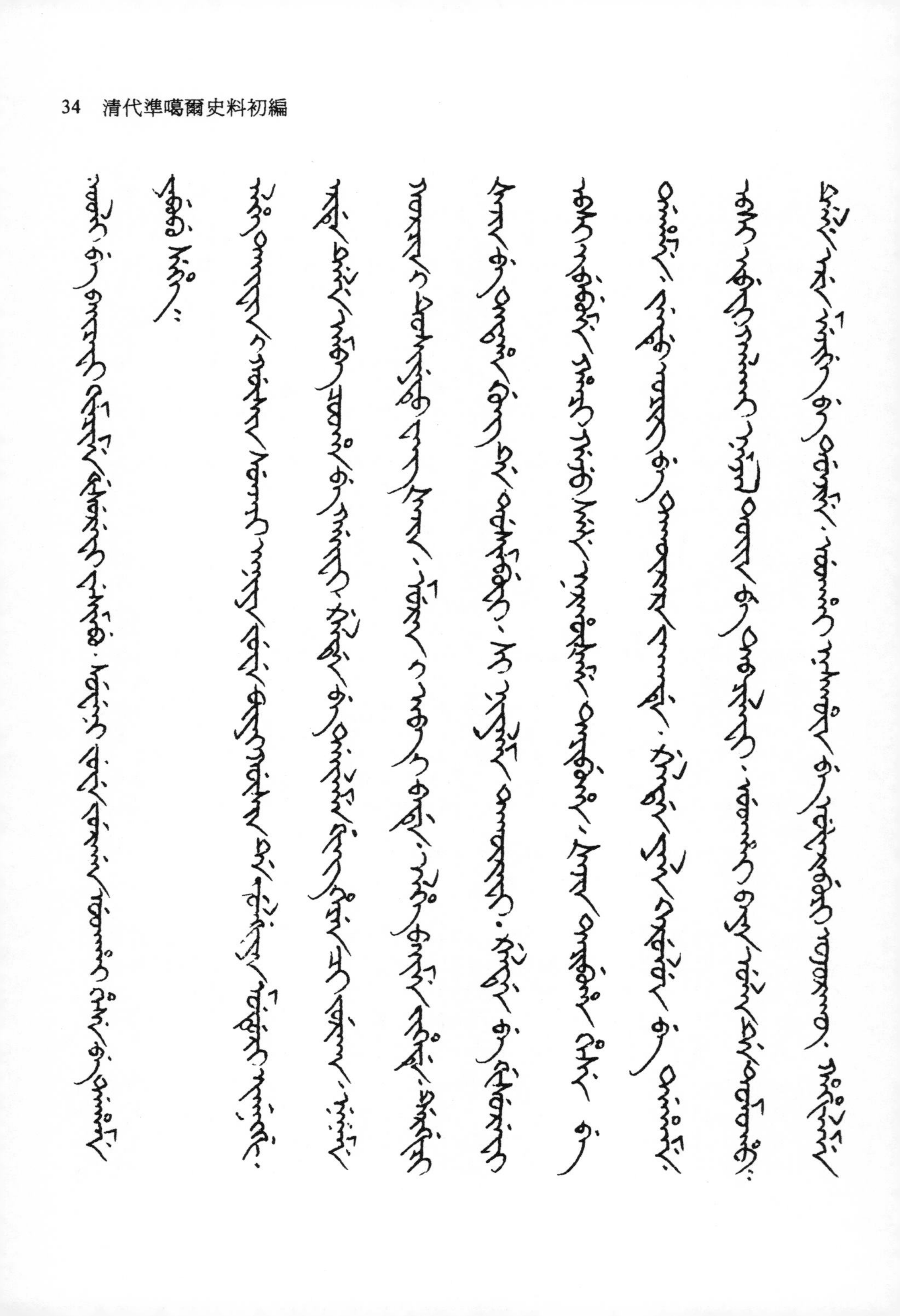

[illegible]

kooli be baicafi kimcime gisurefi wesimbu,suweni juwe
例 把 察了 詳察 議了 具奏 你們的 二
jurgan uthai hese be dahame yabubu sehe.
部 即 旨 把 隨 照行 云云
elhe taifin i gūsin sunjaci aniya juwe biyai gūsin de
康熙 的 三十 第五 年 二 月的 三十 於
fulgiyan muduri inenggi, erde dele amba cooha be gaifi,
丙 辰 日 早 上 大 兵 把 領了
g'aldan be dailame ging hecen ci juraka, neneme korcin i
噶爾丹 把 征討 京城 從 起行了 先 科爾沁的
tusiyetu wang šajin, muran i aba i bade, elhe baime
土謝圖 王 沙津 木蘭 的打圍的 於地 安 請
jihede, dergici, šajin be tataha gung de dosimbufi, si
來了時 由上 沙津 把 住的 宮 於 使入了 你
niyalma takūrafi, g'aldan be gisurefi ebsi ibebume hanci
人 遣了 噶爾丹 把 說了 往此 使前進 附近
gaju seme narhūšame tacibuha. šajin tacibuha hese be
帶來 云 密 指教了 沙津 指教的 旨 把
dahame, jendu ocir be takūrara jakade, g'aldan yala
隨 暗暗的 俄齊爾 把 遣 了 之故 噶爾丹 果真
kerulun be dahame, ebsi ibefi kalkai namjal toin be
克魯倫 把 隨 往此 前進了 喀爾喀 納木扎爾陀音 把
tabcilafi, uthai bayan ulan de tomoho. dele eremejige be
放搶了 即 巴顏 烏闌 於 棲息了 上 此 信息 把
donjime, uthai nashūn be ufarabuci ojorakū. hahilame
聞 即 機會 把 若失 不可 上 緊

著察例詳議具奏，爾等二部即遵諭而行，特諭。
康熙三十五年二月三十日丙辰晨，上統大兵發京師，討伐噶爾丹。先是，科爾沁土謝圖王沙津，於木蘭行圍之地來請安時，上召沙津入行宮，密諭曰：爾可遣人說噶爾丹，帶來近處。沙津遵奉訓諭，潛遣俄齊爾，噶爾丹果沿克魯倫而下，掠喀爾喀納木扎爾陀音，遂棲巴顏烏蘭。上聞此信，即思機會不可失，

着察例详议具奏，尔等二部即遵谕而行，特谕。
康熙三十五年二月三十日丙辰晨，上统大兵发京师，讨伐噶尔丹。先是，科尔沁土谢图王沙津，于木兰行围之地来请安时，上召沙津入行宫，密谕曰：尔可遣人 说噶尔丹，带来近处。沙津遵奉训谕，潜遣俄齐尔，噶尔丹果沿克鲁伦而下，掠喀尔喀纳木扎尔陀音，遂栖巴颜乌阑。上闻此信，即思机会不可失，

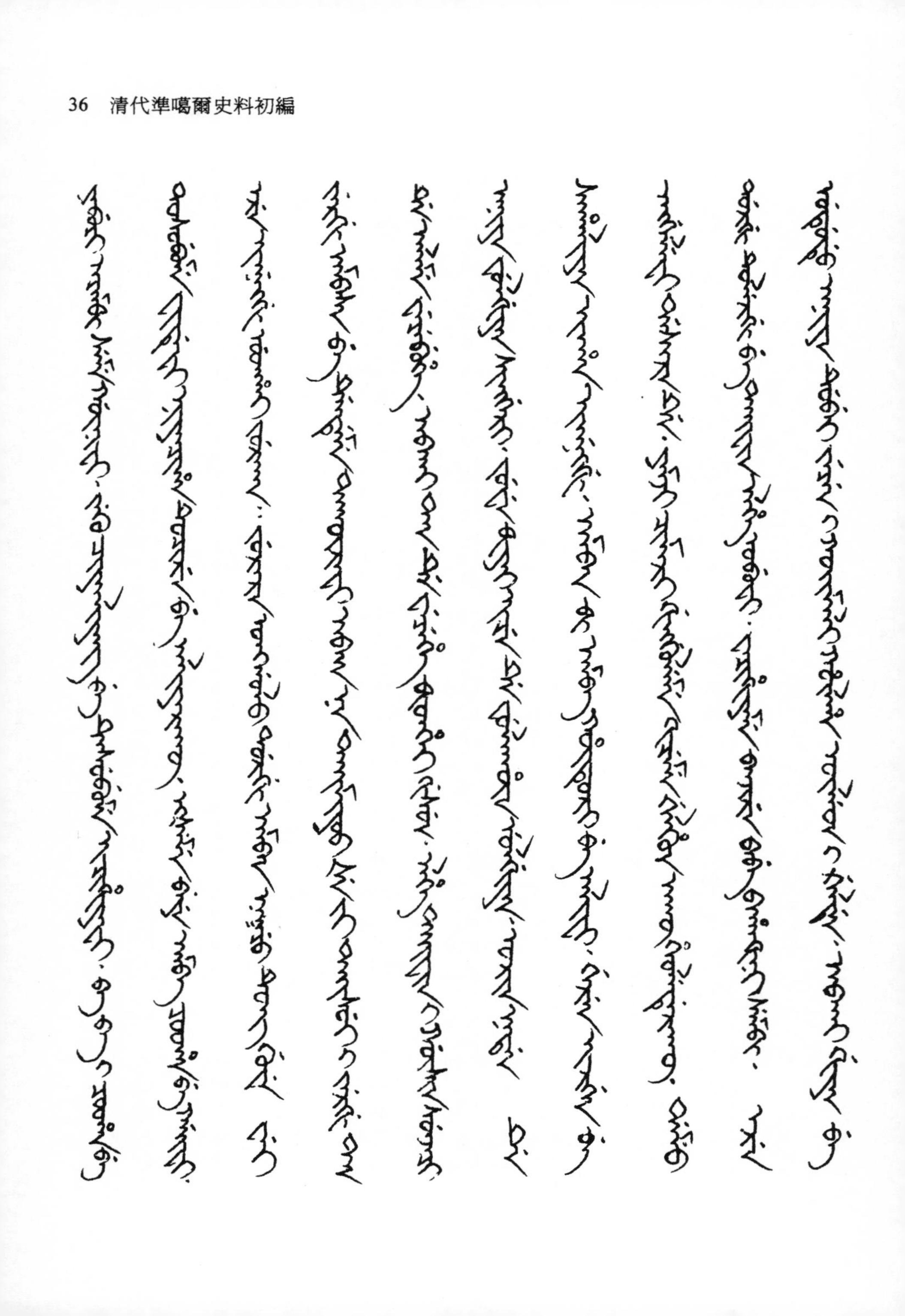

yabuci acambi seme gūnifi, jeku ciyanliyang be tesubume
若行 應 云 想了 穀 錢 糧 把使足
icihiyafi, ba ba i cooha be tosobume fidefi niyanciha
料理了 處處的兵 把使截 調了 青草
tucire be aliyarakū, ekšeme beye amba cooha be gaifi,
出的把不候 急忙 躬 大 兵 把 領了
ere inenggi uthai juraka. jurara onggolo dorgi amban
此 日 即 起行了 起行的以前 內 大臣
nakcu tung guwe wei jergi ambasa be dendeme takūrafi
舅 佟 國 維 等 衆大臣 把 分 遣了
abka na taimiyoo še ji taisui i jergi tan de alame
天 地 太廟 社稷 太歲 的 等 壇於 告
wecebuhe. abkai tan de wecehe bithei gisun, elhe taifin i
使祭了 天的 壇 於 所祭的書的 言 康 熙 的
gūsin sunjaci aniya fulgiyan singgeri, juwe biyai ice
三十 第五 年 丙 子 二 月的 初一
de fulahūn ulgiyan, orin nadan de sahaliyan ihan inenggi,
於 丁 亥 二十 七 於 癸 丑 日
amban bi amba hūturi be alifi, geren irgen be enggelefi
臣 我 大 福 把 承受 衆 民 把 臨 御
dasara de, yamji cimari ginggulеme kiceme gelhun akū
治理的於 夜 早 謹 勤 敢
heolederakū, damu dorgi tulergi be taifin elhe obufi,
不怠忽 但 內 外 把 太平 安 成了
wacihiyame banjire babe bahakini sembi, ere ududu aniya
盡 生活的把處 欲得呢 云 此 數 年
dubei jecen i koimali hūlha ūlet i g'aldan, abkai giyan be
盡 邊 的 狡詐 賊 厄魯特的噶爾丹 天的 理 把

應上緊行事，遂籌足糧餉，截調各路兵馬，不俟青草出來，急忙親統大軍，即於是日啓行。瀕行，分遣內大臣國舅佟國維等大臣告祭於天地、太廟、社稷、太歲等壇。其祭天壇文曰：維康熙三十五年，歲次丙子，二月丁亥朔，越二十七日癸丑，臣仰承鴻祐，臨御兆民，夙夜恪恭，罔敢怠忽，惟期中外乂安，咸獲生計，比年以來，荒陬狡寇，厄魯特噶爾丹，

应上紧行事，遂筹足粮饷，截调各路兵马，不俟青草出来，急忙亲统大军，即于是日启行。濒行，分遣内大臣国舅佟国维等大臣告祭于天地、太庙、社稷、太岁等坛。其祭天坛文曰：维康熙三十五年，岁次丙子，二月丁亥朔，越二十七日癸丑，臣仰承鸿佑，临御兆民，夙夜恪恭，罔敢怠忽，惟期中外乂安，咸获生计，比年以来，荒陬狡寇，厄鲁特噶尔丹，

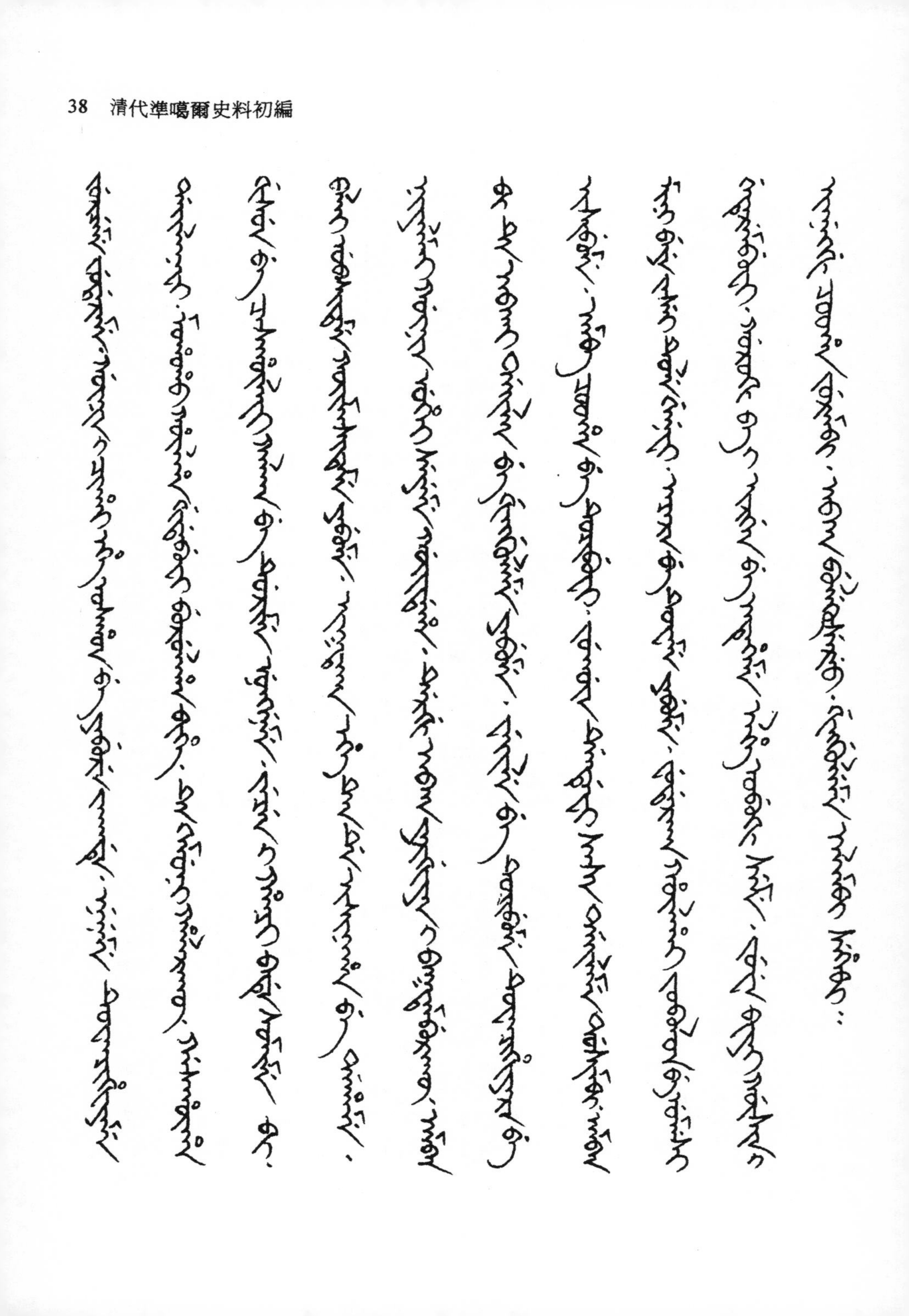

jurceme fudarame gūnin i cihai ehe oshon be yabure
違悖 爲逆 意 的 任意 惡 虐 把 行
jakade, neneme tuwancihiyame dailanafi, mohoho hūlha
之故 先 征 去討了 窮了 賊
gidabufi burulaha bihe, te kemuni halarakū, gashūha
使敗了 敗走了 來着 今 仍 不改 起誓的
gisun be cashūlafi kalka be durime nungneme, jecen i
言 把 背了 喀爾喀把 奪 侵害 疆界 的
hanci bade somime bi, balai ubasitame koimasitame
附近 於地 藏 在 妄 反覆 總是狡詐
yabume, iktaka ehe ten de isinaha be dahame, niyalmai
行 積的 惡 極 於 到去了 因 人 的
gūnin uhei seyeme goidaha, dergi abka yargiyan i
心意 共 懷恨 久了 上 天 實在 的
baktamburakū, amban bi te abkai dailan be gingguleme
容不下 臣 我 今 天的 伐 把 恭謹
yabume, weile be tucibume tuwancihiyara be isibume,
行 罪 把 使出 征 的 把 致之
amba cooha be tucibufi, jugūn dendefi sasa dailame
大 兵 把 使出了 路 分了 齊 討伐
dosimbi, amban mini beye jasei tule genefi, acara be
入 臣 我的 自身 邊境的 外 去了 酌
tuwame yabume, fudaraka hūlhai jobolon be umesi
量 行 爲逆的 賊的 患 把 極
geterembufi, goroki ba i irgen be enteheme elhe obuki
勦除 遠 地的 民 把 永遠 安 欲成
seme, juwe biyai gūsin i inenggi cooha jurambi, abka
云 二 月的 三十 的 日 兵 啓程 天
bulekušereo, gingguleme alambi sehebi.
請明鑒 恭謹 告 說了

悖逆天理，肆行兇虐，先曾征勦，窮寇敗遁，今猶不悛改，背棄誓言。侵掠喀爾喀，潛伏近塞。詭詐跳梁，積惡已極，久爲人心所共恨，實爲上天所不容。臣茲恭行天伐。聲罪致討，遣發大兵，分道齊行進討。臣躬蒞邊外，相機行事，用掃除逆寇之患，以永綏荒徼之民，二月三十日，率兵啓行，仰請天鑒，謹告。

悖逆天理，肆行凶虐，先曾征剿，穷寇败遁，今犹不悛改，背弃誓言。侵掠喀尔喀，潜伏近塞。诡诈跳梁，积恶已极，久为人心所共恨，实为上天所不容。臣兹恭行天伐。声罪致讨，遣发大兵，分道齐行进讨。臣躬莅边外，相机行事，用扫除逆寇之患，以永绥荒徼之民，二月三十日，率兵启行，仰请天鉴，谨告。

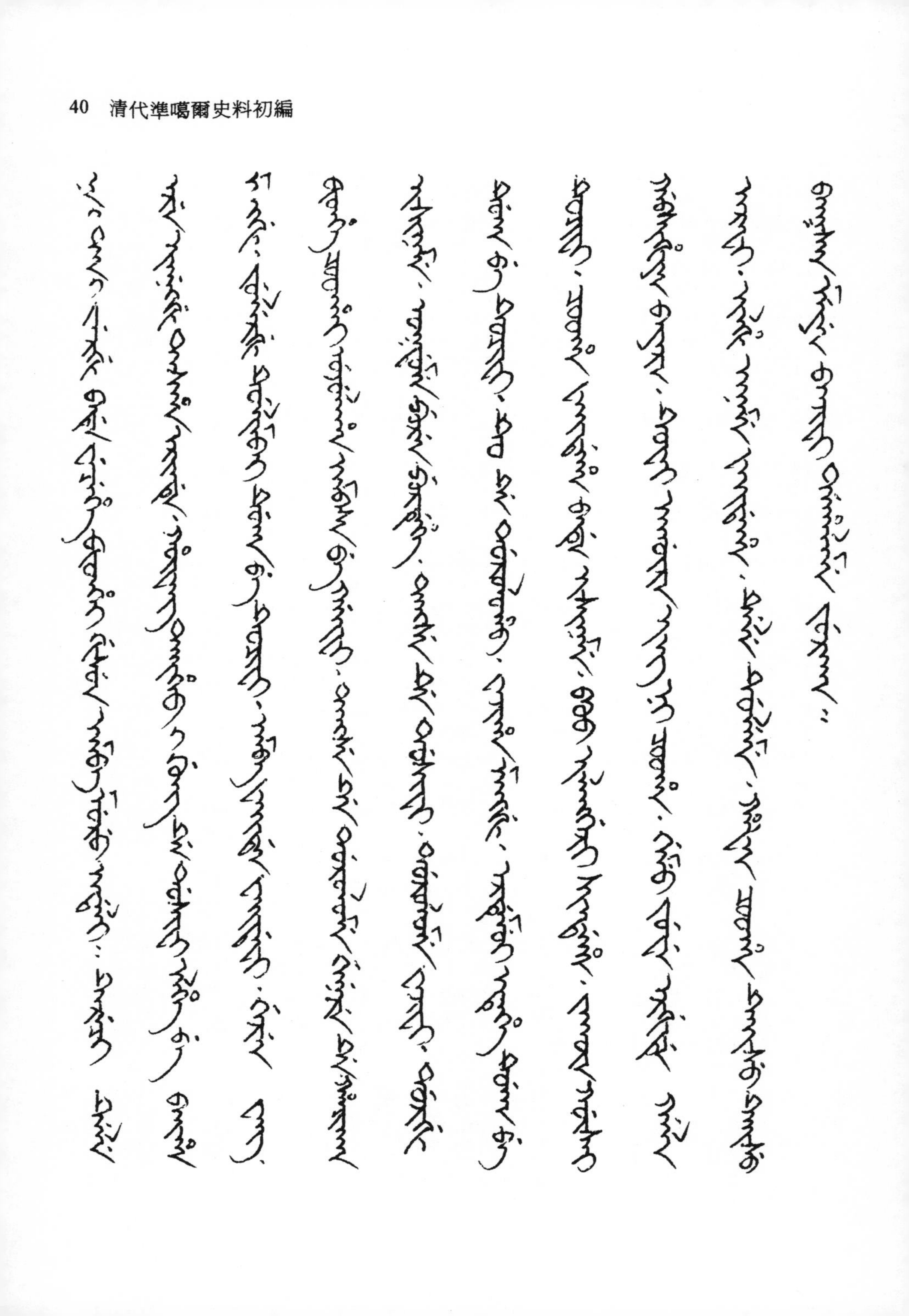

na i tan i jergi bade wecehe bithei gisun amba muru
地的 壇 的 等 於地 祭的 書的 言 大 概
adali。tereci dele ere inenggi tasha erinde, hūwang
相同 從彼 上 此 日 寅 於時 皇
taiheo i gung de dosifi elhe be baiha manggi, julergi
太后 的 宮 於入了 安 把 請了 後 南
dulimbai duka be tucifi, amba faidan faidafi。 geren
中的 門 把 出了 大 儀仗 排了 衆
wang, bithe coohai ujulaha ambasa be gaifi, tangse de
王 文 武的 首 輔 大臣們 把 領了 堂子 於
dorolome genere de, hancikan isiname, okdome buren
行禮 去的 於 稍 近 到去 迎 海法
burdehe, tangse de dosifi, dorolome wajifi, dorgi duka
吹法螺了 堂子 於 入了 行禮 完了 內 門
be tucifi, tu de doroloho, wajiha manggi, erdemui etehe
把 出了 纛 於 行禮了 完了 後 德 勝
duka be tucifi, cooha faidaha bade isiname, poo
門 把 出了 兵 排的 於地 到去 礮
ilanggeri sindaha, jakūn gūsai gabsihiyan bayara, tuwai
三 次 放 了 八 旗的 前 鋒 護軍 火 的
agūra ing ni cooha, gemu juwe ergide gala arafi, ilhi
器 營 的 兵 皆 二 於 方 翼 作了 次序
aname faidaha, dele duleme, hafan cooha teisu teisu
挨着 排了 上 過 官 兵 各人 各人
baksan meyen banjifi dahalame juraka.
隊 伍 編了 隨 着 啓程了

其祭地壇諸處祝文大略相同。上於是日寅時，進入皇太后宮問安後，出午門，排儀仗，率諸王、文武首輔大臣，詣堂子行禮，將至，鳴法螺以迎，入堂子，禮畢，出內門，致禮於旗纛，既畢，出德勝門，至排列軍士處，舉礮三次，八旗前鋒護軍、火器營兵俱分兩翼，以次排列，駕過，官兵各編隊伍相隨啓行。

其祭地坛诸处祝文大略相同。上于是日寅时，进入皇太后宫问安后，出午门排仪仗，率诸王、文武首辅大臣，诣堂子行礼，将至，鸣法螺以迎，入堂子，礼毕，出内门，致礼于旗纛，既毕，出德胜门，至排列军士处，举炮三次，八旗前锋护军、火器营兵俱分两翼，以次排列，驾过，官兵各编队伍相随启行。

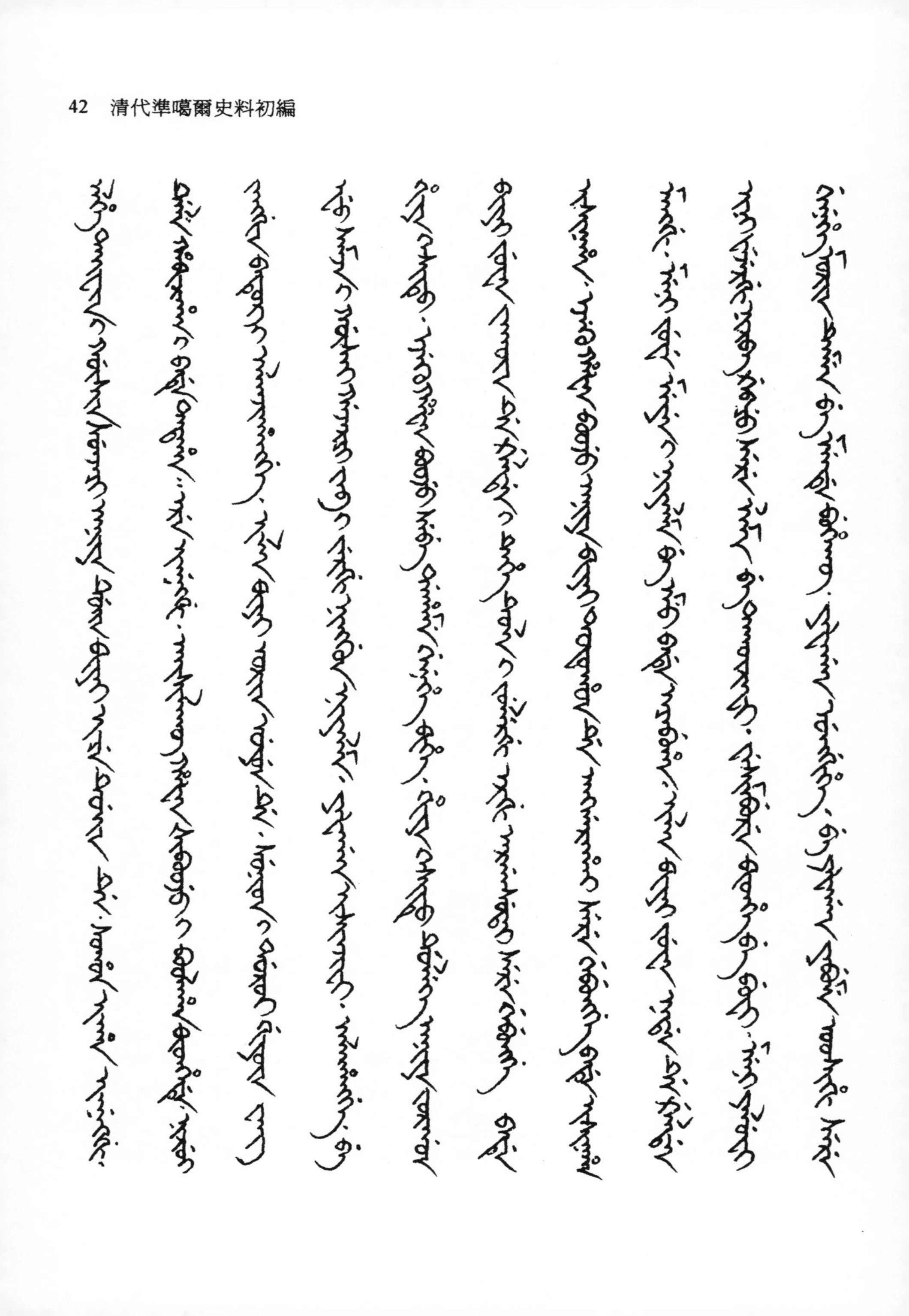

elhe taifin i gūsin sunjaci aniya duin biyai ice duin de
康 熙 的 三十 第五 年 四 月的 初 四 於
sohon ihan inenggi, dele habirhan i bade tataha, ere
己 丑 日 上 哈必爾漢的於地 駐 了 此
inenggi, aisilakū hafan šibooju i boolaha bithede, nirui
日 員 外 郎 石保住 的 所報的 於 文 佐
janggin batur i alanjihangge, ilan biyai orin uyun de,
領 巴圖爾的 來告訴的 三 月的 二十 九 於
sunit i doroi giyūn wang efu samja i gūsai gajarci jab
蘇尼特的 多羅 郡 王 額駙 薩瑪渣的 旗的 嚮 導 渣卜
i jergi ninggun niyalma, yafagan isinjifi alahangge, be
的 等 六 人 步行 到來了 告 訴 的 我們
hiya kesitu, ejeku hafan booju sebe dahame genehe bihe,
侍衛 克石圖 主 事 保住 把們 隨 去了 來着
hiya kesitu duleke aniya jorgon biyai juwan jakūn de
侍衛 克石圖 去 年 十二 月的 十 八 於
g'aldan i tehe tula i julergi ergi argasutai sere
噶爾丹 的 住的 土喇的 南 方 阿爾哈蘇台 云
gebungge bade isinaha, ejeku hafan booju aniya biyai
名 叫 於地 到去了 主 事 保住 正 月的
tofohon de anggarahai sere gebungge bade isinaha manggi
十五 於 昂阿喇海 云 名叫的 於地 到去了 後
meni juwe meyen i niyalma be emu bade acabuha, ilan
我們的 二 隊 的 人 把 一 於地 合了 三
biyai juwan nadan de g'aldan ini fejergi nirba g'abcu
月的 十 七 於 噶爾丹 他的 屬 下 尼爾巴 噶卜楚
sere lama be takūrafi, wesimbure bithe be bufi, meni
云 喇嘛 人 遣了 奏 的 文 把 給了 我們的
yalufi genehe morin temen be mende buhekū, yafagan
騎了 去了的 馬 駝 把 於我們 未給 步行
unggihe, be yafagan yabume oosihi sere
遣 了 我們 步行 行 歐席希 云

康熙三十五年四月初四日己丑，上駐蹕哈必爾漢。是日，員外郎石保住報文云：佐領巴圖爾來言，三月二十九日，蘇尼特多羅郡王額駙薩瑪渣旗分之嚮導渣卜等六人步行至云，我等曾隨侍衛克石圖、主事保住等前去，侍衛克石圖於去年十二月十八日至噶爾丹所住土喇之南阿爾哈蘇台地方，主事保住於正月十五日至昂阿喇海地方時，彼將我兩隊之人合併一處。三月十七日，噶爾丹遣伊部下尼爾巴噶卜楚喇嘛以奏章交付我等，而不給還我等所騎往之馬駝，竟令步行而回，我等徒步至歐席希

康熙三十五年四月初四日己丑，上驻跸哈必尔汉。是日，员外郎石保住报文云：佐领巴图尔来言，三月二十九日，苏尼特多罗郡王额驸萨玛渣旗分之向导渣卜等六人步行至云，我等曾随侍卫克石图、主事保住等前去，侍卫克石图于去年十二月十八日至噶尔丹所住土喇之南阿尔哈苏台地方，主事保住于正月十五日至昂阿喇海地方时，彼将我两队之人合并一处。三月十七日，噶尔丹遣伊部下尼尔巴噶卜楚喇嘛以奏章交付我等，而不给还我等所骑往之马驼，竟令步行而回，我等徒步至欧席希

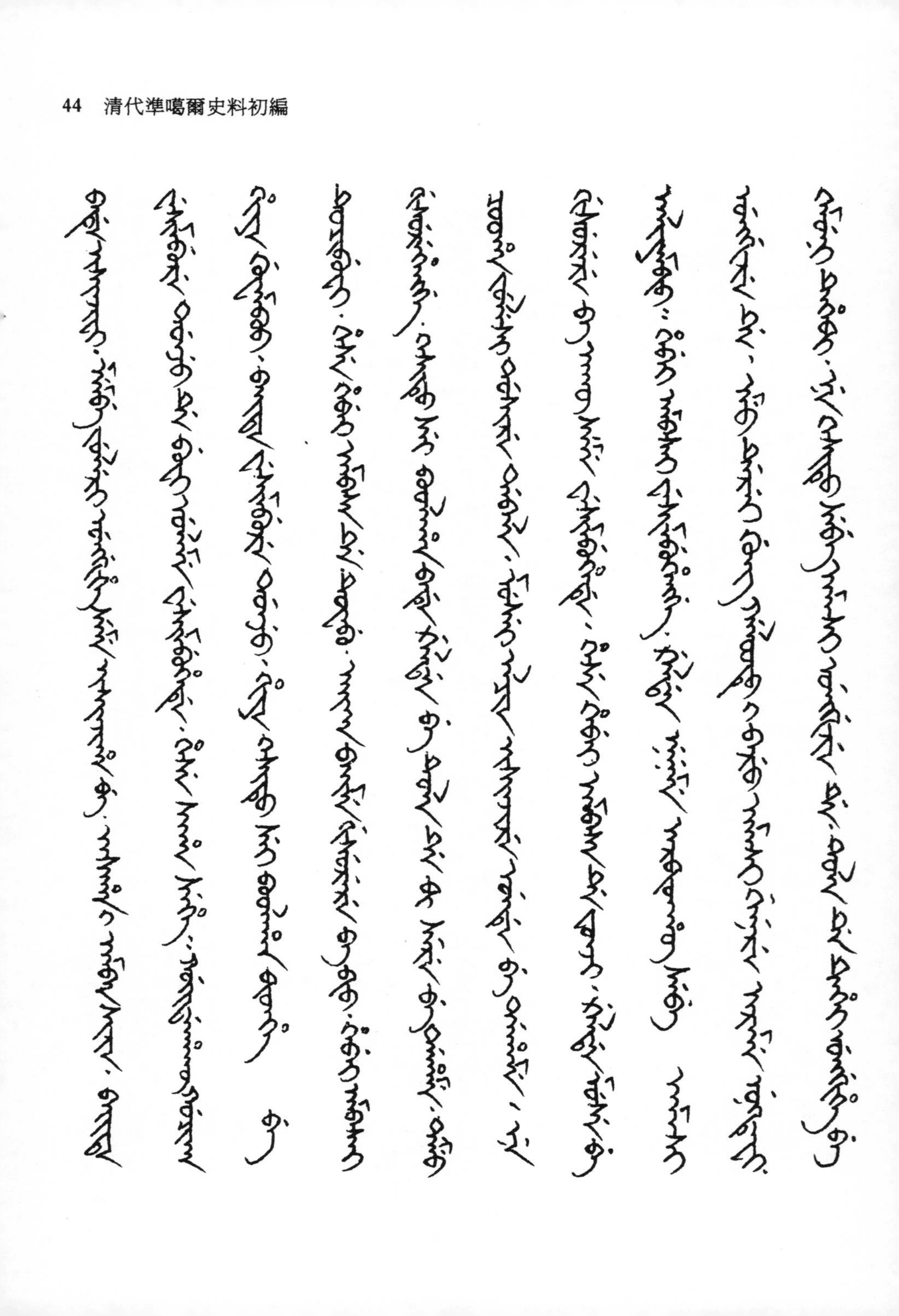

bade isinjifi, membe juleri unggihe seme isinjiha be,
於地 到來了 把我們 前 遣了 云 到來了 把
ashan i amban sira, baita wesimbure donju de bufi ulame
侍 郎 西喇 事 奏的 敦住 於 給了轉告
wesimbuhede, hese saha sehe. goidahakū gocika hiya
奏了時 旨 知道了說了 不久 御前 侍衛
guwamboo, baita wesimbure donju, hiya kesitu sei boolaha
關保 事 奏的 敦住 侍衛 克石圖們的所報的
bithe be tucibufi, hese hebei ambasa de tuwabu, aika
文 把 使出了 旨 議政 大臣們 於 使看 若是
baime gisurere ba bio, hebei ambasai gisurehengge, kesitu
求 議的 處有嗎 議政 大臣們的 所 議 的 克石圖
sei boolaha bade g'aldan be tula de bi sere be dahame,
們的所報的 於地 噶爾丹 把 土喇 於 在 云 既 然
damu cooha julesi dosire dabala, musei elcin isinjire unde
惟 兵 往前進入 罷了 我們的使者到來 尚未
be dahame, ne gisurere ba akū seme wesimbuhede, hese
既 然 現在議的 處 無 云 奏了時 旨
hebei ambasa de fonji, g'aldan muse be aliyambio. hebei
議政 大臣們 於 問吧 噶爾丹 我們 把 等候嗎 議政
ambasai wesimbuhengge, g'aldan neneme arbithū sebe
大臣們的 所 議 的 噶爾丹 先 阿爾必特祜 把們
amasi unggire de, emu derei gung galootu i baru amasi
往回 遣了 於 一 面 工 噶勞圖 的 向 往回
genere arame nuktefi, kemuni tehebi, ne kesitu sebe
去的 作 遊牧 仍 住了 現在 克石圖 把們
amasi unggire de, tula de tehei unggihe be
往回 遣了 於 土喇 於只管住 遣的 把

地方，先遣我等前來，侍郎西喇交奏事敦住轉奏，奉旨知道了。少頃，御前侍衛關保、奏事敦住，取出侍衛克石圖等報文，奉旨示議政大臣等，有需議之處否？議政大臣等議曰：據克石圖等報，噶爾丹既在土喇地方，惟有進兵耳，但因我使未到，現今且毋庸議，具奏時，奉旨傳問議政大臣等，噶爾丹其待我等乎？議政大臣等奏曰：前噶爾丹遣回阿爾必特祜等時，一面作回往工噶勞圖地方遊牧之狀，卻仍駐紮如故，今觀其遣回克石圖等而駐於土喇，

地方，先遣我等前来，侍郎西喇交奏事敦住转奏，奉旨知道了。少顷，御前侍卫关保、奏事敦住，取出侍卫克石图等报文，奉旨示议政大臣等，有需议之处否？议政大臣等议曰：据克石图等报，噶尔丹既在土喇地方，惟有进兵耳，但因我使未到，现今且毋庸议，具奏时，奉旨传问议政大臣等，噶尔丹其待我等乎？议政大臣等奏曰：前噶尔丹遣回阿尔必特祜等时，一面作回往工噶劳图地方游牧之状，却仍驻扎如故，今观其遣回克石图等而驻于土喇，

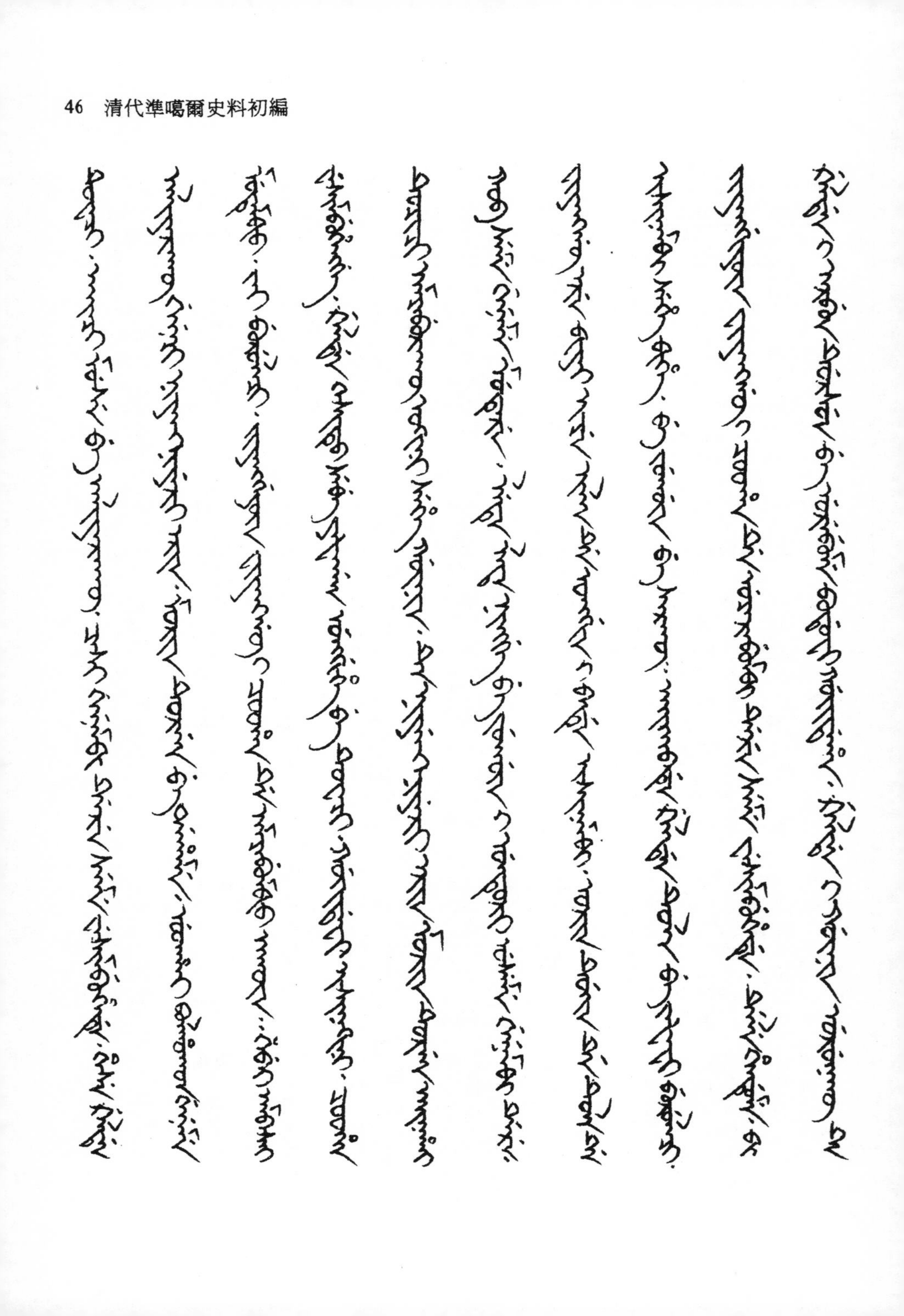

tuwaci, ainci muse be aliyarakū, casi genembi dere seme
若看 或 我們把不 等 往彼 去 吧 云
wesimbuhede, hese g'aldan aliyarakū geneci niyengniyeri
奏了時 旨 噶爾丹 不 等 若去 春
erin, morin turga be dahame, uthai bolhokon geneme
時 馬 瘦 因爲 即 略清 去
mutembio? jai burulaci, jiyanggiyūn fiyanggū i coohade
能 嗎 再 若敗走 將 軍 費揚古 的 兵 於
amcabumbio? akūn? hebei ambasai wesimbuhengge, g'aldan
追及嗎 不嗎 議政 大臣們的 奏 曰 噶爾丹
kesitu sebe yafagan unggihe be tuwaci, goidafi isinakini,
克石圖把們 步 行 遣了 把 看 時 久 了 到去呢
cooha tucici amcaburakū okini sehe gūnin, te niyengniyeri
兵 若出 追不及 那様吧 說了 心 今 春
erin morin turga, ainahai kob seme geneme mutere, lete
時 馬 瘦 豈 確 然 去 能 牽
lata ningge be jugūn i unduri useme genembi dere,
累 的 把 路 的 沿 途 下種 去 吧
fiyanggū ere biyai ice ilan de onggin i bade isinambi,
費揚古 此 月的 初 三 於 翁 金 的 於地 到 去
orin duin de tula de isinambi sehe bihe, be jugūn be
二十 四 於 土喇 於 到 去 說了 來着 我們 路 把
sarkū, aikabade g'aldan tula be jafafi burulaci jiyanggiyūn
不知 設若 噶爾丹 土喇 把 拿了 若敗走 將 軍
fiyanggū i cooha de ucarabumbi dere seme wesimbuhede,
費揚古 的 兵 於 遇得着 吧 云 具奏時
dele hedume, bi g'aldan i arbun dursun be urebume
上 曰 我 噶爾丹 的 情 狀 把 使 熟
bodofi goidaha, g'aldan i gūnin, urunakū te
籌算了 久 了 噶爾丹 的 心 必 今

或反不等我兵而竟欲向前走也，奏入，奉旨，噶爾丹若不等候而往，因當春令馬瘦，能脫身而走耶？倘再遁走時，可被將軍費揚古之兵追及否？議政大臣等奏曰：觀噶爾丹遣克石圖等步行而回，是正欲其遲到，雖出兵而不能追及之意也，現今春令馬瘦，豈能全軍皆去，度必零星拖累，沿途散去。費揚古曾云，是月初三日至翁金，二十四日至土喇，臣等不知道路，若噶爾丹沿土喇敗遁，則想必遇將軍費揚古之兵矣。奏入，上曰：朕熟計噶爾丹情形久矣，噶爾丹之心，必以爲今

或反不等我兵而竟欲向前走也，奏入，奉旨，噶尔丹若不等候而往，因当春令马瘦，能脱身而走耶？倘再遁走时，可被将军费扬古之兵追及否？议政大臣等奏曰：观噶尔丹遣克石图等步行而回，是正欲其迟到，虽出兵而不能追及之意也，现今春令马瘦，岂能全军皆去，度必零星拖累，沿途散去。费扬古曾云，是月初三日至翁金，二十四日至土喇，臣等不知道路，若噶尔丹沿土喇败遁，则想必遇将军费扬古之兵矣。奏入，上曰：朕熟计噶尔丹情形久矣，噶尔丹之心，必以为今

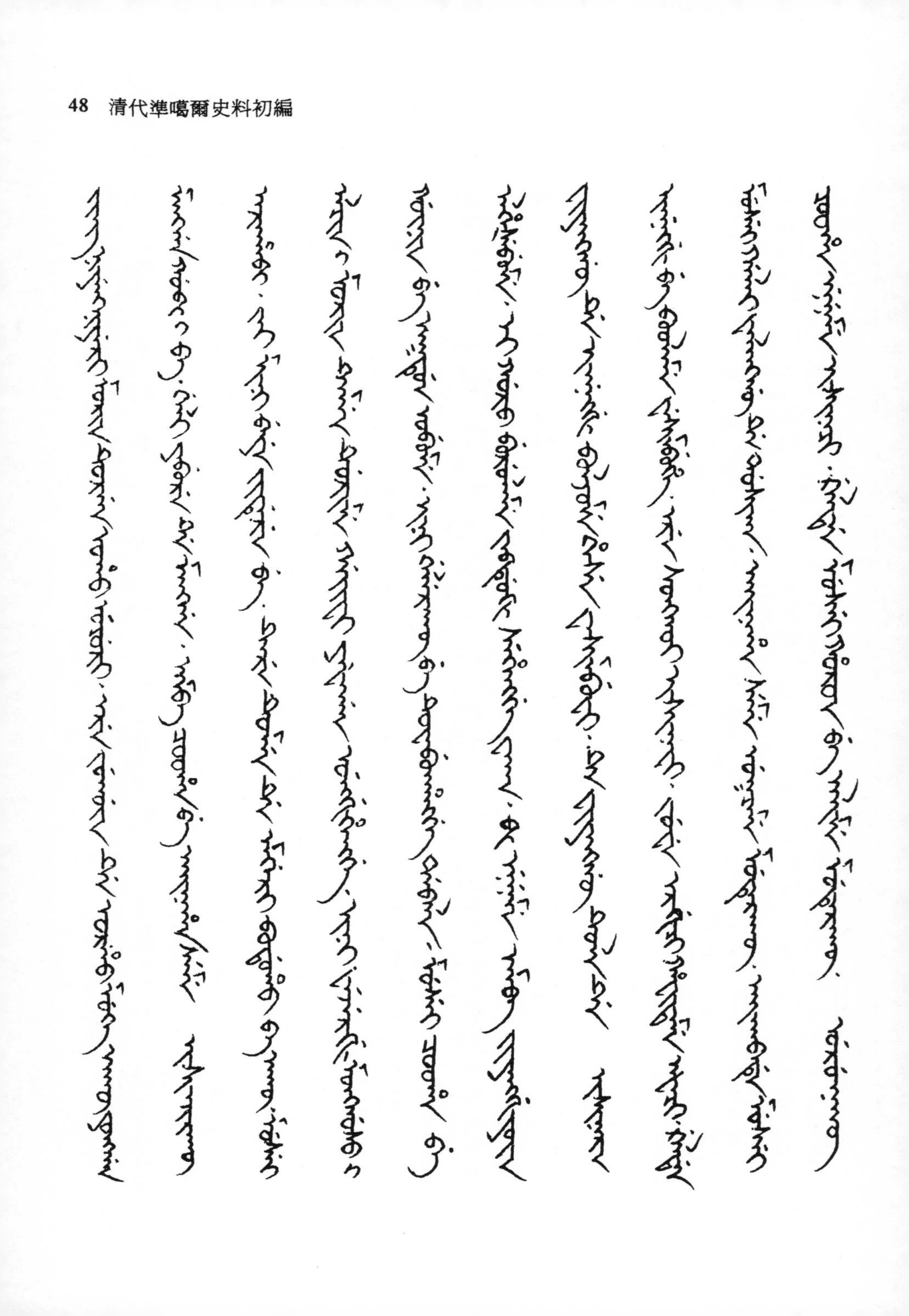

jing niyengniyeri morin turga oho ucuri, ere jugūn de
正 春 馬 瘦 了 際 此 路 於
orho muke akū yonggan mangga gobi i ba, geli yabure de
草 水 無 沙 剛 强 戈壁的地 又 行的 於
mangga, amba cooha be ainaha seme isinjirakū arahabi,
難 大 兵 把 斷 然 不到來 作了
jai mini beye jidere be, tere tumen de emgeri bodoho
再 我的 自身 來的 把 那 萬 於 一次 算了
ba akū, musei elcin i morin temen durime gaifi yafagan
處 無 我們的 使 的 馬 駝 奪 取了 步行
unggihengge, ini fejergi monggoso i gūnin be akdun
遣了的 他的 屬下 衆蒙古的 心 把 信實
obume, ini gelerakū be tuwabuhangge dabala, musei cooha
成 他的 不懼 把 使看者 罷了 我們的 兵
be elhešebume, i goro burulame jabduki sehengge waka,
把 使緩 他 遠 敗走 欲濟 所說的 非
bi neneme amba jiyanggiyūn fiyanggū de inenggi boljome
我 先 大 將軍 費揚古 於 日 約定
hese wasimbufi, te fiyanggū tula de isinara inenggi be
旨 降了 今 費揚古 土喇 於 到去的 日 把
boolame wesimbuhe, ere songkoi isinafi, juwe ergici
報 奏了 此 照 到去了 二 由方
hafitame afaci, g'aldan musei galai falanggū de dosika,
夾 若攻 噶爾丹 我們的 手的 手掌心 入了
ainaha seme ukcame muterakū, aikabade musei cooha
斷 然 脫開 不能 設若 我們的 兵
neneme isinaci, g'aldan musei horon be alime muterakū,
先 若到 噶爾丹 我們的 威 把 承受 不能
urunakū
必

正當春令，馬匹羸瘦之際，此路既無水草，沙磧戈壁之地，又甚難行，大兵斷不能到。至於朕躬親來，彼萬難料及，故搶奪我使者之馬駝，令步行而回者，不過欲堅彼部下眾蒙古之心，以示其不懼耳，非欲緩我兵，彼得及時遠遁也。朕先傳諭大將軍費揚古，與約師期，今費揚古已預將至土喇日期奏報，若依期而至，兩邊夾攻，則噶爾丹入我掌握，斷不能脫去。若我兵先到，噶爾丹不能當我軍威，必

正当春令，马匹羸瘦之际，此路既无水草，沙碛戈壁之地，又甚难行，大兵断不能到。至于朕躬亲来，彼万难料及，故抢夺我使者之马驼，令步行而回者，不过欲坚彼部下众蒙古之心，以示其不惧耳，非欲缓我兵，彼得及时远遁也。朕先传谕大将军费扬古，与约师期，今费扬古已预将至土喇日期奏报，若依期而至，两边夹攻，则噶尔丹入我掌握，断不能脱去。若我兵先到，噶尔丹不能当我军威，必

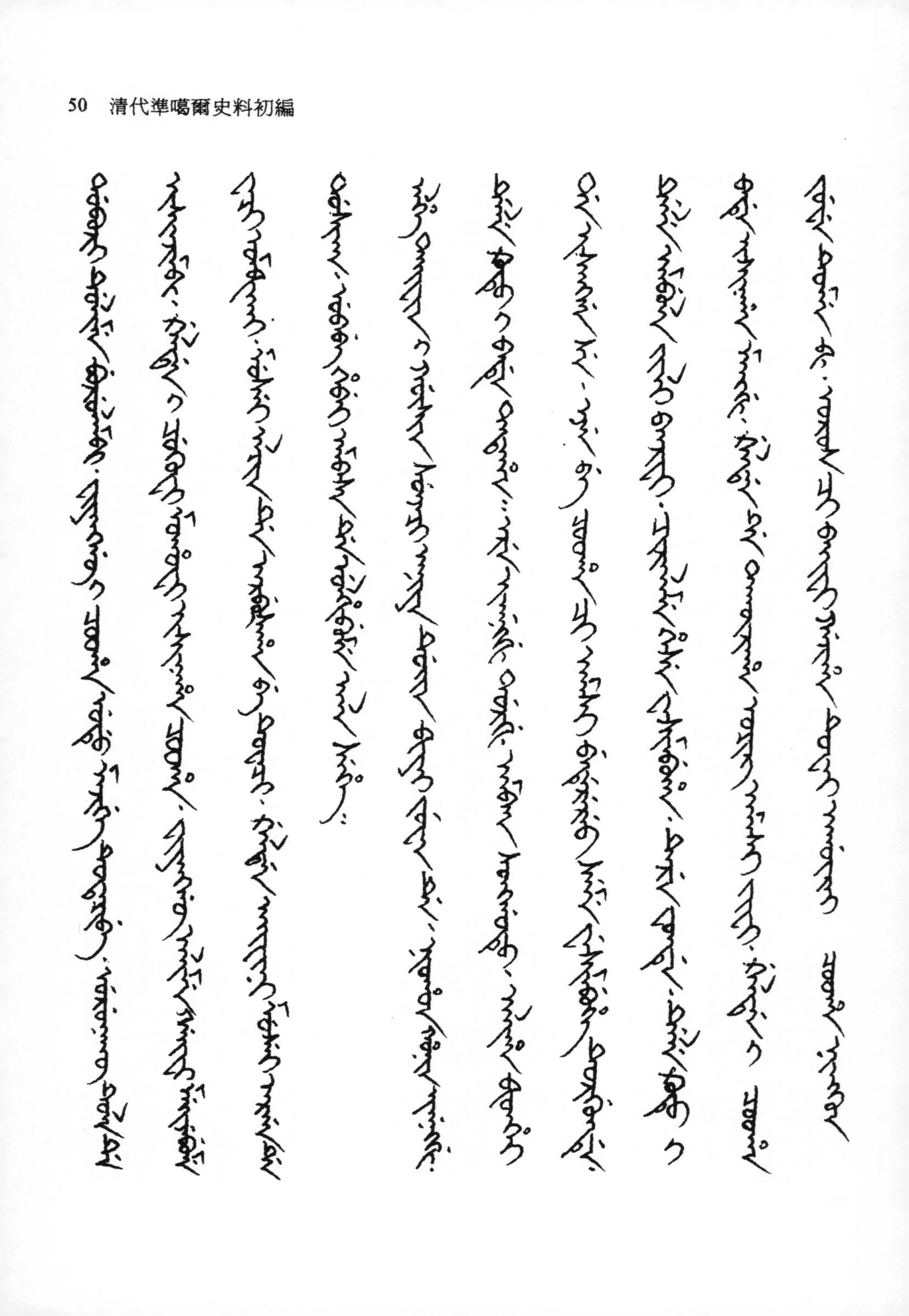

dobori dulime burulambi, fiyanggū i cooha udu majige
夜 連 敗 走 費揚古 的 兵 雖 稍 微
tutacibe, urunakū tula de isinjimbi, g'aldan i cukufi
雖落後 必 土喇 於 到 來 噶爾丹 的 疲敝了
mohofi isinaha cooha, fiyanggū alime gaifi meijebumewaci
窮乏了 到去了 兵 費揚古 接 受了 碎 若殺
ombikai, musei elcin de arbušaha be tuwaci, g'aldan
可 啊 我們的 使 於 動 作 把 若看 噶爾丹
aifini musei arga de dosika, ubabe hebei ambasa de
早已 我們的 計 於 入了 把此處 議政 大臣們 於
ulhibume ala sehe.
使曉 告訴 說了
elhe taifin i gūsin sunjaci aniya duin biyai juwan de,
康 熙 的 三十 第 五 年 四 月的 十 於
niohon honin inenggi, dele k'otu i bade tataha. ere
乙 未 日 上 科圖 的 於地 住 了 此
inenggi, dorgi amban songgotu, aliha bithei da isangga
日 內 大臣 索額圖 大 學 士 伊桑阿
se, ejen be cooha ci amasi bederereo seme wesimbuhe
們 主 把 兵 從 往回 請回吧 云 奏 了
turgunde, dele ambula jili banjifi, ciralame hese
緣故 上 甚 怒 生 了 嚴 旨
wasimbuha, tere fonde, dele k'otu i bade isinaha manggi
降 了 那 時 上 科圖 的 於地 到去了 後
g'aldan de takūraha ocir amasi jifi, g'aldan i cooha
噶爾丹 於 遣 了 俄齊爾 往回 來了 噶爾丹 的 兵
juwe tumen bi, oros ci baifi gajiha tuwai agūrai cooha
二 萬 有 俄羅斯 從 求了 帶來了 火的 器的 兵
ninggun
六

連夜敗遁，費揚古之兵縱稍落後，必至土喇地方。噶爾丹以疲敝乍到之兵，費揚古迎擊，可盡行殲滅矣。觀彼在我使者前舉動，噶爾丹早入我計中，可將此曉諭議政諸大臣。
康熙三十五年四月初十日乙未，上駐蹕科圖地方。是日，內大臣索額圖、大學士伊桑阿等奏請皇上自兵營回鑾，上大怒，頒降嚴旨。時駕次科圖地方，出使於噶爾丹之俄齊爾還言，噶爾丹有兵二萬，由俄羅斯借來之火器兵六

连夜败遁，费扬古之兵纵稍落后，必至土喇地方。噶尔丹以疲敝乍到之兵，费扬古迎击，可尽行歼灭矣。观彼在我使者前举动，噶尔丹早入我计中，可将此晓谕议政诸大臣。
康熙三十五年四月初十日乙未，上驻跸科图地方。是日，内大臣索额图、大学士伊桑阿等奏请皇上自兵营回銮，上大怒，颁降严旨。时驾次科图地方，出使于噶尔丹之俄齐尔还言，噶尔丹有兵二万，由俄罗斯借来之火器兵六

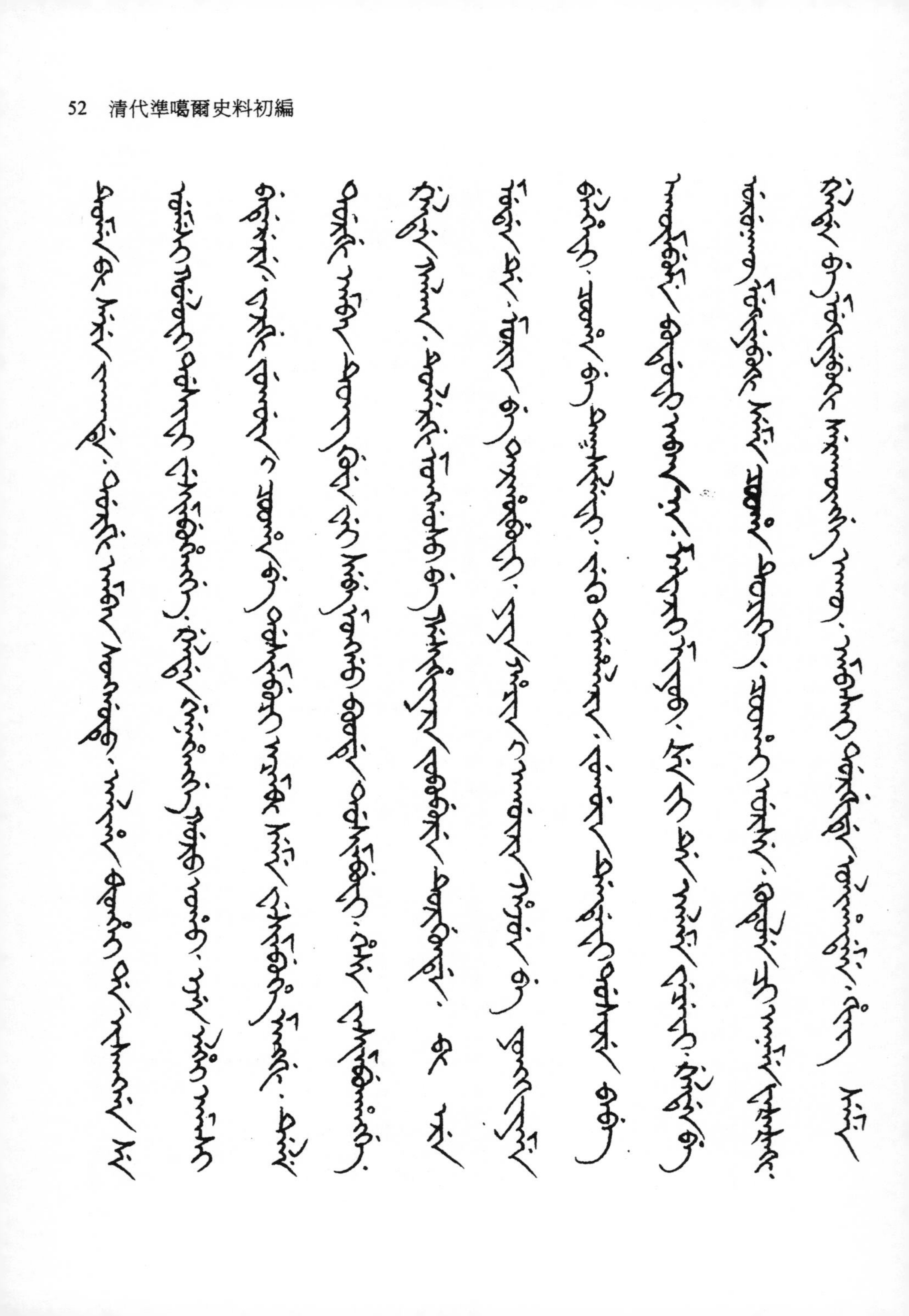

tumen bi sere jakade, dorgi amban songgotu, aliha bithei
萬 有 云 之故 內 大臣 索額圖 大 學
da isangga se umesi golofi dosifi wesimbuhengge g'aldan
士 伊桑阿 們 甚 懼 了 入 了 所奏者 噶爾丹
genehengge goro oho, ejen elhei amasi bederere, wargi
去的 遠 了 主 緩的 往回 歸 西
jugūn i cooha be dosimbuci acambi seme wesimbuhe
路 的 兵 把 若使入 應 云 奏 了
manggi, dele dorgi amban tungguwe wei sebe monggo boode
後 上 內 大臣 佟國維 把們 蒙古 於房
dosimbufi, hese wasimbuhangge, g'aldan kalka, tulergi
使入了 旨 所降者 噶爾丹 喀爾喀 外
monggoso be gasihiyara jobobure turgunde, bi ere mudan
衆蒙古 把 遭蹋 憂勞 緣故 我 此 次
de, morin be tarhūbufi, yaya hacin i agūra hajun be
於 馬 把 使肥了 諸凡 項 的 器 械 把
yongkiyame belhefi, cooha be teksilefi, jeku dahalara,
全 備 預備了 兵 把 整齊了 米糧 隨
jugūn dendefi dosire babe akūmbume bodofi abka na mafari
路 分了 入的 把處 盡 心 籌 了 天 地 祖
miyoo, še ji de alame wecefi, g'aldan be urunakū
廟 社 稷 於 告 祭了 噶爾丹 把 必
mukiyebuki seme cooha tucike, coohai urse, kutule ci
欲使滅 云 兵 出 了 兵的 衆人 厮役 從
aname faššaki, g'aldan be mukiyebuki serakūngge akū,
挨次 奮勉 噶爾丹 把 欲 使 滅 不欲者 無
ambasai dorgide olihadame, hing seme
大臣們的 於內 畏 怯 誠 心

萬，內大臣索額圖、大學士伊桑阿等大驚，入奏曰：噶爾丹之去已遠，請皇上徐還，應使西路兵前進。上召內大臣佟國維等入蒙古包，諭曰：朕以噶爾丹侵擾喀爾喀，及外藩蒙古，故朕此次秣馬厲兵，整軍運糧，分路進勦之處，籌畫周詳，告祭天地、宗廟、社稷，務期勦滅噶爾丹而出兵，自兵丁以至厮役，無不欲奮勉勦滅噶爾丹者，而大臣內竟有怯懦不誠心

万，内大臣索额图、大学士伊桑阿等大惊，入奏曰：噶尔丹之去已远，请皇上徐还，应使西路兵前进。上召内大臣佟国维等入蒙古包，谕曰：朕以噶尔丹侵扰喀尔喀，及外藩蒙古，故朕此次秣马厉兵，整军运粮，分路进剿之处，筹划周详，告祭天地、宗庙、社稷，务期剿灭噶尔丹而出兵，自兵丁以至厮役，无不欲奋勉剿灭噶尔丹者，而大臣内竟有怯懦不诚心

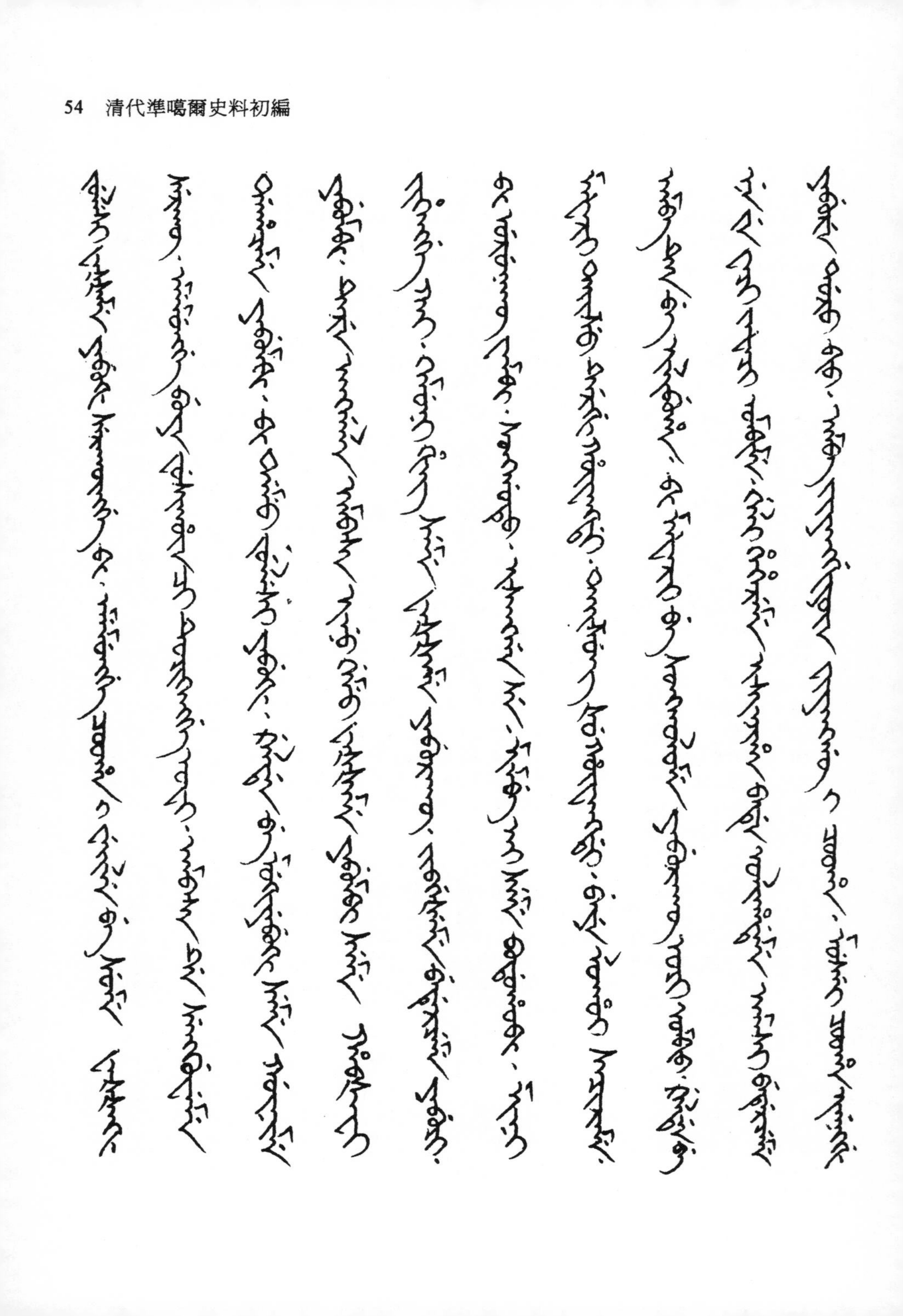

julesi faššame yabuki serakūngge bi, ememungge cooha i
向前 奮勉 欲行 不欲者 有 有的 兵 的
weile be sume faššaki serakū, ememungge buya fusihūn
罪 把 脫 欲奮勉 不欲 有的 微末 賤
ci tucikengge ofi, ambasa de sengguweme dahacame
從 出的 因 大臣們 於 懼 逢迎
yabumbi, bi damu julesi yabuki, g'aldan be mukiyebuki
行 我 惟 向前 欲行 噶爾丹 把 欲使滅
seme gūnime yabumbi, tere anggala ambasa inu gemu
云 思 行 況且 大臣們 亦 皆
faššame yabumbi seme habšafi jihengge kai, kemuni
奮勉 行 云 告了 來的 啊 仍
hing seme faššame yaburakū, jibgešeme bederceme
誠心 奮勉 不行 遲緩 退後
yabuci, bi urunakū wambi, songgotu, isangga se, mimbe
若行 我 必 殺 索額圖 伊桑阿 們 把我
ai seme bodohobi, mini mafari taidzu dergi hūwangdi,
何 云 籌算了 我的 祖 太祖 上 皇帝
taidzung šu hūwangdi, beye lohoi sacirame, amba ten be
太宗 文 皇帝 自身 刀的 砍 大基 把
ilibuha, bi mafari be songkolome yaburakū oci ombio,
使立了 我 祖 把 遵照 不行 若 可嗎
g'aldan be ne je waci jafaci ombime, geli hehereme
噶爾丹 把 立刻 若殺 若拿 既可 又 女人行景
isinjiha bade olihadame amasi bederceme yabure doro
到來了 於地 畏怯 往回 退後 行的 理
bio, amba jiyanggiyūn fiyanggū i cooha musei cooha
有嗎 大將軍 費揚古 的 兵 我們的 兵
inenggi
日

奮力向前之人，或有不思効力以贖行間之罪者，或有因出身微賤者，畏懼大臣而逢迎行事，朕惟一意前進，以勦滅噶爾丹爲念，況爾大臣亦俱係情願効力，告請從軍之人，若仍不奮勇前往，逡巡退後，朕必誅之。不知索額圖、伊桑阿等視朕爲何如人？我太祖高皇帝、太宗文皇帝，親行仗劍，以建丕基，朕不法祖行事可乎？噶爾丹立刻可擒可誅，既至之地而效婦人怯懦退縮乎？且大將軍費揚古之兵與朕軍

奋力向前之人，或有不思効力以赎行间之罪者，或有因出身微贱者，畏惧大臣而逢迎行事，朕惟一意前进，以剿灭噶尔丹为念，况尔大臣亦俱系情愿効力，告请从军之人，若仍不奋勇前往，逡巡退后，朕必诛之。不知索额图、伊桑阿等视朕为何如人？我太祖高皇帝、太宗文皇帝，亲行仗剑，以建丕基，朕不法祖行事可乎？噶尔丹立刻可擒可诛，既至之地而效妇人怯懦退缩乎？且大将军费扬古之兵与朕军

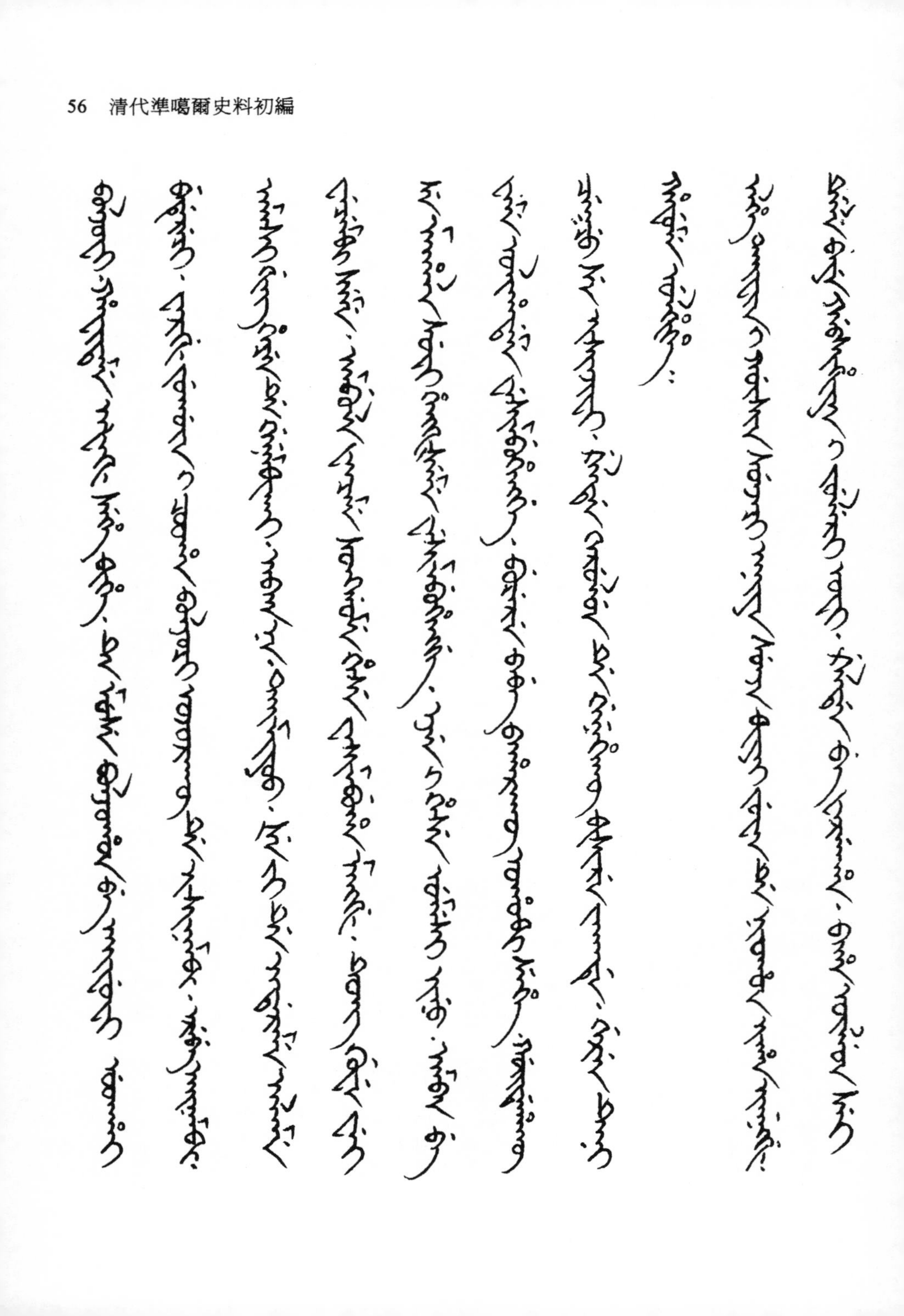

[illegible]

boljofi, hafitame afaki sehe bihe, te muse boljohon be
約會了 夾 欲攻 說了 來着 今 我們 約 把
aifufi uthai bedereci, wargi jugūn i cooha boljoci
食言 即 若歸 西 路 的 兵 若料
ojorakū de isinambi, erebe ainambi, amasi ging hecen
不可 於 至於 把此 如何 往回 京 城
de genembikai, abka na, taimiyoo, še ji de adarame
於 去 啊 天 地 太廟 社稷 於 如何
alame wecembi seme, ambula fancame songgome hese
告 祭 云 甚 生氣 哭 旨
wasimbuha manggi, tung guwe wei se mahala sufi
降了 後 佟 國 維 們 帽 脫了
hengkišeme wesimbuhengge, ejen i hese umesi inu,
連叩頭 奏者 主 的 旨 極 是
amban be feme olihadame wesimbuhengge, bucere babe
臣 我們 信口說 畏 怯 所奏者 死的 把處
baharakū ohobi sehe. goidahakū cekcu se isinjifi, g'aldan
不得 了 說了 不久 車克楚 們 到來了 噶爾丹
kerulun de genehekū bisire jakade, geren teni hafume
克魯倫 於 未去 在 之故 衆 才 通
ulhihe.
曉了
elhe taifin i gūsin sunjaci aniya sunja biyai juwan de
康 熙 的 三十 第五 年 五 月的 十 於
nihon ihan inenggi, dele beye gabsihiyan i juleri ofi,
乙 丑 日 上 自身 前鋒 的 前 因
g'aldan be fargaha, baha ūlet sei
噶爾丹 把 追了 得的 厄魯特 們的

曾約期夾擊，今朕軍若爽約即還，則西路兵必至於不知所料，此將何如，還至京城，何以告祭天地、宗廟、社稷？時大怒泣下。佟國維等免冠叩首奏曰：皇上諭旨極是，臣等怯懦信口具奏，死無地矣！頃之，車克楚等至，言噶爾丹仍在克魯倫，未嘗遁去，眾始曉悟。
康熙三十五年五月初十日乙丑，上身先前鋒兵，追擊噶爾丹，所獲厄魯特人等

曾约期夹击，今朕军若爽约即还，则西路兵必至于不知所料，此将何如，还至京城，何以告祭天地、宗庙、社稷？时大怒泣下。佟国维等免冠叩首奏曰：皇上谕旨极是，臣等怯懦信口具奏，死无地矣！顷之，车克楚等至，言噶尔丹仍在克鲁伦，未尝遁去，众始晓悟。
康熙三十五年五月初十日乙丑，上身先前锋兵，追击噶尔丹，所获厄鲁特人等

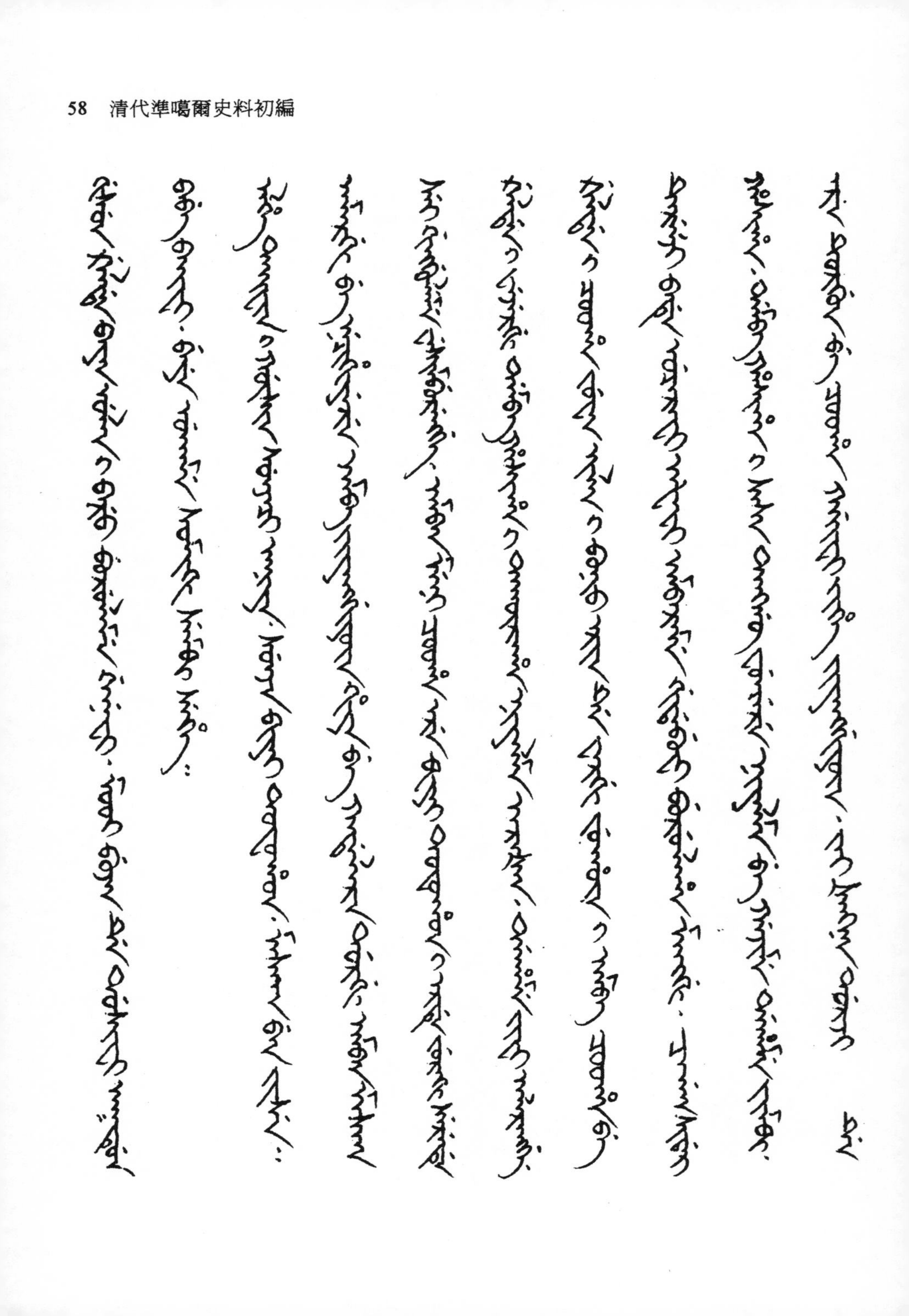

gisun g'aldan bayan ulan i baru burulame genefi, mooi
言 噶爾丹 巴 顏 烏 蘭 的 向 敗 走 去 了 木 的
bujan de dosifi, akdun babe baifi, beye ukame somiki
林 於 入 了 結實 把處 尋 了 身 逃 欲 藏
sembi sehe。
云 說了
elhe taifin i gūsin sunjaci aniya, sunja biyai tofohon
康 熙 的 三十 第 五 年 五 月的 十 五
maska ben jise, amargi be necihiyere amba jiyanggiyūn
馬思喀 本 稿 北 把 平撫的 大 將 軍
hiya be kadalara dorgi amban maska sei gingguleme
侍衛 把 管 理 內 大 臣 馬思喀 們的 恭 謹
wesimburengge, amban meni cooha ere biyai tofohon i
所奏者 臣 我們的 兵 此 月 的 十 五 的
erde juraki serede, g'aldan i fejergi damba hasiha i
早 欲啓程 說時 噶爾丹 的 屬下 丹 巴 哈什哈 的
takūraha niyalma arašan, dahame jifi alarangge, g'aldan
所遣的 人 阿喇善 降 來了 告訴的 噶爾丹
i cooha juwan ilan i bonio erin de wargi juhūn i amba
的 兵 十 三 的 申 時 於 西 路 的 大
cooha be terelji bade ucarafi afafi ambarame gidabufi
兵 把 特勒爾濟於地 遇 了 攻 了 大 被 敗 了
burulaha manggi, cagan sidar hasiha, damba hasiha i
敗走了 後 察罕 西達爾哈什哈 丹 巴 哈什哈 的
sasa tanggū funcere niyalma be gajime dahame jimbi,
齊 百 餘 人 把 帶來 降 來
ere turgun be cooha gaifi jihe jiyanggiyūn, jai šangnan
此 緣由 把 兵 帶了 來了 將 軍 再 商 南
dorji de
多爾濟 於

言噶爾丹逃往巴顏烏闌，入樹林內，欲覓險固之處藏身等語。
康熙三十五年五月十五日，馬思喀本稿。平北大將軍管侍衛內大臣馬思喀等謹奏，本月十五日晨，臣等之兵欲啓程時，噶爾丹屬下丹巴哈什哈所遣之人阿喇善來降，據稱：噶爾丹之兵於十三日申時，在特勒爾濟地方遇西路大兵交戰，大敗遁逃後，察罕西達爾哈什哈與丹巴哈什哈一齊帶領百餘人來降，先差我來，將此情由詳告領兵前來之將軍及商南多爾濟。

言噶尔丹逃往巴颜乌阑，入树林内，欲觅险固之处藏身等语。
康熙三十五年五月十五日，马思喀本稿。平北大将军管侍卫内大臣马思喀等谨奏，本月十五日晨，臣等之兵欲启程时，噶尔丹属下丹巴哈什哈所遣之人阿喇善来降，据称：噶尔丹之兵于十三日申时，在特勒尔济地方遇西路大兵交战，大败遁逃后，察罕西达尔哈什哈与丹巴哈什哈一齐带领百余人来降，先差我来，将此情由详告领兵前来之将军及商南多尔济。

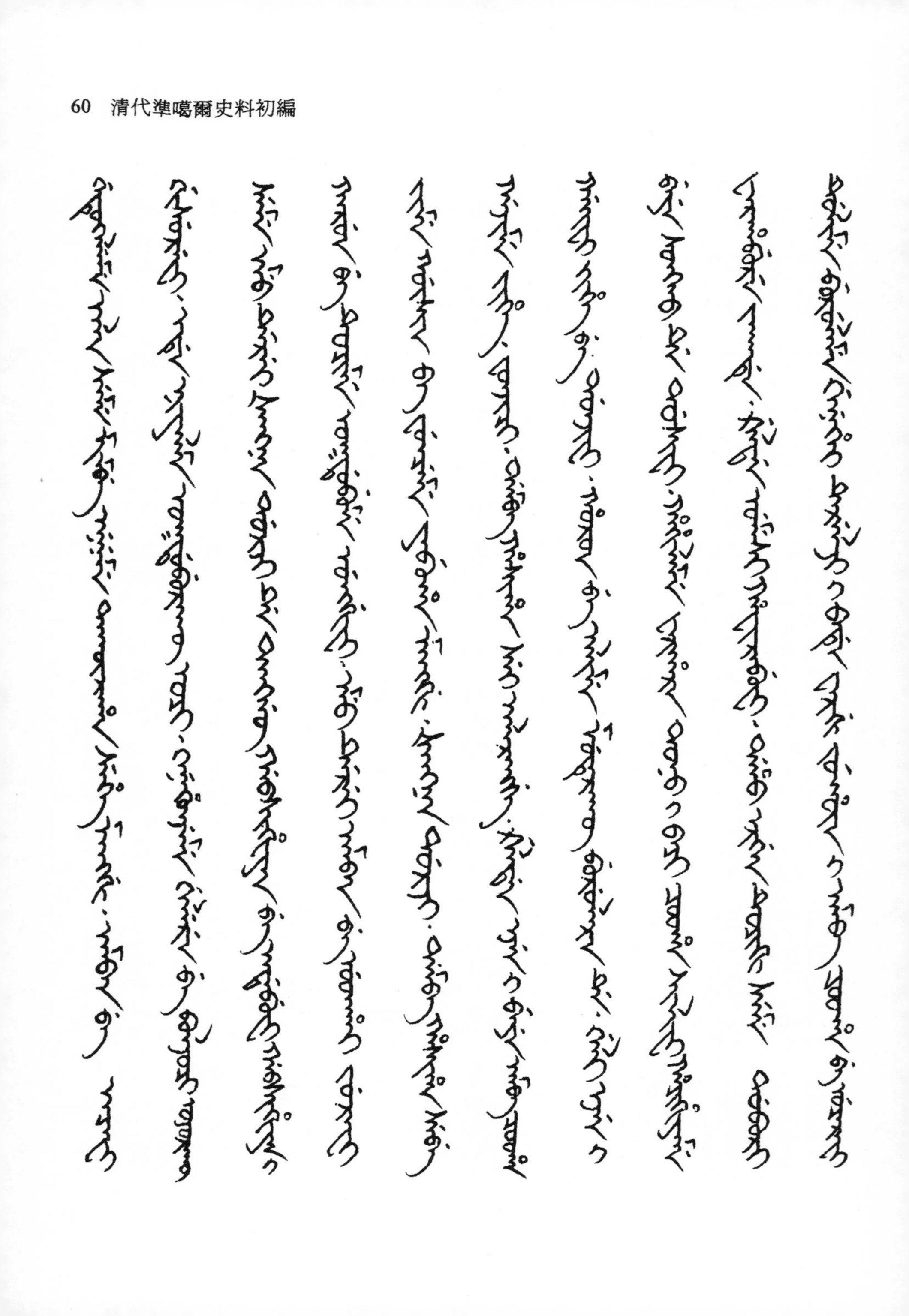

getukeleme ala seme mimbe neneme takūraha sehe manggi,
察 明 告訴 云 把我 先 遣了 說了 後
amban be acafi gisurefi, ede niyalma okdoburakū oci,
臣 我們 會了 議了 因此 人 不使迎 若
kenehunjeme gelere be boljoci ojorakū seme emu derei
疑 懼 把 若料 不可 云 一 面
šangnan dorji de tanggū gabsihiyan be adabufi gabsihiyan
商南 多爾濟 於 百 前鋒 把 使陪了 前鋒
i karun be tucime okdobume unggifi, emu derei amban be
的 卡倫 把 出 使迎 遣了 一 面 臣 我們
uthai jurafi jime gūsin ba funceme yabuha manggi,
即 啓行了 來 三十 里 餘 行了 後
šangnan dorji, damba hasiha sebe gajime jihe, fonjici,
商南 多爾濟 丹巴 哈什哈 把們 帶來 來了 問時
damba hasiha sei alarangge, g'aldan, ejen i beye, amba
丹巴 哈什哈 們的 告訴的 噶爾丹 主 的 自身 大
cooha gaifi jihe be donjifi, horon be alime muterakū
兵 領了 來了 把 聞了 威 把 承受 不能
burulara de, geli ejen i beye, songko de dosifi, hahilame
敗走的 於 又 主 的 自身 迹 於 入了 上緊
farhara tono i baci cooha silifi hacihiyame farhabure
追的 拖諾 的 從地 兵 選了 上緊 使追
jakade, g'aldan umesi hafirabufi, damu ergen tuciki
之故 噶爾丹 極 受困了 惟 命 欲出
seme dobori dulime burulame genehei terelji i bade
云 夜 連 敗走 只管去 特勒爾濟 的 於地
wargi juhūn i amba cooha be ucarafi
西 路 的 大 兵 把 遇了

臣等會議，若不派人往迎，則不免疑懼，乃一面遣商南多爾濟隨帶前鋒兵一百名，出前鋒卡倫往迎，一面臣等即啓程前來。行三十餘里後，商南多爾濟帶領丹巴哈什哈等前來。詢問時，丹巴哈什哈告稱，噶爾丹聞皇上親率大軍前來，震慴天威竄逃之際，復因皇上躬親躡跡進入急追，自拖諾地方選兵窮追，故噶爾丹已極窮迫，惟欲保全一命，連夜奔逃，至特勒爾濟地方時，即遇西路大兵交戰，

臣等会议，若不派人往迎，则不免疑惧，乃一面遣商南多尔济随带前锋兵一百名，出前锋卡伦往迎，一面臣等即启程前来。行三十余里后，商南多尔济带领丹巴哈什哈等前来。询问时，丹巴哈什哈告称，噶尔丹闻皇上亲率大军前来，震慑天威窜逃之际，复因皇上躬亲蹑迹进入急追，自拖诺地方选兵穷追，故噶尔丹已极穷迫，惟欲保全一命，连夜奔逃，至特勒尔济地方时，即遇西路大兵交战，

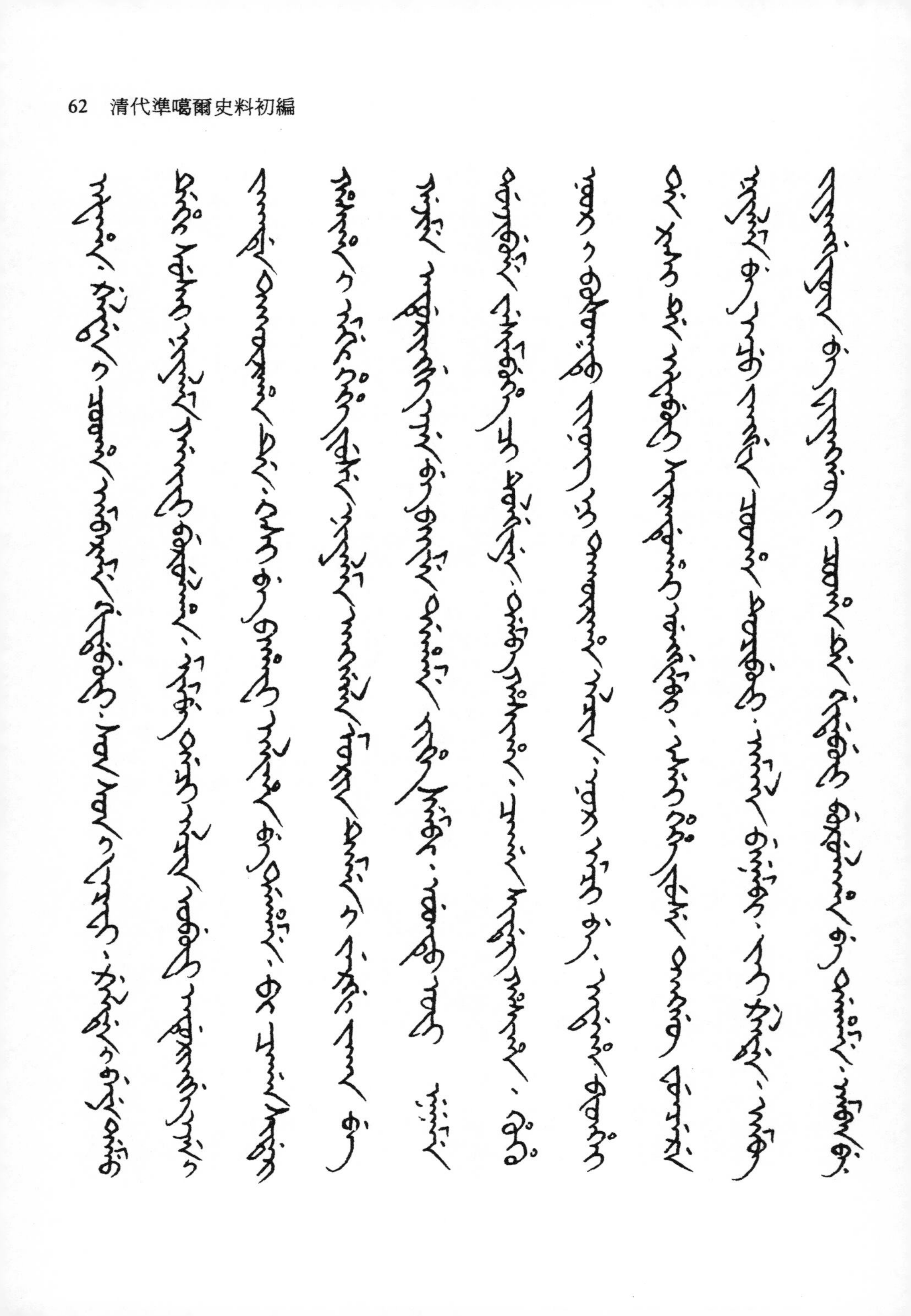

afaha, g'aldan i cooha ambarame gidabufi, son son i
攻了 噶爾丹 的 兵 大 被敗了 星 散 的
facafi, g'aldan i beye damu dehi susai niyalma gaifi
散了 噶爾丹 的 自身 惟 四十 五十 人 領了
burulaha, mimbe daci elcin obufi enduringge ejen i
敗走了 把我 原來 使 成了 聖的 主 的
jakade takūraha de, kesi be bahafi aliha be dahame, bi
跟前 遣了的 於 恩 把 得了 承受了既 然 我
cagan sidar hasiha i emgi hehe juse niyalma anggala
察罕 西達爾 哈什哈的 同 婦女 孩子們 人 口
morin temen i jergi jaka be gajime enduringge ejen be
馬 駝 的 等 物 把 帶來 聖的 主 把
baime dahame jihe sembi, uttu ofi neneme donjibume
求 降 來了 云 此 因 先 使 聞
wesimbuhe ci tulgiyen, damba hasiha, cagan sidarhasiha
奏 了 除 以 外 丹巴 哈什哈 察罕 西達爾哈什哈
huhu noor i bošoktu jinong ni takūraha elcin, nor emci
青 海 的 博碩克圖 濟農 的 所遣的 使 諾爾 厄木齊
be, adaha bithei da rasi de afabufi sirandhai unggimbi,
把 侍讀 學 士 喇什 於 交了 相 繼 遣
esei hehe juse tanggū funcere niyalma be encu janggin
這些的婦女孩子們 百 餘的 人 把 另 章京
cooha tucibufi, amala benembi, jai g'aldan, amba
兵 派出了 後 送 再 噶爾丹 大
jiyanggiyūn be fiyanggū i cooha de gidabufi burulaha be
將 軍 伯 費揚古 的 兵 於 被敗了 敗走了 既
dahame, amban be
然 臣 我們

噶爾丹之兵大敗星散，噶爾丹自身僅率四五十人逃竄。前以我爲使遣至聖主御前時，既蒙恩典，故我同察罕西達爾哈什哈各帶婦孺人口馬駝等物來投聖主等語。因此除先行奏聞之外，並將丹巴哈什哈、察罕西達爾哈什哈、青海博碩克圖濟農所遣使臣諾爾厄木齊交由侍讀學士喇什隨即解送。其婦孺百餘人，另派出章京兵丁由後解來。又噶爾丹既爲大將軍伯費揚古之兵所敗竄逃，故臣等

噶尔丹之兵大败星散，噶尔丹自身仅率四五十人逃窜。前以我为使遣至圣主御前时，既蒙恩典，故我同察罕西达尔哈什哈各带妇孺人口马驼等物来投圣主等语。因此除先行奏闻之外，并将丹巴哈什哈、察罕西达尔哈什哈、青海博硕克图济农所遣使臣诺尔厄木齐交由侍读学士喇什随即解送。其妇孺百余人，另派出章京兵丁由后解来。又噶尔丹既为大将军伯费扬古之兵所败窜逃，故臣等

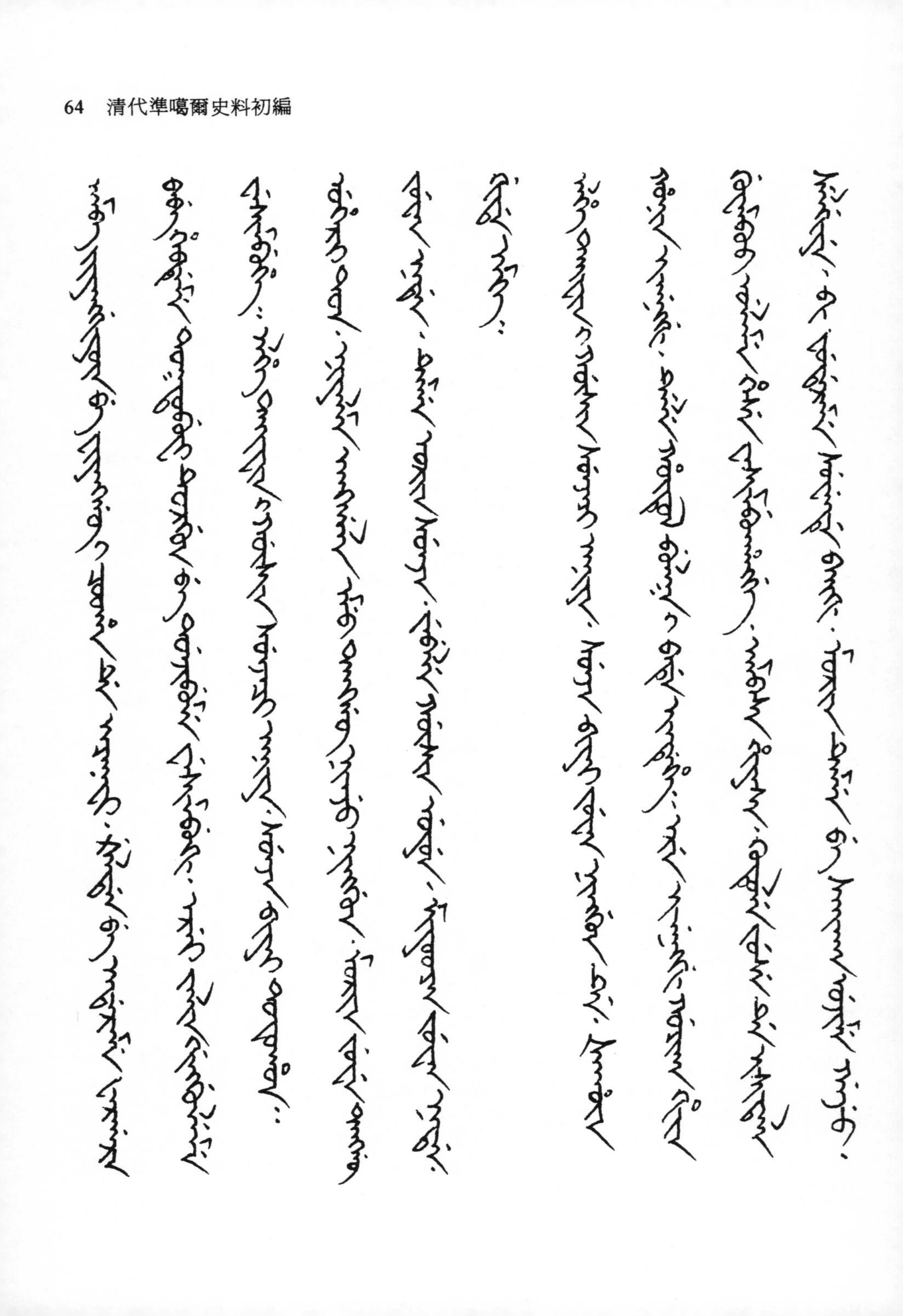

amba jiyanggiyūn be fiyanggū i cooha de acanafi, g'aldan
大 將 軍 伯 費揚古 的 兵 於 去會了 噶爾丹
be adarame fargara babe hebdeme toktobufi turgun be
把 如何 追的 把處 商量 定了 緣由 把
donjibume wesimbuki, erei jalin gingguleme wesimbuhe
使聞 欲奏 此 爲 恭謹 奏了
elhe taifin i gūsin sunjaci aniya, sunja biyai tofohon
康熙 的 三十 第五 年 五 月的 十五
uheri ton, niyalma anggala emu tanggū ninju ninggun,
共數 人 口 一 百 六十 六
morin juwe tanggū juwan nadan, temen orin sunja, jebele
馬 二 百 十 七 駝 二十 五 撒袋
gūsin uyun, miyoocan juwan nadan, gida emke.
三十 九 鳥鎗 十 七 鎗 一
elhe taifin i gūsin sunjaci aniya, sunja biyai juwan
康熙 的 三十 第五 年 五 月的 十
ninggun de, šahūn honin inenggi, dele hūtul bulak ibade
六 於 辛 未 日 上 呼圖爾 布喇克的於地
indehe, ere inenggi gocika hiya guwamboo ulame hese
歇了 此 日 御前 侍衛 關保 傳 旨
wasimbuhangge, ambasa hiyasa, kutule juse de isitala
降的 大臣們 侍衛們 厮役 孩子們 於 直至
selgiye, bi fudarame suwende baiki, morin temen be
令傳 我 倒 於你們 欲求 馬 駝 把
saikan ujime gaju,
好好地 養 帶來

往會大將軍伯費揚古之兵，作何追擊噶爾丹之處，商定後將情由奏聞，爲此謹奏。康熙三十五年五月十五日。總數：人口，一百六十六人，馬，二百一十七匹，駝，二十五隻，撒袋，三十九副，鳥鎗，一十七枝，鎗，一枝。康熙三十五年五月十六日辛未，上駐歇呼圖爾布喇克地方。是日，御前侍衛關保傳諭眾大臣、侍衛及厮役孺子等曰：朕望爾等將馬駝善加牧養帶來，

往会大将军伯费扬古之兵，作何追击噶尔丹之处，商定后将情由奏闻，为此谨奏。康熙三十五年五月十五日。总数：人口，一百六十六人，马，二百一十七匹，驼，二十五只，撒袋，三十九副，鸟鎗，一十七枝，鎗，一枝。康熙三十五年五月十六日辛未，上驻歇呼图尔布喇克地方。是日，御前侍卫关保传谕众大臣、侍卫及厮役孺子等曰：朕望尔等将马驼善加牧养带来，

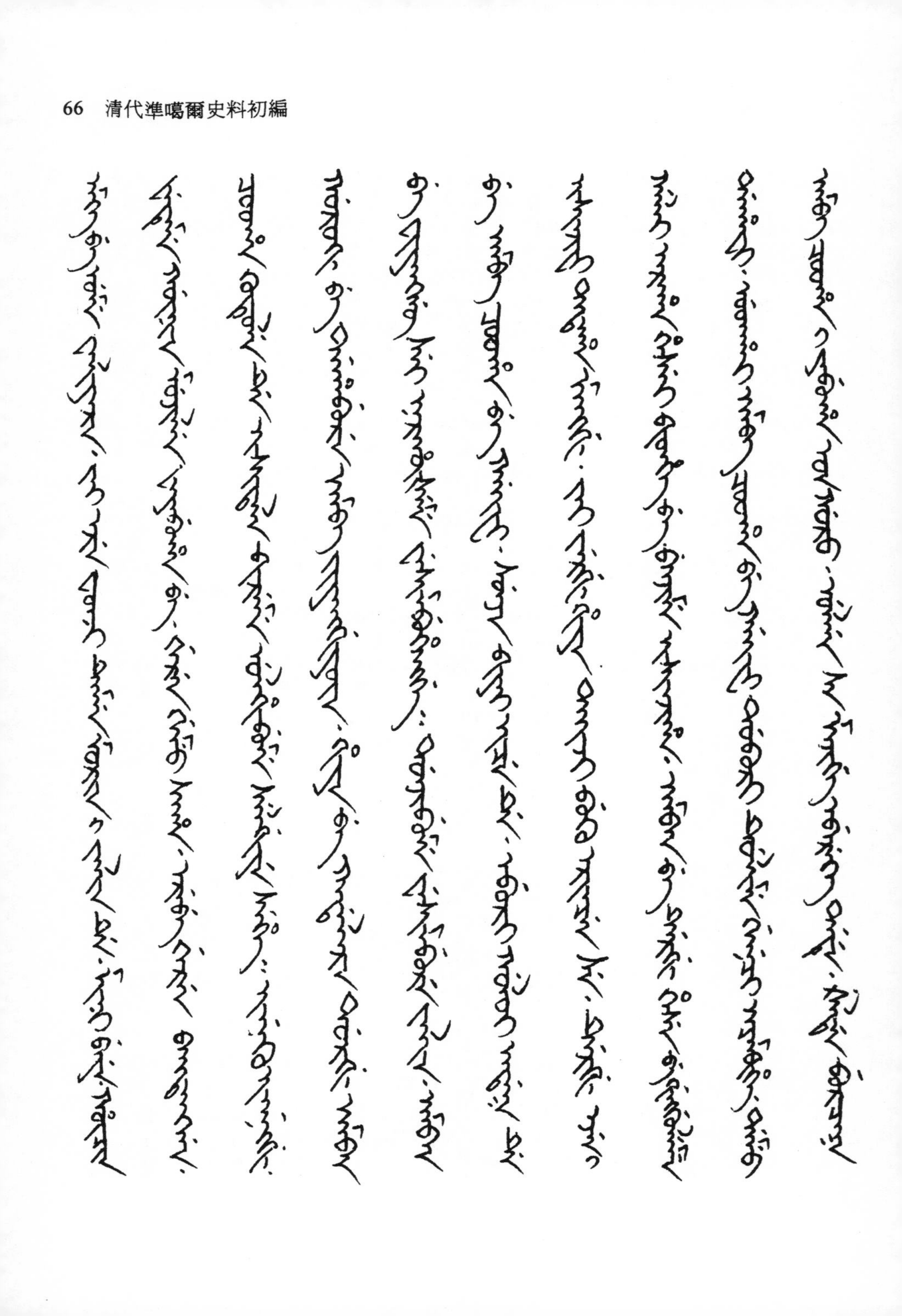

emke be ume wal iyara, jai ere foni temen mor in i
一 把 勿 棄 再 此 次 駝 馬 的
jal in de, mini beye, hūcin fet eme gūnin mujilen fayabuha
爲 於 我的 自身 井 掘 意 心 使費了
be geren gemu saha, erebe geren baitangga, cooha kutule
把 衆 皆 知了 把此 衆 執事人 兵 厮役
de isitala bireme ulhibume selgiye sehe. ineku inenggi
於 直至 一概 使曉得 令傳 說了 本 日
goroki be dahabure amba jiyanggiyūn, hiya be kadalara
遠 把 招降 大 將 軍 侍衛 把 管
dorgi amban be fiyanggū sei narhūšame wesimbuhengge,
內 大臣 伯 費揚古 們的 密 所奏者
donjibume wesimbure jal in, amban be amba cooha be
使聞 奏 的 爲 臣 我們 大 兵 把
gaifi, sunja biyai ice de eburi goloi adak de isinjifi
領了 五 月的 初一 於額布里 果壘 阿達克於 到來了
tataha manggi, jai jergi hiya taiji buku erincen se,
駐了 後 第二 等 侍衛 台吉 布庫 額林辰 們
dergi ejen i galai araha hesei bithe be benjime isinjiha.
上 主 的 手的 寫的 旨的 文 把 送來 到來了
amban be dergi hese be gingguleme dahafi, uthai amba
臣 我們 上 旨 把 恭 謹 隨了 即 大
cooha be gaifi dobori dulime geneci acambihe, damu
兵 把 領了 夜 連 若去 應當來着 惟
amba cooha i yabuha on goro, ulga sa majige ebereke
大 兵 的 行的 程 遠 牲口 等 稍微 衰了
dade, g'aldan burcak
況且 噶爾丹 布爾察克

雖一匹亦勿遺棄。再此番特爲駝馬，朕躬親掘井，勞費心神之處，皆爾等所知，著將此遍行曉諭眾執事兵丁僕役等知之。本日撫遠大將軍管侍衛內大臣伯費揚古等密奏，爲奏聞事，臣等率領大兵於五月初一日至額布里果壘阿達克駐紮時，二等侍衛台吉布庫額林辰等齎送皇上手諭到來，臣等原應欽遵上諭即率大兵星夜前往會師。惟大兵所行程途遙遠，牲口既稍疲瘦，噶爾丹又將布爾察克

虽一匹亦勿遗弃。再此番特为驼马，朕躬亲掘井，劳费心神之处，皆尔等所知，着将此遍行晓谕众执事兵丁仆役等知之。本日抚远大将军管侍卫内大臣伯费扬古等密奏，为奏闻事，臣等率领大兵于五月初一日至额布里果垒阿达克驻扎时，二等侍卫台吉布库额林辰等赍送皇上手谕到来，臣等原应钦遵上谕即率大兵星夜前往会师。惟大兵所行程途遥远，牲口既稍疲瘦，噶尔丹又将布尔察克

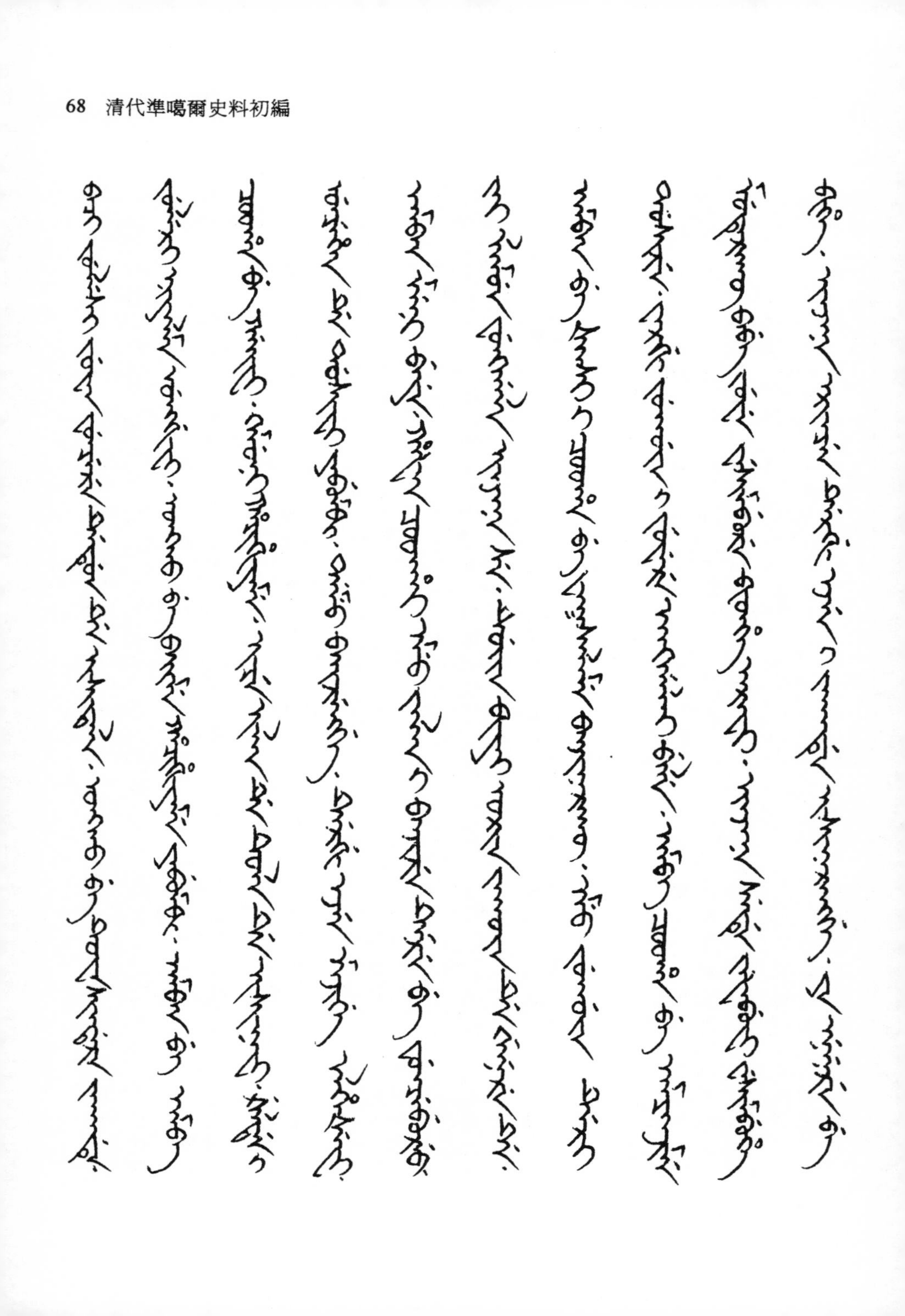

baci julesi juwan funcere dedun de isitala, ongko be
由地 向前 十 餘 宿處 於 直至 牧場 把
tuwa sindara jakade, juleri niyalma unggifi, ongko be
火 放 的 之故 前 人 遣了 牧場 把
baime hacihiyame yabumbi, amban be amba cooho be
尋 上緊 行 臣 我們 大 兵 把
gaifi, kemuni hacihiyame, ice ilan de tula de isinafi,
領了 仍 上緊 初 三 於 土喇 於 到去了
g'aldan i uncehen de dosifi yabumbi, damu bairengge,
噶爾丹 的 尾 於 入了 行 惟 所求者
dergi ejen majige elhešefi, amban meni beye, hafan
上 主 稍 緩 臣 我們的 自身 官
coohai emu jalan i bajire dere be funcebureo, jai
兵 的 一 世 的 生 的 面 把 請使餘剩 再
lamun funggala injana se, duin biyai orin jakūn de
藍翎 侍衛 殷扎納 們 四 月的 二十 八 於
genere de, amban be šansi i cooha be faksalame
去的 於 臣 我們 陝西 的 兵 把 分 開
banjinarakū, emu jugūn deri dosire, wargi jugūn i
不成 一 路 由 進入 西 路 的
juwere anggalai bele, amba cooha be amcanjime
運的 口的 米 大 兵 把 趕 來
muterakū babe juwe wesimbure bithe arafi, injana sede
不 能 把處 二 奏的 書 寫了 殷扎納 於們
jafabufi wesimbuhe bihe, injana erincen dergi ejen i
使拿了 奏了 來着 殷扎納 額林辰 上 主 的
jakade isinarangge, ya neneme be
跟前 到去的 那個 先 把

地方前面十餘站路程之牧場放火焚燒，已遣人前去尋覓牧場上緊行走，臣等仍率大兵作速於初三日至土喇，尾隨噶爾丹前進，惟請皇上稍緩，以全臣自身及官兵一生面目。又藍翎侍衛殷扎納等於四月二十八日前去之時，臣等已將陝西兵丁不便分遣，由一路進入，及西路所運口糧不能趕至大軍之處，繕寫二疏著殷扎納等齎往具奏矣，因未知殷扎納、額林辰誰能先至皇上御前，

地方前面十余站路程之牧场放火焚烧，已遣人前去寻觅牧场上紧行走，臣等仍率大兵作速于初三日至土喇，尾随噶尔丹前进，惟请皇上稍缓，以全臣自身及官兵一生面目。又蓝翎侍卫殷扎纳等于四月二十八日前去之时，臣等已将陕西兵丁不便分遣，由一路进入，及西路所运口粮不能赶至大军之处，缮写二疏着殷扎纳等赍往具奏矣，因未知殷扎纳、额林辰谁能先至皇上御前，

boljoci ojorakū ofi, neneme wesimbuhe juwe bithe be
若料時 不 可 因 先 奏 的 二 書 把

dasame arafi suwaliyame gingguleme donjibume wesimbuhe
復 寫了 一併 恭 謹 使 聞 奏了

sehebi, fiyanggū sei geli wesimbuhengge, donjibume
說了 費揚古 們的 又 所 奏 者 使 聞

wesimbure jalin, amban be amba cooha be gaifi yabure de
奏 的 爲 臣 我們 大 兵 把 領了 行的 於

geren jasak sebe, amba coohai juwe dalbade, julesiken
衆 扎薩克 把們 大 兵的 二 於旁 略往前

songkoi faitame yabu seme afabuha bihe, sunja biyai
踪 尋 令行 云 交付了 來着 五 月的

ice de, jing yabure jugūn i andala, kalkai sutai irdeng
初一 於 正 行的 路 的 半途 喀爾喀的蘇泰伊爾登

gung, ini jui cembel taiji be takūrafi, ūlet i haha hehe,
公 他的子 車木柏爾 台吉 把 遣了 厄魯特的 男 女

juwan funcere niyalma, julergi ergi be duleme wargi
十 餘 人 南 方 把 過 西

baru genembi seme alanjiha manggi, uthai araha galai
向 去 云 來告訴了 後 即 委 署 前 鋒

amban šodai de emu meyen i gabsihiyan be gaibufi,
統領 碩代 於 一 隊 的 前 鋒 把 令帶了

juwan ba isime fargafi, hehe sunja, juse jakūn, morin
十 里 至 追了 女 五 孩子們 八 馬

juwan juwe, temen juwe, tukšen bisire uniyen ilan,
十 二 駝 二 牛犢 有 乳牛 三

復將前所奏二疏繕寫一併恭謹奏聞。費揚古等又奏，爲奏聞事，臣等率領大兵而行時，每囑眾扎薩克等在大軍兩旁稍前蹤跡行走，五月初一日，正在途中行走間，喀爾喀之蘇泰伊爾登公遣其子車木柏爾台吉來告稱：有厄魯特男女十餘人從南邊經過向西而去等語，隨後即遣委署前鋒統領碩代帶領八鋒兵一隊追至十里許，拿獲婦女五口、孺子八口、馬十二匹、駱駝二頭、有犢乳牛三頭、

复将前所奏二疏缮写一并恭谨奏闻。费扬古等又奏，为奏闻事，臣等率领大兵而行时，每嘱众扎萨克等在大军两旁稍前踊迹行走，五月初一日，正在途中行走间，喀尔喀之苏泰伊尔登公遣其子车木柏尔台吉来告称：有厄鲁特男女十余人从南边经过向西而去等语，随后即遣委署前锋统领硕代带领八锋兵一队追至十里许，拿获妇女五口、孺子八口、马十二匹、骆驼二头、有犊乳牛三头、

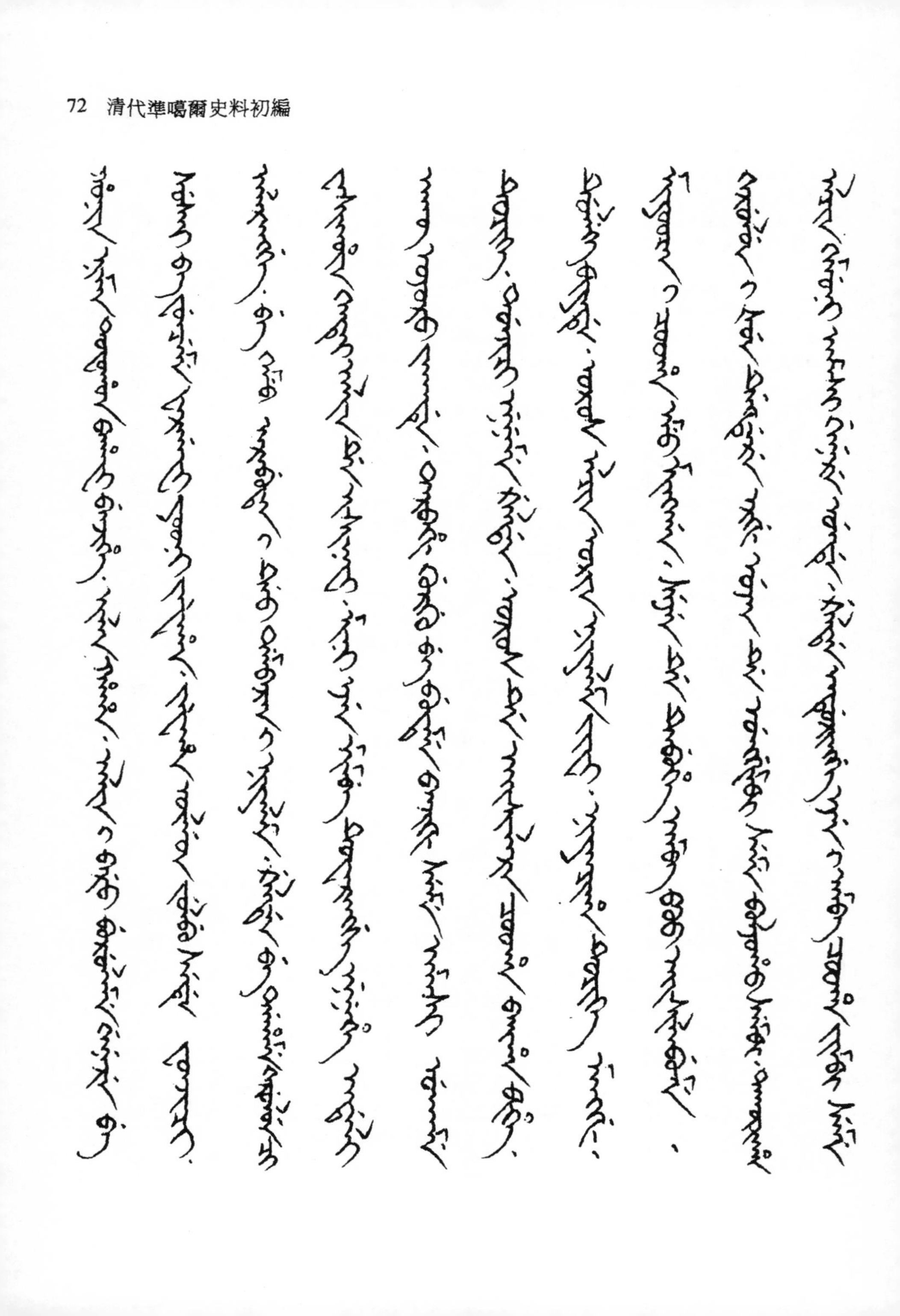

honin niman tofohon bahafi benjihe, ilan haha, alin i
羊 山羊 十五 得了 送來了 三 男 山 的
baru burulame genere be susai ba funceme fargafi yooni
向 敗走 去的 把 五十 里 餘 追了 全
jafaha, jafaha ūlet julbu sede fonjici, alarangge, be
拿了 所拿的厄魯特 朱爾布 於們 問時 告訴的 我們
gemu arabutan i deo dambaran i niyalma, g'aldan be
皆 阿喇布坦的 弟 達木巴蘭的 人 噶爾丹 把
dahame kerulun ci wasihūn kentei alin de isinafi, mini
隨 克魯倫 從 往下 肯特 山 於 到去了 我的
ejen mimbe tuwarangge nenehe adali akū ojoro jakade,
主 把我 看的 先前 相同 不 因爲 這樣
tarbahi gurgu be butame banjiki seme amasi ukame
獺兒皮 獸 把 打牲 欲生活 云 往回 逃
tucike, donjici neneme g'aldan oros de aisilara cooha
出了 若聞 先 噶爾丹 俄羅斯 於 相助的 兵
baiha bihe, duleke biyade, oros elcin orin niyalma jifi
求了 來着 上 於月 俄羅斯 使臣 二十 人 來了
niyanciha tucike manggi, miyoocan i cooha emu minggan,
青草 出了 後 鳥鎗 的 兵 一 千
sejen de tebuhe amba poo aisilabume, kerulun i šun
車 於 使載了 大 礮 使 助 克魯倫 的 日
dekdere ergi ujan de unggimbi seme boljoho sembi,
浮的 方 地頭 於 遣 云 約了 云
takūraha elcin kemuni amasi genere unde, g'aldan
所遣的 使臣 仍 往回 去的 尚未 噶爾丹
enduringge ejen i amba cooha jimbi seme
聖 主的 大 兵 來 云

羊十五隻送來，男人三名向山逃去，追至五十餘里，俱行擒獲。詢問所獲厄魯特人朱爾布等時，據稱我等皆係阿喇布坦之弟達木巴蘭之人，隨噶爾丹自克魯倫順流而至肯特山，因我主看待我等不如往時，故往後逃出捕獺獸爲生。聞得噶爾丹前曾向俄羅斯求借援兵，上月俄羅斯使臣二十人前來約定青草生時助鳥鎗兵一千名，車載大礮送至克魯倫河東境，所遣使臣仍未回去，噶爾丹聞聖主之大軍前來，

羊十五只送来，男人三名向山逃去，追至五十余里，俱行擒获。询问所获厄鲁特人朱尔布等时，据称我等皆系阿喇布坦之弟达木巴兰之人，随噶尔丹自克鲁伦顺流而至肯特山，因我主看待我等不如往时，故往后逃出捕獭兽为生。闻得噶尔丹前曾向俄罗斯求借援兵，上月俄罗斯使臣二十人前来约定青草生时助鸟鎗兵一千名，车载大炮送至克鲁伦河东境，所遣使臣仍未回去，噶尔丹闻圣主之大军前来，

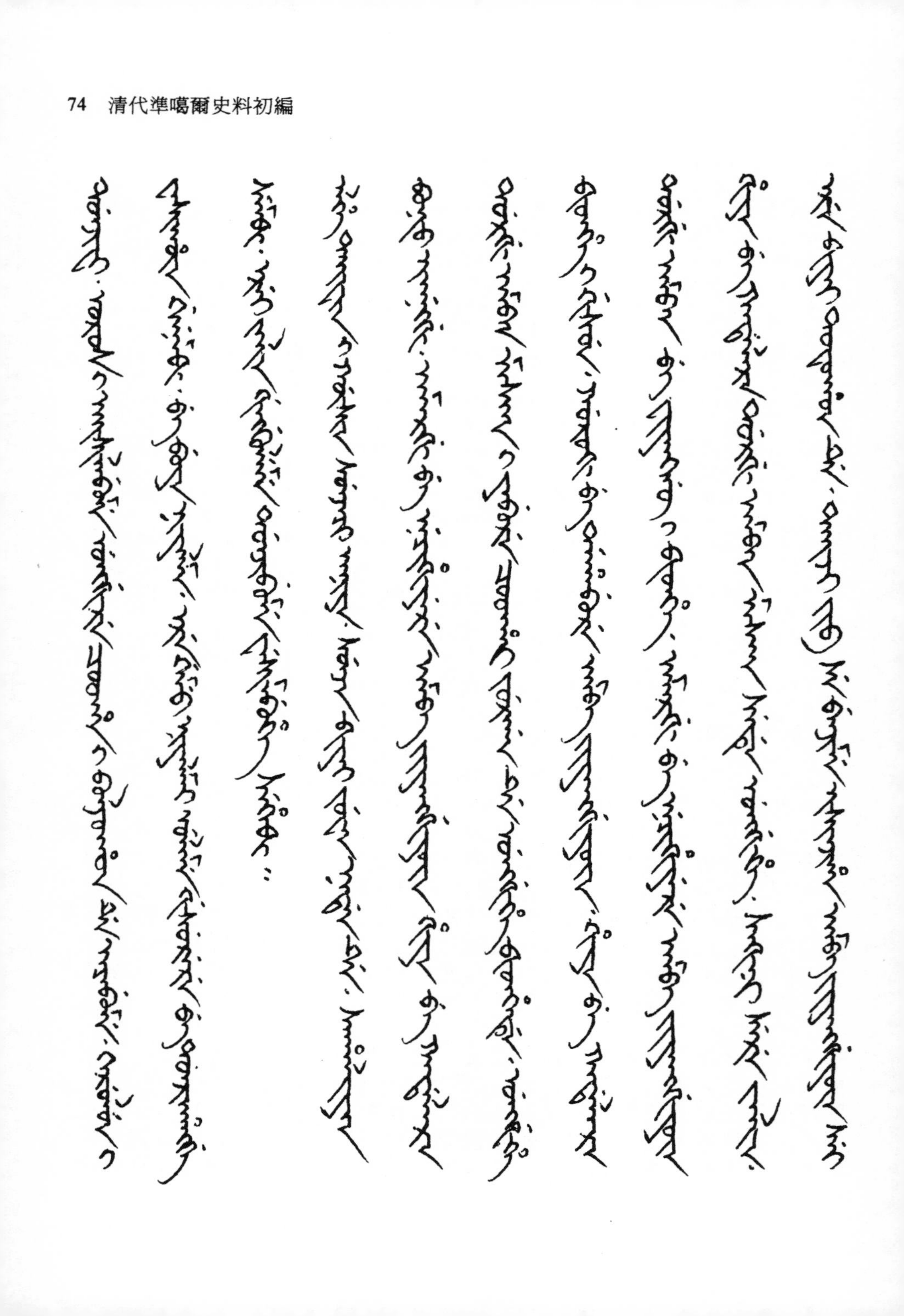

donjifi, oros i aisilabume unggire cooha i boljohon de
聽了 俄羅斯的 使 助 遣的 兵 的 約 於
acabume, kerulun i wasihūn genembi, be buya niyalma,
合 克魯倫 的 往 下 去 我們 小 人
ere gemu niyalmai ulame gisurere be donjihangge sembi,
此 皆 人的 傳 說的 把 聽 的 云
erei jalin ginggguleme donjibume wesimbuhe sehebi.
此 爲 . 恭謹 使聞 奏了 說了
elhe taifin i gūsin sunjaci aniya, sunja biyai juwan
康 熙 的 三十 第 五 年 五 月的 十
nadan de, sahaliyan bonio inenggi, amargi be necihiyere
七 於 壬 申 日 北 把 平 撫 的
amba jiyanggiyūn hiya be kadalara dorgi amban maska
大 將 軍 侍衛 把 管 的 内 大臣 馬思喀
i yabure coohai jurgan de unggihe bithede, unggihe
的 行的 兵的 部 於 遣致的 於 書 遣致的
bithe i gisun, goroki be dahabure amba jiyanggiyūn,
書 的 言 遠 把 招降的 大 將 軍
hiya be kadalara dorgi amban be fiyanggū i bithe amargi
侍衛 把 管的 内 大臣 把 費揚古 的 書 北
be necihiyere amba jiyanggiyūn hiya be kadalara dorgi
把 平撫的 大 將 軍 侍衛 把 管 的 内
amban maska sede unggihe, sakini sere jalin, ere biyai
大 臣 馬思喀 於們 遣致的 令 知 云 爲 此 月的
tofohon de, taiji jib se benjime isinjiha amba
十 五 於 台吉 紀卜 們 送來 到來了 大
jiyanggiyūn sei
將 軍 們的

赴俄羅斯援兵之約，順克魯倫河下游而去，我等係小人，此俱係聽人傳聞等語，謹此奏聞。
康熙三十五年五月十七日壬申，平北大將軍管侍衛內大臣馬思喀移咨行在兵部，其咨文云：准撫遠大將軍管侍衛內大臣伯費揚古移咨平北大將軍管侍衛內大臣馬思喀等，爲知會事，本月十五日，台吉紀卜等齎大將軍等咨文至，

赴俄罗斯援兵之约，顺克鲁伦河下游而去，我等系小人，此俱系听人传闻等语，谨此奏闻。
康熙三十五年五月十七日壬申，平北大将军管侍卫内大臣马思喀移咨行在兵部，其咨文云：准抚远大将军管侍卫内大臣伯费扬古移咨平北大将军管侍卫内大臣马思喀等，为知会事，本月十五日，台吉纪卜等赍大将军等咨文至，

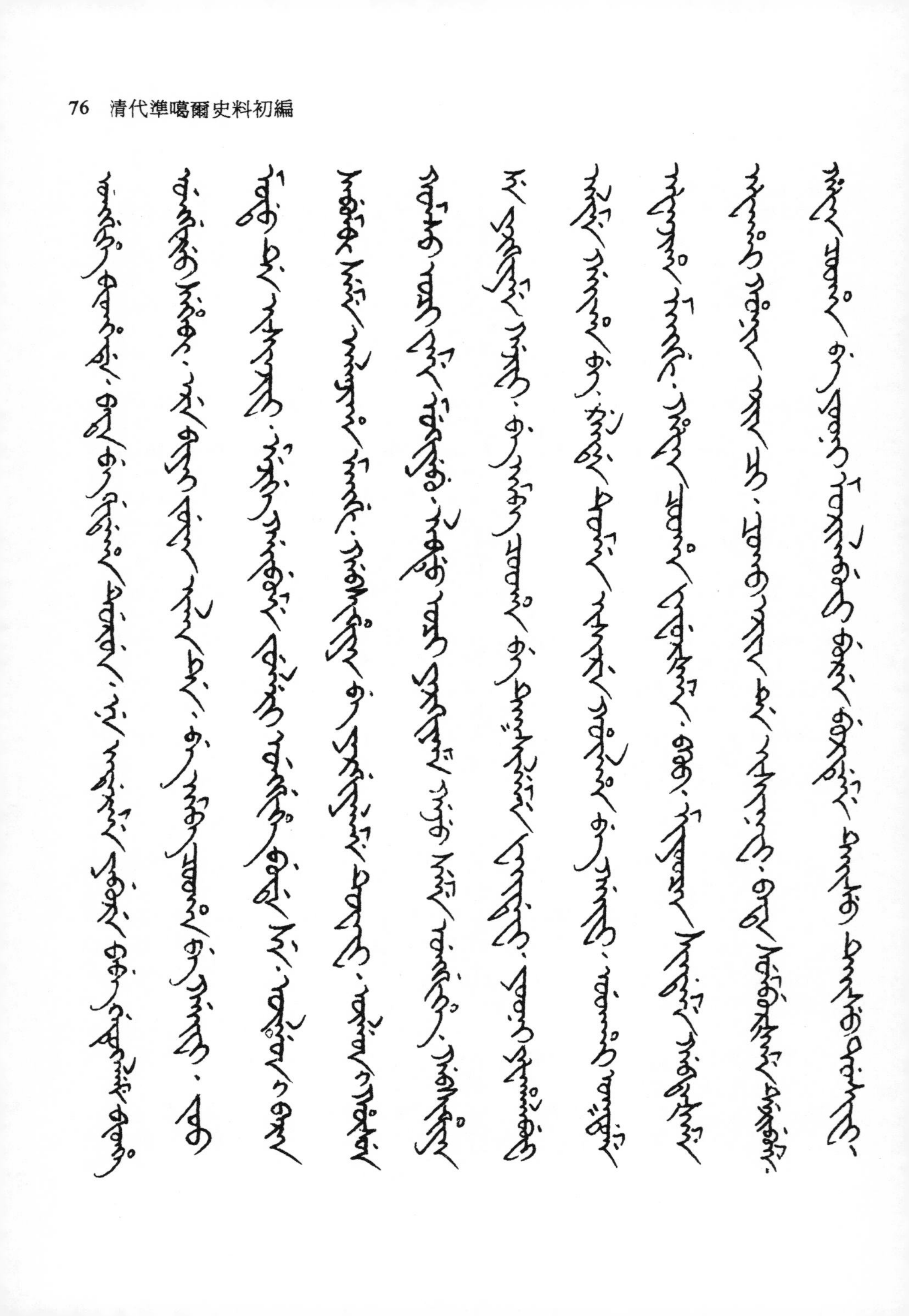

unggihe bithede, bata be gidaha durun, ne adarame yabure
遣致的 於文 敵 把 敗了 樣子 今 如何 行的
babe getukeleme bithe unggireo sehebi, ere biyai juwan
把處 明白 書 請遣致 說了 此 月的 十
ilan de, be amba cooha be gaifi, joo modo de isinjifi,
三 於 我們 大 兵 把 領了 昭 莫多 於 到來了
mejige gaibume juleri unggihe buda se, ūlet i barun
信息 使取 前 遣的 布達 們 厄魯特的 聲息
sabumbi seme alanjiha manggi, gabsihiyan be yargiyalame
看見 云 來告了 後 前鋒 把 驗實
tuwafi, ūlet i husun komso oci wame mukiyebu, labdu
看了 厄魯特的 力 少 若 殺 令滅 多
oci yarkiyame gaju seme unggihe, gabsihiyan se
若 誘 敵 令帶來 云 遣了 前鋒 們
yarkiyame gajifi, be amba cooha be teksileme faidafi,
誘敵 帶來了 我們 大 兵 把 整齊 排列了
yooni yafahalabufi alime gaiha be, g'aldan tumen isire
全 使步行了 接 取了 把 噶爾丹 萬 及
hūlha be gaifi, uthai okdome afanjiha manggi, hafan
賊 把 領了 即 迎 來攻了 後 官
cooha fafuršame, poo, miyoocan sindame gabtašame afahai
兵 奮發 礮 鳥鎗 放 齊射 只管攻
honin erin ci, coko erin de isinafi, bata sumburšame
未 時 從 酉 時 於 到去了 敵 散亂
deribume, hafan cooha be yooni morilabufi buren
始 官 兵 把全 使騎了 海螺
burdeme teisu teisu dosifi,
吹海螺 各人 各人 入了

咨文稱：將敗敵情狀及現在作何行事之處開明移咨等因前來。本月十三日，我等率領大兵來至昭莫多。據遣往前方偵探信息之布達等來稱，見厄魯特聲息，即令前鋒兵探視確實，若厄魯特兵力少，便行勦滅，若多，則引誘前來。及前鋒兵誘敵至，我等整列大兵，俱令步行接戰，噶爾丹領賊眾萬許即行迎戰，官兵奮勇，放射鳥鎗、火礮，交戰自未時至酉時，敵眾開始散亂，即令官兵俱乘馬吹海螺，各自殺入，

咨文称：将败敌情状及现在作何行事之处开明移咨等因前来。本月十三日，我等率领大兵来至昭莫多。据遣往前方侦探信息之布达等来称，见厄鲁特声息，即令前锋兵探视确实，若厄鲁特兵力少，便行剿灭，若多，则引诱前来。及前锋兵诱敌至，我等整列大兵，俱令步行接战，噶尔丹领贼众万许即行迎战，官兵奋勇，放射鸟鎗、火炮，交战自未时至酉时，敌众开始散乱，即令官兵俱乘马吹海螺，各自杀入，

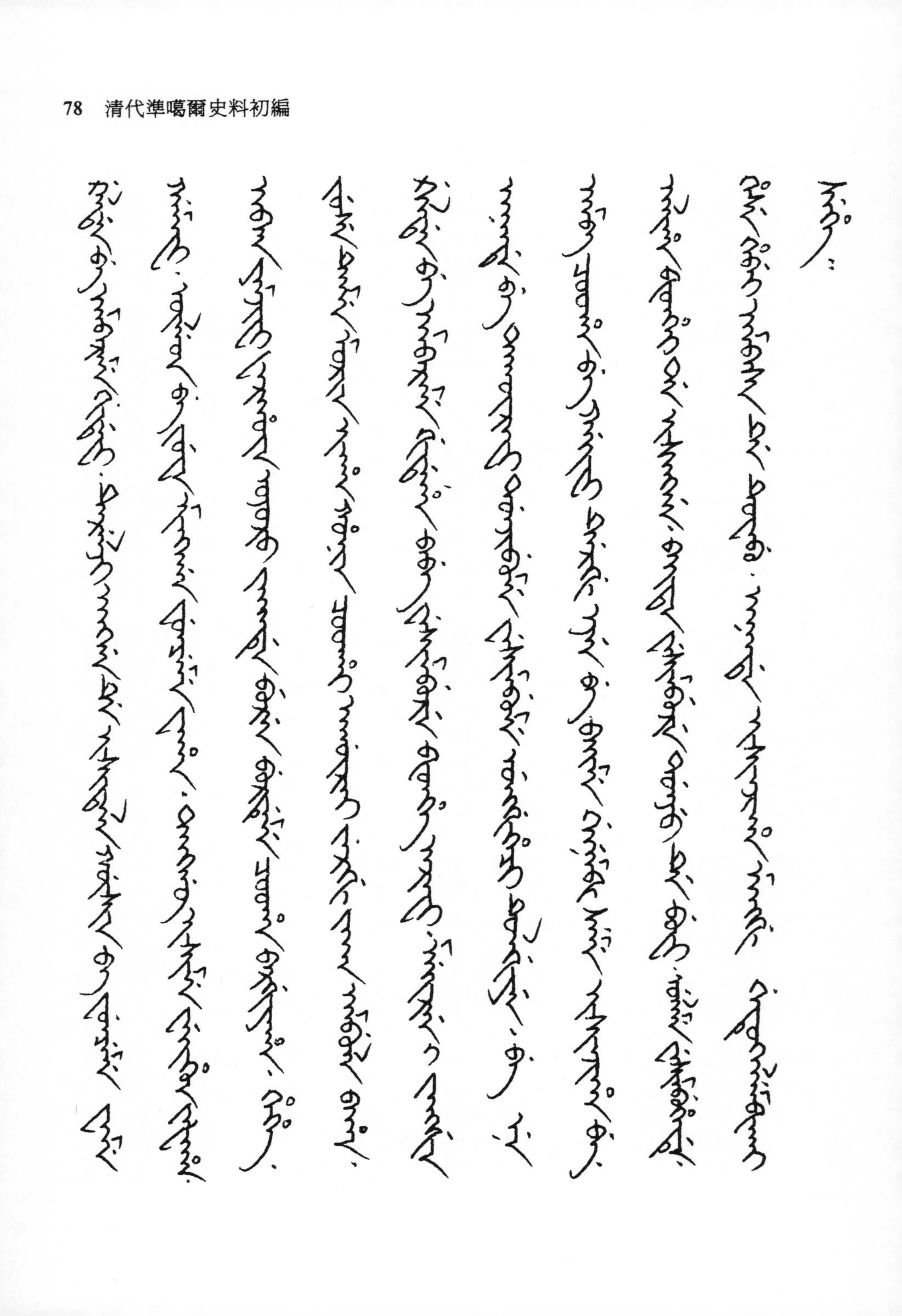

[illegible]

g'aldan be ambarame gidafi, terelji angga de isitala
噶爾丹 把 大 敗了 特勒爾濟 口 於 至於

gūsin ba funceme wame gamafi, ūlet be juwe minggan
三 十 里 餘 殺 拿去了 厄魯特 把 二 千

funceme waha, tanggū isime weihun jafaha, abka yamji
餘 殺了 百 及 生 擒了 天 晚

farhūn ojoro jakade buren burdeme cooha bargiyaha hehe
昏暗 因爲 這樣 海螺 吹海螺 兵 收了 女

juse temen morin ihan honin coohai agūrai jergi jaka
孩子們 駝 馬 牛 羊 兵的 器的 等 物

ambula baha, g'aldan be ambarame gidaha babe wesimbure
多 獲了 噶爾丹 把 大 敗了 把處 奏 的

bithe arafi, meiren i janggin ananda be takūrafi
書 寫了 副 都 統 阿南達 把 差遣了

donjibume wesimbume unggiheci tulgiyen, be ne amba
使聞 奏 除遣了 以外 我們 現今 大

cooha be gaifi dergi ejen be baime genembi seme
兵 把 領了 上 主 把 求 去 云

isinjiha be, aliha bithei da isangga, baita wesimbure
到來了 把 大 學 士 伊桑阿 事 奏 的

donju de bufi, ulame wesimbuhede, hese hebei ambasa
敦柱 於 給了 傳 於奏了時 旨 議政 衆大臣

de tuwabu, ananda isinjiha manggi getukelembi kai sehe.
於 令看 阿南達 到來了 後 明白 啊 說了

大敗噶爾丹，勦殺至特勒爾濟口三十餘里，陣斬厄魯特二千餘人，生擒百許人，因天色已昏暗，故吹海螺收兵，大獲婦孺駝馬牛羊兵器等物，並將大敗噶爾丹之處，繕寫奏章遣副都統阿南達前往奏聞外，我等現今率領大兵往尋皇上等因，大學士伊桑阿交給奏事敦柱轉奏，奉旨著示議政大臣等，阿南達到時即得明悉矣。

大败噶尔丹，剿杀至特勒尔济口三十余里，阵斩厄鲁特二千余人，生擒百许人，因天色已昏暗，故吹海螺收兵，大获妇孺驼马牛羊兵器等物，并将大败噶尔丹之处，缮写奏章遣副都统阿南达前往奏闻外，我等现今率领大兵往寻皇上等因，大学士伊桑阿交给奏事敦柱转奏，奉旨着示议政大臣等，阿南达到时即得明悉矣。

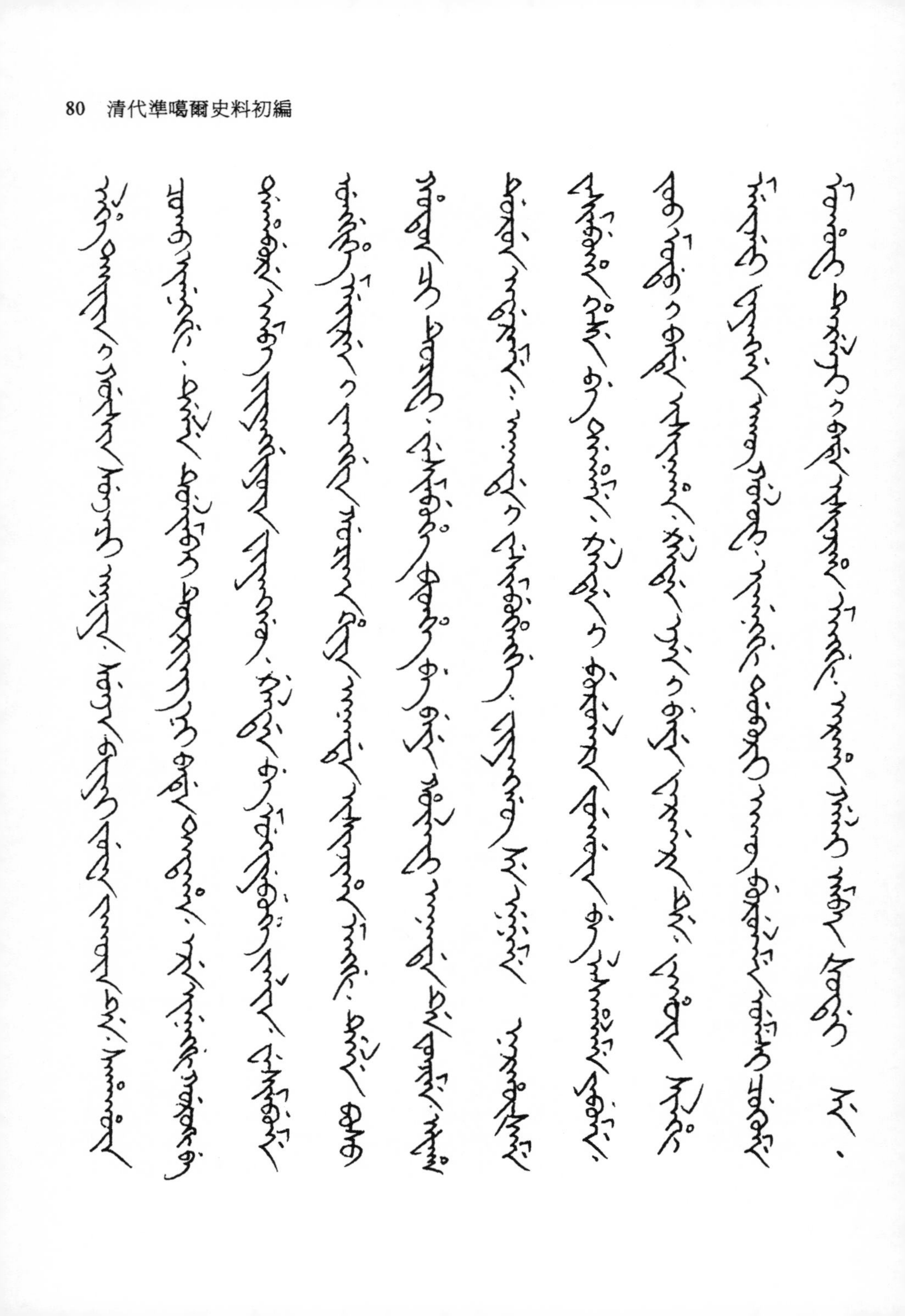

elhe taifin i gūsin sunjaci aniya, sunja biyai juwan
康 熙 的 三十 第五 年 五 月的 十
jakūn de, sahahūn coko inenggi, dele dulimbai tūring
八 於 癸 酉 日 上 中央的 拖陵
ni bade tataha, ere inenggi, goroki be dahabure amba
的 於地 駐了 此 日 遠 把 招降的 大
jiyanggiyūn fiyanggū, g'aldan be mukiyebuhe jalin,
將 軍 費揚古 噶爾丹 把 使滅了 為
wesimbume unggihe meiren i janggin gocika hiya ananda
奏 的 遣的 副 都 統 御前 侍衛 阿南達
isinjiha manggi, dele boso hoton ci tucifi, wesimbuhe
到來了 後 上 布 城 從 出了 奏的
bithe be beye hūlafi, ananda de fonjime, afaha durun
書 把 身 讀了 阿南達 於 問 攻的 情狀
adarame, ananda i wesimbuhengge, fiyanggū se neneme
如何 阿南達 的 所奏者 費揚古 們 先
narhūšame wasimbuha hese be dahame, g'aldan i burulara
密 所降的 旨 把 隨 噶爾丹 的 敗走的
jugūn be lashalame yabume, joo modo i bade isinaha,
路 把 斷 行 昭 莫 多 的 於地 到去了
g'aldan ejen i beye fargara de, fahūn silhi meijefi
噶爾丹 主 的自身 追 的 於 肝 膽 碎了
fayangga akū golofi, inenggi dobori akū burulame umesi
魂 無 驚了 日 夜 無 敗走 極
cukume mohofi, terelji i bade isinjiha manggi, araha
疲 乏了 特勒爾濟 的 於地 到來了 後 委署
galai amban šodai se,
前鋒 統領 碩代 們

康熙三十五年五月十八日癸酉，上駐蹕中拖陵地方。是日，撫遠大將軍費揚古爲勦滅噶爾丹，遣副都統御前侍衛阿南達來奏時，上出自布城，親讀奏疏，問阿南達交戰情形如何？阿南達奏曰：費揚古等因前奉密諭前往截斷噶爾丹逃竄之路，至昭莫多，噶爾丹被皇上親追，肝膽碎裂，驚駭喪魂，日夜奔竄，疲乏已極，至特勒爾濟地方時，委署前鋒統領碩代等

康熙三十五年五月十八日癸酉，上驻跸中拖陵地方。是日，抚远大将军费扬古为剿灭噶尔丹，遣副都统御前侍卫阿南达来奏时，上出自布城，亲读奏疏，问阿南达交战情形如何？阿南达奏曰：费扬古等因前奉密谕前往截断噶尔丹逃窜之路，至昭莫多，噶尔丹被皇上亲追，肝胆碎裂，惊骇丧魂，日夜奔窜，疲乏已极，至特勒尔济地方时，委署前锋统领硕代等

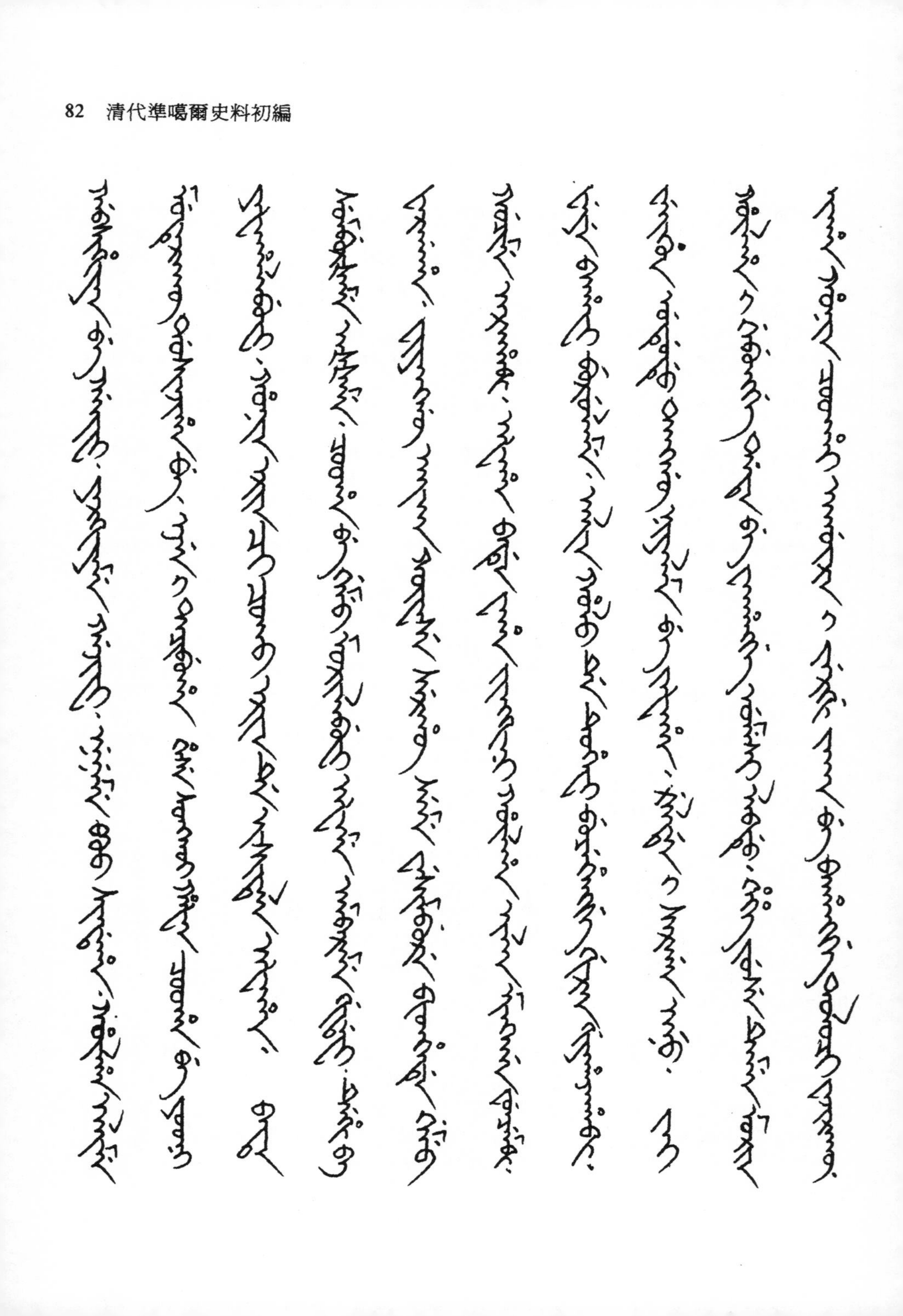

gabsihiyan be gaifi, yarkiyame gajifi。neneme poo
前 鋒 把 領了 誘 帶來了 先 礮
sindaha, hūlha alime muterakū dosinjiha be, ejen i
放 了 賊 承受 不 能 進入了 把 主 的
tacibuha hese songkoi hafan cooha be yooni yafaha labufi,
指教的 旨 照 官 兵 把 俱 令步行了
honinerin cicoko erin de isitala afaha, bata sumburšame
未 時 從酉 時 於 至於 攻了 敵 散 亂
aššame, cooha be gemu morilabufi afame ambarame
動 兵 把 皆 令騎馬了 攻 大
gidafi, dehi ba fargaha, fiyanggū aika kuwase serhū
敗了 四十 里 追了 費揚古 若是 誇張 恐
seme wesimbure bithede gemu gocime arahabi, afaha
云 奏 的 於書 皆 撤 寫 了 攻的
bade waha jingkini hūlha ilan minggan funcembi, feye
於地 殺了 正 賊 三 千 餘 傷
bahafi burulame, alin holo de tuhefi bucehengge giran
得了 敗 走 山 谷 於 落了 死 者 屍
giyahajahabi, weihun ududu tanggū niyalma be jafaha,
橫 亂 了 生 數 百 人 把 拿了
g'aldan i sargan anu, jai hūlha i gebungge data be
噶爾丹 的 妻 阿奴 再 賊 的 有名的 各長 把
wahangge umesi labdu, hehe juse temen morin ihan
殺的 極 多 女 孩子們 駝 馬 牛
honin coohai agūra i jergi jaka be bahangge toloci
羊 兵的 器 的 等 物 把 得的 數時
wajirakū,
不 完

率前鋒兵誘之前來，先行發礮，賊不能當，即行衝入，臣等於是遵照皇上訓諭，令官兵俱步戰，交戰自未時至酉時，敵始潰散，遂令軍士俱乘騎進擊，大敗之，追擊四十里。費揚古恐涉誇張，故於奏疏內皆謙抑書之。交戰處斬殺正賊三千餘級。其得傷逃竄死於山谷中者，屍骸枕藉，生獲數百人，殺噶爾丹之妻阿奴及賊之渠首甚眾，獲其婦孺駝馬牛羊兵器等物不可勝數，

率前锋兵诱之前来，先行发炮，贼不能当，即行冲入，臣等于是遵照皇上训谕，令官兵俱步战，交战自未时至酉时，敌始溃散，遂令军士俱乘骑进击，大败之，追击四十里。费扬古恐涉夸张，故于奏疏内皆谦抑书之。交战处斩杀正贼三千余级。其得伤逃窜死于山谷中者，尸骸枕藉，生获数百人，杀噶尔丹之妻阿奴及贼之渠首甚众，获其妇孺驼马牛羊兵器等物不可胜数，

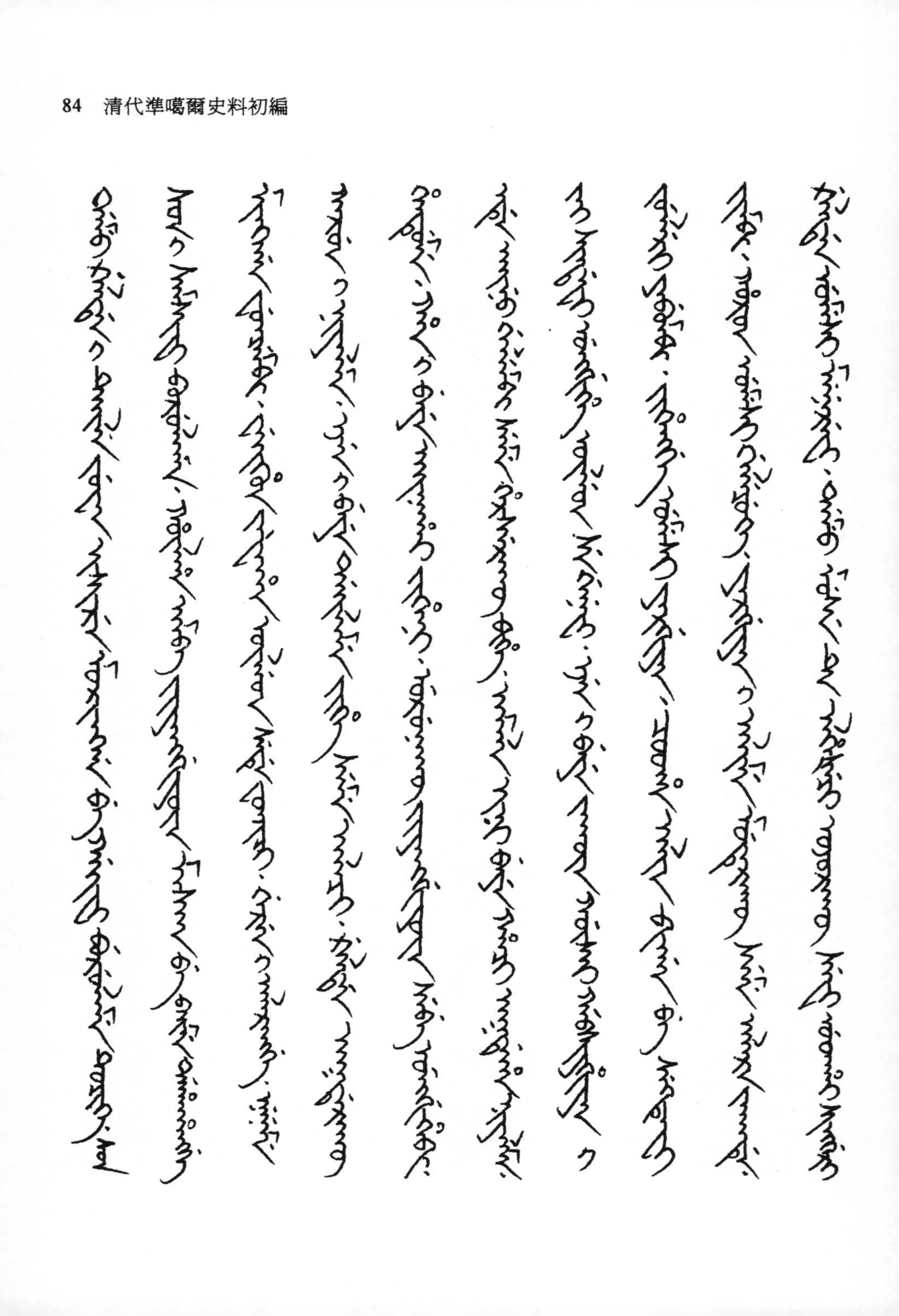

damu g'aldan i teile juwan isire moringga be gaifi
惟 噶爾丹 的 僅 十 及 騎 馬 的 把 領了
burulame tucike, son son i samsifi burulaha, hūlha
敗走 出了 星 散 的 散 了 敗走了 賊
amba jiyanggiyūn maska be baime dahahangge minggan
大 將 軍 馬思喀 把 尋求 所投降的 千
funcembi, weihun jafaha ūlet sede fonjici, geren i
餘 生 拿的 厄魯特 於們 問 時 衆 的
alarangge, neneme karun i niyalma, ejen i beyedailame
告訴的 先 卡倫 的 人 主 的 自身 討
jihe seme alaci, g'aldan akdarakū hendume, han i beye
來了 云 告訴時 噶爾丹 不信 說 汗 的 自身
ainahai jiheni, urunakū jiyanggiyūn sebe unggihebi,
未必 來呢 必定 將 軍 把們 遣了
ede ainu gelembi seme herserakū bihe, amala ini beye
因此 爲何 懼 云 不理 來着 後 他的 自身
hanci akdaha niyalma, jai sindafi unggihe ūletse genefi,
近 所信的 人 再 放了 遣的 厄魯特們 去了
ejen i beye jakūn gūsai gabsihiyan i juleri yabumbi,
主 的 自身 八 旗的 前 鋒 的 前 行
jihengge umesi yargiyan, cooha alin bigan be sektefi
來的 極 實 兵 山 野 把 鋪了
jimbi, horon umesi gelecuke, yargiyan i alime
來 威 極 可畏 實在 的 承受
muterakū seme alara jakade, g'aldan umesi menerefi,
不能 云 告訴的 之故 噶爾丹 極 惶遽了
damu muse te elhešeci ojorakū sefi uthai singgeri
惟 我們 今 若緩 不可 說了 卽 鼠

惟噶爾丹僅領十許騎逃出，其零星逃散之賊投順大將軍馬思喀者千餘人，問所生擒厄魯特人等時，眾人皆云：前經哨卒報稱，皇上躬親來討，噶爾丹不信云，皇上豈至親征，必遣將軍等前來，此何足懼，而未予理睬，後其親信之人及放還之厄魯特人前往後，告云，皇上身先八旗前鋒兵而行，前來者甚實，士兵滿山遍野而來，軍威甚可畏，實不能抵當，噶爾丹甚惶遽，但云我等今不可緩，即抱頭鼠竄，

惟噶爾丹僅領十許騎逃出，其零星逃散之賊投順大將軍馬思喀者千餘人，問所生擒厄魯特人等時，眾人皆云：前經哨卒報稱，皇上躬親來討，噶爾丹不信云，皇上豈至親征，必遣將軍等前來，此何足懼，而未予理睬，後其親信之人及放還之厄魯特人前往後，告云，皇上身先八旗前鋒兵而行，前來者甚實，士兵滿山遍野而來，軍威甚可畏，實不能抵當，噶爾丹甚惶遽，但云我等今不可緩，即抱頭鼠竄，

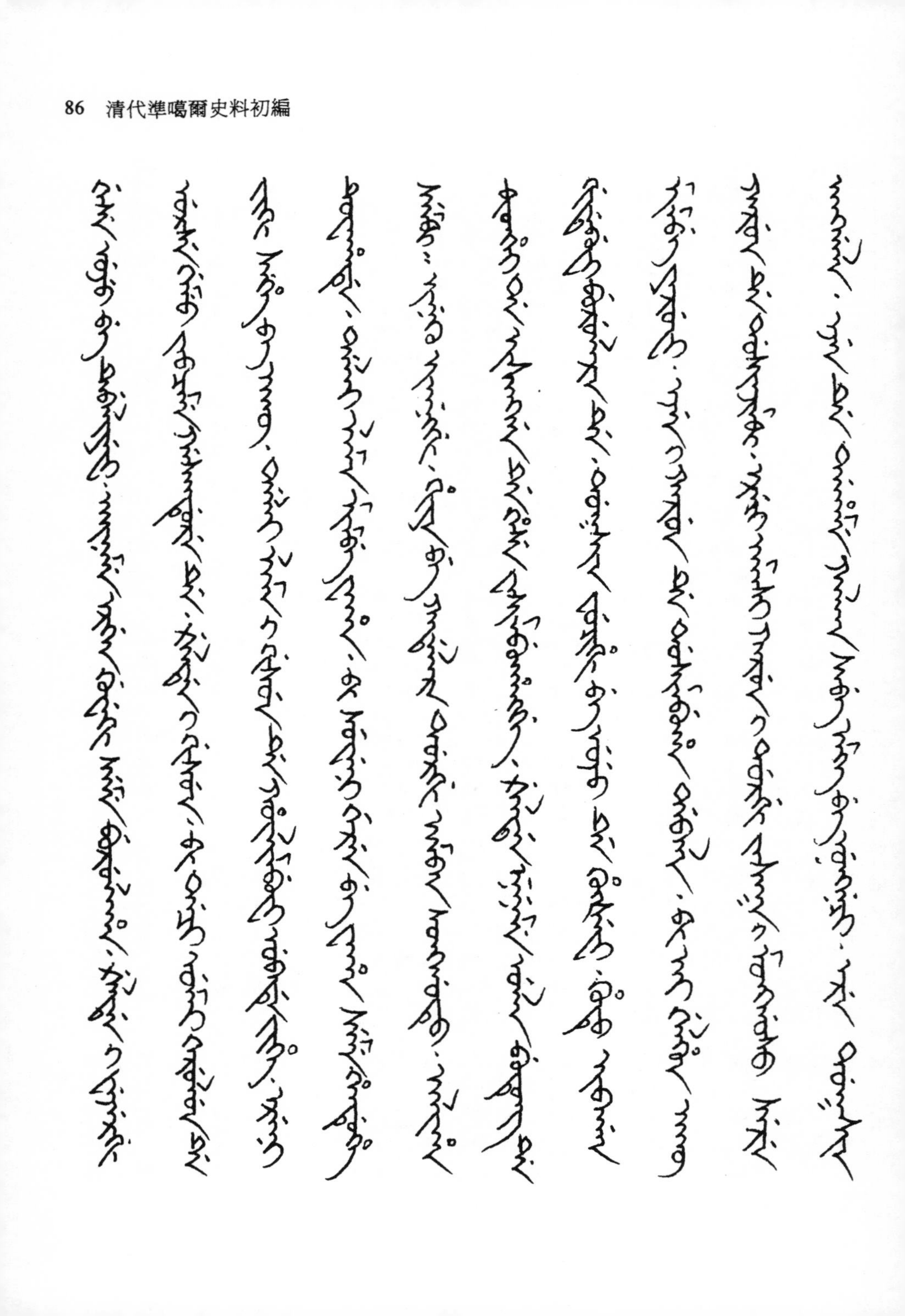

gese uju be tebeliyefi, ainame ergen guweki seme
似 頭 把 抱 了 苟且 命 欲脫免 云
burulaha, g'aldan i fejergi urse gemu jabcame gasandure
敗走了 噶爾丹 的 屬下 衆人 皆 歸 咎 一齊怨
de, g'aldan i gisun, bi daci umai kerulun de jiki sehe
於 噶爾丹 的 言 我 原來 並 克魯倫 於欲來 說了
ba akū, dalai lama i gisun de hūlimbufi ubade jihe,
處 無 達賴 喇嘛 的 言 於 被人惑了 於此地 來了
ereni tuwahade, dalai lama mimbe waha, bi suweni
以此 看了時 達賴 喇嘛 把我 殺了 我 你們的
geren be waha seme henduhe sembi. ineku inenggi, hiya
衆 把 殺了 云 說了 云 本 日 侍衛
be kadalara dorgi amban songgotu, aliha bithei da
把 管的 內 大臣 索額圖 大 學 士
isangga de hese wasimbuhangge g'aldan neneme ulan
伊桑阿 於 旨 所降者 噶爾丹 先 烏闌
butung de gidabufi burulara de, doksin fucihi be uju
布通 於 被敗了 敗走的 於 兇暴 佛 把 頭
de hukšefi, hutu ibagan mimbe yarufi, ejen i karun de
於 頂了 鬼 怪 把我 引了 主 的 卡倫 於
dosimbuha dabala, bi ai gelhun akū karun de dosinjimbi,
進入了 罷了 我 敢 不 卡倫 於 進 來
ereci amasi karun i dorgi jasak i monggoso sere
從此 以後 卡倫 的 內 扎薩克 的 衆蒙古 不
anggala, ejen de dahame kalka sabe, emke be nungneci,
但 主 於 降 喀爾喀把們 一 把 若侵害
ere doksin
此 兇暴

苟且偷生遁去，噶爾丹所屬部眾俱皆怨懟時，噶爾丹云：我起初並不欲來克魯倫，爲達賴喇嘛之言誑惑來至此地，由此觀之，是達賴喇嘛殺我，我又殺爾眾人矣。本日，諭管侍衛內大臣索額圖、大學士伊桑阿曰：噶爾丹先前在烏闌布通地方敗竄之時，頭頂多克心佛云（註一），乃鬼怪引我進入皇上卡倫耳，我豈敢進入卡倫，從此以後不但卡倫以內扎薩克眾蒙克，即歸附皇上之喀爾喀等，若侵害一人，此多克心

苟且偷生遁去，噶尔丹所属部众俱皆怨怼时，噶尔丹云：我起初并不欲来克鲁伦，为达赖喇嘛之言诳惑来至此地，由此观之，是达赖喇嘛杀我，我又杀尔众人矣。本日，谕管侍卫内大臣索额图、大学士伊桑阿曰：噶尔丹先前在乌阑布通地方败窜之时，头顶多克心佛云（注一），乃鬼怪引我进入皇上卡伦耳，我岂敢进入卡伦，从此以后不但卡伦以内扎萨克众蒙克，即归附皇上之喀尔喀等，若侵害一人，此多克心

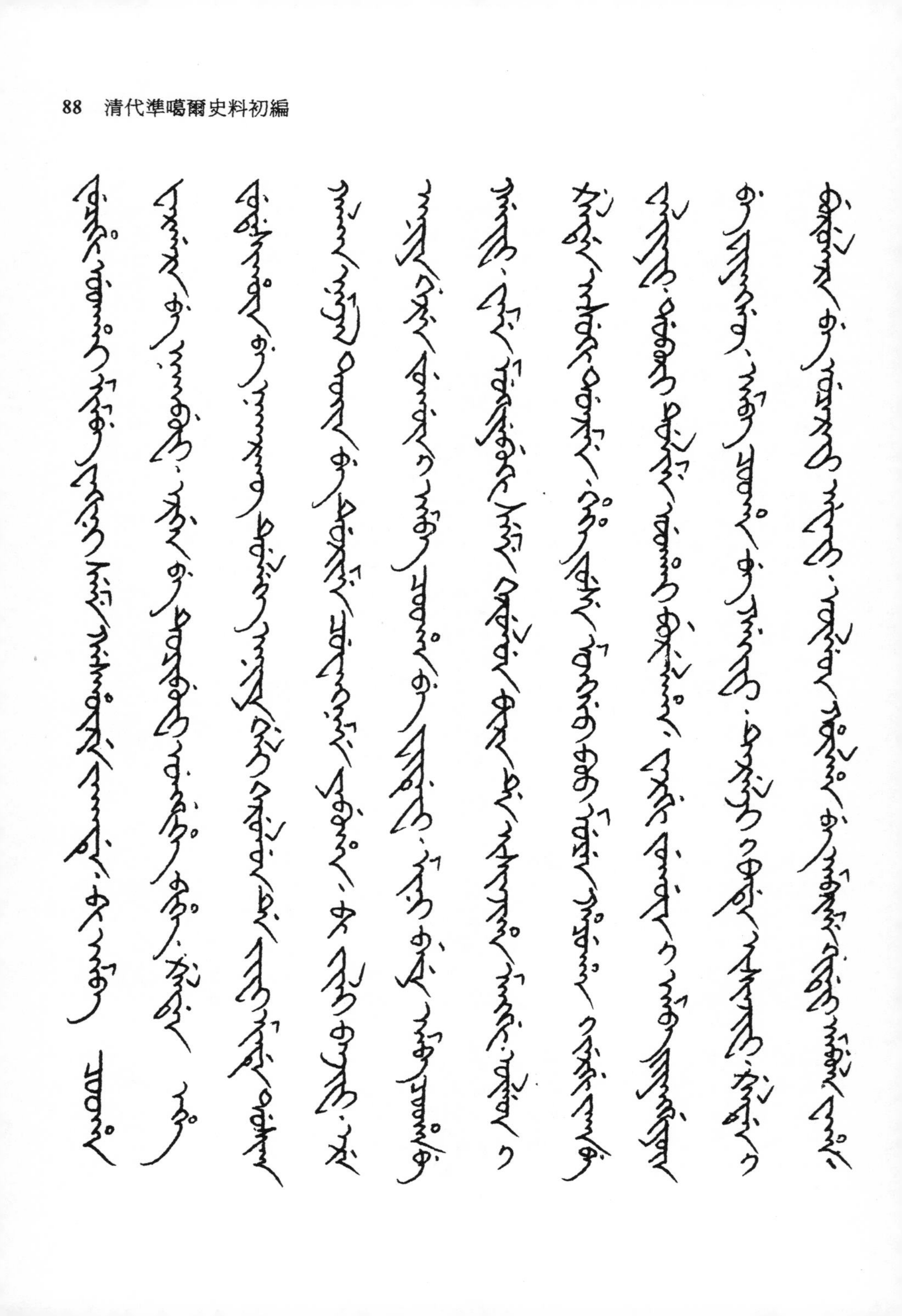

fucihi uthai mimbe wakini seme gashūre jakade, bi
佛 即 把我 殺 吧 云 起誓的 之故 我
amba cooha fargara be nakabufi, ergen be tucibufi
大 兵 追的 把 使止了 命 把 使出了
unggihe bihe, g'aldan ehe fudasihūn be nakarakū duleke
遣了 來着 噶爾丹 惡 逆 把 不 止 去
aniya geli kerulun de jifi minde dosika kalka namjal
年 又 克魯倫 於 來了 於我 入了 喀爾喀 納木扎爾
toin be durime cuwangname yabuha, bi jili banjifi, ere
陀音把 奪 搶 掠 行了 我 氣 生 了 此
aniya geren jugūn i amba cooha be fidefi, mini beye
年 衆 路 的 大 兵 把 調 了 我的 自身
amba cooha be gaifi, wame mukiyebuki seme kerulun
大 兵 把 領了 殺 欲使滅 云 克魯倫
bira de isinjiha manggi, ūlet i g'aldan asuki donjime,
河 於 到來了 後 厄魯特的 噶爾丹 聲氣 聞
hehe juse monggo boo mucen hacuhan i jergi jaka be
女 孩子們 蒙古 房 鍋 小 鍋 的 等 物 把
waliyafi, dobori dulime uthai burulaha, wargi jugūn i
棄 了 夜 連 即 敗走了 西 路 的
amba jiyanggiyūn be fiyanggū, amba cooha be gaifi,
大 將 軍 伯 費揚古 大 兵 把 領 了
tereljì i bade isinjifi, g'aldan i burulara be ucarafi
特勒爾濟的 於地 到 來 了 噶爾丹 的 敗走的 把 遇 了
afafi, ūlet hūlha be ambarame gidafi ambula waha,
攻 了 厄魯特 賊 把 大 敗 了 多 殺了

佛即誅戮我。因其如此立誓，朕乃令停止大兵追勦，使其生還，噶爾丹之兇逆仍不悛改，去年又來至克魯倫掠奪行搶已歸順我之喀爾喀納木扎爾陀音。今年朕怒而調各路大兵，朕親統大軍欲行勦滅而來至克魯倫河時，厄魯特噶爾丹一聞聲息，即遺棄婦孺、蒙古包、鍋釜等物，連夜逃竄。西路大將軍伯費揚古率領大兵至特勒爾濟地方，遇噶爾丹敗遁，與之交戰，大敗厄魯特賊寇，斬殺甚多，

佛即诛戮我。因其如此立誓，朕乃令停止大兵追剿，使其生还，噶尔丹之凶逆仍不悛改，去年又来至克鲁伦掠夺行抢已归顺我之喀尔喀纳木扎尔陀音。今年朕怒而调各路大兵，朕亲统大军欲行剿灭而来至克鲁伦河时，厄鲁特噶尔丹一闻声息，即遗弃妇孺、蒙古包、锅釜等物，连夜逃窜。西路大将军伯费扬古率领大兵至特勒尔济地方，遇噶尔丹败遁，与之交战，大败厄鲁特贼寇，斩杀甚多，

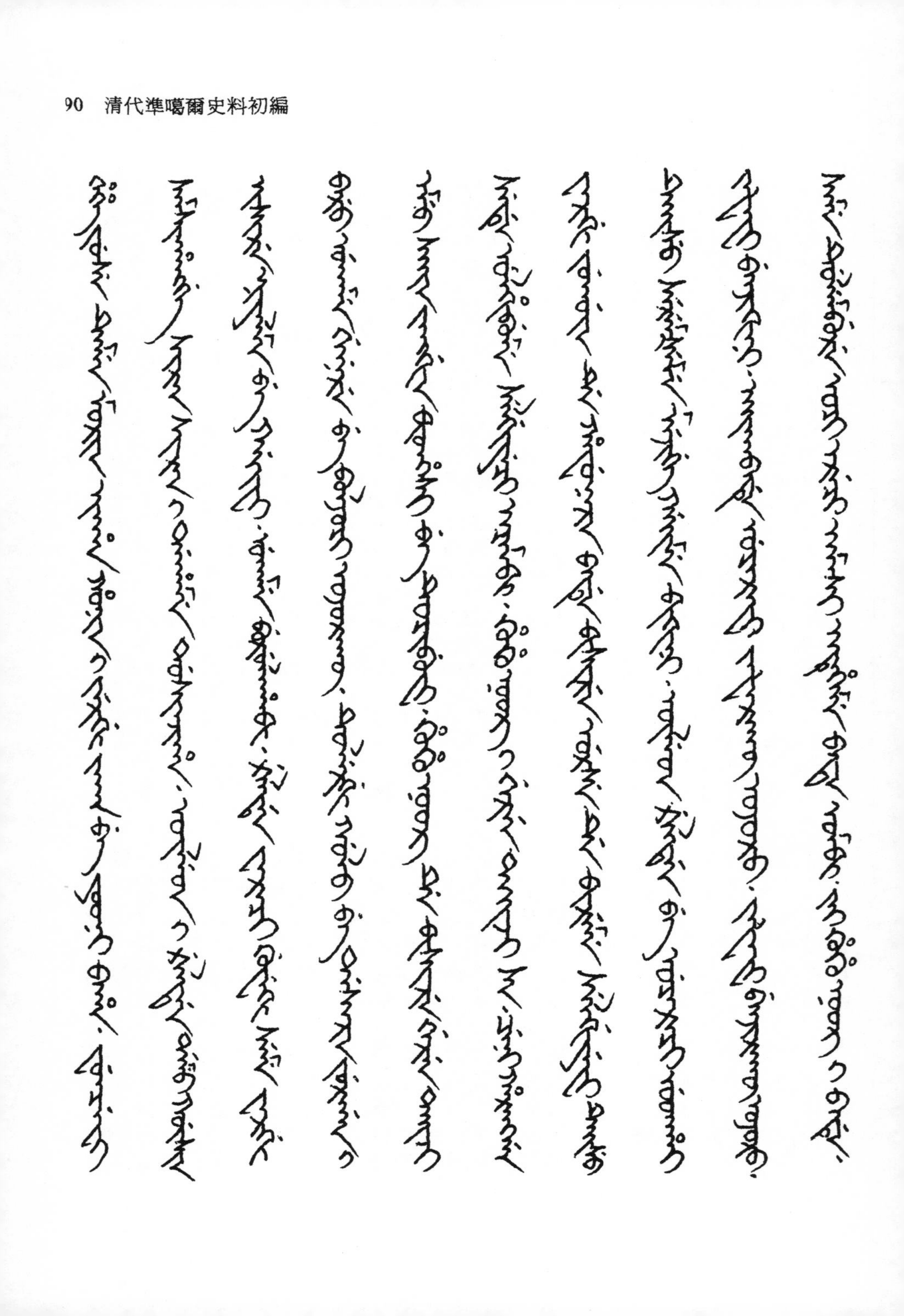

[illegible]

hehe juse temen morin ihan honin i jergi jaka be
女 孩子們 駝 馬 牛 羊 的 等 物 把
yooni baha, funcefi samsihangge siran siran i dahame
全 得了 餘了 散 的 陸 續 的 降
dosinjiha, ūlet i g'aldan damu gūsin isire niyalma be
進來了 厄魯特的 噶爾丹 惟 三十 及 人 把
gaifi, ukame burulahabi, g'aldan waraci guweki seme
領了 逃 敗走了 噶爾丹 從殺 欲免 云
wargi baru ukame genere be boljoci ojorakū, tulergi
西 向 逃 去的 把 若料 不可 理
golo be dasara jurgan i emu sain janggin bithesi be
藩 院 的 一 好 章京 筆帖式 把
tucibufi, huhu noor de bisire geren taiji sede ulhibume
使出了 青 海 於 所有 衆 台吉 於們 使曉
selgiyeci acambi, huhu noor i geren taiji sa, ceni
若傳令 應 青 海 的 衆 台吉 們 他們的
harangga wargi jugūn de hafunara bade bisire urse de
所屬 西 路 於 通過去的 於地 所有 衆人 於
bireme selgiyefi, teisu teisu seremšeme mejige gaime
一概 傳令了 各人 各人 駐 防 信息 取
bikini, ūlet g'aldan be ucaraci, uthai jafafi benjikini,
聽便 厄魯特 噶爾丹 把 若遇 卽 拿了 送來吧
aikabade ucarafi jafarakū ojoro, jafafi benjirakū ojoro,
設若 遇了 不拿 爲 拿了 不送 爲
same dulembure oci ereci amasi enteheme bata ombi,
知 使過 若 從此 以後 永遠 敵 可
jai huhu noor i bade,
再 青 海 的於地

婦孺、駝、馬、牛、羊等物，俱行俘獲，其餘逃散者陸續來投，厄魯特噶爾丹僅帶三十許人逃竄而去，想噶爾丹冀免誅戮，向西逃去，亦未可知，應著理藩院遣幹練章京一員及筆帖式前往曉諭在青海眾台吉等，令青海眾台吉等遍行曉諭其所屬可通西路地方居住眾人，聽其自便各相防備，探取信息，若遇厄魯特噶爾丹時即行擒送，倘若遇而不擒拿，或既經拿獲而不行解送，或明知而放其過去，則此後永爲敵對，再將現在居住青海地方，

妇孺、驼、马、牛、羊等物，俱行俘获，其余逃散者陆续来投，厄鲁特噶尔丹仅带三十许人逃窜而去，想噶尔丹冀免诛戮，向西逃去，亦未可知，应着理藩院遣干练章京一员及笔帖式前往晓谕在青海众台吉等，令青海众台吉等遍行晓谕其所属可通西路地方居住众人，听其自便各相防备，探取信息，若遇厄鲁特噶尔丹时即行擒送，倘若遇而不擒拿，或既经拿获而不行解送，或明知而放其过去，则此后永为敌对，再将现在居住青海地方，

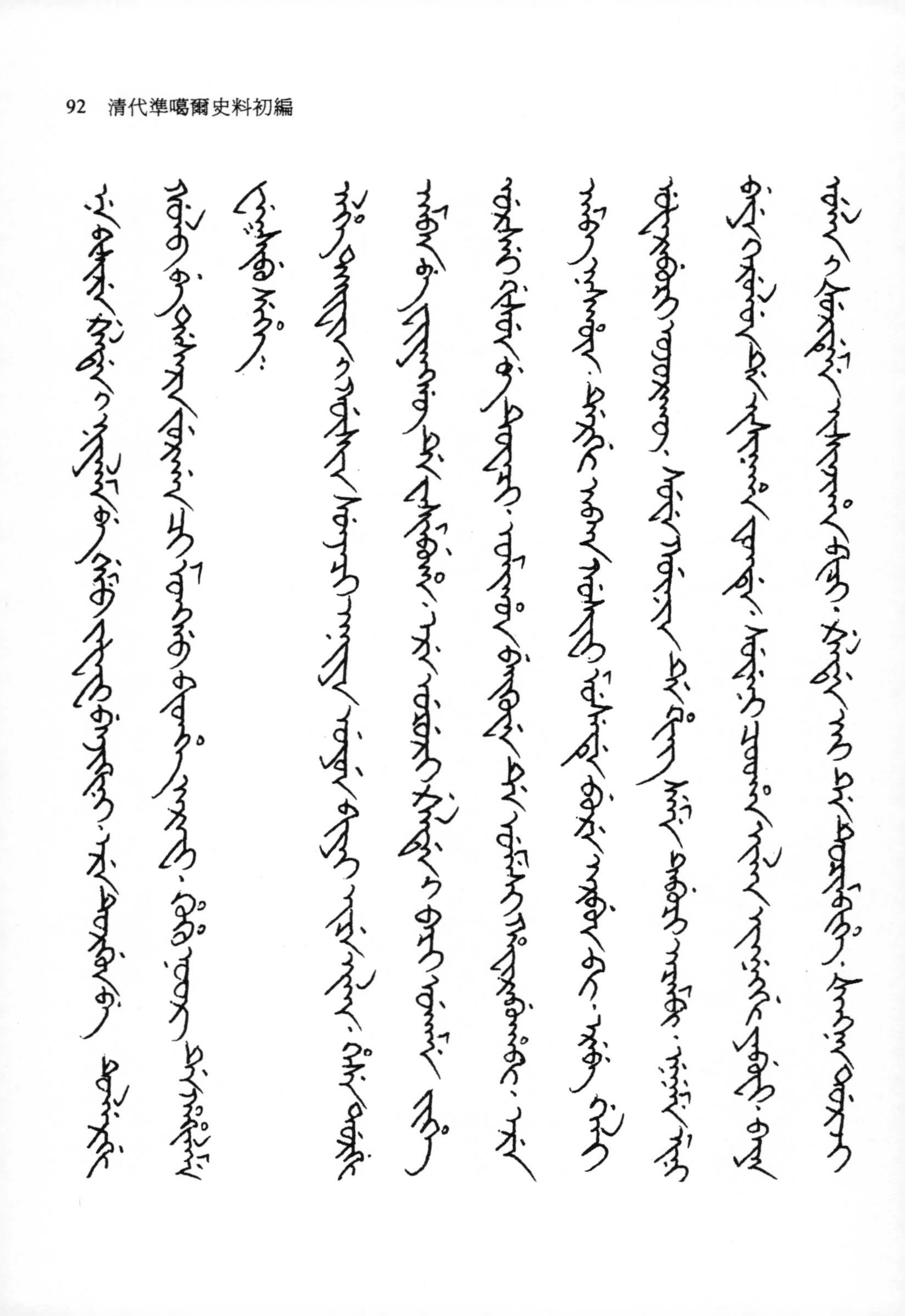

ne bisire g'aldan i niyalma be gemu jafafi benjikini,
今 所有 噶爾丹 的 人 把 皆 拿了 送來吧
ere turgun be tulergi golo be dasara jurgan ci monggo
此 緣由 把 理 藩 院 從 蒙古
bithe arafi, huhu noor de hahilame feksibu sehe。
書 寫了 青 海 於 上緊 令馳 說了
elhe taifin i gūsin sunjaci aniya uyun biyai ice ilan,
康 熙 的 三十 第五 年 九 月的 初 三
hese dorgi amban be fiyanggū de wasimbuha, ere ucuri
旨 內 大臣 伯 費揚古 於 降 了 此 際
g'aldan i baci ukame jihe ursei gisun be tuwaci, omihon
噶爾丹 的從地 逃 來的衆人的 言 把 看 時 饑
beikuwen de umesi hafirabuhabi, ere amba nashūn, dergi
冷 於 極 受困了 此 大 機會 上
abka gosifi musede bure arbun bi, erebe geli ufarabuci
天 仁愛了 於我們 給了 形相 有 把此 又 若致失
ojorakū, suwe gūnin de hing seme tebuci acambi neneme
不可 你們 意 於 誠 心 若居 應 先
mini beye kerulun de isinaha fonde, suweni cooha ilan
我的 自身 克魯倫 於 到去了 於時 你們的 兵 三
inenggi yabufi, bayan ulan i šurdeme isijiha bici,
日 行了 巴顏 烏闌 的 周 圍 到來了 若有
g'aldan ai de tucimbihe, šangnan dorji
噶爾丹 怎麼 出來了 商 南 多爾濟

噶爾丹之人，俱著擒拿送來，將此情節令理藩院繕寫蒙古文作速馳遞青海。
康熙三十五年九月初三日，諭內大臣伯費揚古曰：據此際由噶爾丹地方逃來眾人之言觀之，極為饑寒所迫，此大好機會，乃上天有眷佑授我之象，此不可復失，爾等應實心留意。先前朕親至克魯倫之時，爾等之兵若行三日，至巴顏烏闌周圍，噶爾丹何得脫出，設若商南多爾濟

噶尔丹之人，俱着擒拿送来，将此情节令理藩院缮写蒙古文作速驰递青海。
康熙三十五年九月初三日，谕内大臣伯费扬古曰：据此际由噶尔丹地方逃来众人之言观之，极为饥寒所迫，此大好机会，乃上天有眷佑授我之象，此不可复失，尔等应实心留意。先前朕亲至克鲁伦之时，尔等之兵若行三日，至巴颜乌阑周围，噶尔丹何得脱出，设若商南多尔济

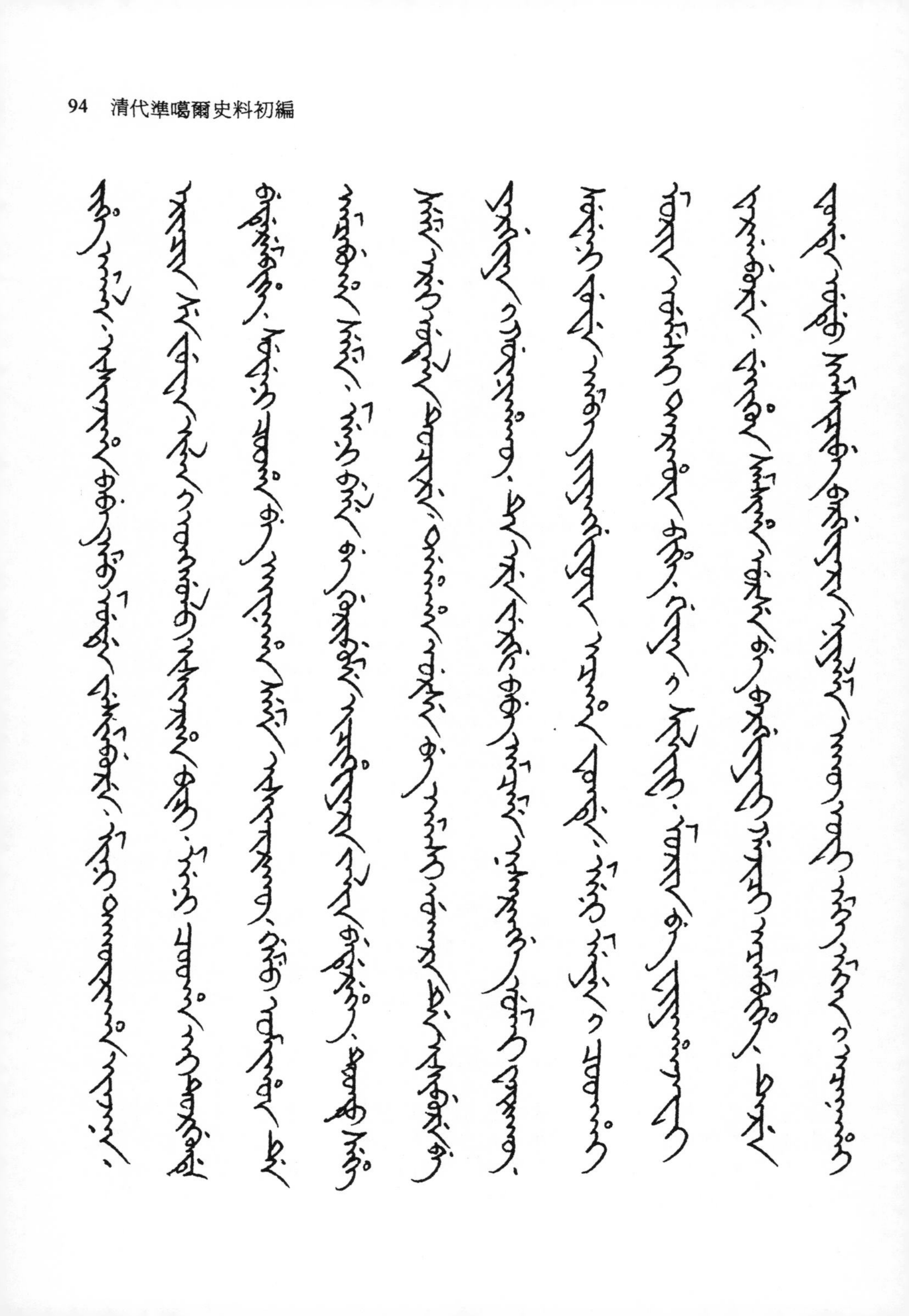

jihe amala, isinjiha babe emu mudan wesimbure, mini
來了 後 到來的 把處 一 次 奏 了 我的
takūraha injana, erincin se juwan ilan i onggolo isinjiha
所遣的 殷扎納 額林辰 們 十 三 的 以前 到來了
bici, meni cooha ai turgunde bederembihe, suweni cooha
若有 我們的 兵 何 緣故 歸回來着 你們的 兵
be ainaha seme isinjirakū, gemu omihon de amcabuha
把 斷 然 不到來 皆 饑 於 致饑了
seme, meni bele be guribume icihiyara jalin bederehe,
云 我們的 米 把 使移 辦理 爲 歸回了
tuttu sehe seme erei utara tucire, dahaha urse be
雖 然 云 此 這些 出了 降的 衆人 把
amasi ukara de isibure be yargiyan i gūnihakū, te ere
往回 逃的 於 至 把 實在 的 未想到 今 此
jergi babe amcame nasarangge umai wajirakū, suweni
等 把處 追 嘆惜者 並 不完 你們的
juwe amba jiyanggiyūn acaha fonde, meni meyen i coohai
二 大 將軍 會了 時 我們的 隊 的 兵 的
morin umesi tarhūn bihe, giyan i silifi, morin be
馬 極 肥 來着 理 的 選了 馬 把
fiyahanjafi fargabure, weihun samsiha urse be bargiyafi
彼此對換 使追了 活的 散的 衆人 把 收了
gajici acambihe, tere fonde udu samsicibe bargiyara
若帶來 應當來着 那 時 雖 雖散 收的
niyalma akū ofi emke emken i acanahai
人 無 因 一 個個 的 只管會

來後，將所至之處，奏聞一次，或朕所遣殷扎納、額林辰等於十三日以前抵達時，則朕之兵爲何回師，想爾等之兵斷然不到，俱致饑餓，故朕等爲辦理調撥口糧而回師，然而如許脫出來降之衆竟至於逃回，誠非所料，此等之事，至今追悔不已。當爾等兩大將軍相會之時，朕軍兵馬甚肥，理應挑選換馬追之，收回離散之活口，其時雖已散去，因無人收回，故一一聚合

来后，将所至之处，奏闻一次，或朕所遣殷扎纳、额林辰等于十三日以前抵达时，则朕之兵为何回师，想尔等之兵断然不到，俱致饥饿，故朕等为办理调拨口粮而回师，然而如许脱出来降之众竟至于逃回，诚非所料，此等之事，至今追悔不已。当尔等两大将军相会之时，朕军兵马甚肥，理应挑选换马追之，收回离散之活口，其时虽已散去，因无人收回，故一一聚合

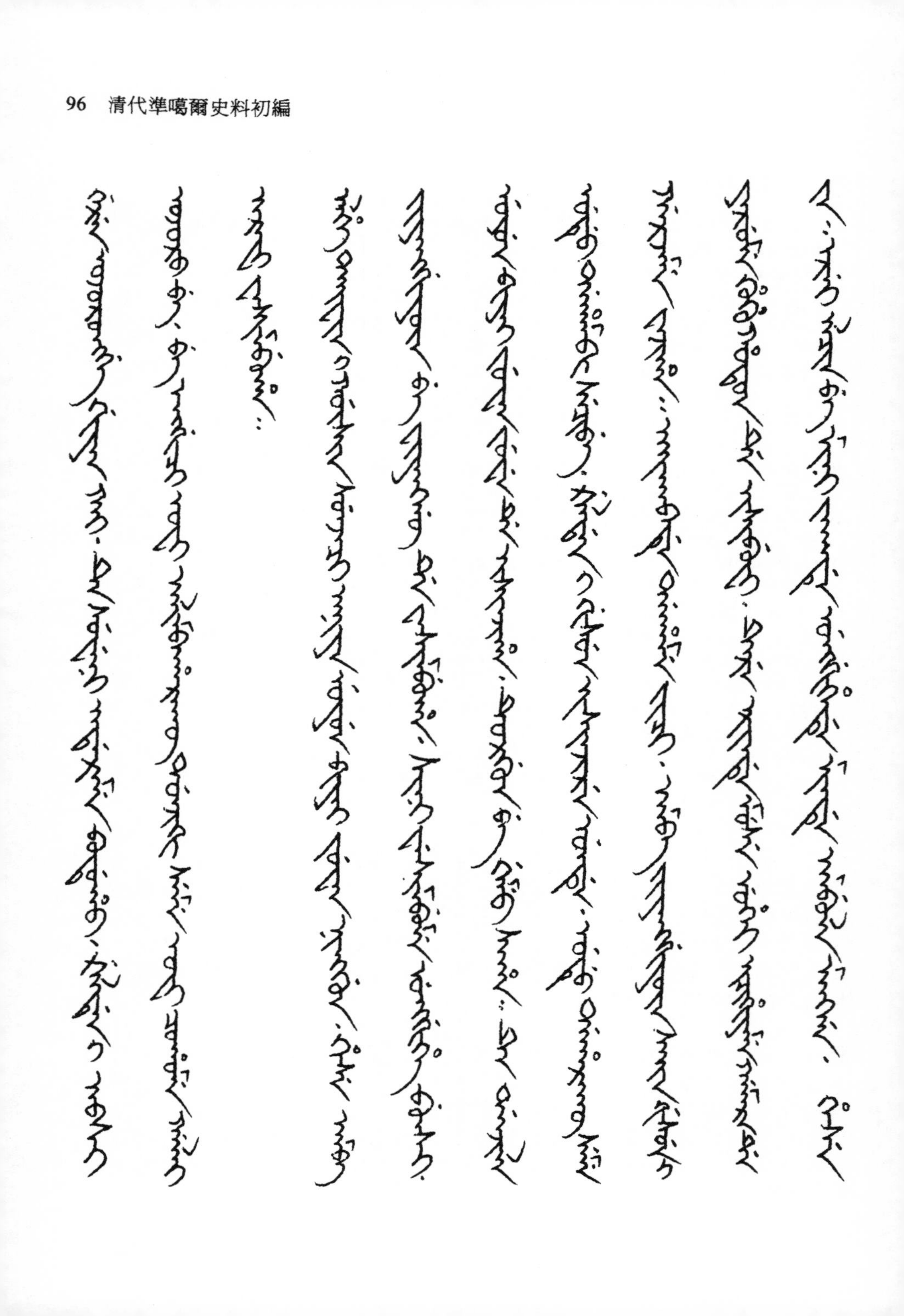

geren ojorongge giyan kai, te suweni adarame bodoho,
眾 可者 理 啊 今 你們的 如何 籌畫
g'aldan i absi ojoro be, be enggici ofi alimbaharakū
噶爾丹 的 若 何 把 我們 背後 因 不 勝
donjiki seme ofi cohome galai arafi wasimbuha.
欲聞 云 因 特 手的 寫了 降了
elhe taifin i gūsin sunjaci uyun biyai juwan ninggun,
康 熙 的 三十 第五 九 月的 十 六
hese amba jiyanggiyūn be fiyanggū de wasimbuha, sini
旨 大 將 軍 伯 費揚古 於 降 了 你的
wesimbume unggihe bunsi, uyun biyai juwan juwe de
奏 遣的 本什 九 月的 十 二 於
isinjiha, turgun be gemu saha. te danjila udu dahambi
到來了 緣由 把 皆 知了 今 丹濟拉 雖 降
secibe, g'aldan i gisun isinjire unde, udu daharakū
雖說 噶爾丹 的 言 到來的 未 雖 不 降
seme garjame wajiha. aikabade dahame jici, amba
云 破 裂 完了 設若 降 若來 大
jiyanggiyūn sain gisun i yarume huhu hoton de isibufi,
將 軍 好 言 的 引 歸化 城 於 使到去
tere erinde muse uhei icihiyame gamara de ja. erei
那 於時 我們 一齊 辦 理 拿去的 於 易 此
elcin be mini jakade unggihede minde ambula mangga,
使臣 把 我的 跟前 遣了時 於我 多 難
hese
旨

成群，宜其然也。今爾等作何籌算，噶爾丹將若何，朕因遠隔，亟欲聞知，爲此特頒手書諭旨。
康熙三十五年九月十六日，諭大將軍伯費揚古曰：爾齎奏之本什（註二）於九月十二日到後，情由皆已知悉。今丹濟拉雖欲乞降，惟噶爾丹之奏言尙未到來，雖不來降，殘破已盡，設若來降，大將軍應以婉言引至歸化城，彼時朕等易於共同措置。若遣其使至朕處時，於朕甚爲難，

成群，宜其然也。今尔等作何筹算，噶尔丹将若何，朕因远隔，亟欲闻知，为此特颁手书谕旨。
康熙三十五年九月十六日，谕大将军伯费扬古曰：尔赍奏之本什（注二）于九月十二日到后，情由皆已知悉。今丹济拉虽欲乞降，惟噶尔丹之奏言尚未到来，虽不来降，残破已尽，设若来降，大将军应以婉言引至归化城，彼时朕等易于共同措置。若遣其使至朕处时，于朕甚为难，

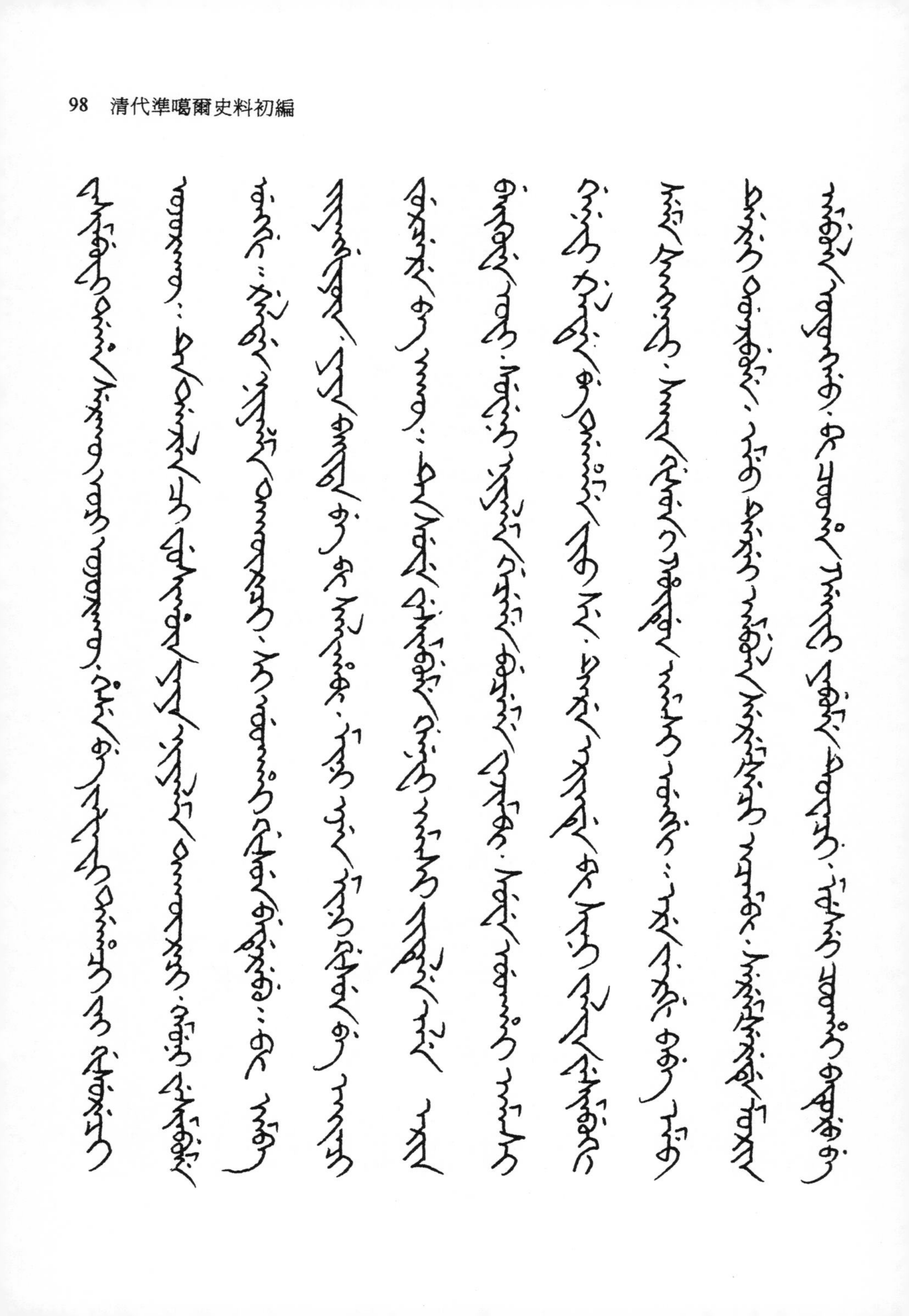

wasimbufi daha serakū oci ojorakū, hese be jafafi
降了 令投順 不欲 若不可 旨 把 拿了
dahaci jai gisureci ojorakū, te danjila ci fusihūn yaya
若降 再 若議 不可 今 丹濟拉 從 以下 任何
niyalma takūraci, kemuni wesimbume unggi. g'aldan
人 若遣 仍 奏 令遣 噶爾丹
niyalma takūraci, si uthai gisun bederebu。bi amba
人 若遣 你 即 言 令回 我 大
jiyanggiyūn, yaya baita be bi salihabi, mini ejen mini
將軍 任何 事 把 我 自專 我的 主 我的
gisun be ainci jurcere ba akū. te suwe wesimbume genefi
言 把 想是 違的 處 無 今 你們 奏 去了
amasi jitele ele erin beikuwen ofi, suweni niyalma
往回 來 益 時 冷 因 你們的 人
geceme buceme wajimbi, suwe uthai amasi genefi
凍 死 完 你們 即 往回 去
g'aldan be dahame jio se, tere erinde bi sini jalin
噶爾丹 把 降 令來吧 那 於時 我 你的 爲
wesimbuki seme šangnafi, sain gisun i hūdun amasi
欲奏 云 賞了 好 言 以 快 往回
unggi。ere jergi babe emu derei donjibume, emu derei
令遣 此 等 把處 一 面 使 聞 一 面
ambula seremšeci acambi, seremšerede morin ambula
多 防護 時 應 防護 時 馬 多
oyonggo, bi cooha gaifi yabume tuwaci, musei coohai
緊要 我 兵 領了 行 看 時 我們的 兵 的
baturu be
勇 把

既已降旨，不可不令其投降，若據旨來降，則不便再議。今丹濟拉以下若遣任何人，則仍奏遣，若噶爾丹遣使，爾即覆之，稱我乃大將軍，諸事皆我自專，吾主於吾言諒不相違。今爾等往奏而歸來時，因天時愈寒，恐爾等諸人皆將凍死，爾等可即返回，令噶爾丹來降。彼時我當爲爾奏聞，而加以頒賞，以婉言作速遣回。此等之事，應一面奏聞，一面多加防備。防備之時，馬甚緊要，朕統兵而行，我兵之勇，

既已降旨，不可不令其投降，若据旨来降，则不便再议。今丹济拉以下若遣任何人，则仍奏遣，若噶尔丹遣使，尔即覆之，称我乃大将军，诸事皆我自专，吾主于吾言谅不相违。今尔等往奏而归来时，因天时愈寒，恐尔等诸人皆将冻死，尔等可即返回，令噶尔丹来降。彼时我当为尔奏闻，而加以颁赏，以婉言作速遣回。此等之事，应一面奏闻，一面多加防备。防备之时，马甚紧要，朕统兵而行，我兵之勇，

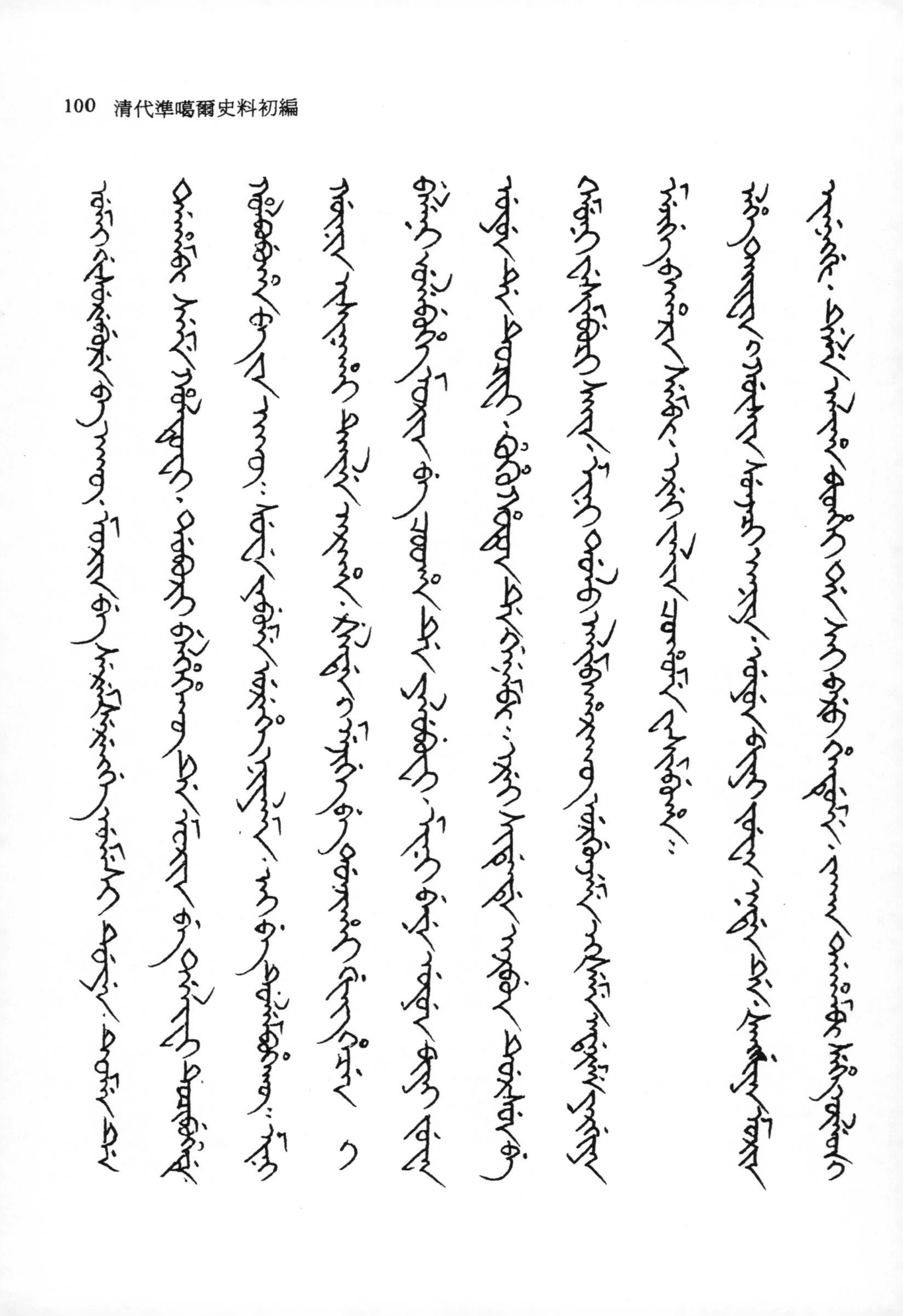

umai gisurebure ba akū, morin be seremšerengge umesi
並 使 說 處 無 馬 把 防備者 極
duyen, tumen de dahambi seme holtofi, dobori belhehekū
冷淡 萬 於 降 云 欺哄了 夜 未備
de morin be dalifi tucibuhede, holbobuha ba ja akū,
於 馬 把 趕了 使出了時 關連的處了 不得
suwe yabume urehe niyalma, ai be dulembuhekū. mini
你們 行走 熟的 人 何 把 未經過 我的
gūnin isinahai teile araha, g'aldan i mejige be donjihai
意 儘所到 盡所能 寫了 噶爾丹 的 信息 把 只管聞
ging hecen i beleni ulebuhe morin be cooha de yalubufi,
京 城 的 現成的 餵養的 馬 把 兵 於 使騎了
mini beye uyun biyai juwan uyun de tucifi, huhu hoton
我的自身 九 月的 十 九 於 出了 歸化 城
de genembi, erei sidende arbun dursun be kemuni
於 去 此 中間 形 狀 把 仍
wesimbuci sain, mini dolo alimbaharakū urgunjeme
若奏 好 我的 內心 不 勝 歡 喜
ekšeme adarame yargiyan mejige bahara sembi, erei
急忙 如何 實 信息 得的 云 此
jalin cohome wasimbuha.
為 特 降 了
elhe taifin i gūsin sunjaci aniya, uyun biyai juwan
康 熙 的 三十 第五 年 九 月的 十
nadan de, šanggiyan morin inenggi, dele aliha bithei da
七 於 庚 午 日 上 大 學 士
sai baru hendume, jakan dahambi sehe ūlet i
們的 向 說 新近 降 說了 厄魯特的

毋庸置言，惟防馬甚不經心，萬一詐降，乘夜間無備時，驅馬而出，則所關不淺。爾等係諳練之人，何事未嘗經歷，朕儘以思慮所及而書寫，一聞噶爾丹音信，即以京城所餵現成之馬，令兵乘騎，朕親於九月十九日出行，前赴歸化城，其間情形，仍宜奏聞，朕心不勝喜悅，急於如何得其實信，為此特諭。
康熙三十五年九月十七日庚午，上顧謂大學士等曰：近日欲歸順之厄魯特

毋庸置言，惟防马甚不经心，万一诈降，乘夜间无备时，驱马而出，则所关不浅。尔等系谙练之人，何事未尝经历，朕尽以思虑所及而书写，一闻噶尔丹音信，即以京城所喂现成之马，令兵乘骑，朕亲于九月十九日出行，前赴归化城，其间情形，仍宜奏闻，朕心不胜喜悦，急于如何得其实信，为此特谕。
康熙三十五年九月十七日庚午，上顾谓大学士等曰：近日欲归顺之厄鲁特

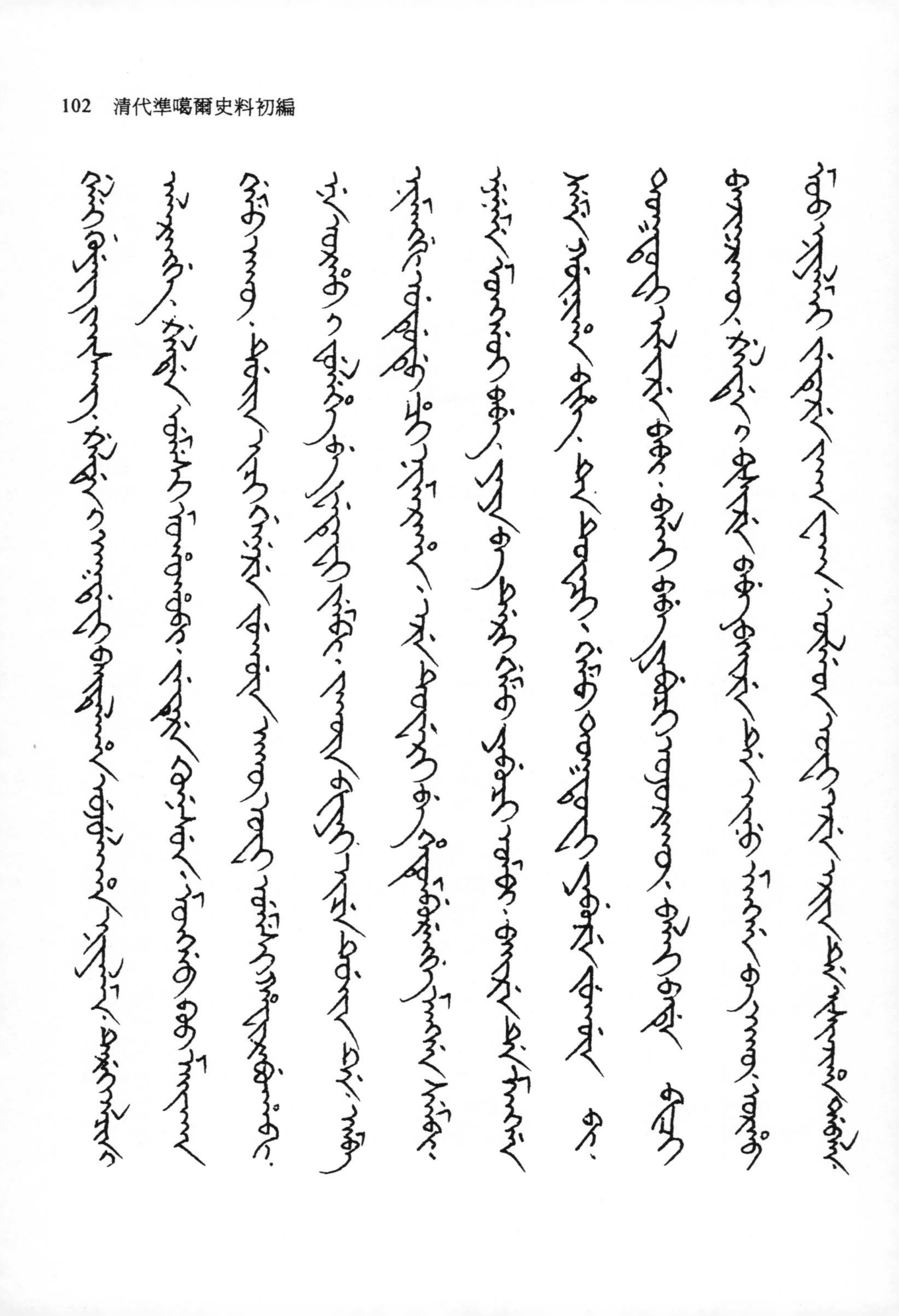

gelei guyeng jaisang, g'aldan i akdafi baitalaha ujulaha
格壘 古英 寨桑 噶爾丹的信靠了用的 爲首
niyalma, terei elcin i alarangge, g'aldan umesi
人 他的 使臣的告訴的 噶爾丹 極
mohohobi, jetere kunesun, monggo boo maikan gemu akū,
窮乏了 吃的 行糧 蒙古 包 帳房 皆 無
duin ici genere jugūn akū ofi umesi hafirabuhabi, ne
四 向 去的 路 無 因 極 受困了 現今
orho i fulehe be fetefi jembi, jakūn biyai ice duin de
草 的 根 把 掘了 吃 八 月的 初 四 於
amba nimanggi ududu c'y nimaraha, ere tuweri be
大 雪 數 尺 下雪了 此 冬 把
hetumburengge mangga sembi, neneme monggoi babe yaya
度過者 難 云 先 蒙古的把處 任何
ba deri gemu yabuci ombi, baire de mangga seme gūniha
處 由 皆 若行 可 尋覓 於 難 云 想了
bihe, te tuwaci, gemu toktofi yabure jugūn bi, toktofi
來着 今 看時 皆 定了 行的 路 有 定了
ilire babi, balai babe yabuci ojorakū, balai bade bici
歇止 有處 妄 把處 若行 不可 妄 於地 若有
bajinarakū, g'aldan i bisire babe baire de inu mangga
不 成 噶爾丹 的 所有 把處 尋覓 於 亦 難
ba akū, orho moo niyalmai jetere jaka waka, ūlet ofi
處 無 草 木 人 的 吃的 物 非 厄魯特 已
ere erin de isinjiha dabala,
此 時 於 到去了 罷了

格壘古英寨桑乃噶爾丹信用之頭人，其所遣之使者告稱：噶爾丹窮困已極，糗糧、蒙古包、帳房俱無，四向已無去路，極其窮蹙，目下掘草根而食。八月初四日，大雪深數尺，難度此冬等語。昔以蒙古之地，不論由何處，皆可通行，難以尋覓，由今觀之，皆有一定行走之路，一定居住之處，不能隨處而行，不能隨地生活，欲覓噶爾丹所在之處，亦無難處，草木非人所食之物，惟厄魯特尚能苟延以至此時耳，

格垒古英寨桑乃噶尔丹信用之头人，其所遣之使者告称：噶尔丹穷困已极，糗粮、蒙古包、账房俱无，四向已无去路，极其穷蹙，目下掘草根而食。八月初四日，大雪深数尺，难度此冬等语。昔以蒙古之地，不论由何处，皆可通行，难以寻觅，由今观之，皆有一定行走之路，一定居住之处，不能随处而行，不能随地生活，欲觅噶尔丹所在之处，亦无难处，草木非人所食之物，惟厄鲁特尚能苟延以至此时耳，

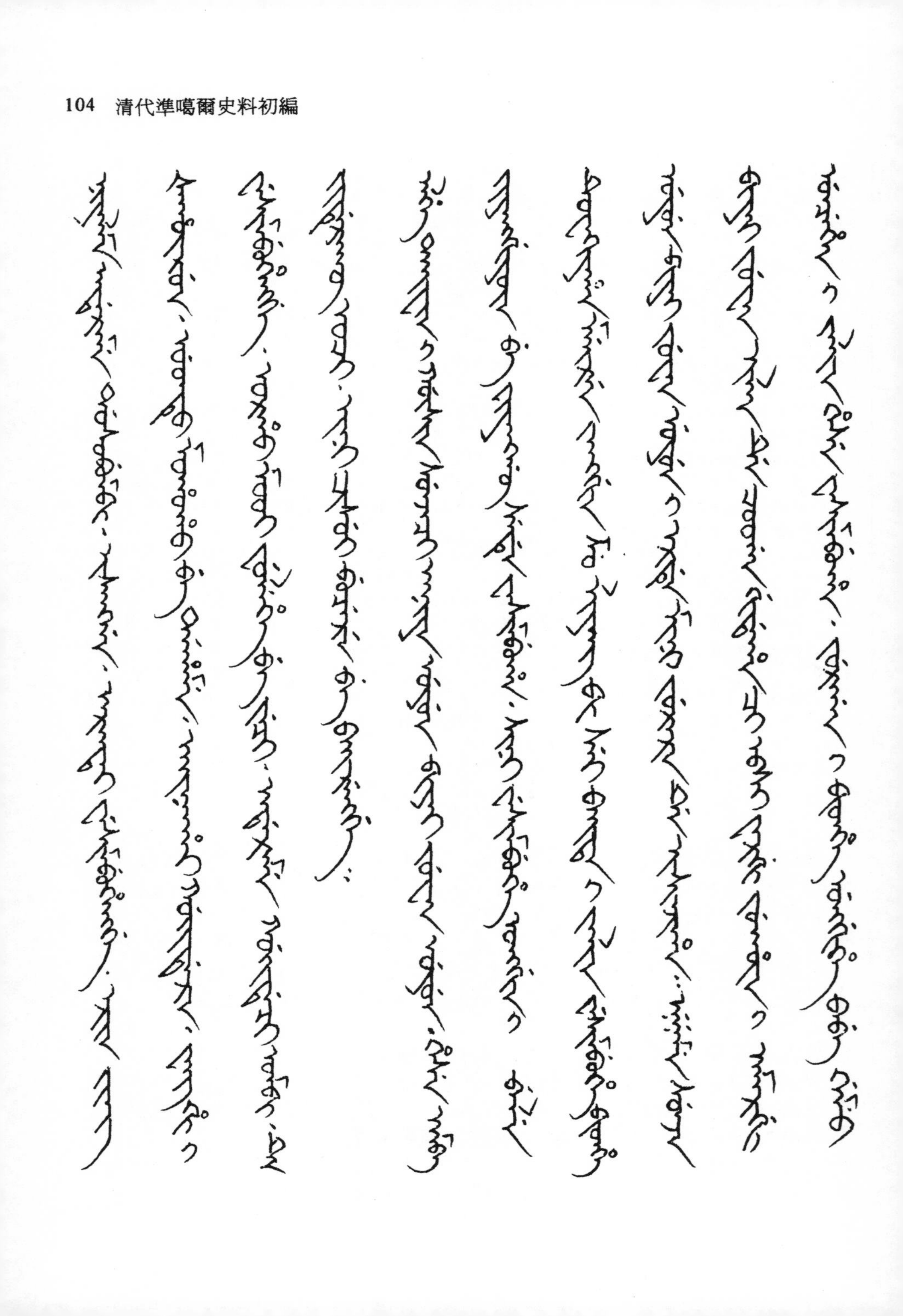

niyalma adarame dosobumbi, isangga, arantai
人 如何 能耐 伊桑阿 阿蘭泰
wesimbuhengge, erin jing šahūrun, uttu mohoho be
所奏者 時 正 寒冷 如此 力竭了 旣
dahame, ainahai goidara, wang hi i wesimbuhengge, orho
然 未必 久 王 熙的 所奏者 草
mooi fulehe be jeci, adarame goidaci ombi, te jiderakū
木的 根 把若吃 如何 若久 可 今 不來
oci, ini cisui bucere be bairengge.
若 自 然 死 把 所尋者
elhe taifin i gūsin sunjaci aniya uyun biyai juwan uyun
康 熙 的 三十 第五 年 九 月的 十 九
hese amba jiyanggiyūn be fiyanggū sede wasimbuha, sini
旨 大 將 軍 伯 費揚古 於們 降了 你的
wesimbuhe onggin i bele tuwakiyaha meiren janggin dzu
奏的 翁金 的米 看守的 副 都 統 祖
liyang bi sei baita i jalin wesimbuhe bithe, uyun biyai
良 璧 們的 事 的 爲 所奏的 書 九 月的
juwan uyun i erde mini jurara de isinjiha. neneme
十 九 的 晨 我的 啓程的 於 到來了 先
sunja biyai juwan ilan de cooga gidaha ci ebsi wargi
五 月的 十 三 於 兵 敗了 從以來 西
juhūn i amargi uncehen i jalin hese wasimbuha, jurgan
路 的 後邊 尾 的 爲 旨 降了 部
i bithe unggihe babe gemu
的 書 遣致的 把處 皆

他人如何能耐得住。伊桑阿、阿蘭泰奏曰：時正嚴寒，既窮困如是，焉能久存。王熙奏曰：若食草木之根，如何久延，今若不來歸順，乃自求死耳！
康熙三十五年九月十九日，論大將軍伯費揚古等曰：爾爲翁金守米副都統視良璧等事所奏之文，已於九月十九日晨朕啓程時到來。前自五月十三日兵敗以來，爲西路後尾之事所頒發論旨部文，

他人如何能耐得住。伊桑阿、阿兰泰奏曰：时正严寒，既穷困如是，焉能久存。王熙奏曰：若食草木之根，如何久延，今若不来归顺，乃自求死耳！
康熙三十五年九月十九日，谕大将军伯费扬古等曰：尔为翁金守米副都统视良璧等事所奏之文，已于九月十九日晨朕启程时到来。前自五月十三日兵败以来，为西路后尾之事所颁发谕旨部文，

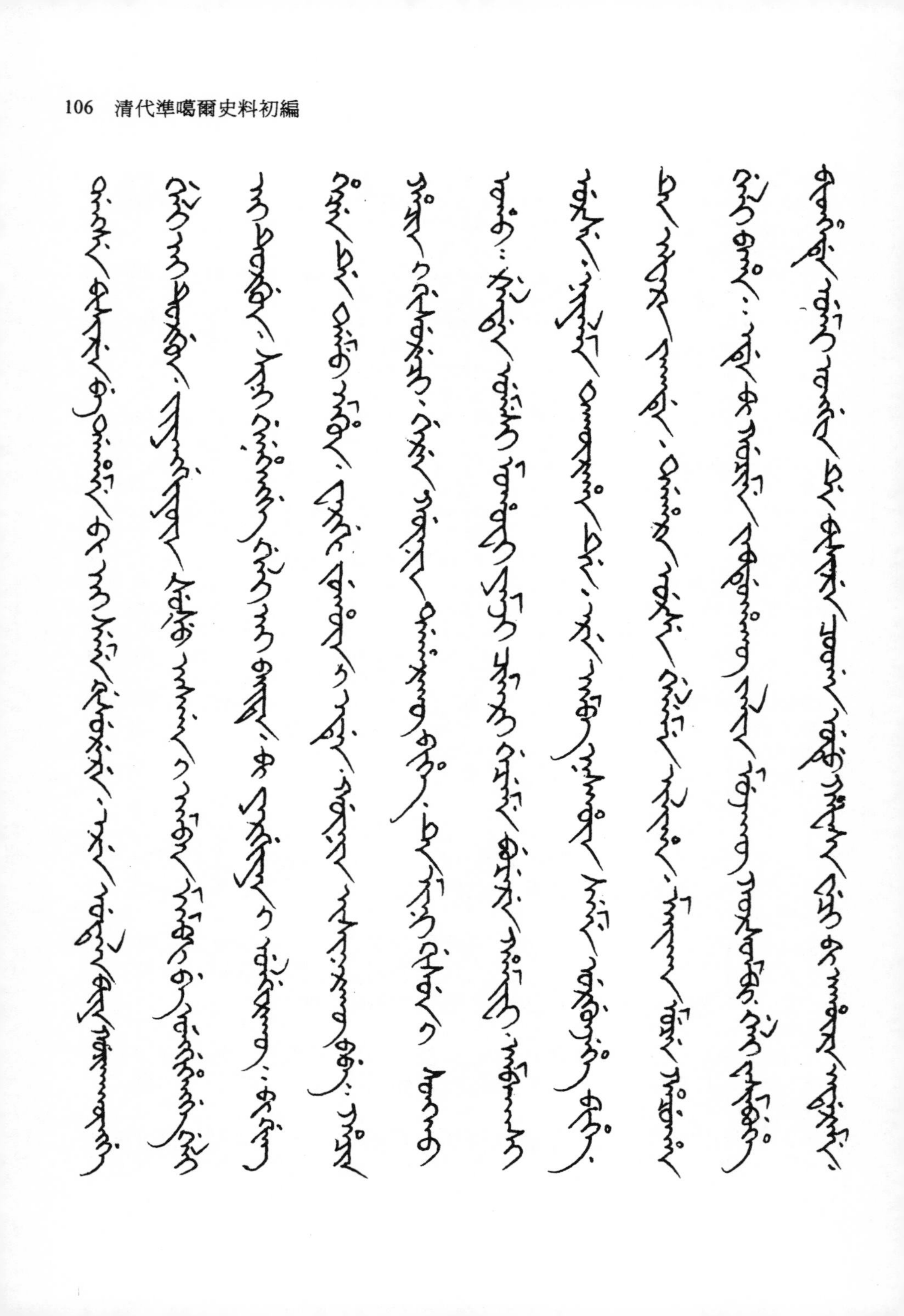

dangse bisire be dahame bi ai seme gisurere, ere utala
檔子 所有 既然 我 何 云 說的 此 這些
biya gocikakūngge geli ai turgun, jiyanggiyūn šušu
月 未撤者 又 何 緣故 將軍 舒恕
asgan i amban mampi be unggihengge geli ai turgun, sini
侍郎 滿丕 把 所遣者 又 何 緣故 你的
genehengge geli ai baita, bi yargiyan i ulgirakū, bi
所去者 又 何 事 我 實 的 不解 我
ging hecen de damu emhun, wargi juhūn i eden, gūnin
京城 於 惟獨 西 路 的 缺 意
isinarakū babe, hacin hacin i gisureci, geren gūnin
不至 把處 件 件 的 若言 衆 心
daharakū bihe, te mini gisun i songko oho, g'aldan
不隨 來着 今 我的 言 的 照樣 了 噶爾丹
umesi mohofi yamji cimari geceme bucere hamifi,
極 窮困了 晚 早 凍 死了 將近
ambakasi urse, niyalma takūraha de, ere amba nashūn
略大的 衆人 人 遣了 於 此 大 機會
seme urgunjehe bihe, te afara jakade, dahara urse
云 喜悅了 來着 今 攻的 之故 降的 衆人
geleme iliha, maikan mucen hacuhan geli baha. ede bi
驚 止了 帳房 鍋 小鍋 又 獲了 因此 我
gocime jabduhakū jalin mujakū korsombi, geli wesimbuhe
撤 誤了 爲 著實 愧恨 又 奏的
bithede umai onggin de bisire cooga udu hafasa weci
於書 全然 翁金 於 所有 兵 幾 官們 從誰
bi ahūra adarame
有 器械 如何

因俱有檔案，朕有何言。此數月不撤者又係何故？遣將軍舒恕、侍郎滿丕前往者又係何故？爾之前往者又係何事？朕實不解。朕在京城祇一人，以西路之缺失，意料所不及之處，若件件言之，則眾心不服，今果如朕言，噶爾丹已極窮困，早晚即將凍死，若遣大員前往，此乃大好機會，曾爲之喜悅，今與交戰，降衆遂畏縮不前，且復獲帳房、大小鍋，朕以不及撤還，著實愧恨。又奏疏內在翁金有兵幾何？官員爲誰？器械如何？

因俱有档案，朕有何言。此数月不撤者又系何故？遣将军舒恕、侍郎满丕前往者又系何故？尔之前往者又系何事？朕实不解。朕在京城祇一人，以西路之缺失，意料所不及之处，若件件言之，则众心不服，今果如朕言，噶尔丹已极穷困，早晚即将冻死，若遣大员前往，此乃大好机会，曾为之喜悦，今与交战，降众遂畏缩不前，且复获账房、大小锅，朕以不及撤还，着实愧恨。又奏疏内在翁金有兵几何？官员为谁？器械如何？

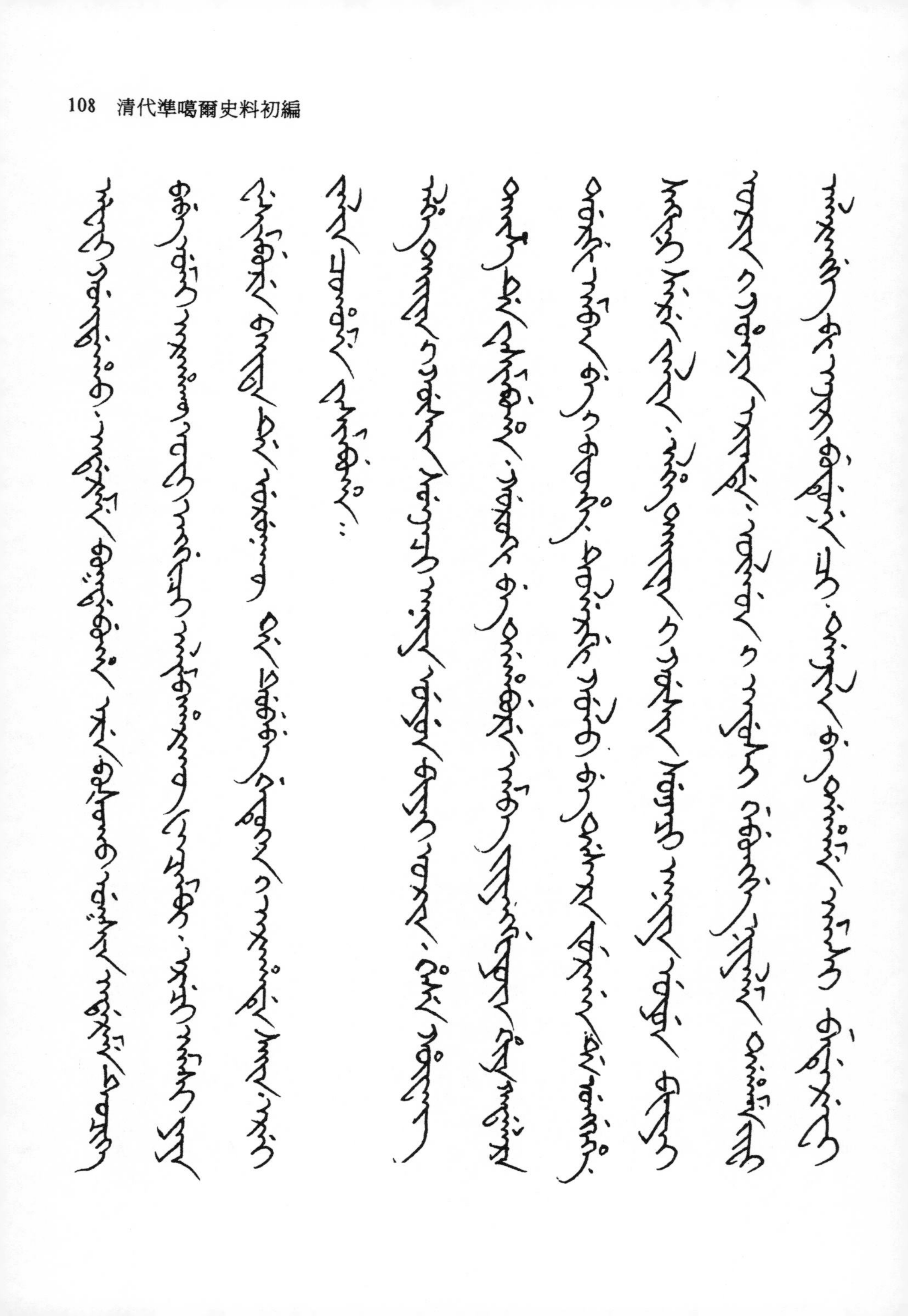

afafi goidahao, adarame bukdabuha ere bošoko uksin
攻了 久嗎 如何 使挫了 此 領催 馬甲
adarame tucike babe umai arahakū ofi enggici
如何 出了 把處全然 未書 因 背後
alimbaharakū fancambi, ereci amasi yaya wesimbure
不 勝 生氣 從此 以後任何 奏 的
baita de urunakū da dubebe getuken i arahade sain,
事 於 必定 本把末 明白的 的 寫了時 好
erei jalin cohome wasimbuha.
此 爲 特 降了
elhe taifin i gūsin sunjaci aniya uyun biyai orin,
康 熙 的三十 第五 年 九 月的 二十
hese hūwang taidz de wasimbuha, goroki be dahabure
旨 皇 太子於 降 了 遠 把 招降
amba jiyanggiyūn hiya kadalara <u>dorgi amban</u> be ibithe,
大將 軍 侍衛 管 的 內 大臣 伯的 書
<u>tulergi golo be dasara jurgan</u> de unggihe, sakini sere
理 藩 院 於 遣致的 令知 云
jalin, elhe taifin i gūsin sunjaci aniya uyun biyai
爲 康 熙 的三十 第五 年 九 月的
orin i honin erinde, ūlet i ayusi gebungge niyalma
二十的 未 於時 厄魯特 的 阿玉西 名叫的 人
dahame jifi alarangge bi ajir budune ci, danjila be
降 來了 告訴的 我 阿濟爾 布都訥 從 丹濟拉 把
dahame amasi bederefi
隨 往回 歸了

交戰久否？如何被挫？此領催（註三）、馬甲如何脫出之處，因俱未書明，朕背地不勝憤懣，嗣後一應奏事，必將本末書明爲宜，爲此特諭。
康熙三十五年九月二十日，諭皇太子，撫遠大將軍管侍衛內大臣伯移咨理藩院，爲知會事，康熙三十五年九月二十日未時，厄魯特名叫阿玉西者來降稱，我自阿濟爾布都訥隨丹濟拉返回

交战久否？如何被挫？此领催（注三）、马甲如何脱出之处，因俱未书明，朕背地不胜愤懑，嗣后一应奏事，必将本末书明为宜，为此特谕。
康熙三十五年九月二十日，谕皇太子，抚远大将军管侍卫内大臣伯移咨理藩院，为知会事，康熙三十五年九月二十日未时，厄鲁特名叫阿玉西者来降称，我自阿济尔布都讷随丹济拉返回

onggin i bele bisire bade baime genehede, ere biyai ice
翁金 的 米 所有 於地 尋 去時 此 月的 初
ninggun i erde onggin de bisire cooha jurara be sabufi,
六 的 晨 翁金 於 所有 兵 啓程的 把 見了
be daldalafi majige yarubuha manggi, danjila meni ūlet
我們 隱 了 稍 被引了 後 丹濟拉 我們的厄魯特
sebe gaifi, morin aciha be duriki seme afanahade nukte
把們 領了 馬 行裝 把 欲奪 云 去攻了 於輜重
be fiyanjilame yabure cooha poo miyoocan sindame alime
把 殿 後 行的 兵 礮 鳥 鎗 放 受
gaifi afame, nukte i juleri bisire cooha geli amasi
領了 攻 輜重的 前 所有 兵 又 往回
hafirame afanjire jakade, meni ūlet se gidabufi wasihūn
逼 勒 來 攻 之 故 我們的厄魯特 們 被敗了 往 西
burulaha, jai inenggi yamji tataha baci, bi ebsi ukame
敗走了 次 日 晚 住 的 從處 我 往此些 逃
jihe sembi, dahame jihe ūlet ayusi be suweni jurgan i
來了 云 降 來了厄魯特 阿玉西 把 你們的 部 的
bithesi janju amasi genere ildun de afabufi unggihe.
筆帖式 詹住 往回 去的 乘便 於 交了 遣了
elhe taifin i gūsin sunjaci aniya uyun biyai orin. ere
康 熙 的 三十 第五 年 九 月的 二十 此
bithe niyalma suwaliyame orin jakūn de yamji isinjiha
書 人 一併 二十 八 於 晚 到來了
manggi, ayusi de fonjici,
後 阿玉西於 問 時

往尋翁金貯米之處。本月初六日晨，見翁金駐兵啓程，我等藏匿，俟其被引稍過後，丹濟拉率我等厄魯特，欲奪其馬匹行裝而往攻時，輜重後殿兵施放鎗礮接戰，因輜重前導兵復回夾擊，故我等厄魯特被擊敗，向西卻走。次日晚，我自宿營處逃來等語。將來降厄魯特阿玉西交與爾部筆帖式詹住於返回時乘便解送。康熙三十五年九月二十日。此文及人於二十八日晚到時，詢問阿玉西，

往尋翁金貯米之處。本月初六日晨，見翁金駐兵啓程，我等藏匿，俟其被引稍過後，丹濟拉率我等厄魯特，欲奪其馬匹行裝而往攻時，輜重後殿兵施放鎗礮接戰，因輜重前導兵復回夾擊，故我等厄魯特被擊敗，向西卻走。次日晚，我自宿營處逃來等語。將來降厄魯特阿玉西交與爾部筆帖式詹住於返回時乘便解送。康熙三十五年九月二十日。此文及人於二十八日晚到時，詢問阿玉西，

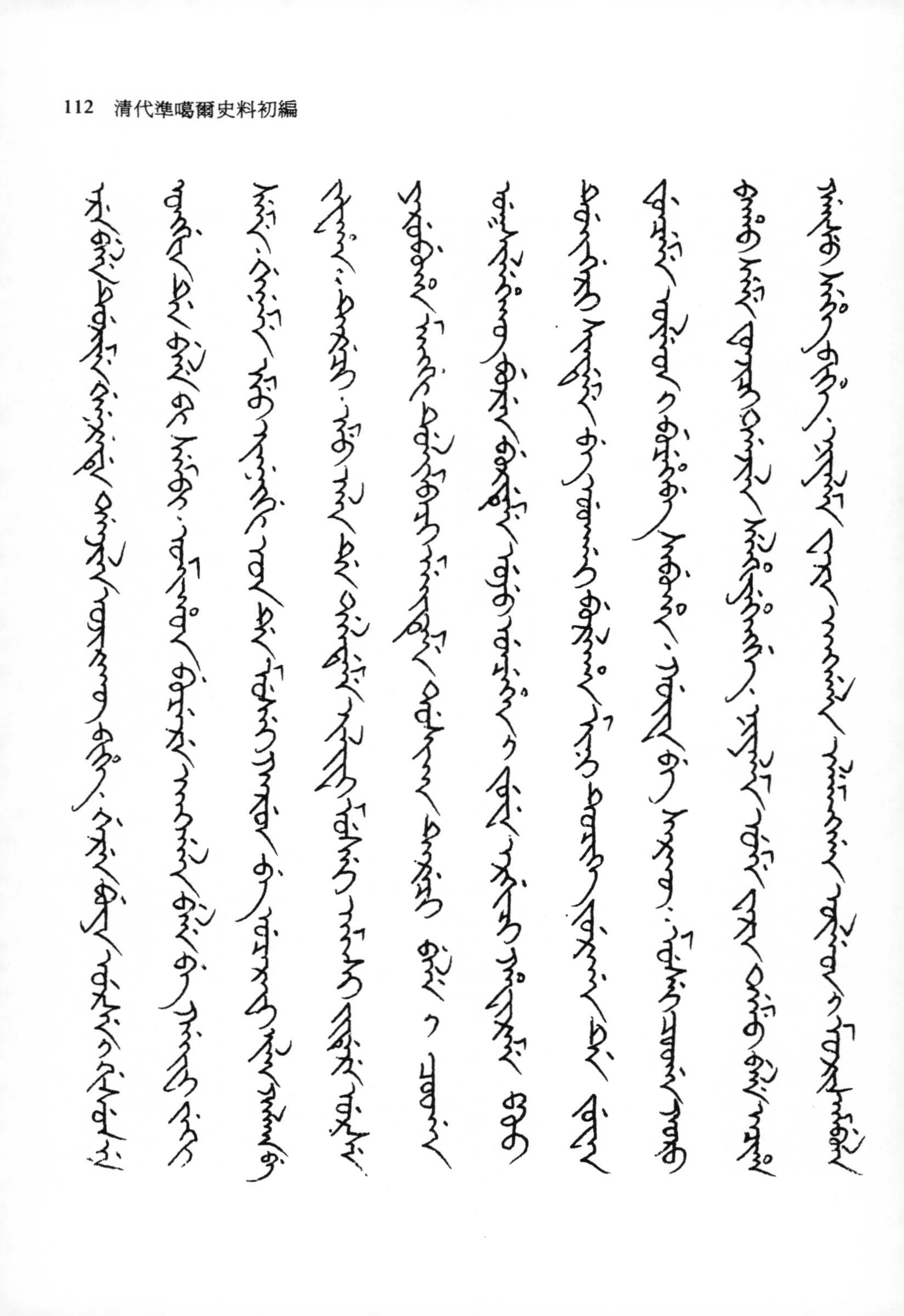

ere bele durime generede danjila ojirakū bihe, geren
此 米 奪 去 時 丹濟拉 不 可 來着 衆
buya urse i gisun ne onggin de bele bi sembi, omihon
小 衆人 的 言 現今 翁金 於 米 有 云 餓
bucere anggala bele be gaifi jeki seme, geneme emu
死 與其 米 把 取了 欲吃 云 去 一
inenggi on de musei karun be ucarafi ilan kalka be
日 程 於 我們的 卡倫 把 遇了 三 喀爾喀 把
jafaha。tereci, emu ala de daldame ilifi musei amasi
拿了 從彼 一 矮山 於 隱 止了 我們的 往回
jidere urse yarubuha manggi dulimbaci meiteme dosika
來的 衆人 被引了 後 自中央 截去 入了
tereci bele i cooga uksilehekū buren burdeme uju
從彼 米 的 兵 未披甲 海螺 吹海螺 頭
uncehen i juwe ergici hafirame, poo duigeri sindame be
尾 的 二 由方 逼勒 礮 四次 放 我們
utgai burlaha, mini tucike jurgan de juwan funceme ūlet
即 敗走了 我的 出了 條 於 十 · 餘 厄魯特
i bucehebe sabuha, gūwa be sarkū, musei cooga koro
的 把死 看了 別 把 不知 我們的 兵 傷
bahao seme fonjici danjila selhiyehengge, niyalma
得嗎 云 問時 丹濟拉 傳令的 人
ume wara damu bele aciha gaisu sehe bihe, niyalma
勿 殺 祇 米 行裝 令取 說了來着 人
wara anggala elemangga ūlet i morin ambula
殺 與其 反倒 厄魯特的 馬 多

據云，前往奪米時，丹濟拉原謂不可，屬下眾人云，今聞翁金有米，與其餓死，何如取米以食，行一日程，遇我等哨卒，擒獲喀爾喀三人，於是潛伏於一小山，我等歸來之人被引過後，從中截入，該處護米之兵未及披甲，鳴海螺，由首尾兩方夾擊，施礮四次，我等遂敗走（註四）。我於逃出之路見厄魯特死者十餘人，其餘則不得而知。又問，我等之兵得傷否？據云，丹濟拉原曾傳令勿殺人，但取米糧與行裝，今不但未殺人，厄魯特之馬反而

据云，前往夺米时，丹济拉原谓不可，属下众人云，今闻翁金有米，与其饿死，何如取米以食，行一日程，遇我等哨卒，擒获喀尔喀三人，于是潜伏于一小山，我等归来之人被引过后，从中截入，该处护米之兵未及披甲，鸣海螺，由首尾两方夹击，施炮四次，我等遂败走（注四）。我于逃出之路见厄鲁特死者十余人，其余则不得而知。又问，我等之兵得伤否？据云，丹济拉原曾传令勿杀人，但取米粮与行装，今不但未杀人，厄鲁特之马反而

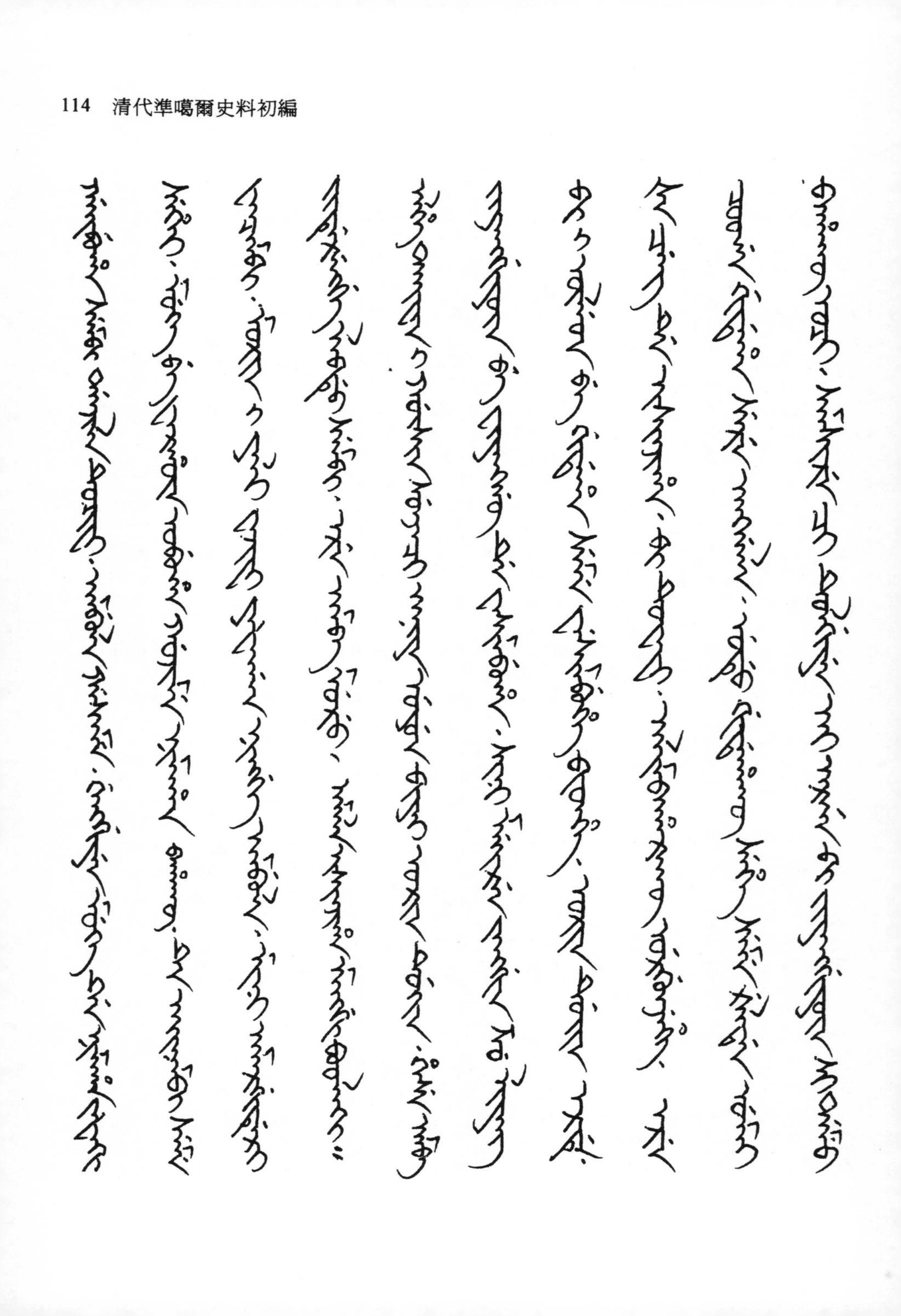

gaibuha sembi danjila tucifi, ambula gasame, genggiyen
被取了 云 丹濟拉 出了 多 抱怨 清
muke de nimaha jafaki sehei, muke be farhūn obuha
水 於 魚 欲拿 說了 水 把 昏暗 成了
gojime nimaha bahakū, te ainambi seme fancambi, morin
只 魚 不獲 今 奈何 云 生氣 馬
i yali wajifi yafagan ningge ambula, mini amargideri
的肉 完了 步行 的 多 我的 由後
jiderengge labdu sembi, ere amba muru, amala isinjiha
來的 多 云 此大概 後 到來了
manggi boolaki.
後 報吧
elhe taifin i gūsin sunjaci aniya uyun biyai orin duin,
康熙 的三十 第五 年 九 月的 二十 四
hese amba jiyanggiyūn be fiyanggū de wasimbuha, sini
旨 大 將 軍 伯 費揚古 於 降了 你的
meiren janggin dzu liyang bi i ūlet be gidaha seme
副都統 祖 良 璧 的厄魯特把 敗了 云
wesimbuhe bithe, orin duin erde, ša ceng de isinjiha,
奏的 書 二十 四 晨 沙城 於 到來了
bi tuwafi, alimbaharakū urgunjehe, ere cooga gidaha
我看了 不 勝 喜 悅 此 兵 雖
sere anggala, udu gidahakū sehe seme g'aldan umai
不但 雖 不敗 說了 云 噶爾丹 全然
bahakū oci, samsire ci tulgiyen ai arga bi jiyanggiyūn
不獲若 散 除以外 何 計 有 將軍
si damu
你 惟

被獲甚多，丹濟拉出來，極爲怨恨，欲在清水中捕魚，徒將清水攪渾，而未得其魚，如今奈何，甚爲氣惱，因馬臕落盡，故徒步者多，在我之後來者甚多，此大略情形，俟到時奏報。
康熙三十五年九月二十四日，諭大將軍伯費揚古曰：爾所奏副都統祖良璧擊敗厄魯特之文於二十四日晨至沙城，朕覽奏不勝欣喜。此軍擊敗之，固毋庸置言，即或不敗，噶爾丹並無所獲，除離散之外，更有何計，將軍爾但以

被获甚多，丹济拉出来，极为怨恨，欲在清水中捕鱼，徒将清水搅浑，而未得其鱼，如今奈何，甚为气恼，因马臕落尽，故徒步者多，在我之后来者甚多，此大略情形，俟到时奏报。
康熙三十五年九月二十四日，谕大将军伯费扬古曰：尔所奏副都统祖良璧击败厄鲁特之文于二十四日晨至沙城，朕览奏不胜欣喜。此军击败之，固毋庸置言，即或不败，噶尔丹并无所获，除离散之外，更有何计，将军尔但以

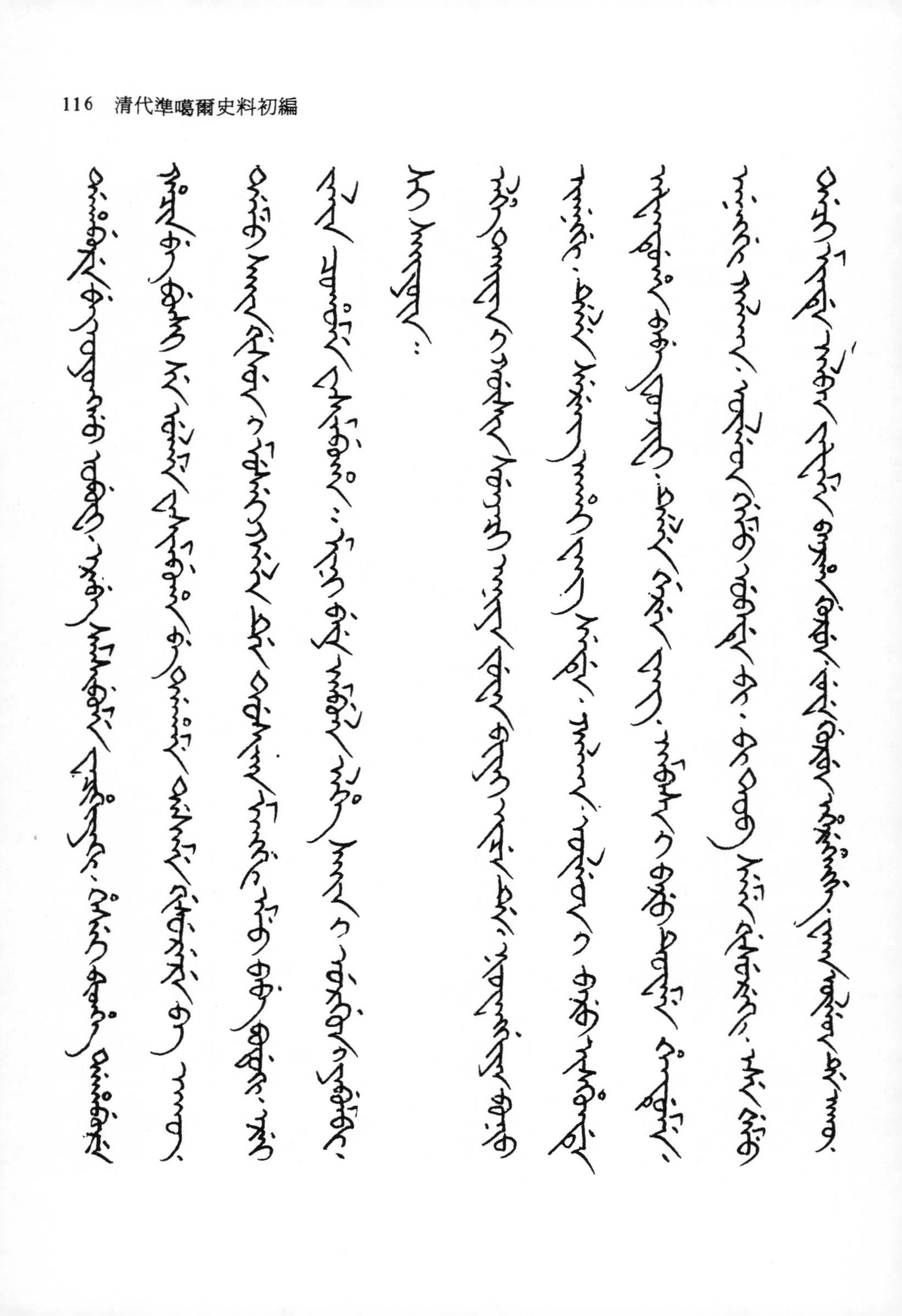

dahabure be oyonggo obufi, erebe samsibume wacihiyaki,
招降 把 要緊 做爲 把此 使 散 欲 完
hesei bithe, dahabure hacin be bunsi se ulame wasimbuha
旨的 書 招降的 項 把 本什 們 傳 降 了
be dahame dasame gisurere ba akū, damu sain gisun i
既 然 復 說話 處 無 惟 好 言 的
musei gala de dosika manggi emu babe bodoki, erei jalin
我們的 手 於 入了 後 一 把處 欲籌 此 爲
cohome wasimbuha. mini beye ambula elhe sain i urgun
特 降 了 我的 身 多 安 好 的 喜
i yabumbi, si saiyūn.
的 行 你 好嗎
elhe taifin i gūsin sunjaci aniya juwan biyai ice de,
康 熙 的 三十 第五 年 十 月的 初一 於
niowanggiyan bonio inenggi, dele sereng ahaiwang sede,
甲 申 日 上 色冷 阿海 王 於們
kalka ūlet i baru ishunde afanduha babe fonjifi, dele
喀爾喀厄魯特的 向 彼此 齊攻了 把處 問 了 上
geren wang, ambasa i baru tuwame hendume, enenggi
衆 王 大臣們 的 向 看 曰 今日
kalka, ūlet gemu ubade bi, bi tob seme gisureki, ese
喀爾喀 厄魯特 皆 於此 在 我 正 合着 欲 說 這些人
gemu daci minde alban jafame banjiha gurun, juwe
皆 原來 於我 貢賦 齎進 生活的 國 二
gurun eherehengge, waka ūlet de akū,
國 反目者 非 厄魯特 於 不

招撫爲要，使其散盡，勅書及招撫之事，已令本什等傳降，毋庸復議，但以婉言誘入吾等掌握之中後，當另籌一策，爲此特諭，朕體甚安好喜悅而行，爾好嗎？
康熙三十五年十月初一日甲申，上問色冷阿海王等喀爾喀與厄魯特互相攻戰之事。上顧諸王大臣等曰：今日喀爾喀與厄魯特俱在此處，朕直論其事，彼等原來皆係向朕納貢相安之國，兩國交惡者，其曲不在厄魯特，

招抚为要，使其散尽，勅书及招抚之事，已令本什等传降，毋庸复议，但以婉言诱入吾等掌握之中后，当另筹一策，为此特谕，朕体甚安好喜悦而行，尔好吗？
康熙三十五年十月初一日甲申，上问色冷阿海王等喀尔喀与厄鲁特互相攻战之事。上顾诸王大臣等曰：今日喀尔喀与厄鲁特俱在此处，朕直论其事，彼等原来皆系向朕纳贡相安之国，两国交恶者，其曲不在厄鲁特，

gemu kalka de bi, kalka neneme ūlet be necinehe, kalka
皆 喀爾喀於 在 喀爾喀 先 厄魯特 把 去侵犯了 喀爾喀
giyan waka ofi, ūlet de gurun efulehe, ūlet kalka be
理 非 因 厄魯特 於 國 破壞了 厄魯特 喀爾喀 把
dailara anagan de, mini jecen i dorgi ulan butung ni
征討 藉端 於 我的 疆界 的 內 烏闌布通 的
bade dosinjifi, mini cooha de gidabufi, kalka be jai
於地 進來了 我的 兵 於 被敗了 喀爾喀 把 再
neciraku seme gashūha, te geli gashūn be cashūlafi
不侵犯 云 起誓了 今 又 誓言 把 背 了
musei karun i babe necime ibefi, kerulun i bade tomoho
我們的 卡倫 的把處 侵犯 前進了 克魯倫 的於地 棲息了
ūlet giyan waka ofi, mini beye amba cooha be gaifi
厄魯特 理 非 因 我的 自身 大 兵 把 領了
mukiyebuhe, abkai doro umesi iletu, majige hono
使滅了 天的 道 極 顯 稍 尚且
jurcerakū, bi abkai fejergi tumen gurun i uheri ejen
不違 我 天的 下 萬 國 的 共 主
ofi, urhufi haršaha doro bio? mini ūlet be efulehengge
因 偏了 偏向了 道 有嗎 我的 厄魯特 把 破壞者
kalkai jalin waka sehe manggi, kalkai sereng ahai wang
喀爾喀的 爲 非 說了 後 喀爾喀的 色冷阿海 王
se, dahame jihe ūlet šakjum se, gemu niyakūrafi
們 降 來的 厄魯特 沙克朱木 們 皆 跪了

皆在喀爾喀，喀爾喀先去侵犯厄魯特，喀爾喀理曲，故其國爲厄魯特所破。厄魯特藉征喀爾喀爲辭，進入我境內烏闌布通地方，爲我軍所敗後誓不復侵犯喀爾喀，今又背誓而進犯我等卡倫，棲居克魯倫地方。因厄魯特理曲，是以朕親統大兵勦滅之，天道昭然，絲毫不爽。朕爲天下萬國之共主，豈有偏向之理乎？朕所以破厄魯特者，非爲喀爾喀也。言畢，喀爾喀色冷阿海王等及來降之厄魯特沙克朱木等皆叩頭

皆在喀尔喀，喀尔喀先去侵犯厄鲁特，喀尔喀理曲，故其国为厄鲁特所破。厄鲁特藉征喀尔喀为辞，进入我境内乌阑布通地方，为我军所败后誓不复侵犯喀尔喀，今又背誓而进犯我等卡伦，栖居克鲁伦地方。因厄鲁特理曲，是以朕亲统大兵剿灭之，天道昭然，丝毫不爽。朕为天下万国之共主，岂有偏向之理乎？朕所以破厄鲁特者，非为喀尔喀也。言毕，喀尔喀色冷阿海王等及来降之厄鲁特沙克朱木等皆叩头

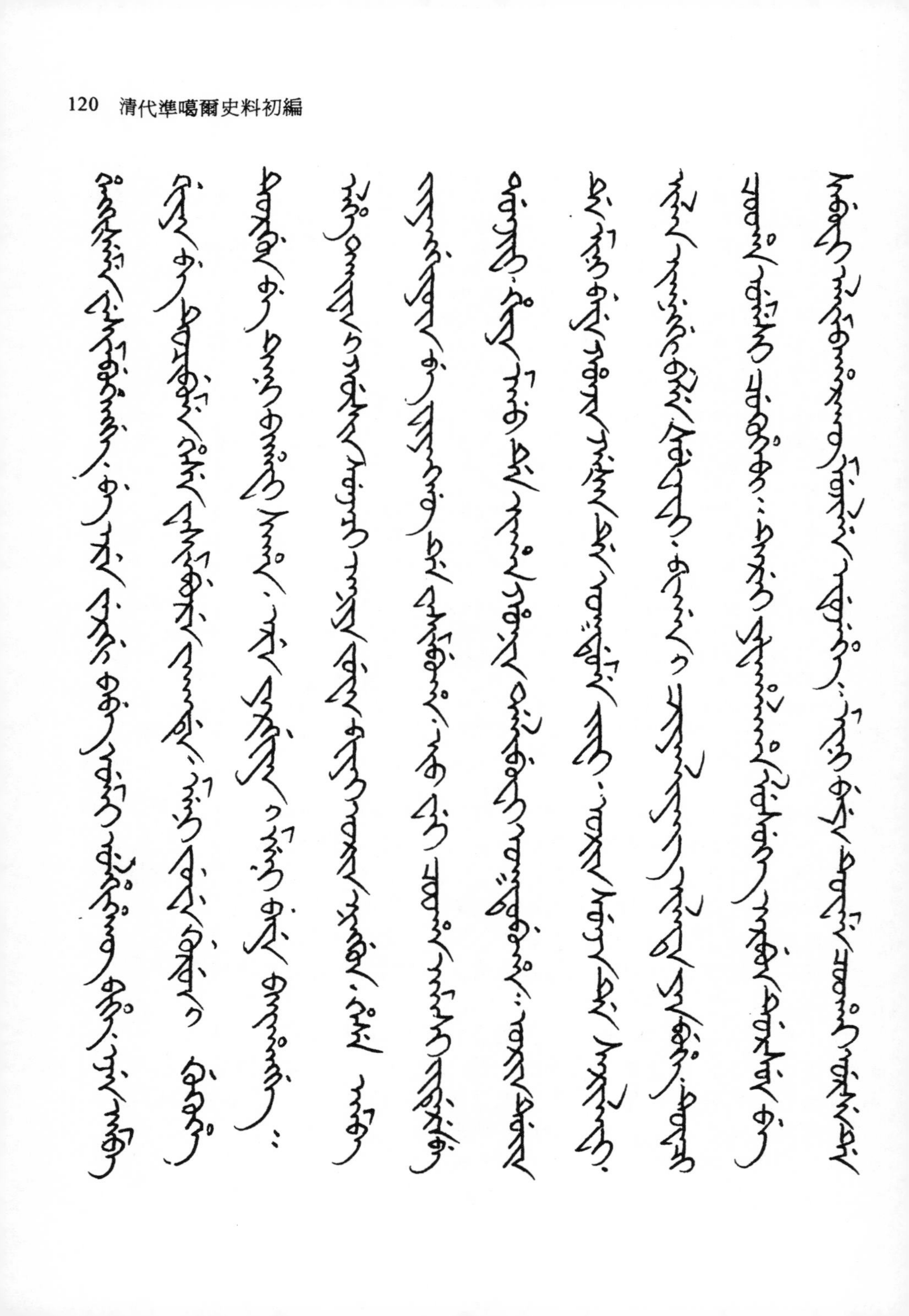

hengkišeme wesimbuhengge, be ere jergi babe umai
連叩頭 所奏者 我們此 等 把處 全然
ulhihekū bihe, ejen amba giyan be tucibume hese
未曉 來着 主 大 理 把 使 出 旨
wasimbure jakade, meni juwe gurun i gukuhe turgun be
降的 之故 我們的 二 國 的 亡 的 緣由 把
teni bahafi saha, ere yargiyan i meni beye baihangge,
才 得了 知了 此 實 在 的我們的自身 尋 的
elhe taifin i gūsin sunjaci aniya juwan biyai orin
康 熙 的三十 第五 年 十 月的 二十
ninggun, hese amba jiyanggiyūn be fiyanggū de wasimbuha,
六 旨 大 將 軍 伯 費揚古 於 降了
io wei cooha amasi jidere be donjifi, hiya ma'u de ihan
右衛 兵 往回 來的 把 聞了 侍衛馬武 於 牛
honin dalibufi okdobuha. orin duin de mini beye honjin
羊 使趕了 使迎了 二十 四 於我的 自身 渾津
gašan de okdome jifi, orin sunja de sarilafi, ilan
村 於 迎 來了 二十 五 於設宴了 三
inenggi bele šufafi, bigan i ciyanliyang ilata yan buhe.
日 米 湊了 野 的 錢 糧 各三 兩 給了
tuwaci cooha umesi cukuhebi. terei yafahalaha lusuke
看時 兵 極 疲 了 其 行走的 疲之
arbun dursun be sabufi alimbaharakū mujilen efujehe.
形 狀 把見了 不 勝 心 破壞了
mini beye tuwame coohai urse de
我的 自身 看 兵的 衆人 於

跪奏曰：我等於此等曲直之處，原來並不知曉，蒙皇上伸明大義，頒降綸音，我等兩國致亡之由方得知之，此實我等之所自尋也。
康熙三十五年十月二十六日，諭大將軍伯費揚古曰：聞右衛兵歸來，遣侍衛馬武驅牛羊以迎。二十四日，朕親至渾津村來迎，二十五日，賜宴，湊給三日米，行餉各三兩。看來兵已疲甚，見其行走困憊之狀，不勝悲惻。朕親自閱看，以至兵丁，

跪奏曰：我等于此等曲直之处，原来并不知晓，蒙皇上伸明大义，颁降纶音，我等两国致亡之由方得知之，此实我等之所自寻也。
康熙三十五年十月二十六日，谕大将军伯费扬古曰：闻右卫兵归来，遣侍卫马武驱牛羊以迎。二十四日，朕亲至浑津村来迎，二十五日，赐宴，凑给三日米，行饷各三两。看来兵已疲甚，见其行走困惫之状，不胜悲恻。朕亲自阅看，以至兵丁，

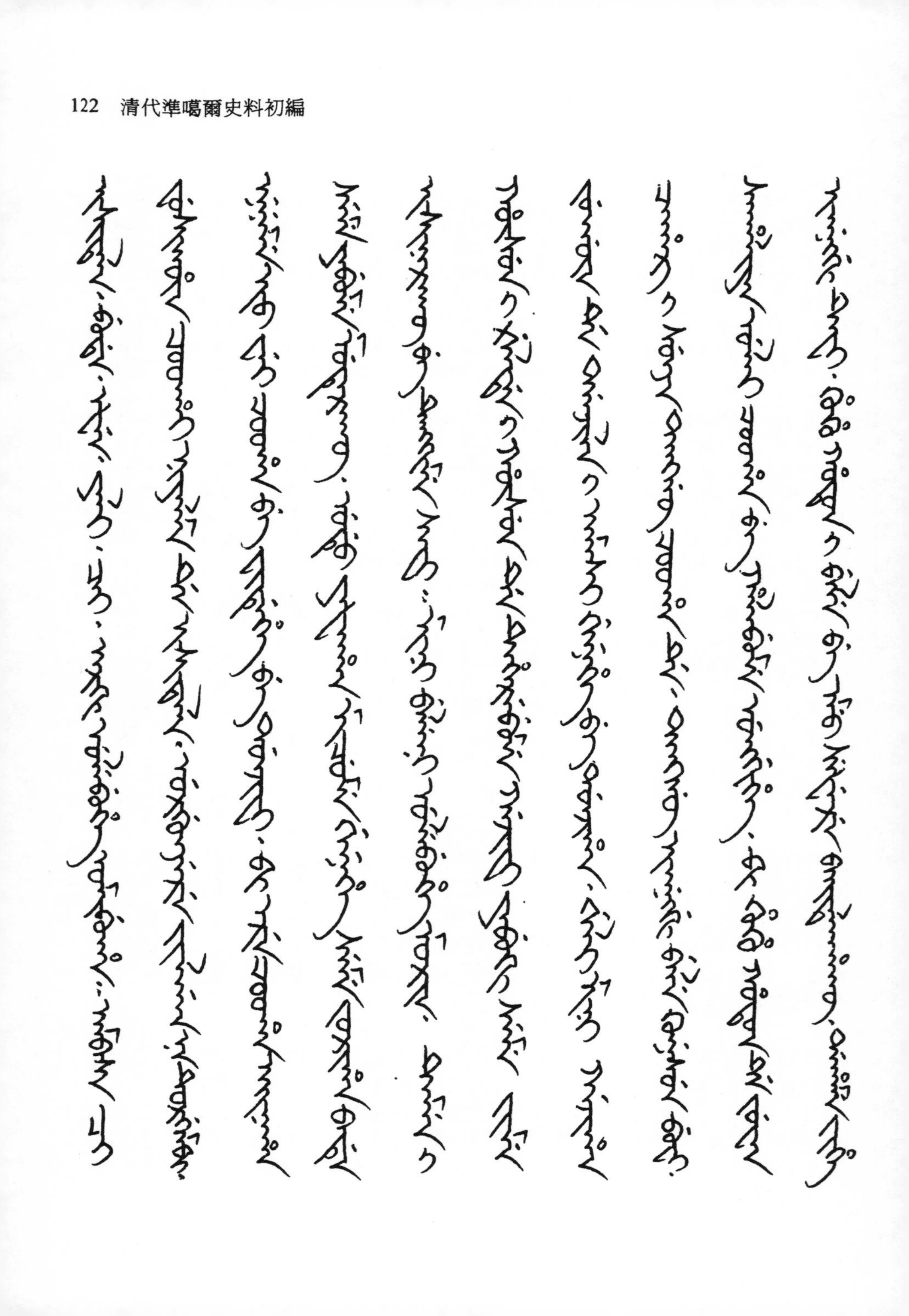

isitala, buda, efen, yali, cai, arki ulebuhe omibuha.
直 至 飯 餑餑 肉 茶 燒酒 餵了 使飲了
ambasa ci fusihūn coohai niyalma de isitala, urgunjere
大臣們 從 以下 兵的 人 於 直至 喜悅的
jilgan na durgembi。neneme io wei cooha be fidehe be
聲 地 震動 先 右衛 兵 把 調了 把
donjifi, bi ere cooha ainaha seme yabume muterakū, udu
聞了 我 此 兵 斷然 行 不能 雖
yafahan micume genehe seme joriha bade isinarakū be
步行 匍匐 去了 云 指示的於地 不到 把
tengkime safi. mini beleni ulebuhe morin, temen i
深 知了 我的 現成的 餵的 馬 駝 的
hūsun i g'aldan i hūsun de teherebume gajifi yabuki
力 的 噶爾丹的 力 於 相等 帶來了 欲行
seme jime jugūn de danjila i amasi genehe be donjiha,
云 來 路 於 丹濟拉的 往回 去了 把 聞了
geli mini gajiha cahar i sunja tanggū cooha de, tanggū
又 我的 帶來的 察哈爾的 五 百 兵 於 百
ineggi bele kunesun bufi, sahaliyan ulai cooha be
日 米 行糧 給了 黑龍江的 兵 把
halabume unggihe, bi huhu hoton de juwan inenggi tefi,
使更換 遣了 我 歸化城 於 十 日 住了
huhu hoton i bele be emu sefere baitalahakū. dahame
歸化城的 米 把 一 匀 未用 降
jihe
來了

食以米飯、餑餑、肉類，飲以茶、酒，自大臣以下至於兵丁，歡聲震地。前聞調度右衛兵，朕深知此兵斷不能行走，雖徒步匍匐前往，亦不能抵達指定之地，故朕以現餵馬駝之力，比量噶爾丹之力欲行攜來，來至途中，聞丹濟拉回去。又朕帶來之察哈爾兵五百名，給百日糗糧，遣往更換黑龍江兵。朕駐蹕歸化城十日，未嘗用歸化城一撮之米。向所有來降之人

食以米饭、饽饽、肉类，饮以茶、酒，自大臣以下至于兵丁，欢声震地。前闻调度右卫兵，朕深知此兵断不能行走，虽徒步匍匐前往，亦不能抵达指定之地，故朕以现喂马驼之力，比量噶尔丹之力欲行携来，来至途中，闻丹济拉回去。又朕带来之察哈尔兵五百名，给百日糗粮，遣往更换黑龙江兵。朕驻跸归化城十日，未尝用归化城一撮之米。向所有来降之人

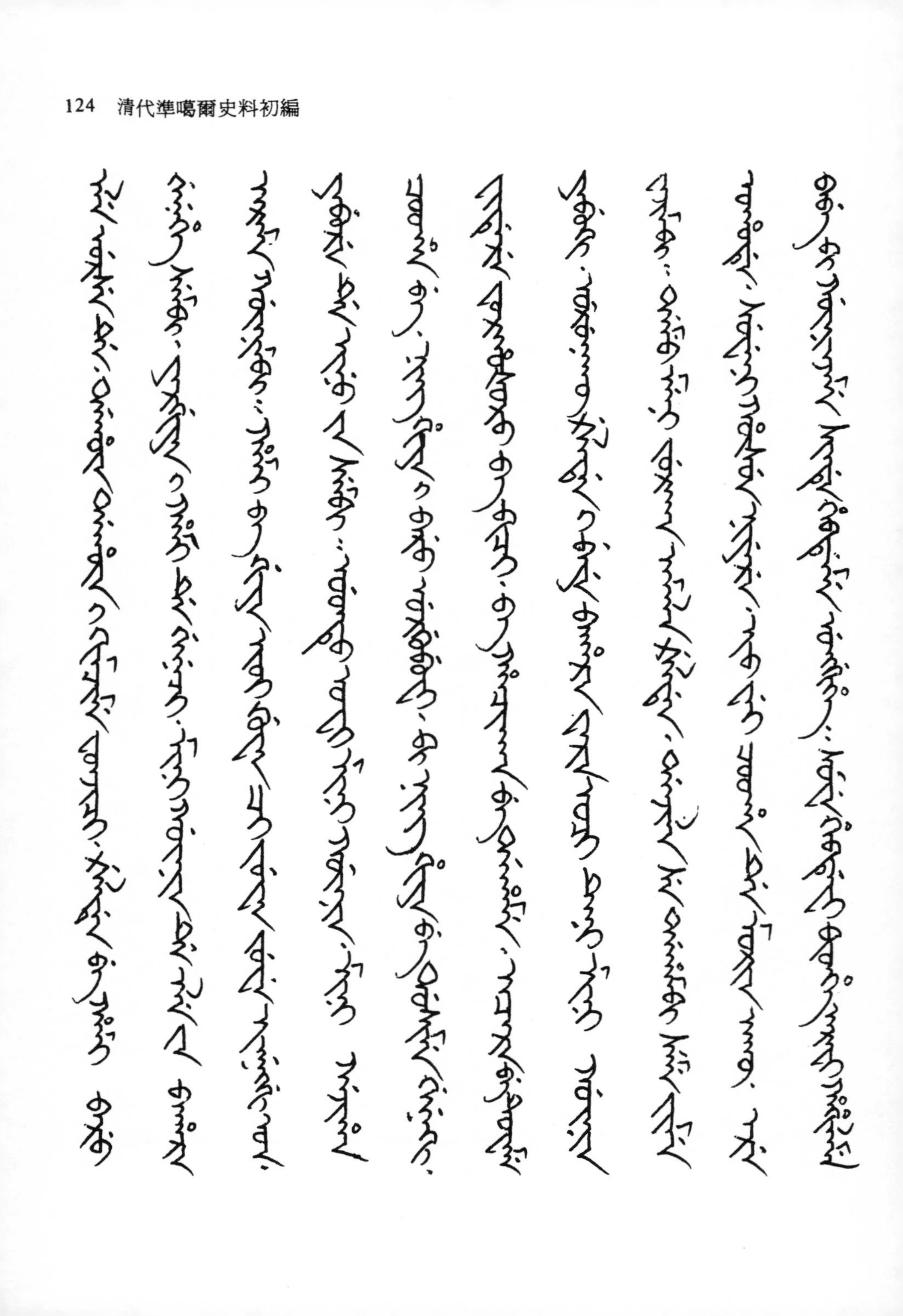

ele urse de, dahūn dahūn i kimcime fonjici, g'aldan
所有 衆人 於 再三 再三 的 詳 察 問 時 噶爾丹
be hami baru genehe sembi, yargiyan i hami de geneci,
把 哈密 向 去了 云 實在 的 哈密 於 若去
mini gūnin de ele ja bahara arame gūnimbi. hami ba
我的 意 於 更 易 獲的 作 想 哈密 地
giya ioi guwan ci juwan juwe inenggi on, yabure de
嘉 峪 關 從 十 二 日 程 行的 於
inu ja sembi. uttu ofi mini gūnin, mini gajiha cooha
亦 易 云 此 因 我的 意 我的 帶來的 兵
be, ning hiya i baru urgubufi, bi ning hiya be dosime
把 寧 夏 的 向 使偏了 我 寧 夏 把 入
geneki, fidere forhošoro ba bici, ba hancikan be dahame,
欲去 調 換 地 若有 地 稍 近 既 然
acara be tuwame yabuki, urunakū g'aldan i beye be
酌 量 欲 行 必 定 噶爾丹 的 自身 把
bahara wara oci teni mini gūnin wajimbi. damu meni
獲 殺 若 才 我的 心 完 惟 我們的
juraka amala g'aldan, danjila se dahambi seme jime
啓程 後 噶爾丹 丹濟拉 們 降 云 來
ohode, suweni hūsun niyere, io wei cooha de morin akū,
時 你們的 力 弱 右衛 兵 於 馬 無
ere babe bi gūninjame sinde hebdeme unggihe. suwe
此 把處 我 思 量 於你 商 量 遣 致了 你們
hebdefi bithe arafi hahilame
商量了 書 寫了 上 緊

再三詳問，據稱噶爾丹向哈密而去，若果往哈密，則朕意以爲更易擒獲。哈密地方距嘉峪關十二日程，行走亦易等語。是以朕意欲將朕所帶來之兵，移向寧夏，朕入寧夏，若有調度之處，因地方稍近，可相機而行，務將噶爾丹擒而誅之，朕心始畢。惟朕等啓行後，噶爾丹、丹濟拉等若稱投降而來時，爾等力薄，而右衛兵無馬，朕慮及此處，故遣人與爾商酌，爾等商妥後具疏速

再三详问，据称噶尔丹向哈密而去，若果往哈密，则朕意以为更易擒获。哈密地方距嘉峪关十二日程，行走亦易等语。是以朕意欲将朕所带来之兵，移向宁夏，朕入宁夏，若有调度之处，因地方稍近，可相机而行，务将噶尔丹擒而诛之，朕心始毕。惟朕等启行后，噶尔丹、丹济拉等若称投降而来时，尔等力薄，而右卫兵无马，朕虑及此处，故遣人与尔商酌，尔等商妥后具疏速

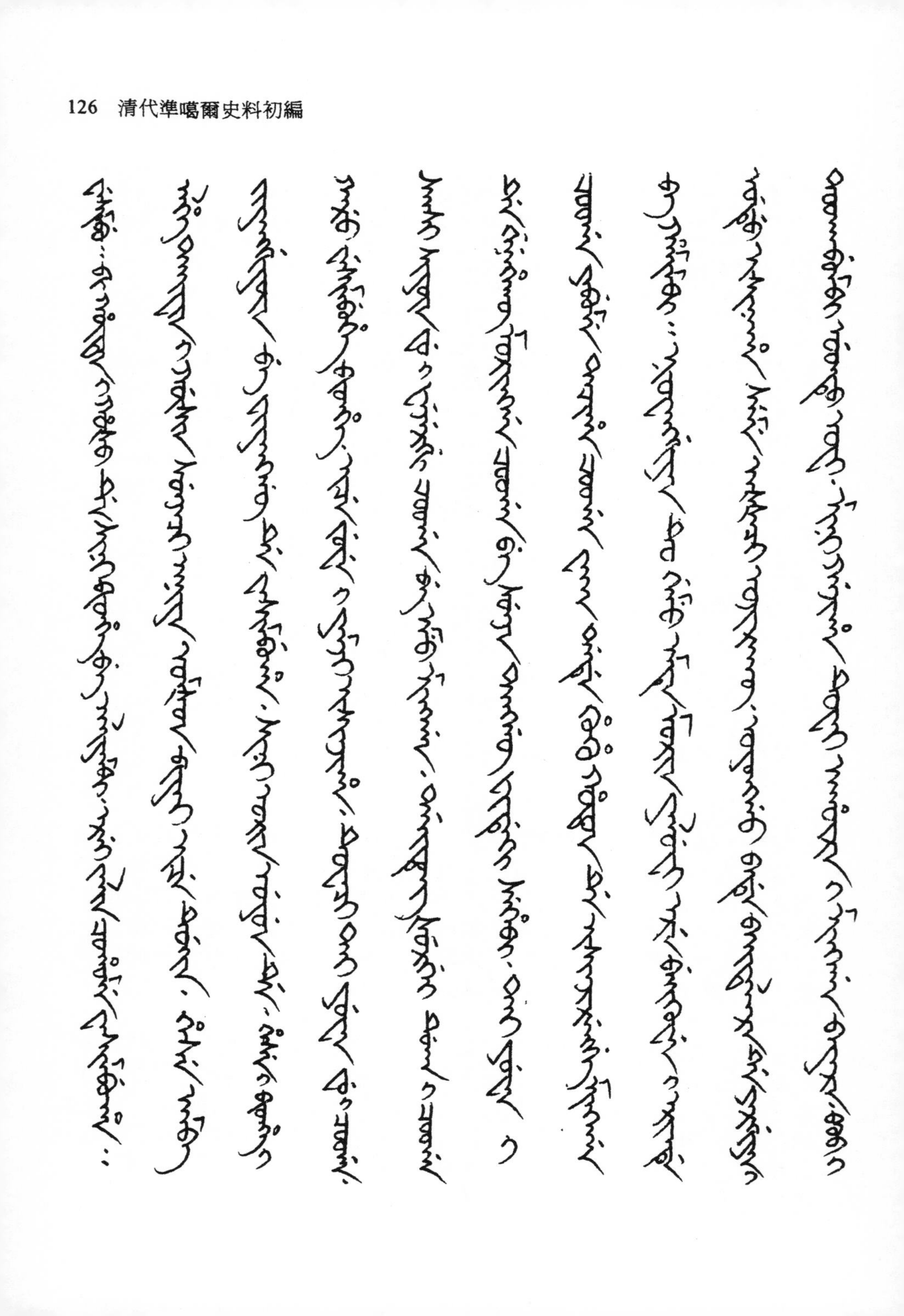

wesimbu. bi hūtan i hošo de sini bithe be aliyambi,
令奏 我 湖灘 的河朔 於 你的 書 把 等候
erei jalin cohome wasimbuha.
此 爲 特 降 了
elhe taifin i gūsin sunjaci aniya omšon biyai ice duin,
康 熙 的 三十 第 五 年 十 一 月的 初 四
hese amba jiyanggiyūn be fiyanggū de wasimbuha, sini
旨 大 將 軍 伯 費揚古 於 降 了 你的
orin uyun de, hese i bithe i karu wesimbuhe bithe, ice
二十 九 於 旨 的 書 的 報 奏 的 書 初
juwe i yamji isinjiha, tuwaci tai yuwan fu i cooga,
二 的 晚 到來了 看 時 太 原 府 的 兵
sansi siyūn fu i fejergi cooga be emu minggan, daitung
山西 巡 撫的 屬 下 兵 把 一 千 大 同
šurgei duka i cooga de genehekū moringga cooga be sunja
殺 虎 門 的 兵 於 未 去 騎 馬 的 兵 把 五
tanggū fideki sehebi, tai yuwan i cooga yabume taciha
百 欲 調 說 了 太 原 的 兵 行 慣了的
cooga waka dade huhu hoton de isijirengge minggan ba
兵 非 起初 歸化 城 於 到來者 千 里
hamimbi. niowanggiyan tu gemu emte morin yalufi ere
將 近 綠 纛 皆 各一 馬 騎 了 此
beikuwen i erinde udu isinaha seme aššaci ojirakū,
冷 的 於時 雖 到去了 云 動 時 不可
oyonggo bade baitalara de yargiyan i tookabumbi uttu
要緊 於地 用 的 於 實 在 的 至於悮 此
ofi, mini gajiha tuwai ahūra i minggan bayara, poo i
因 我的 帶來了 火的 器 的 千 護 軍 礮 的

速奏，朕駐蹕湖灘河朔候爾覆奏之疏，爲此特諭。
康熙三十五年十一月初四日，諭大將軍伯費揚古曰：爾於二十九日覆勑旨之奏疏，於初二日晚到來，覽爾欲調太原府兵，山西撫標兵一千，大同、殺虎口未出征騎兵五百。太原之兵既未嫻於行陣，且至歸化城殆將千里，緣旗兵皆各騎一馬，於此嚴寒之時，縱然能到，將不能動彈，緊急需用之處，實必悮事，是以將朕所

速奏，朕驻跸湖滩河朔候尔覆奏之疏，为此特谕。
康熙三十五年十一月初四日，谕大将军伯费扬古曰：尔于二十九日覆勑旨之奏疏，于初二日晚到来，览尔欲调太原府兵，山西抚标兵一千，大同、杀虎口未出征骑兵五百。太原之兵既未娴于行阵，且至归化城殆将千里，缘旗兵皆各骑一马，于此严寒之时，纵然能到，将不能动弹，紧急需用之处，实必悮事，是以将朕所

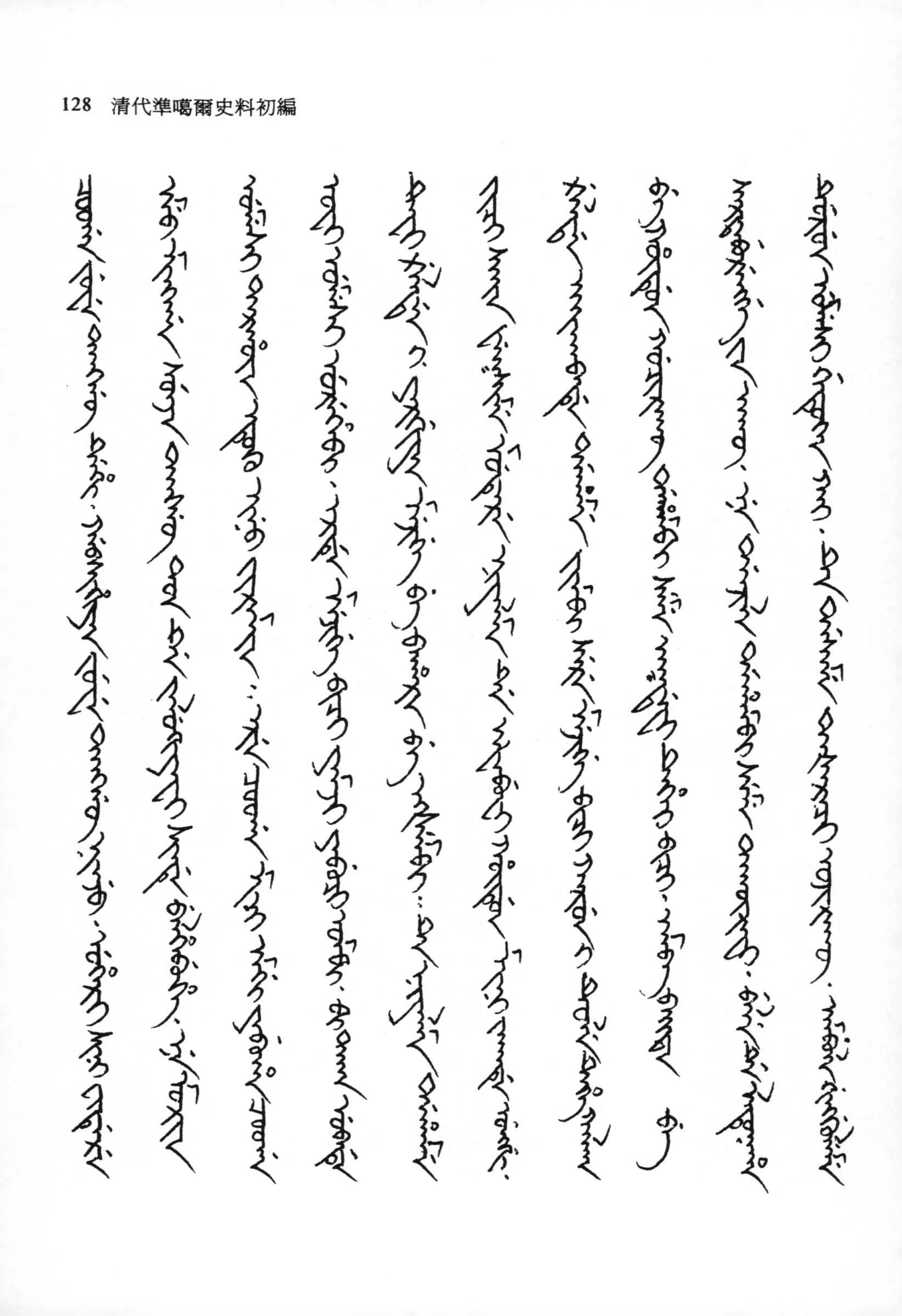

cooga juwe tanggū dehi, gabsihiyan juwe tanggū ninju,
兵 二 百 四十 前 鋒 二 百 六十
uheri sini fidere emu minggan sunja tanggū ton de
共 你的 調的 一 千 五 百 數 於
jalukiyafi sinde belhebuhe, ne morin umesi tarhūn etuku
滿足了 於你 預備了 現今 馬 甚 肥 衣
inu jiramin。ere cooga mini emgi yabuha cooga ofi
亦 厚 此 兵 我的 共 行的 兵 因
umesi urehebi, erde mejige bici yamji yabuci ombi,
甚 熟了 早 信息 若有 晚 若行 可
bi taka ubade tefi g'aldan i yargiyan mejige be bahara
我 暫且 於此 住了 噶爾丹 的 實 信息 把 得的
be ekšembi. te niyalma dahame jici sain feksime mutere
把 急忙 今 人 降 若來 好 馳 能
niyalma de afabufi hūdun mini jakade unggi, g'aldan
人 於 交付 速 我的 跟前 令遣 噶爾丹
aikabade dahame jimbi sere mejige bici karun i tule
設若 降 來 云 信息 若有 卡倫 的 外
tehe kalka be hūdun gocirakū dahambi seme akdafi tehei
住的 喀爾喀 把 速 不 撤 降 云 信靠了 只管坐
bici, amba baita be sartaburengge ja akū, ne danjila
若有 大 事 把 致悞者 了不得 現今 丹濟拉
dahambi seme takūrafi, bele de latunaha durun umesi
降 云 遣了 米 於 去侵犯的 樣子 甚
getuken kai, te dasame tašaraci ojirakū, ambula
明白 啊 今 復 若錯 不可 多
gingguleme
恭謹

帶火器護軍一千、礮兵二百四十、前鋒二百六十，共添足爾所調一千五百之數，爲爾預備。現今馬匹甚肥，衣著亦厚，此兵乃與朕同行之兵，故頗嫻熟。若朝有其信，晚即可行，朕暫駐此處，急欲得噶爾丹確信，今若有人來降，即交付善馳之人星速遣至朕處。如有噶爾丹來降之信而不速撤卡倫外所駐喀爾喀，祇信其來降而坐以待之，則悞大事匪淺。今丹濟拉差人來降，而復犯糧之狀，極爲明顯矣，今不可復悞，

带火器护军一千、炮兵二百四十、前锋二百六十，共添足尔所调一千五百之数，为尔预备。现今马匹甚肥，衣着亦厚，此兵乃与朕同行之兵，故颇娴熟。若朝有其信，晚即可行，朕暂驻此处，急欲得噶尔丹确信，今若有人来降，即交付善驰之人星速遣至朕处。如有噶尔丹来降之信而不速撤卡伦外所驻喀尔喀，祇信其来降而坐以待之，则悞大事匪浅。今丹济拉差人来降，而复犯粮之状，极为明显矣，今不可复悞，

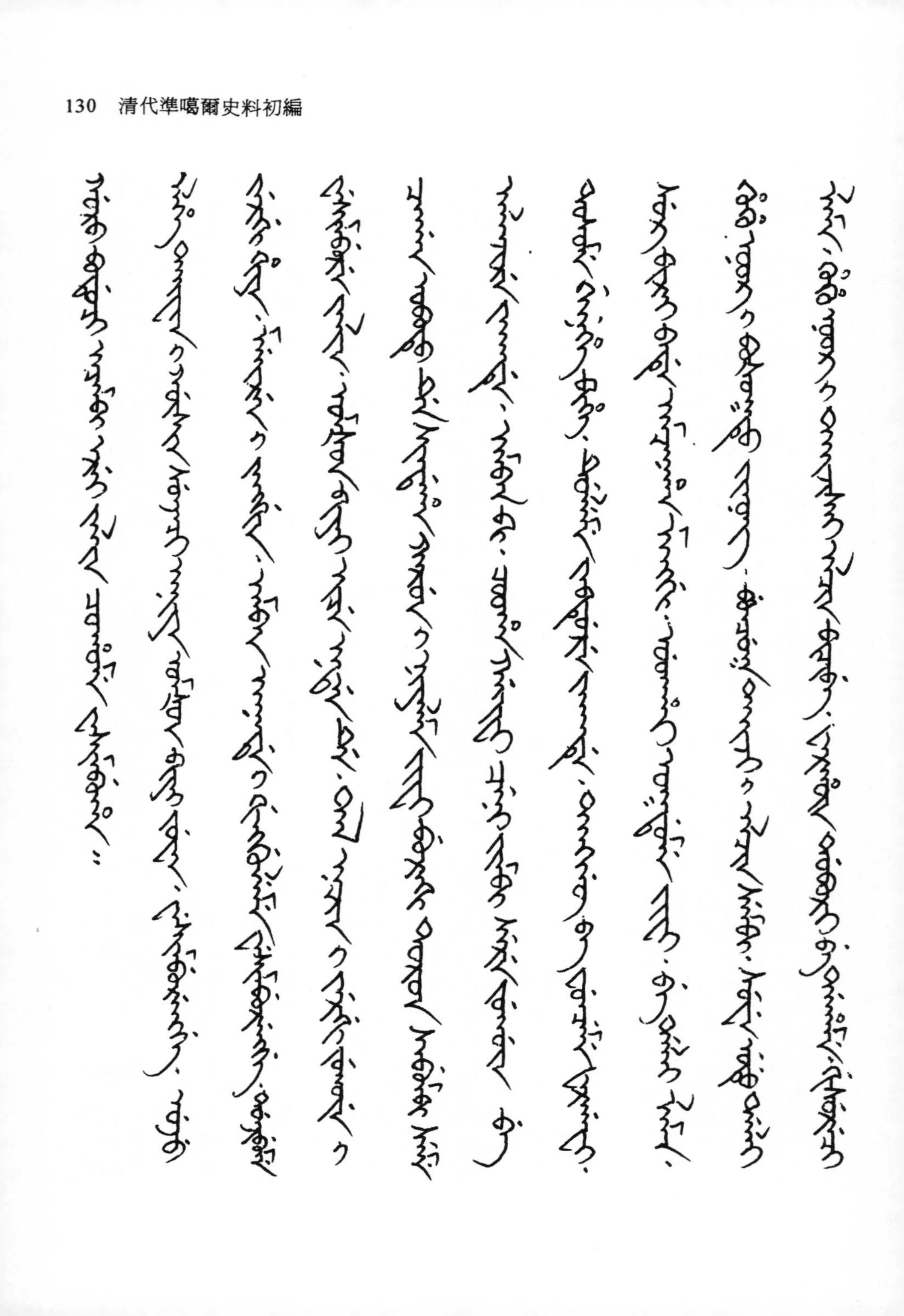

goro bodoci acambi erei jalin cohome wasimbuha。
遠 若籌 應 此 爲 特 降 了
elhe taifin i gūsin sunjaci aniya omšon biyai juwan,
康 熙 的 三十 第五 年 十一 月的 十
wesimburengge, uju jergi hiya, meiren i janggin, amban
所奏者 頭 等 侍衛 副 都統 臣
ananda i ginggulEme wesimburengge, donjibume wesimbure
阿南達 的 謹 所奏者 聞 奏 的
jalin, omšon biyai ice nadan de, tal nacin i jergi jugūn
爲 十一 月的 初 七 於 塔爾納親 的 等 路
i cagan obotu de sindaha karun i niyalma jifi buraki
的察罕 鄂博圖 於 放的 卡倫 的 人 來了 塵
toron sabumbi seme alanjire jakade, amban bi, cooha
飛塵 看見 云 來告訴 之故 臣 我 兵
gaifi, ceni jimbi sere jugūn be tosome genehe bihe,
領了 他們的 來 云 路 把 截 去了 來着
duleme jabdure jakade, tanggū ba funceme fargafi, sur
過去 濟 之故 百 里 餘 追了 素爾
birai bade amcanaha manggi, uthai okdome jifi, be dalai
河的 於地 追去了 後 即 迎 來了 我們達賴
lama, huhu noor i bošoktu jinong, puncuk taiji i elcin
喇嘛 青 海 的 博碩克圖 濟農 盆楚克 台吉 的使臣
sembi, suwe udu dalai lama, huhu noor i taijisai elcin
云 你們 雖 達賴 喇嘛 青 海 的 台吉們的使臣
bicibe, farhūn dobori be dahame, gisureci
雖 昏暗 夜 既 然 若 議

當敬慎遠籌，爲此特諭。
康熙三十五年十一月初十日，奏，一等侍衛副都統阿南達謹奏，爲奏聞事。十一月初七日，因塔爾納親等路於察罕鄂博圖所設卡倫之人來報稱，見有飛塵，臣即率兵而往，截其來路，因其已過，故追百有餘里，追至素爾河邊後，即來迎。據云：我等係達賴喇嘛、青海博碩克圖濟農、盆楚克台吉之使者。臣覆以爾等雖係達賴喇嘛、青海台吉之使者，但因黑夜不便相議，

当敬慎远筹，为此特谕。
康熙三十五年十一月初十日，奏，一等侍卫副都统阿南达谨奏，为奏闻事。十一月初七日，因塔尔纳亲等路于察罕鄂博图所设卡伦之人来报称，见有飞尘，臣即率兵而往，截其来路，因其已过，故追百有余里，追至素尔河边后，即来迎。据云：我等系达赖喇嘛、青海博硕克图济农、盆楚克台吉之使者。臣覆以尔等虽系达赖喇嘛、青海台吉之使者，但因黑夜不便相议，

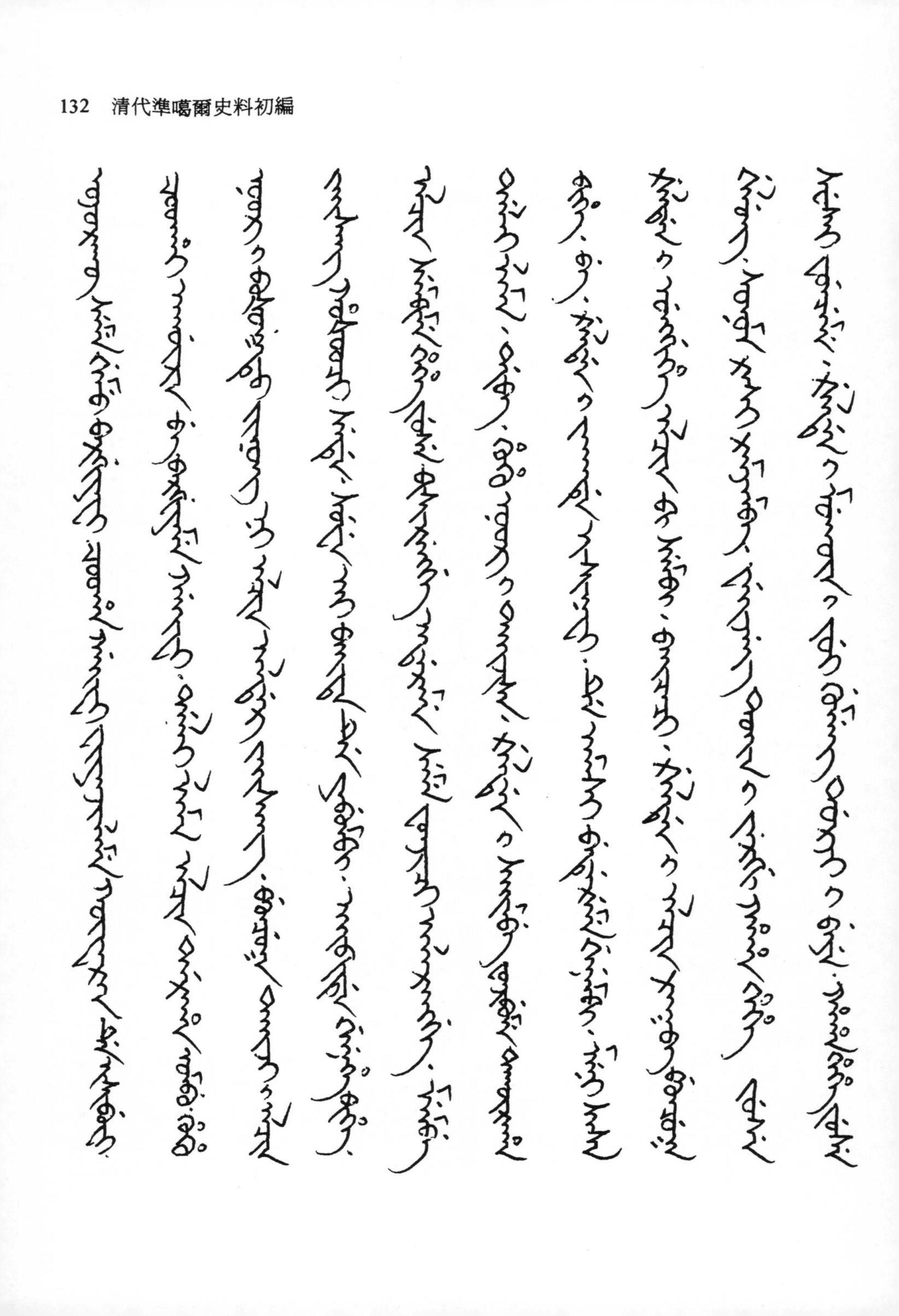

ojorakū seme gemu bargiyafi, cooha gaifi fiyanjilame
不可 云 皆 收了 兵 領了 殿後
kūwaran de isibufi, coohai agūra be bargiyame gaifi,
營 於 送到去了 兵的 器 把 收 取了
dalai lama elcin darhan ombu, huhu noor i bošoktu jinong
達賴 喇嘛 使臣 達爾漢 鄂木布 青 海 的 博碩克圖濟農
ni elcin aldar jaisang, puncuk taiji i elcin jaisang
的 使臣 阿爾達爾寨桑 盆楚克 台吉的 使 臣 寨 桑
hošooci sede, suwe ai baita de yabumbi, aibide genehe
和碩齊 於們 你們 何 事 於 行 何處 去了
bihe, elcin sembime hehe juse bisirengge adarame seme
來着 使臣 而云 婦女 孩子們 所有者 如何 云
fonjici alarangge, membe dalai lama, diba, huhu noor i
問時 告訴者 把我們 達賴 喇嘛 第巴 青 海 的
taijisa, g'aldan i saimbe fonjibume takūraha bihe, be,
台吉們 噶爾丹 的 把好 使 問 遣了 來着 我們
g'aldan i jakade isinafi, te amasi bedereme genembi,
噶爾丹的 跟前 到去了 今 往回 歸回 去
meni sasa g'aldan i unggihe elcin bi sembi, baicaci,
我們的 齊 噶爾丹 的 遣了 使臣 有 云 察時
g'aldan i elcin rakba puncuk gelung, sonom rasi ramjamba
噶爾丹 的 使臣 喇克巴 盆楚克 格隆 索諾木 喇錫拉木占木巴
weijeng toin i jergi haha hehe juse susai funceme,
衛徵 陀音 的 等 男 婦女 孩子們 五十 餘
g'aldan i mukūn i jui gumeng dorji i beye, haha hehe juse
噶爾丹的 族 的 子 顧孟 多爾濟的 自身 男 婦女孩子

遂皆拘之，領兵殿後，送至兵營，收繳兵器。詢問達賴喇嘛使者達爾漢鄂木布，青海博碩克圖濟農之使者阿爾達爾寨桑，盆楚克台吉之使者寨桑和碩齊等曰：爾等爲何事而來？曾往何處去？且既稱係使者，何以有婦孺？據稱達賴喇嘛、第巴、青海諸台吉等遣我等問候於噶爾丹。我等曾至噶爾丹處，今即歸去，尚有噶爾丹所遣使者同我等在此等語。查噶爾丹之使者喇克巴盆楚克格隆、索諾木喇錫拉木占木巴、衛徵陀音等男婦孺子五十餘人，噶爾丹族姪顧孟多爾濟本人及其男婦孺子

遂皆拘之，领兵殿后，送至兵营，收缴兵器。询问达赖喇嘛使者达尔汉鄂木布，青海博硕克图济农之使者阿尔达尔寨桑，盆楚克台吉之使者寨桑和硕齐等曰：尔等为何事而来？曾往何处去？且既称系使者，何以有妇孺？据称达赖喇嘛、第巴、青海诸台吉等遣我等问候于噶尔丹。我等曾至噶尔丹处，今即归去，尚有噶尔丹所遣使者同我等在此等语。查噶尔丹之使者喇克巴盆楚克格隆、索诺木喇锡拉木占木巴、卫征陀音等男妇孺子五十余人，噶尔丹族侄顾孟多尔济本人及其男妇孺子

gūsin isime, jai siraigūl i joriktu i jergi ilan taiji
三十 及 再 席賴古爾 的 卓里克圖 的 等 三 台吉
i beye, haha hehe juse juwan funceme bi, g'aldan i
的自身 男 女 孩子們 十 餘 有 噶爾丹 的
elcin sa de suwembe ai baita de takūraha, te aibide
使臣 們 於 把你們 何 事 於 遣了 今 何處
genembi, g'aldan, danjila, arabtan, danjin wangbu se,
去 噶爾丹 丹濟拉 阿喇布坦 丹津 汪布 們
ne aibide bi, banjirengge adarame, suwe atanggi tucike,
現今何處 在 生活者 如何 你們 幾時 出了
g'aldan encu bade genere mejige bio, cooha udu bi seme
噶爾丹 異 於地 去的 信息 有嗎 兵 幾 有 云
fonjici alarangge, membe dalai lama, diba, huhu noor i
問 時 告訴的 把我們 達賴 喇嘛 第巴 青 海 的
taijisa de elcin takūraha, baitai turgun be mende anggai
台吉們 於 使臣 遣了 事的 緣由 把 於我們口的
henduhe ba akū, bithede bi, be, g'aldan i tehe kuren
說了 處 無 於 書 在 我們 噶爾丹 的住的 庫倫
belcir i baci juwan biyai ice sunja de tucifi jihe, meni
伯爾齊爾的從地 十 月的 初 五 於 出了 來了我們的
tucire de, g'aldan, danjila, beger cagan ūrge i baru
出的 於 噶爾丹 丹濟拉 伯格爾察罕 鄂爾格的 向
nuktehe, cooha minggan funceme bi, arabtan jabaka i
遊牧了 兵 千 餘 有 阿喇布坦 扎巴喀 的
gujen de bi, cooha minggan isime bi, danjin wangbu,
古真 於在 兵 千 及 有 丹津 汪布
g'aldan i baru eherefi,
噶爾丹的 向 反目了

三十許人，又席賴古爾之卓里克圖等三台吉本人及男婦孺子十餘人。詢問噶爾丹之使者等曰：因何事遣爾等？今往何處？噶爾丹、丹濟拉、阿喇布坦、丹津汪布等今在何處？生計如何？爾等幾時出來？噶爾丹有往他處之信否？兵有若干？據稱：我等係被差往達賴喇嘛、第巴、青海諸台吉之使者，並未將事由口授我等，詳在書中。我等於十月初五日自噶爾丹所居庫倫伯爾濟爾地方出來，我等出來之時，噶爾丹、丹濟拉向伯格爾察罕鄂爾格地方遊牧，有兵千餘。阿喇布坦在扎巴喀古真地方，有兵千許，丹津汪布與噶爾丹反目，

三十许人，又席赖古尔之卓里克图等三台吉本人及男妇孺子十余人。询问噶尔丹之使者等曰：因何事遣尔等？今往何处？噶尔丹、丹济拉、阿喇布坦、丹津汪布等今在何处？生计如何？尔等几时出来？噶尔丹有往他处之信否？兵有若干？据称：我等系被差往达赖喇嘛、第巴、青海诸台吉之使者，并未将事由口授我等，详在书中。我等于十月初五日自噶尔丹所居库伦伯尔济尔地方出来，我等出来之时，噶尔丹、丹济拉向伯格尔察罕鄂尔格地方游牧，有兵千余。阿喇布坦在扎巴喀古真地方，有兵千许，丹津汪布与噶尔丹反目，

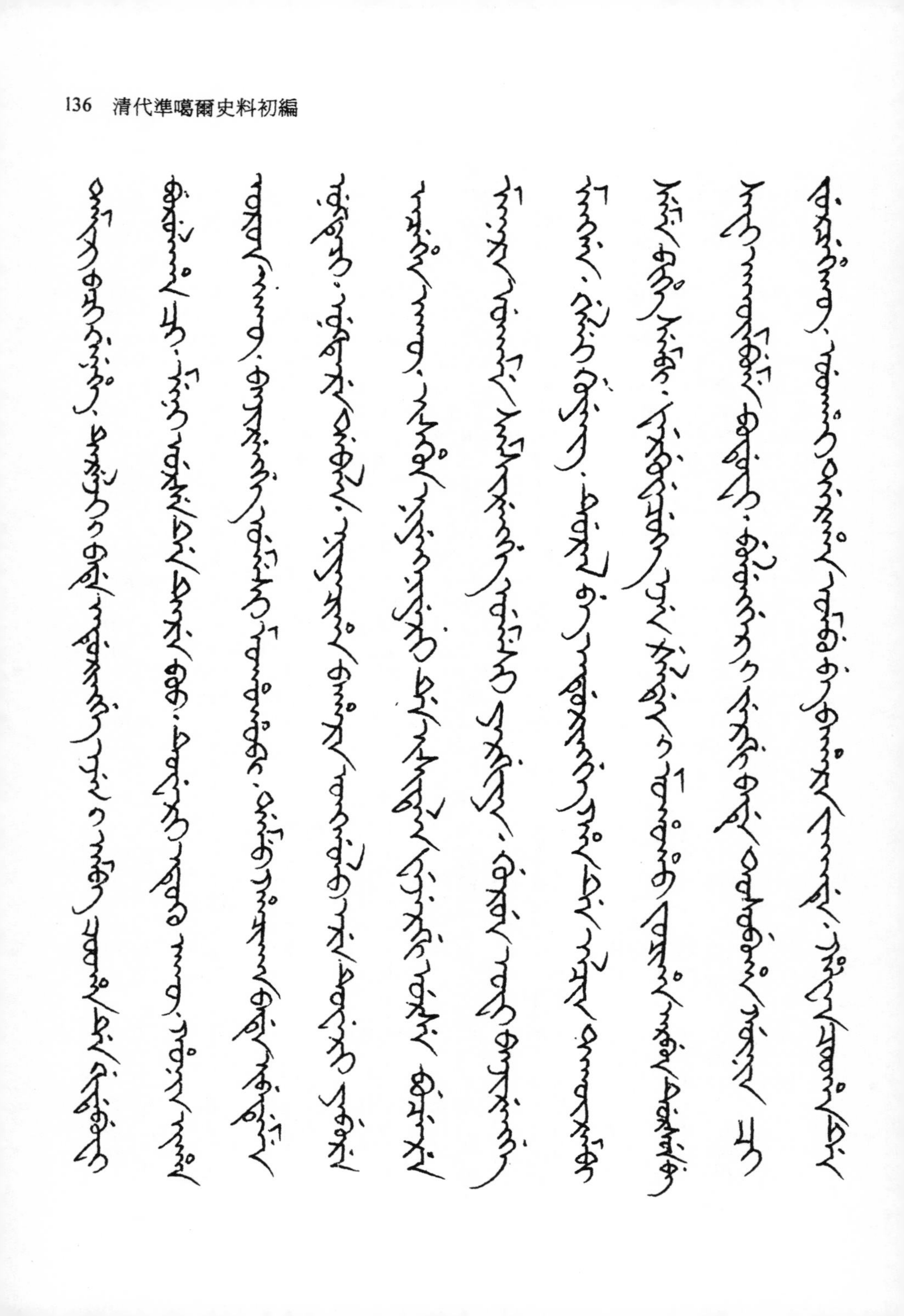

[illegible]

tamir baci genehe, terelji i bade enduringge ejen i
塔密爾 由地 去了 特勒爾濟的 於地 聖 主 的
amba cooha de gidabufi burulaha ci, meni urse de tere
大 兵 於 被敗了 敗走了 從 我們的 衆人 於 住的
boo, tuweri etuku akū, honin ihan oron akū, banjirengge
房 冬 衣 無 羊 牛 缺 無 生 活 的
umesi mohohobi, damu hancikan bade ibedeme nukteci,
甚 窮乏了 但 稍 近 於地 漸前進 遊牧時
nuktere dabala, niyanciha bahara onggolo ere tuweri
遊牧 罷了 青草 得的 以前 此 冬
yabure encehen akū, ishun niyengniyeri de isitala fejergi
行的 才能 無 明 春 於 至於 屬下
urse bucere manara ukame samsirengge umesi yargiyan,
衆人 死了 破壞了 逃 散 的 甚 實
gurun ofi banjirengge mangga, gelei guyeng, dural be
國 爲 生計的 難 格壘 古英 杜拉爾 把
enduringge han de elcin takūrambi seme bihe sembi,
聖 汗 於 使臣 遣 云 來着 云
ferguwecuke ejen g'aldan i mohoho jociha arbun dursun
神 奇 主 噶爾丹的 窮乏了 破敗了 形 狀
be safi akūmbume bodofi, bulungger i jergi bade
把 知了 盡 心 籌了 布隆吉爾 的 等 於地
tosobuha gūnin ci jurcehekū, uthai darhan ombu be
使截了 意 從 不違 卽 達爾漢鄂木布 把
bahara jakade, hafan cooha de
得的 之故 官 兵 於

已自塔密爾地方離去，自從在特勒爾濟地方爲聖主大兵所敗逃竄以後，我等衆人無居住之帳房、冬衣，牛羊一無所有，生計窮困已極，僅在附近地方遊牧緩進而已，青草未生之前，今冬無力行走，至來年春，屬下人衆死亡逃散者甚實，難以成國與生存，曾遣格壘古英、杜拉爾爲出使聖神皇帝之使者等語。竊思神主皇上灼知噶爾丹窮蹙情形，籌謀周詳，差人至布隆吉爾等處攔截（註五），果不出所料，遂獲達爾漢鄂木布，

已自塔密尔地方离去，自从在特勒尔济地方为圣主大兵所败逃窜以后，我等众人无居住之账房、冬衣，牛羊一无所有，生计穷困已极，仅在附近地方游牧缓进而已，青草未生之前，今冬无力行走，至来年春，属下人众死亡逃散者甚实，难以成国与生存，曾遣格垒古英、杜拉尔为出使圣神皇帝之使者等语。窃思神主皇上灼知噶尔丹穷蹙情形，筹谋周详，差人至布隆吉尔等处拦截（注五），果不出所料，遂获达尔汉鄂木布，

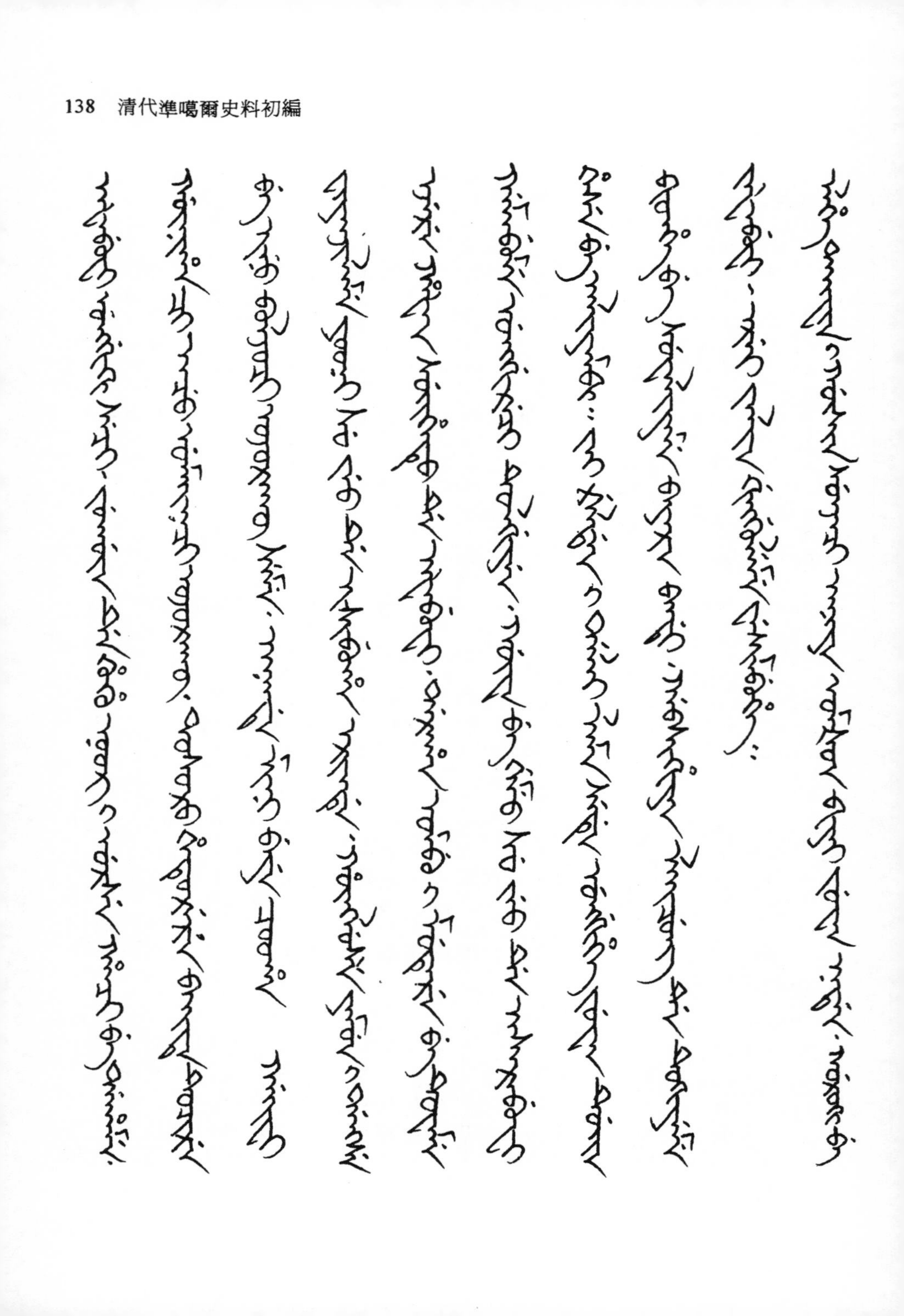

afabufi unggiki seci, jugūn de huhu noor i urse hanci
交了 欲遣致 若云 路 於青 海 的衆人 近
be dahame, gūniha ci encu umainaci ojorakū, tosoro
旣 然 意 從 異 不 得 已 截路
heturere baita tucire be inu boljoci ojorakū seme
橫截的 事 出的 把 亦 若料 不可 云
ananda mini beye cooha gaifi fiyanjilame yooni su jeo
阿南達 我的 自身 兵 領了 殿 後 全 肅 州
de isibuha erinde, hūnglusy yamun i dangse ejere hafan
於 送到了 於時 鴻臚寺 衙門 的 典 簿
suihetu de afabufi, darhan ombu i mutere be tuwame
綏赫圖 於 交了 達爾漢 鄂木布的能力的 把 看
gamabume unggireci tulgiyen, gūwa be gemu su jeo de
使拿去 除遣送 以外 別人 把 皆 肅 州 於
asarabufi hese be aliyambi. jai g'aldan i dalai lama
使收了 旨 把 等候 再 噶爾丹 的達 賴 喇嘛
sede unggihe juwan duin bithe be suwaliyame bayara
於們 致送了 十 四 書 把 一 併 護 軍
bandi, gabsihiyan laicung de tukiyeme jafabufi, erei
班第 前 鋒 賴 崇 於 擧 使拿了 此
jalin gingguleme wesimbuhe.
爲 謹 奏 了
elhe taifin i gūsin sunjaci aniya omšon biyai juwan
康 熙 的 三十 第 五 年 十 一 月的 十
nadan, goroki be
七 遠 把

若交官兵解送，既路近青海眾人，措手不及意外發生攔截之事，亦未可料。是以臣阿南達親率兵丁殿後，俱送至肅州，交與鴻臚寺典簿綏赫圖，令其除視達爾漢鄂木布之能力儘速解送以外，其餘俱令留於肅州候旨。又噶爾丹所致達賴喇嘛等書十四封，一併交付護軍班第、前鋒賴崇齎捧，謹此奏聞。
康熙三十五年十一月十七日，撫遠

若交官明解送，既路近青海众人，措手不及意外发生拦截之事，亦未可料。是以臣阿南达亲率兵丁殿后，俱送至肃州，交与鸿胪寺典簿绥赫图，令其除视达尔汉鄂木布之能力尽速解送以外，其余俱令留于肃州候旨。又噶尔丹所致达赖喇嘛等书十四封，一并交付护军班第、前锋赖崇赍捧，谨此奏闻。
康熙三十五年十一月十七日，抚远

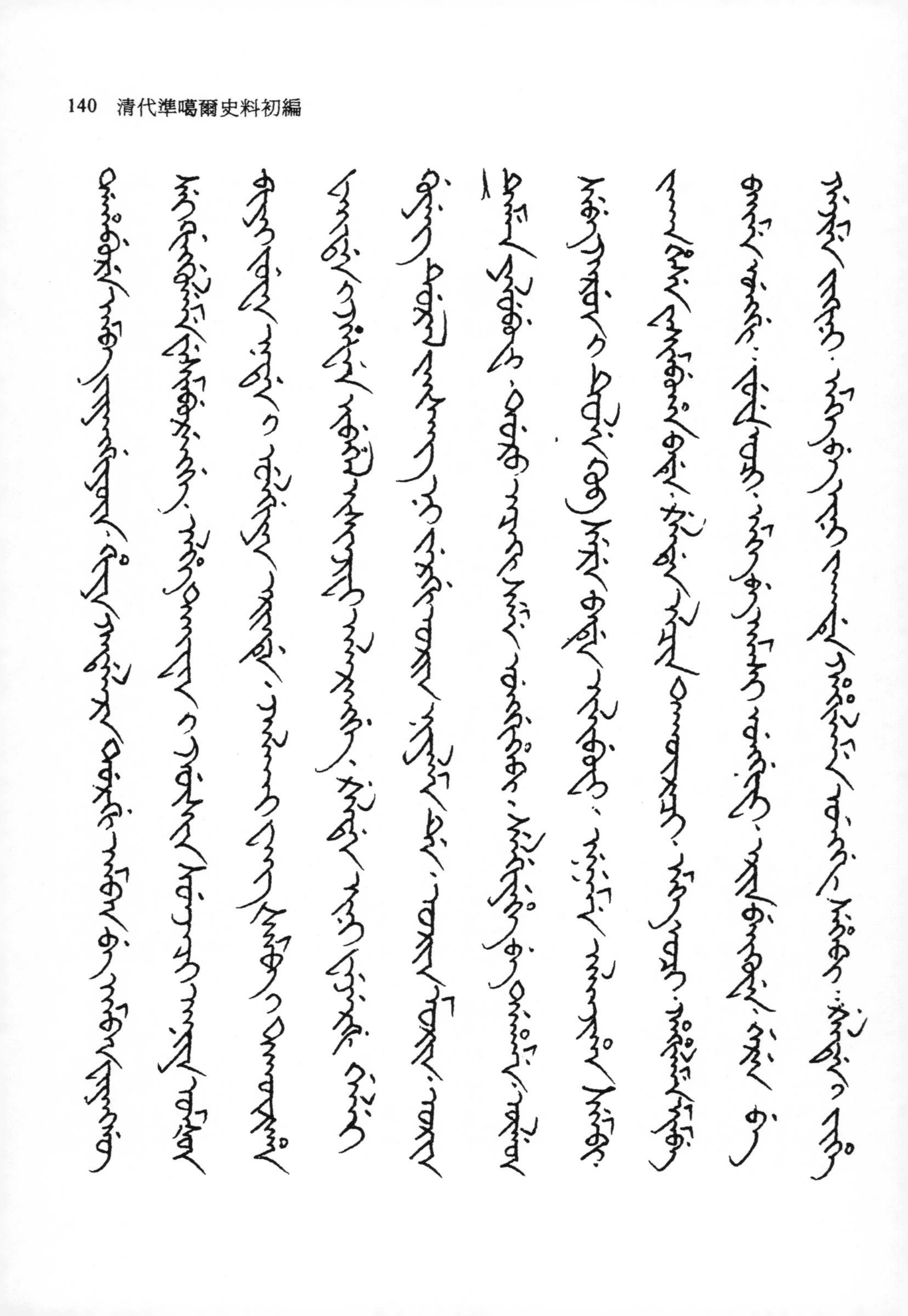

dahabure amba jiyanggiyūn, hiya kadalara dorgi amban,
招降的 大 將 軍 侍衛 管 內 大臣

be, amban fiyanggū sei ginggule me wesimburengge, elhe
伯 臣 費揚古 們的 謹 所奏者 康

taifin i gūsin sunjaci aniya omšon biyai juwan nadan
熙 的 三十 第五 年 十一 月的 十 七

i ulgiyan erinde, kalkai wang šamba i takūraha faidan
的 亥 於時 喀爾喀的王 善巴 的 遣的 典

i hafan ibegel isinjifi alarangge, g'aldan ini fejergi
儀 伊伯格爾 到來了 告訴的 噶爾丹 他的 屬下

gelei guyeng dural jaisang ni jergi orin niyalma de,
格壘 古英 杜拉爾 寨桑 的 等 二十 人 於

orin morin, orin temen yalubufi, doro acaki seme
二十 馬 二十 駝 使騎了 禮 欲會 云

unggihebi, selgiyehe be dahame, ūlet sebe karun i tule
遣了 傳令了 旣然 厄魯特 把們 卡倫 的 外

kub sere bade ilibufi, neneme alanjiha sembi, jakan
枯卜 云 於地 使止了 先 告訴來了 云 新近

hese wasimbuha bade, galdan elcin takūraci, emke oci,
旨 降 了 於地 噶爾丹 使臣 若遣 一個 若

hahilame mimbe baime unggi. juwe oci, emke be amasi
上緊 把我 尋 令遣 二 若 一個 把 往回

unggifi, erin beikuwen, geren be gajime jikini, emke
遣了 時 冷 衆 把 帶來 令來 一個

be mini jakade hahilame unggi sehebi. g'aldan i jihe
把 我的 跟前 上緊 令遣 說了 噶爾丹 的 來的

大將軍管侍衛內大臣伯臣費揚古等謹奏，康熙三十五年十一月十七日亥刻，喀爾喀王善巴差典儀（註六）伊伯格爾（註七）來報稱，噶爾丹差其屬下格壘古英杜拉爾寨桑等二十人，令乘馬二十匹、駝二十隻，欲來修好，因奉有軍令，故止厄魯特等於卡倫外枯卜地方，先來報明等語。近奉諭旨，噶爾丹遣使來時，若係一人，則作速遣來見朕，若係二人，則遣回一人，天時寒冷，令其攜眾而來，另一人星速遣至朕處。

大将军管侍卫内大臣伯臣费扬古等谨奏，康熙三十五年十一月十七日亥刻，喀尔喀王善巴差典仪（注六）伊伯格尔（注七）来报称，噶尔丹差其属下格垒古英杜拉尔寨桑等二十人，令乘马二十匹、驼二十只，欲来修好，因奉有军令，故止厄鲁特等于卡伦外枯卜地方，先来报明等语。近奉谕旨，噶尔丹遣使来时，若系一人，则作速遣来见朕，若系二人，则遣回一人，天时寒冷，令其携众而来，另一人星速遣至朕处。

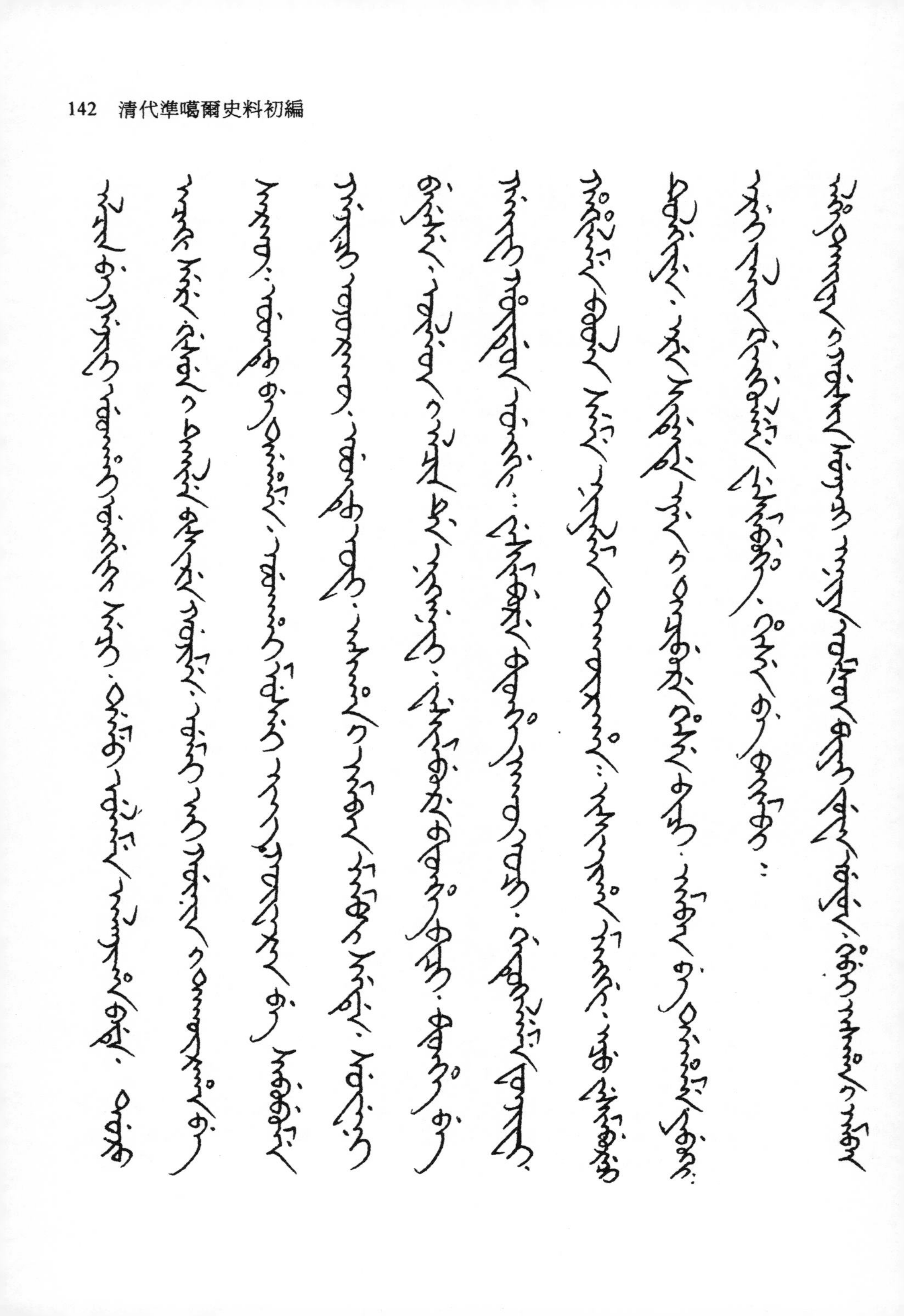

elcin be gajifi uthai unggiki seci, damu ulame alanjiha
使臣 把 帶來了 卽 欲 遣 云時 但 傳 告訴來了
bade, doro acaki sere gisun i teile bisiregojime, umai
於地 禮 欲會 云 言 的 僅 所有 只 並
ai gūnin i takūraha be sarkū. uttu be dahame, uthai
何 意 的 遣了 把 不知 此 旣 然 卽
musei ing kūwaran be sabubume gajici ojorakū, uttu ofi,
我們的 營 營 把 使 見 若帶來 不 可· 此 因
ashan i amban mampi sede, suweni beyese, ūlet i elcin
侍 郎 滿丕 於們 你們的 自身們 厄魯特的 使臣
de nikenefi, wesimbure bithe bici, bithe be gaifi hūdun
於 親臨了 奏 的 書 若有 書 把 帶了 速
unggi. wesimbure bithe akū oci, getukeleme fonjifi,
令致 奏 的 書 無 若 明白 問了
hahilame boola seme niyalma takūraha. isinjiha manggi,
上緊 令報 云 人 遣了 到來了 後
encu wesimbureci tulgiyen, ere sidende ejen i tacibure
另 除奏 以外 此 期間 主 的 敎訓的
hese bici, amban be dahame yabuki. erei jalin
旨 若有 臣 我們 隨 欲行 此 爲
gingguleme wesimbuhe, hese be baimbi.
謹 奏了 旨 把 請求
elhe taifin i gūsin sunjaci aniya omšon biyai juwan
康 熙 的 三十 第五 年 十一 月的 十
uyun,hebei ashan i amban
九 議政 侍 郎

雖欲攜噶爾丹來使即行差遣，惟傳報之處，僅有欲修好之語，並未知爲何遣使，是以不便即帶來令其窺我營壘，乃差人知會侍郎滿丕等，爾等親見厄魯特使者，若有奏章，速差人將奏章齎來，若無奏章，則問明差人速報，除俟差員至後另行奏聞外，在此期間倘奉聖主訓諭，臣等即遵行，謹此奏聞請旨。
康熙三十五年十一月十九日，議政侍郎

虽欲携噶尔丹来使即行差遣，惟传报之处，仅有欲修好之语，并未知为何遣使，是以不便即带来令其窥我营垒，乃差人知会侍郎满丕等，尔等亲见厄鲁特使者，若有奏章，速差人将奏章赍来，若无奏章，则问明差人速报，除俟差员至后另行奏闻外，在此期间倘奉圣主训谕，臣等即遵行，谨此奏闻请旨。
康熙三十五年十一月十九日，议政侍郎

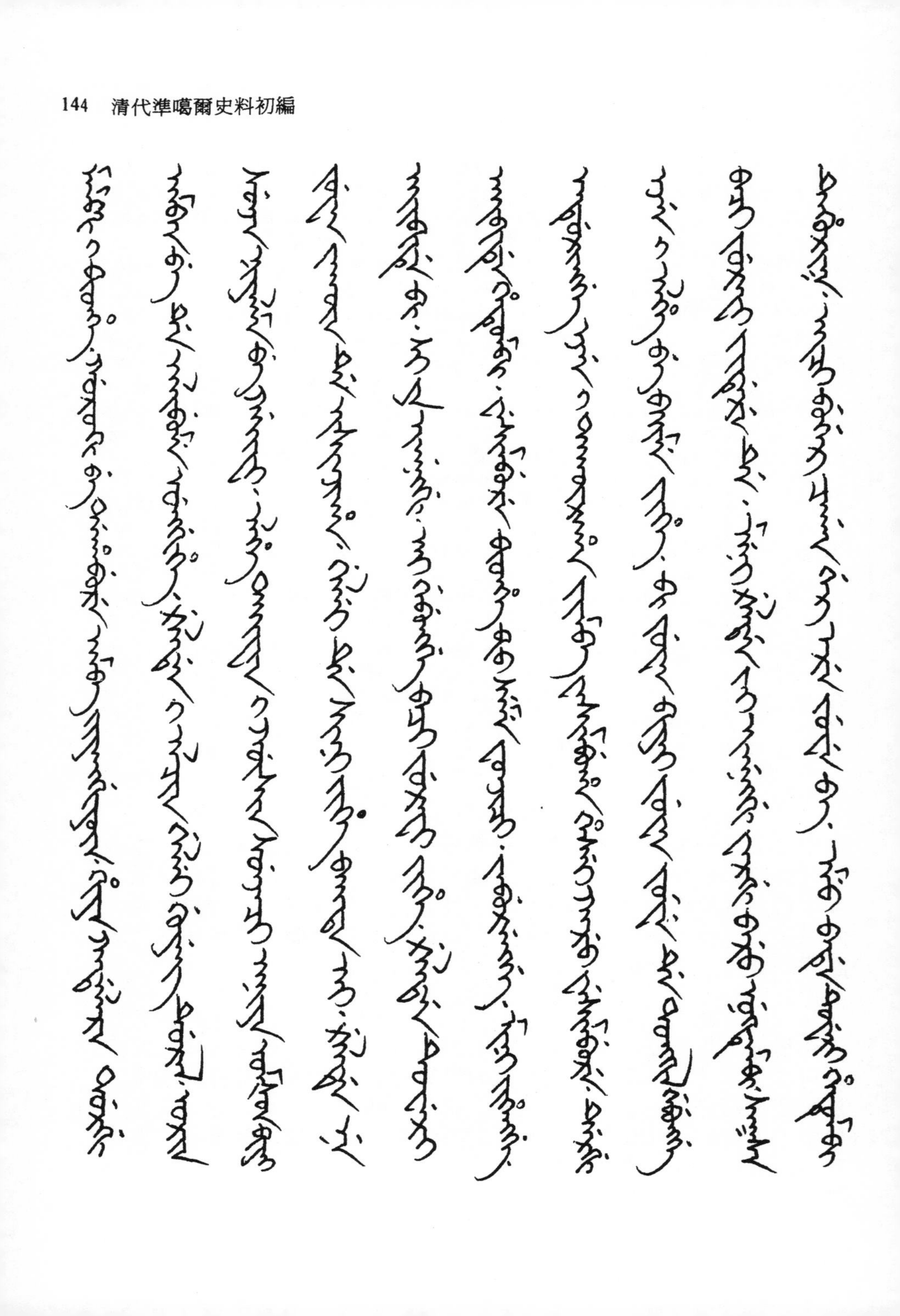

mampi i bithe, goroki be dahabure amba jiyanggiyūn,
滿 丕 的 書 遠 把 招 降 大 將 軍
hiya kadalara dorgi amban be de alibume unggihe, g'aldan
侍衛 管 內 大臣 伯 於 呈 遞 致送了 噶爾丹
i elcin gelei guyeng dural, orin sunja niyalma be
的使臣 格壘 古英 杜拉爾 二十 五 人 把
gaifi, elhe taifin i gūsin sunjaci aniya, omšon biyai
帶了 康 熙 的 三十 第五 年 十一 月的
juwan jakūn de isinjiha, gelei de sini jihe baita ai,
十 八 於 到來了 格壘 於 你的 來的 事 何
g'aldan ne aibide bi, si ya inenggi, ai gebungge baci
噶爾丹現今 何處 在 你 何 日 何 名 叫 從地
jurafi jihe, g'aldan tuweri aibide hetumbi, wesimbure
啓程了 來了 噶爾丹 冬 何處 度過 奏 的
bithe bio seme fonjici, jaburengge, mini jihengge
書 有嗎 云 問時 答 回 我的 來 者
enduringge ejen i takūraha jimba wasimbuha hesei karu
聖 主 的 遣 的 金巴 降 的 旨的 報
wesimbure, dergi ejen i elhe be baime jihe, bi juwan
奏 了 上 主 的 安 把 請 來了 我 十
biyai juwan juwe de tongkil gebungge baci jurafi jidere
月的 十 二 於 通奇爾 名叫的 從地 啓程了 來的
de, meni g'aldan jai inenggi wargi baru nuktembi, saksa
於 我們的噶爾丹 次 日 西 向 遊牧 薩克薩
tehurik eici buger cagan ger ere juwe ba, emu bade
特呼里克 或 布格爾 察罕格爾 此 二 地 一 於地
tuweri hetumbi
冬 度過

滿丕致撫遠大將軍管侍衛內大臣伯咨文，噶爾丹使者格壘古英杜拉爾率二十五人於康熙三十五年十一月十八日到來。問格壘，爾爲何事而來？噶爾丹今在何處？爾於何日？自何處啓程而來？噶爾丹於何處過冬？有無奏章？據其覆稱：我係因聖主遣金巴頒旨，爲覆奏並向皇上請安而來。我於十月十二日自通奇爾地方啓程前來時，我等之噶爾丹於次日向西遊牧，據云，在薩克薩特呼里克，或在布格爾察罕格爾此二處中之一處過冬，

满丕致抚远大将军管侍卫内大臣伯咨文，噶尔丹使者格垒古英杜拉尔率二十五人于康熙三十五年十一月十八日到来。问格垒，尔为何事而来？噶尔丹今在何处？尔于何日？自何处启程而来？噶尔丹于何处过冬？有无奏章？据其覆称：我系因圣主遣金巴颁旨，为覆奏并向皇上请安而来。我于十月十二日自通奇尔地方启程前来时，我等之噶尔丹于次日向西游牧，据云，在萨克萨特呼里克，或在布格尔察罕格尔此二处中之一处过冬，

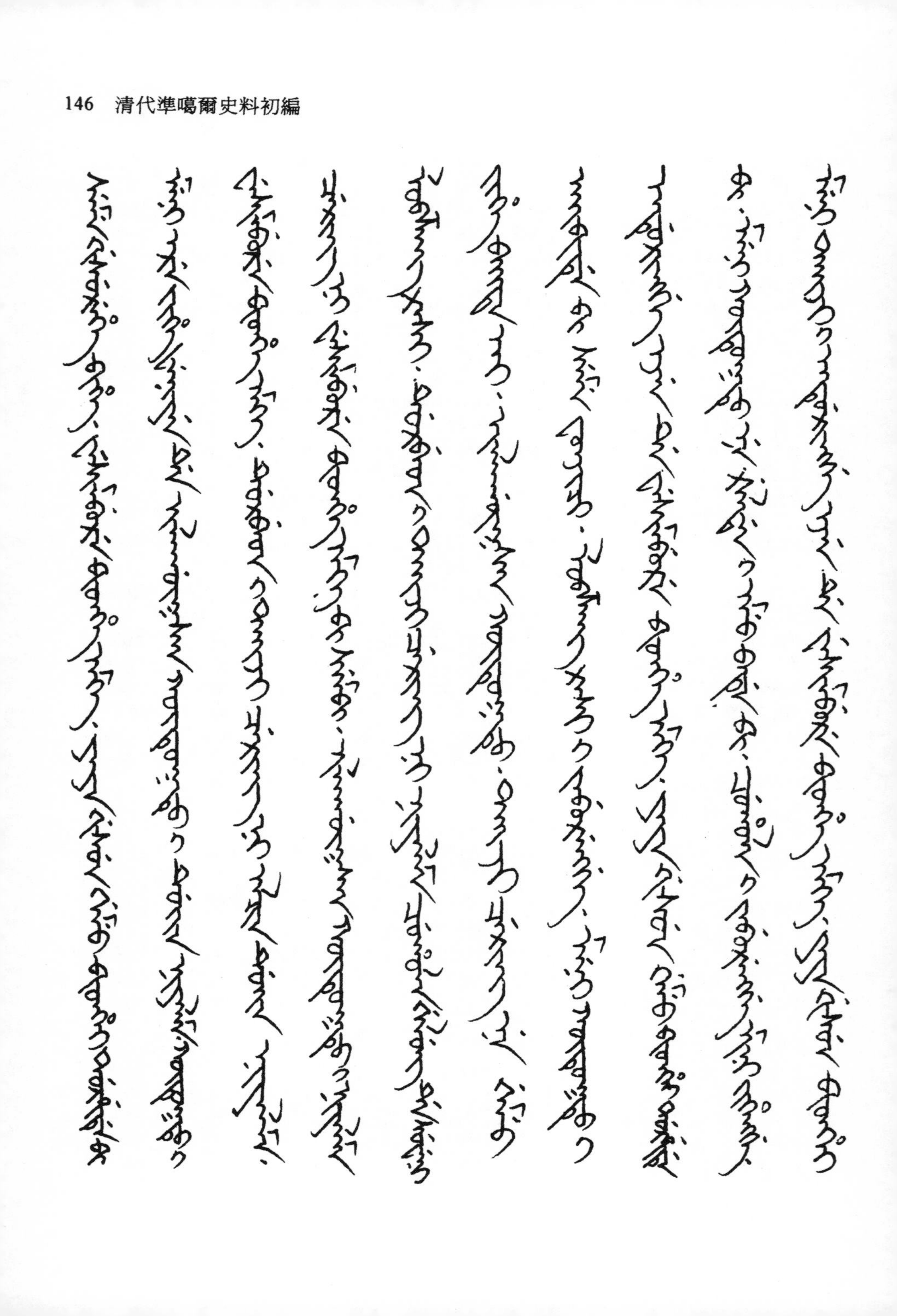

seme gisurehe bihe, wesimbure bithe emke, yaya gisun
云 說了 來着 奏 的 書 一個 任何 言
gemu bithei dorgide bi, meni ere jihe feniyen de
皆 書的 於內 在 我們的 此 來的 群 於
ilagūksan kūtuktu i duin niyalma, kūtuktu i wesimbure
伊拉古克三 胡土克圖 的 四 人 胡土克圖 的 奏 的
bithe emke, durbet i taiji cering ni elcin duin
書 一個 杜爾伯特 的 台吉 車淩 的 使者 四
niyalma, cering ni wesimbure bithe emke bi sembi,
人 車淩 的 奏 的 書 一個 有 云
ilagūksan kūtuktu i niyalma lobdzang rasi, durbet i
伊拉古克三 胡土克圖 的 人 羅卜臧 喇錫 杜爾伯特 的
taiji cering ni niyalma cuhola gelung de suweni jihe
台吉 車淩 的 人 楚呼拉 格隆 於 你們的 來的
baita ai, ilagūksan kūtuktu, taiji cering ne gemu
事 何 伊拉古克三 胡土克圖 台吉 車淩 現今 皆
aibide bi seme fonjici, lobdzang rasi i jaburengge, meni
何處 在 云 問 時 羅卜臧 喇錫的 答 的 我們的
kūtuktu i enduringge ejen de wesimbure bithe emke, yaya
胡土克圖的 聖 主 於 奏 的 書 一個 任何
gisun gemu bithei dorgide bi, meni kūtuktu ne g'aldan
言 皆 書的 於內 在 我們的 胡土克圖 現今 噶爾丹
i emu bade bi, cuhola i jaburengge, mini jihengge, meni
的 一 於地 在 楚呼拉的 答 的 我的 來 的 我們的
taiji i enduringge ejen de wesimbure bithe emke, yaya
台吉的 聖 主 於 奏 的 書 一個 任何
gisun bithei
言 書的

有奏章一件，諸言俱詳在疏內，我等此來一群人之內，有伊拉古克三胡土克圖之四人，胡土克圖奏章一件，杜爾伯特台吉車淩之使者四人，車淩奏章一件。問伊拉古克三胡土克圖之人羅卜臧喇錫、杜爾伯特台吉車淩之人楚呼拉格隆，爾等爲何事而來？伊拉古克三胡土克圖、台吉車淩，今俱何處？羅卜臧喇錫覆稱：我等之胡土克圖進呈聖主奏章一件，諸言俱詳在疏內，我等之胡土克圖今與噶爾丹同在一處。楚呼拉覆稱：我之前來，乃因我等之台吉有呈遞聖主奏章一件，

有奏章一件，诸言俱详在疏内，我等此来一群人之内，有伊拉古克三胡土克图之四人，胡土克图奏章一件，杜尔伯特台吉车凌之使者四人，车凌奏章一件。问伊拉古克三胡土克图之人罗卜臧喇锡、杜尔伯特台吉车凌之人楚呼拉格隆，尔等为何事而来？伊拉古克三胡土克图、台吉车凌，今俱何处？罗卜臧喇锡覆称：我等之胡土克图进呈圣主奏章一件，诸言俱详在疏内，我等之胡土克图今与噶尔丹同在一处。楚呼拉覆称：我之前来，乃因我等之台吉有呈递圣主奏章一件，

dorgide bi, meni taiji cering inu g'aldan i emu bade bi
於內 在 我們的 台吉 車淩 亦 噶爾丹 的 一 於地在
sembi, gelei de, g'aldan i jakade niyalma udu bi,
云 格壘 於 噶爾丹 的 跟前 人 幾 有
banjirengge adarame seme fonjici, jaburengge, mini
生活的 如何 云 問時 答的 我的
jidere fonde meni uheri niyalma emu minggan funceme
來的 時 我們的 共 人 一 千 餘
bi, mende ihan honin oron akū, morin temen yalure
有 於我們 牛 羊 缺 無 馬 駝 騎的
acirengge teile bi sembi, gelei de, arabtan aibide bi,
馱的 僅 有 云 格壘 於 阿喇布坦 何處 在
oros de takūraha hoise abdula erke jaisang, amasi
俄羅斯 於 遣的 回子 阿布都拉 額爾克 寨桑 往回
jiheo undeo, jai ts'ewang rabtan de aika niyalma
來嗎 未嗎 再 策妄 喇布坦 於 若是 人
takuraha ba bio seme fonjici, jaburengge, arabtan ne
遣了 處 有嗎 云 問時 答的 阿喇布坦 現今
jabaka de tehebi, mini jidere onggolo, enduringge ejen
扎巴喀 於 住了 我的 來的 以前 聖 主
i elcin takūraha baita de karu wesimbume elcin unggiki
的使臣 遣了 事 於報 奏 使臣 欲遣
seme uyun biyade inenggi be ejehekū, cering bum be
云 九 於月 日 把 不記 車淩 布木 把
arabtan de takūraha bihe, mini jiderede, cering bum
阿喇布坦 於 遣了 來着 我的 來時 車淩 布木
kemuni jidere
仍 來的

諸言俱詳於疏內，我等之台吉車淩亦與噶爾丹在一處。問格壘，噶爾丹處有人若干？生計如何？據其覆稱，我來之時，我等共有一千餘人，我等牛羊一無所有，僅有乘騎馱載之馬駝。問格壘，阿喇布坦在何處？遣往俄羅斯之回子阿部都拉額爾克寨桑歸來否？又曾否遣人至策妄阿喇布坦處？據覆稱，阿喇布坦今居扎巴喀，我來之前，因聖主遣使事，欲遣覆奏之使，於九月不記何日，遣車淩布木至阿喇布坦處，我來之時，車淩布木仍未來，

诸言俱详于疏内，我等之台吉车凌亦与噶尔丹在一处。问格垒，噶尔丹处有人若干？生计如何？据其覆称，我来之时，我等共有一千余人，我等牛羊一无所有，仅有乘骑馱载之马驼。问格垒，阿喇布坦在何处？遣往俄罗斯之回子阿部都拉额尔克寨桑归来否？又曾否遣人至策妄阿喇布坦处？据覆称，阿喇布坦今居扎巴喀，我来之前，因圣主遣使事，欲遣覆奏之使，于九月不记何日，遣车凌布木至阿喇布坦处，我来之时，车凌布木仍未来，

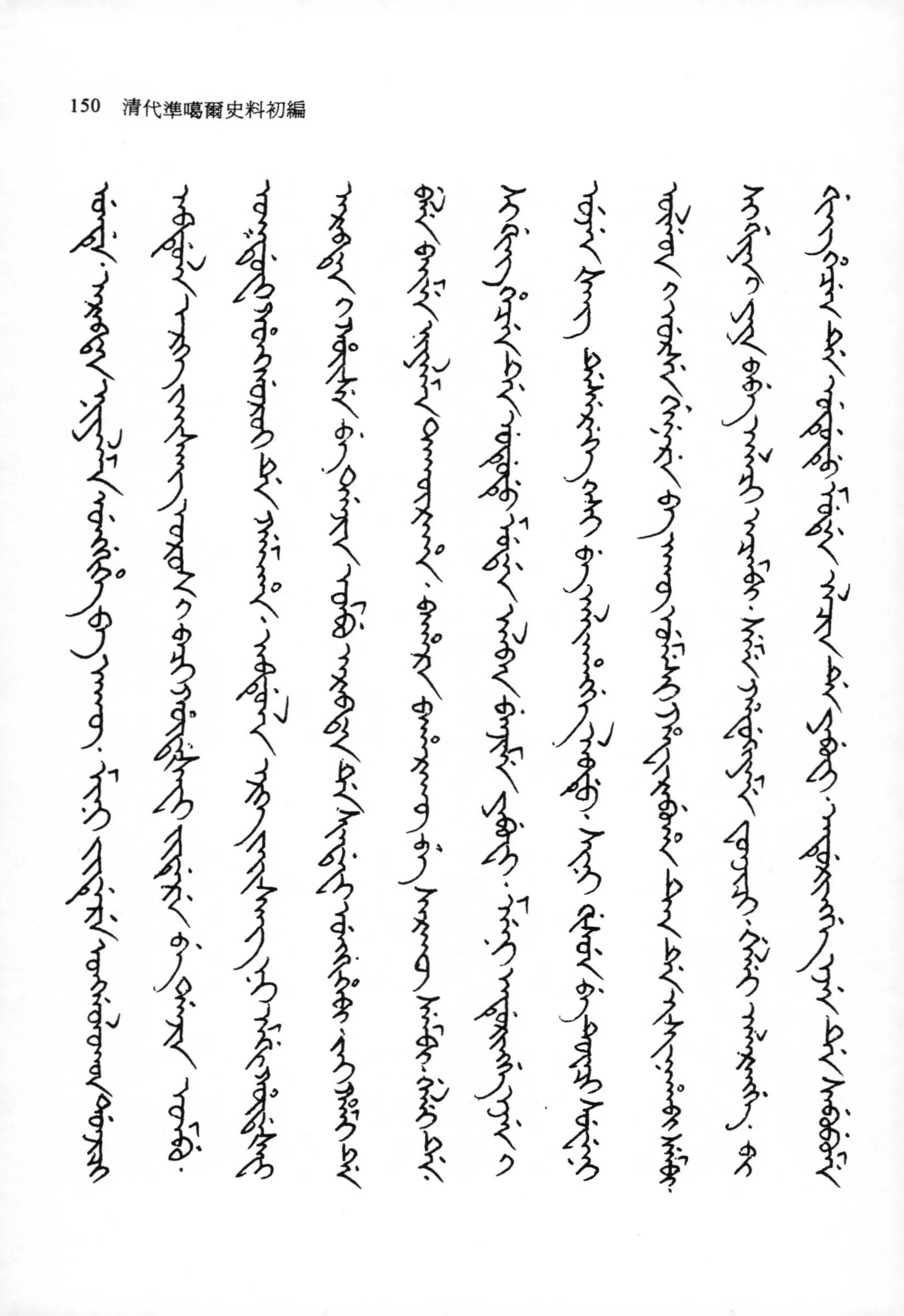

unde, arabtan niyalma unggihe ba akū, mini jidere
尚未 阿喇布坦 人 遣 的 處 無 我的 來的
onggolokon donjici abdula erke jaisang oros i baci
稍前些 聞時 阿部都拉額爾克 寨桑 俄羅斯 的 從地
hūdašafi jidere be danjin ombu, okdofi honggoroi de
做生意了 來的 把 丹津鄂木布 迎了 洪郭羅 於
gamaha, abdula erke jaisang ni emgi hūdašafi arabtan
拿去了 阿部都拉額爾克 寨桑 的 共 做生意了 阿喇布坦
i hoise be danjin ombu arabtan de sindafi unggihebi, jai
的 回子 把 丹津 鄂木布 阿喇布坦 於 放了 遣了 再
hami de bele baime niyalma takūraha, bahara baharakū
哈密 於 米 尋求 人 遣了 得的 不得
be sarkū sembi, gelei de, si ging hecen de ududu mudan
把 不知 云 格壘 於 你 京 城 於 許多 次
alban benjime yabufi, meni enduringge ejen i ujen
貢賦 送來 行了 我們的 聖 主 的 重
šang desereke kesi be alihangge labdu, sini gisun be
賞 洪 恩 把 承受的 多 你的 言 把
tuwaci suweni ūlet i urse genere ba akū umesi
看時 你們的 厄魯特 的 衆人 去 的 地 無 甚
hafirabuha ten de isinahabi sembi, si giyan i yaya
受困了 極 於 到去了 云 你 理 的 任何
babe alaci acambi, seme hafukiyame fonjici, gelei
把處 告訴時 應 云 使通曉 問時 格壘
alarangge, bi ging hecen de ududu mudan elcin de yabufi,
告訴的 我 京 城 於 許多 次 使臣 於 行了
edduringge ejen de sabubume
聖 主 於 被看見

阿喇布坦無遣人之事，我方欲來之前，聞阿部都拉額爾克寨桑自俄羅斯地方做生意歸來，丹津鄂木布相迎攜往洪郭羅，與阿部都拉額爾克寨桑同做生意阿喇布坦之回子，丹津鄂木布將其放還阿喇布坦處。又遣往哈密覓糧之人是否有所獲，則不得而知。問格壘，爾數次進貢至京城，蒙我聖主重賞，洪恩殊多，據爾之言，爾等厄魯特人已走投無路，窮困已極，爾理應將諸事告知我等，如此曉示詢問。據格壘告稱，我數次出使至京城，蒙聖主召見

阿喇布坦无遣人之事，我方欲来之前，闻阿部都拉额尔克寨桑自俄罗斯地方做生意归来，丹津鄂木布相迎携往洪郭罗，与阿部都拉额尔克寨桑同做生意阿喇布坦之回子，丹津鄂木布将其放还阿喇布坦处。又遣往哈密觅粮之人是否有所获，则不得而知。问格垒，尔数次进贡至京城，蒙我圣主重赏，洪恩殊多，据尔之言，尔等厄鲁特人已走投无路，穷困已极，尔理应将诸事告知我等，如此晓示询问。据格垒告称，我数次出使至京城，蒙圣主召见

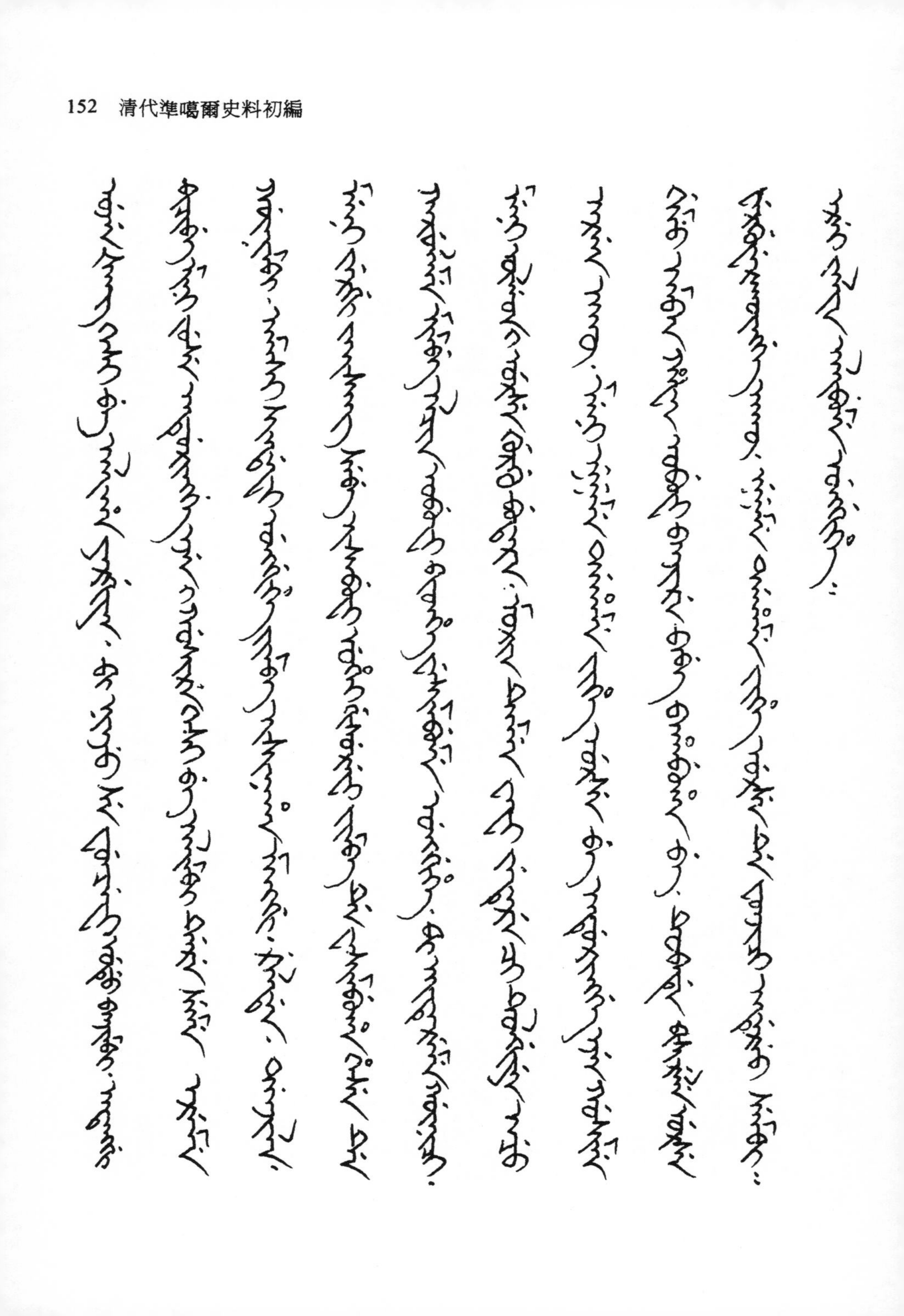

ujen šang kesi be aliha yargiyan, bi ninju se funcefi
重 賞 恩 把 承受了 實 我 六十 歲 餘了
udu banjimbi, atanggi bicibe mini juse enduringge ejen
幾 生活 終 久 我的 孩子們 聖 主
i gosire kesi be alimbi dere seme ereme gūnimbi,
的 仁的 恩 把 承受 吧 云 指望 想
amasi sindafi unggihe jimba isinaha manggi, g'aldan,
往回 放了 遣了 金巴 到去了 後 噶爾丹
danjila, meni jergi jaisang sebe isabufi uhei gisurefi
丹濟拉 我們的 等 寨桑 把們 使集了 共 說了
jimba de wasimbuha hese de karulame mimbe elcin obufi
金巴 於 降了 旨 於 報 把我 使臣 做了
bithe wesimbume unggihe, bi eitereme gūnici, meni
書 奏 致送了 我 儘着 想時 我們的
ūlet i urse gurgu butara, morin temen wafi jetere
厄魯特的 衆人 獸 打牲 馬 駝 殺了 吃
ci tulgiyen encu arga akū, meni neneme dahame jihe
除 以外 別的 計 無 我們的 先 降 來的
urse be enduringge ejen gosime gemu amban hafan obufi
衆人 把 聖 主 仁 皆 大臣 官 做了
banjire babe bahabuha be, tubade bisirele urse
生活的 把處 使得了 把 於彼處 凡有的 衆人
ferguwerakūngge akū, neneme dahame jihe ursede fonjici
不驚奇的 無 先 降 來的 衆人於 問時
endereo sembi. erei jalin alibume unggihe.
瞞得過嗎 云 此 爲 呈 致送了

重賞厚恩是實，我年已六十，餘生幾許？但望我諸子終久得以蒙受聖主慈恩，放還之金巴抵達後，噶爾丹、丹濟拉召我等寨桑共議，爲覆奏頒降金巴諭旨，以我爲使，齎呈奏章。竊思我等厄魯特人除捕捉野獸、殺食馬駝外，更無他計，我等先來降之人，蒙聖主眷愛，俱擢爲大臣官員，各得其所，彼處之人無不稱奇，問先來降之人，豈有錯耶等語，爲此咨呈。

重赏厚恩是实，我年已六十，余生几许？但望我诸子终久得以蒙受圣主慈恩，放还之金巴抵达后，噶尔丹、丹济拉召我等寨桑共议，为覆奏颁降金巴谕旨，以我为使，赍呈奏章。窃思我等厄鲁特人除捕捉野兽、杀食马驼外，更无他计，我等先来降之人，蒙圣主眷爱，俱擢为大臣官员，各得其所，彼处之人无不称奇，问先来降之人，岂有错耶等语，为此咨呈。

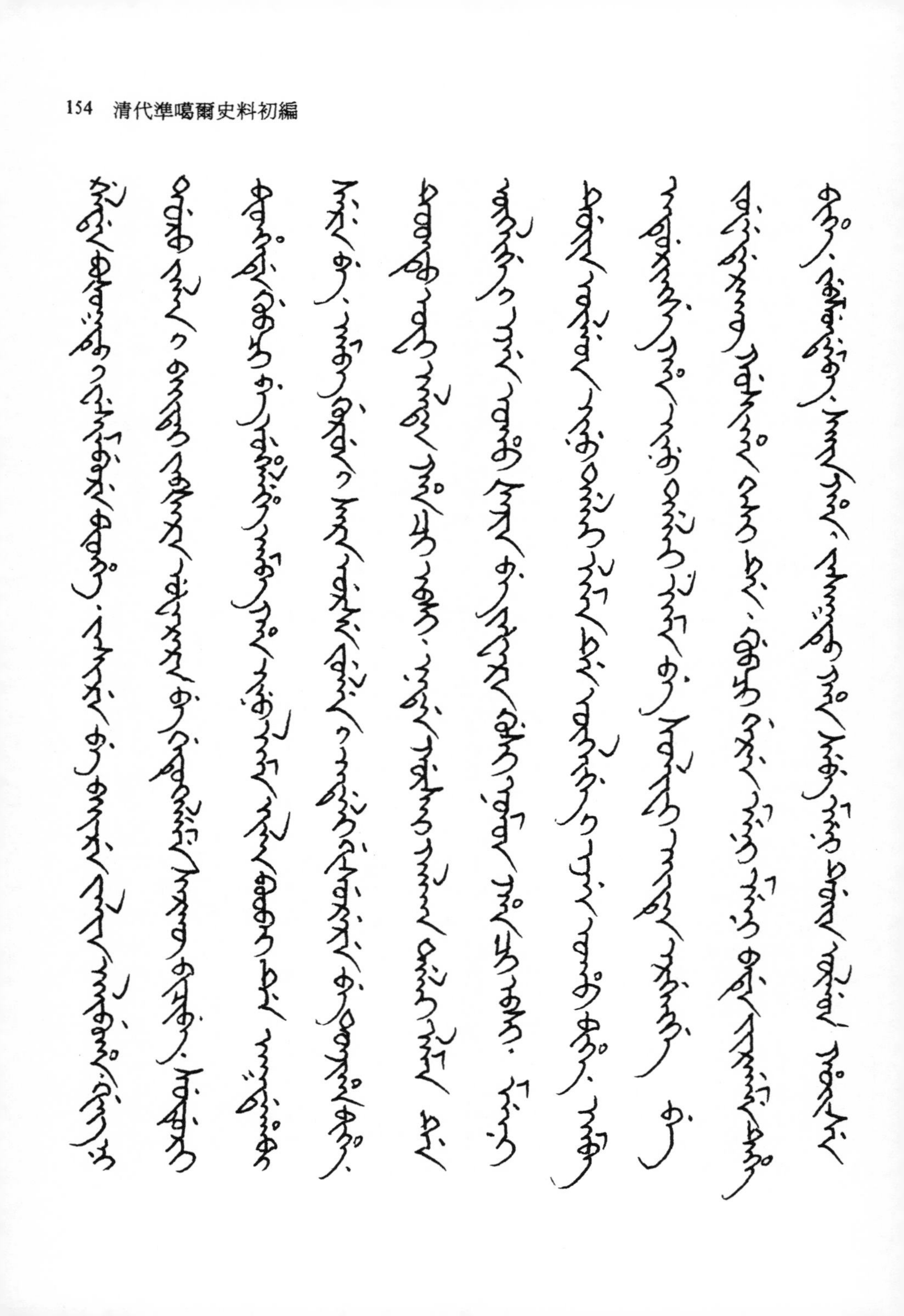

g'aldan bošoktu i wesimbure bithe. jasire be baire
噶爾丹 博碩克圖 的 奏的 書 寄信 把 請
jalin alibuha, ging ni doro jalan i baitai jabšara
爲 呈了 經 的 道 世 的 事的 僥倖
ufarara be getukeleme sarkū bicibe, suduri bithede
失錯的 把 察 明 不知 雖 史 於書
gubci be uhelehe amba han inu lama ilan boobai de
全 把 總共 大 汗 亦 喇嘛 三 寶 於
akdahabi sere be, amba gurun i sara urse julen i adali
靠了 云 把 大 國 的知的 衆人 古詞 的相同
gisurere be donjiha bihe, tuttu ofi altan han ci ebsi,
說的 把 聞 了 來着 那般 因 俺答 汗 從 以來
nadan gūsai kalka dalai lama de ūglige i ejen oho,
七 旗的 喀爾喀 達賴 喇嘛 於 施捨 的 主 了
šajin be jafara gusi nomon han ci ebsi, meni duin ūlet
教 把 持 固實 諾們 汗 從 以來 我們的 四 厄魯特
inu dalai lama de ūglige i ejen oho bihe, amba
亦 達賴 喇嘛 於 施捨 的 主 了 來着 大
enduringge han inu dalai lama be solifi eiten ergengge
聖 汗 亦 達賴 喇嘛 把 請了 一切 生靈
be juwederakū gosiha kesi de, gubci geren meni meni
把 不 貳 仁的 恩 於 全 衆 各自 各自
bade jirgame tehe bihe, jebdzumdamba, sain han,
於地 安 逸 住了 來着 哲卜尊丹巴 賽音 汗
jasaktu han sebe meni duin ūlet hoise
扎薩克圖 汗 把們 我們的 四 厄魯特 回子

噶爾丹博碩克圖奏章，呈爲請寄信事，經典之道理，世事之得失，雖未詳知，惟史書所載，統御眾生大皇帝，亦倚信喇嘛三寶，曾聞大國賢達如同古詞而講述，是以自俺答汗以來（註八），七旗喀爾喀皆爲達賴喇嘛布施之主（註九），掌教固實諾們汗以來，我等四厄魯特亦爲達賴喇嘛布施之主，大聖皇帝亦邀達賴喇嘛無二視廣施慈恩於一切生靈，普天下眾生俱各欲於其地安居樂業，哲卜尊丹巴、賽音汗、扎薩克圖汗等，我等四厄魯特回子

噶尔丹博硕克图奏章，呈为请寄信事，经典之道理，世事之得失，虽未详知，惟史书所载，统御众生大皇帝，亦倚信喇嘛三宝，曾闻大国贤达如同古词而讲述，是以自俺答汗以来（注八），七旗喀尔喀皆为达赖喇嘛布施之主（注九），掌教固实诺们汗以来，我等四厄鲁特亦为达赖喇嘛布施之主，大圣皇帝亦邀达赖喇嘛无二视广施慈恩于一切生灵，普天下众生俱各欲于其地安居乐业，哲卜尊丹巴、赛音汗、扎萨克图汗等，我等四厄鲁特回子

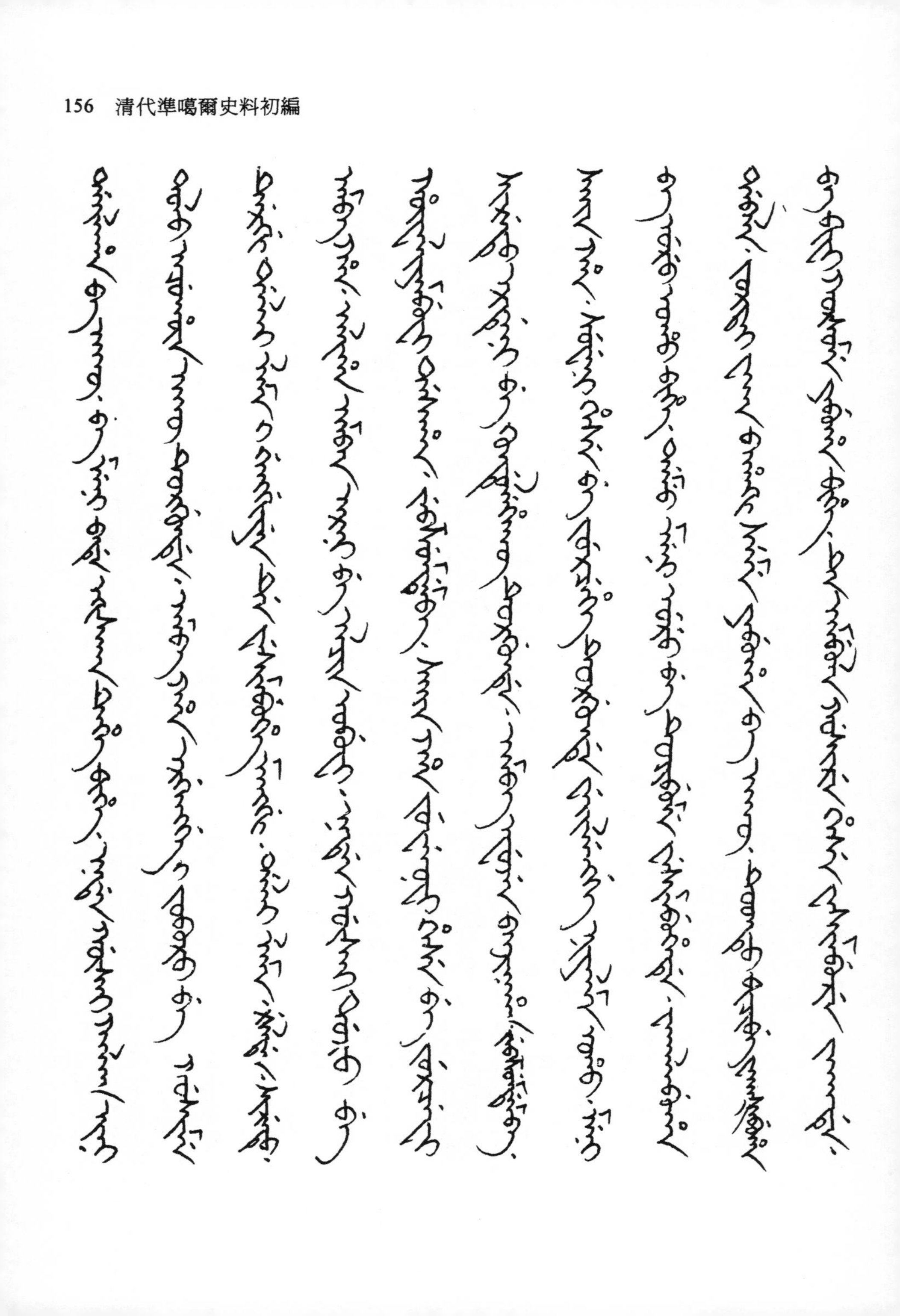

dailaha ba akū, be meni bade ekisaka tehe bihe, nadan
征討的 處 無 我們 我們的於地 靜靜的 住了 來着 七
gūsai kalka ini dolo acuhūn akū turgunde, amba han
旗的 喀爾喀他的 內 睦 不 緣故 大 汗
ergengge i joboro be gosime dergi dalai lama i
生靈 的 難 把 仁 上 達賴 喇嘛 的
genggiyen de wesimbuhe manggi, dalai lama, g'aldan
明 於 奏了 後 達賴 喇嘛 噶爾丹
siretu, amba han, aliha amban arni be elcin obufi,
西勒圖 大 汗 尚 書 阿爾尼 把 使臣 做了
nadan gūsai doro be hūwaliyambufi dasaha, jebdzumdamba
七 旗的 道 把 使合和了 治了 哲卜尊丹巴
sain han juwenofi hese be jurcefi siretu erdeni be
賽音 汗 二人 旨 把 違了 西勒圖 額爾德尼 把
kunduleheku turgunde。amba efujen banjinaha,
沒敬 緣故 大 壞 生活了
jebdzumdamba, sain han, suweni hese be jurcehe
哲卜尊丹巴 賽音 汗 你們的 旨 把 違了
turgunde, weilengge niyalma oho, meni ba uru oho
緣故 犯人 人 了 我們的 地 是 了
bihe, damu meni uru be tucibume wesimbuhede,
來着 但 我們的 是 把 使出 於奏時
wakalabuha dabala, jortai waka bahaki seme yabuha ba
怪不是了 罷了 故意 非 欲得 云 行了 處
akū, tuttu bicibe wakašabuha ba bifi korsome yabuha
無 此 雖 使怪了 處 有了 愧恨 行了
bihe, te ambula gosire hese wasimbure jakade,
來着 今 多 仁 旨 降的· 之故

並無征戰之事，我等於本土安靜居住，因七旗喀爾喀之內自相不睦，大皇帝眷念生靈艱苦，奏陳至尊達賴喇嘛睿鑒後，達賴喇嘛以噶爾丹、西勒圖爲使，大皇帝以尚書阿爾尼爲使，令七旗和好而治理之，哲卜尊丹巴、賽音汗二人違旨未敬西勒圖額爾德尼之故，遂生大禍，因哲卜尊丹巴、賽音汗違悖爾等之旨，故成罪人，我等並無不是，惟我等奏陳我等之是處時蒙咎而已，未嘗故欲獲咎而行之，然因有蒙咎之處，曾感悔恨而行，今因頒浩蕩慈旨，

并无征战之事，我等于本土安静居住，因七旗喀尔喀之内自相不睦，大皇帝眷念生灵艰苦，奏陈至尊达赖喇嘛睿鉴后，达赖喇嘛以噶尔丹、西勒图为使，大皇帝以尚书阿尔尼为使，令七旗和好而治理之，哲卜尊丹巴、赛音汗二人违旨未敬西勒图额尔德尼之故，遂生大祸，因哲卜尊丹巴、赛音汗违悖尔等之旨，故成罪人，我等并无不是，惟我等奏陈我等之是处时蒙咎而已，未尝故欲获咎而行之，然因有蒙咎之处，曾感悔恨而行，今因颁浩荡慈旨，

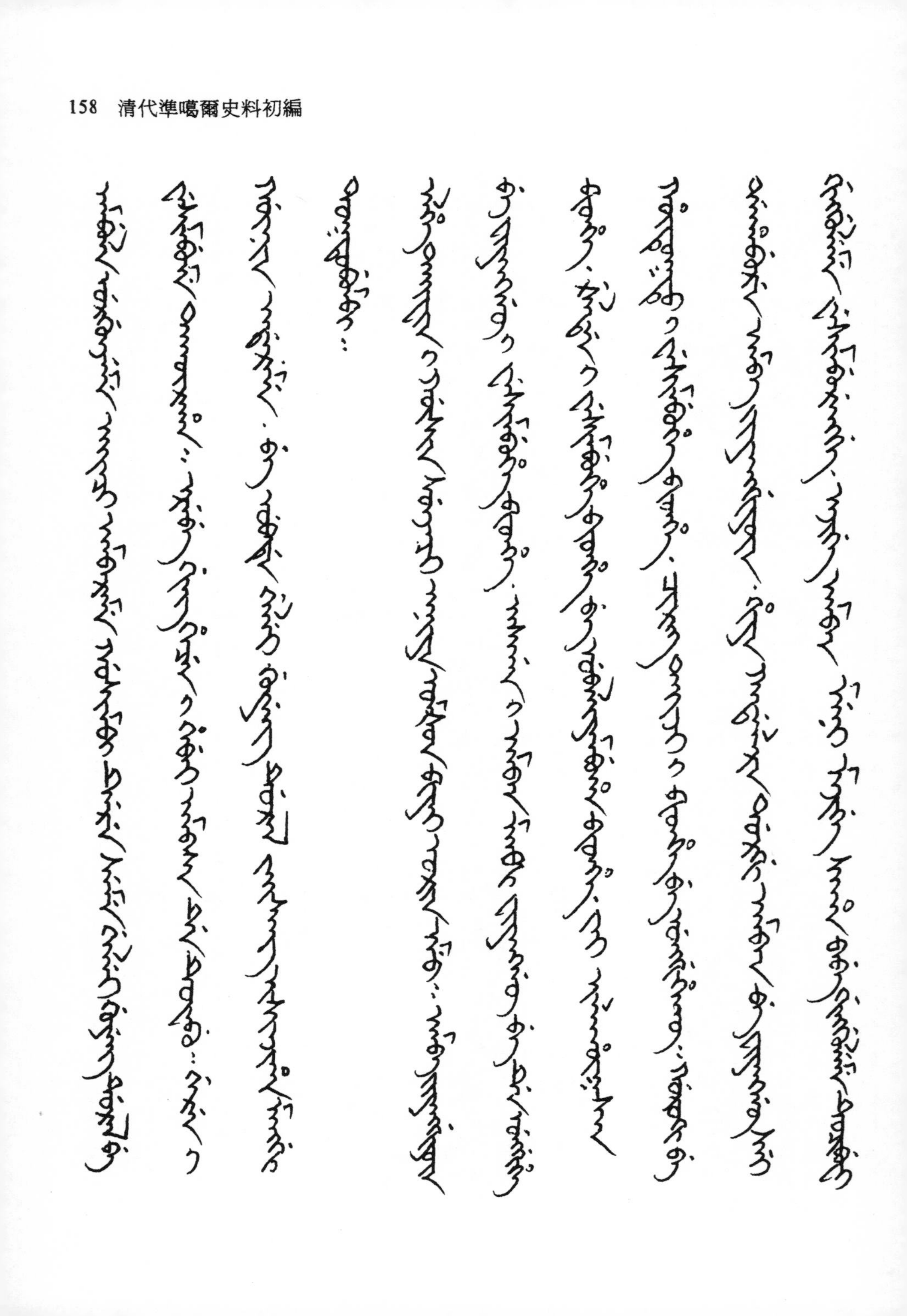

ambula urgunjeme ainci ambarame gosimbi dere seme
多 喜悅 想是 張大 仁 吧 云
gelei guyen dural be wesimbume takūraha。erebe ging
格壘 古英 杜拉爾 把 奏 遣了 把此 京
hecen i hebei ambasa de tuwabu, geren i gūnin adareme
城 的 議政 大臣們 於 令看 衆 的 意 如何
be ubade gelei guyeng dural jaisang isinjiha manggi
我們 於此 格壘 古英 杜拉爾 寨桑 到來了 後
toktobumbi.
定
elhe taifin i gūsin sunjaci aniya omšon biyai orin emu.
康熙 的 三十 第五 年 十一 月的 二十 一
amba jiyanggiyūn be fiyanggū i wesimbuhe bithe, asgan
大 將軍 伯 費揚古 的 奏的 書 侍
i amban mampi fiyanggū be de unggihe bithe, g'aldan i
郎 滿丕 費揚古 伯 於 致送的 書 噶爾丹 的
wesimbuhe bithe be ubaliyambuha bithe, jai ilahūksan
奏的 書 把 翻譯的 書 再 伊拉古克三
hūtuktu i wesimbuhe bithe, cirig taiji i bithe be
胡土克圖 的 奏的 書 齊里格 台吉 的 書 把
unggihekū. goroki be dahabure amba jiyanggiyūn, hiya
沒致送 遠 把 招降 大 將 軍 侍衛
kadalara dorgi amban be amban fiyanggū sei gingguleme
管的 內 大臣 伯 臣 費揚古 們的 謹
uesimburengge, ajige amban meni majige saha babe
所奏者 小 臣 我們的 稍 知的 把處
gingguleme tucibufi
謹 使出了

甚爲喜悅，或蒙大施眷愛，故遣格壘古英杜拉爾呈奏。【硃批】將此令京城衆議政大臣閱看，衆意如何？朕等於此處俟格壘古英寨桑至後定奪。
康熙三十五年十一月二十一日。【硃批】大將軍伯費揚古之奏章，侍郎滿丕致費揚古伯之咨文，繙譯噶爾丹之奏章。又伊拉古克三胡土克圖之奏章，齊里格台吉之文未發。
撫遠大將軍管侍衛內大臣伯臣費揚古等謹奏，爲微臣等敬陳管見，

甚为喜悦，或蒙大施眷爱，故遣格垒古英杜拉尔呈奏。【朱批】将此令京城众议政大臣阅看，众意如何？朕等于此处俟格垒古英寨桑至后定夺。
康熙三十五年十一月二十一日。【朱批】大将军伯费扬古之奏章，侍郎满丕致费扬古伯之咨文，翻译噶尔丹之奏章。又伊拉古克三胡土克图之奏章，齐里格台吉之文未发。
抚远大将军管侍卫内大臣伯臣费扬古等谨奏，为微臣等敬陈管见，

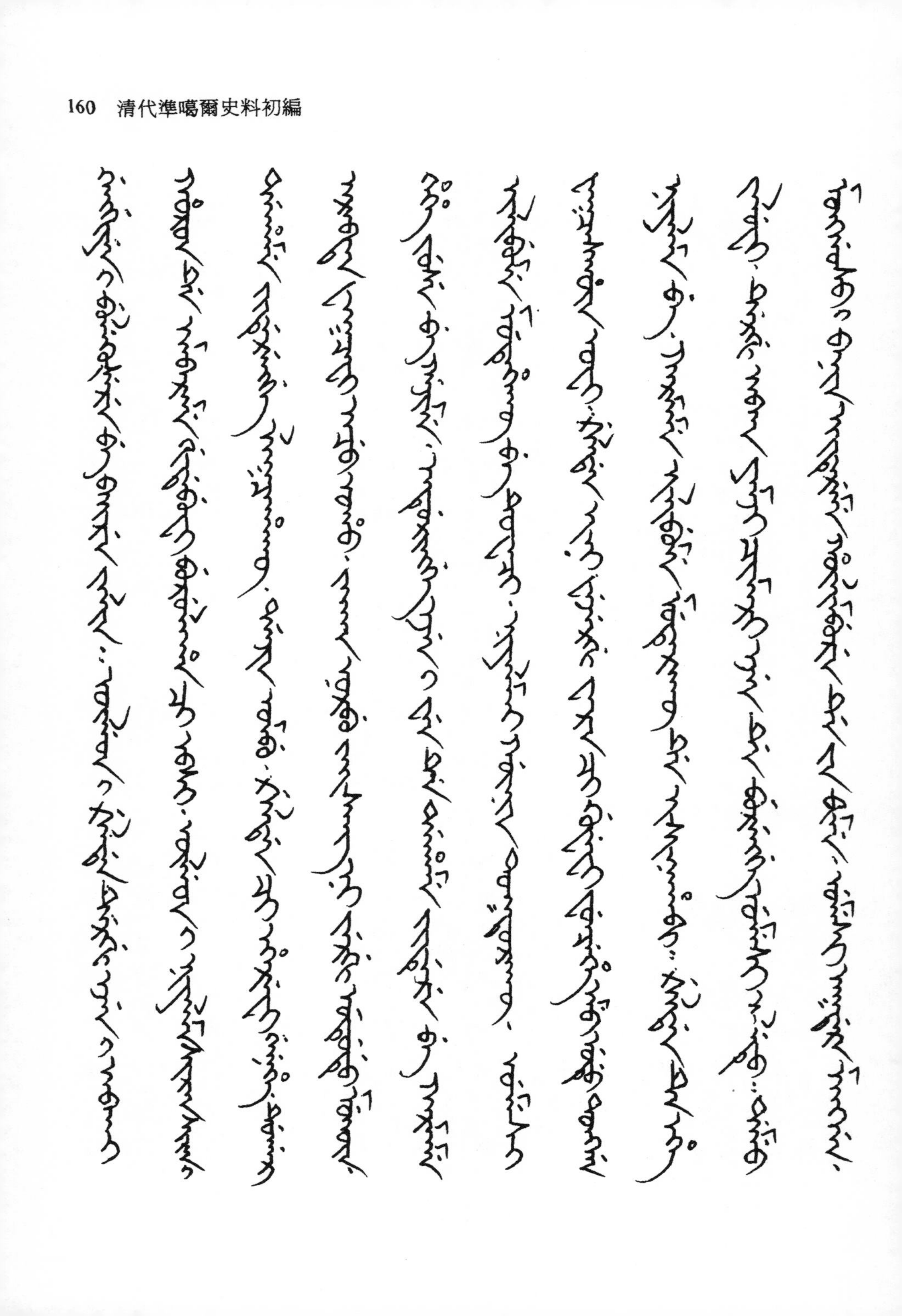

genggiyen i bulekušere be baire jalin. ūlet i g'aldan
明 的 鑒 把 請 爲 厄魯特的 噶爾丹
dergi ejen i abkai horon de ambarame gidabufi burulaha
上 主 的 天的 威 於 張大 被敗了 敗走了
ci ebsi, ūlet i niyalma siran siran i dahame jiderengge
從 以來 厄魯特的 人 陸 續 的 降 來 的
lakcahakū, danjin ombu, g'aldan ci eherefi genehe, dugar
不 斷 丹津鄂木布 噶爾丹 從 反目了 去了 杜哈爾
arabtan fakcafi encu oho, jakan norbu jaisang ni jergi
阿喇布坦 離開了 異 了 新近 諾爾布 寨桑 的 等
ududu mukūn, hehe juse be gajime, enduringge ejen i
數 族 婦女 孺子 把 帶來 聖 主 的
wen de dahame, jidere be karmame ilibume mutehekū be
化 於 隨 來的 把 保護 使止 不能 把
tuwaci, niyalmai gūnin toktorakū, umesi fakcashūn ofi,
看時 人的 心 不定 甚 心離 因
g'aldan ini fejergi wara ci guwefi funcehe emu udu
噶爾丹 他的 屬下 殺的 從 寬免了 餘了 一 幾
tongga niyalma be, karmame ilibume muterakū de
稀少 人 把 保護 使止 不能 於
isinahabi. g'aldan te ehe jalufi, dergi abka yamji
到了 噶爾丹 今 惡 滿盈了 上 天 晚
cimari ejen de burengge umesi iletu. damu monggoso
早 主 於 給的 甚 明顯 但 衆蒙古
i banin eitereme hūlimbure de ja bime, umesi akdara
的 性 欺詐 被人惑 於 易 且 甚 信
mangga,
難

仰請明鑒事。厄魯特噶爾丹爲皇上天威大敗竄逃以來，厄魯特之人絡繹來投者未曾間斷。丹津鄂木布已與噶爾丹反目而去，杜哈爾阿喇布坦亦已離異，近有諾爾布寨桑等數族攜其婦孺來歸聖化，而未能保住，以此觀之，人心不定，散亂已極，噶爾丹於其屬下逃死餘生寥寥數人，竟至不能保住。噶爾丹今已惡貫滿盈，上天旦夕舉以畀予聖主者極其明顯。惟蒙古之性，易於煽惑，且頗難信，

仰请明鉴事。厄鲁特噶尔丹为皇上天威大败窜逃以来，厄鲁特之人络绎来投者未曾间断。丹津鄂木布已与噶尔丹反目而去，杜哈尔阿喇布坦亦已离异，近有诺尔布寨桑等数族携其妇孺来归圣化，而未能保住，以此观之，人心不定，散乱已极，噶尔丹于其属下逃死余生寥寥数人，竟至不能保住。噶尔丹今已恶贯满盈，上天旦夕举以畀予圣主者极其明显。惟蒙古之性，易于煽惑，且颇难信，

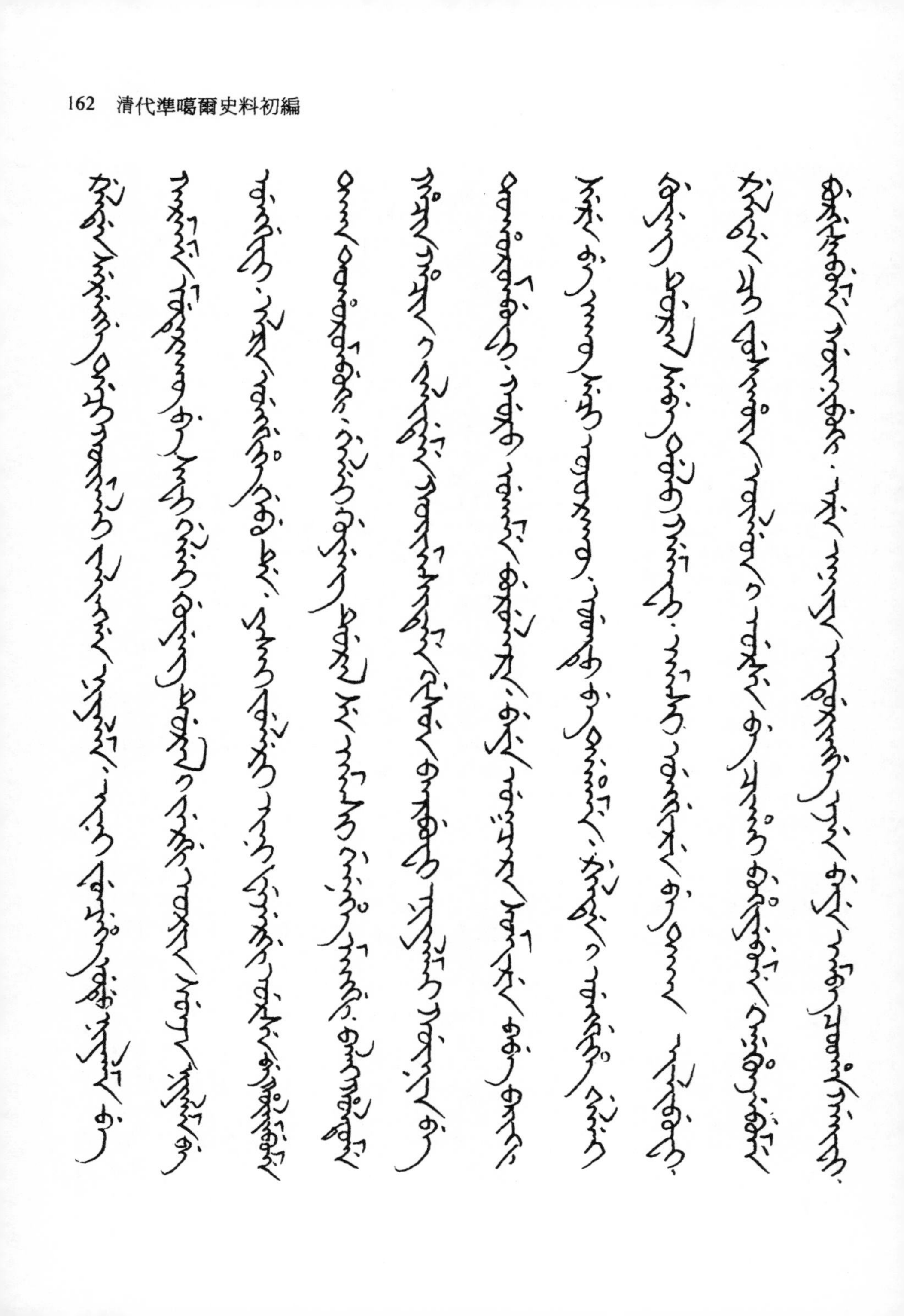

g'aldan serengge daci koimali jalingga niyalma, ini
噶爾丹 云 者 原來 狡 詐 奸 人 他的
funcehe udu niyalma be karmame muterakū be safi gelei
餘的 幾 人 把 保護 不能 把知了 格壘
guyeng dural i jergi orin sunja niyalma be unggifi,
古英 杜拉爾的 等 二十 五 人 把 遣了
elcin unggihe gebu de, yasai juleri ini fejergi urse
使臣 遣了 名 於 眼的 前 他的 屬下 衆人
be hūlimbume taka tohorombuki, gelei guyeng dural se
把 被人惑 暫且 欲安撫 格壘 古英 杜拉爾 們
amasi genehe manggi, balai holtome hacin hacin i
往回 去後 後 妄 哄 種 種 的
jalidame koimasitame gisun banjibufi niyalmai gūnin
使奸計 總是狡詐 言 編了 人的 心
be tohorombufi, goro ukame burulara, beye ukcara
把 安撫了 遠 逃 敗走 身 脫開
somire babe baiki sere be akū seci ojorakū, uttu be
藏 把處 欲尋 云 把 無 說時 不可 此 既
dahame, g'aldan i unggihe gelei guyeng dural sebe dolo
然 噶爾丹 的 遣的 格壘 古英 杜拉爾 把們 内
gamafi, amasi unggire be taka ilibufi, g'aldan ci
帶去了 往 回 遣的 把 暫且 使止了 噶爾丹 從
fusihūn ūlet i urse be cihai buhiyebume kenehunjebume
以下 厄魯特的 衆人 把 任意 猜 疑 使 疑
burgišabume gūnibuki, ere aniya enduringge ejen beye
頻驚亂 欲使想 此 年 聖 主 自身
amba cooha gaifi,
大 兵 領了

噶爾丹者原係一狡詐之人，彼自知不能保其餘眾，故遣格壘古英杜拉爾等二十五人，藉通使之名，欲於目前欺誑其屬眾，暫且撫慰，格壘古英杜拉爾歸去後，必任意揑造種種詐僞之言，安撫人心，實乃藉以逃竄遠處，欲覓脱身藏匿之處，是以請將噶爾丹所遣之格壘古英杜拉爾等拘至內地，暫勿遣回，使噶爾丹以下厄魯特人眾紛紛猜疑驚亂。今年聖主親率大兵

噶尔丹者原系一狡诈之人，彼自知不能保其余众，故遣格垒古英杜拉尔等二十五人，藉通使之名，欲于目前欺诳其属众，暂且抚慰，格垒古英杜拉尔归去后，必任意捏造种种诈伪之言，安抚人心，实乃藉以逃窜远处，欲觅脱身藏匿之处，是以请将噶尔丹所遣之格垒古英杜拉尔等拘至内地，暂勿遣回，使噶尔丹以下厄鲁特人众纷纷猜疑惊乱。今年圣主亲率大兵

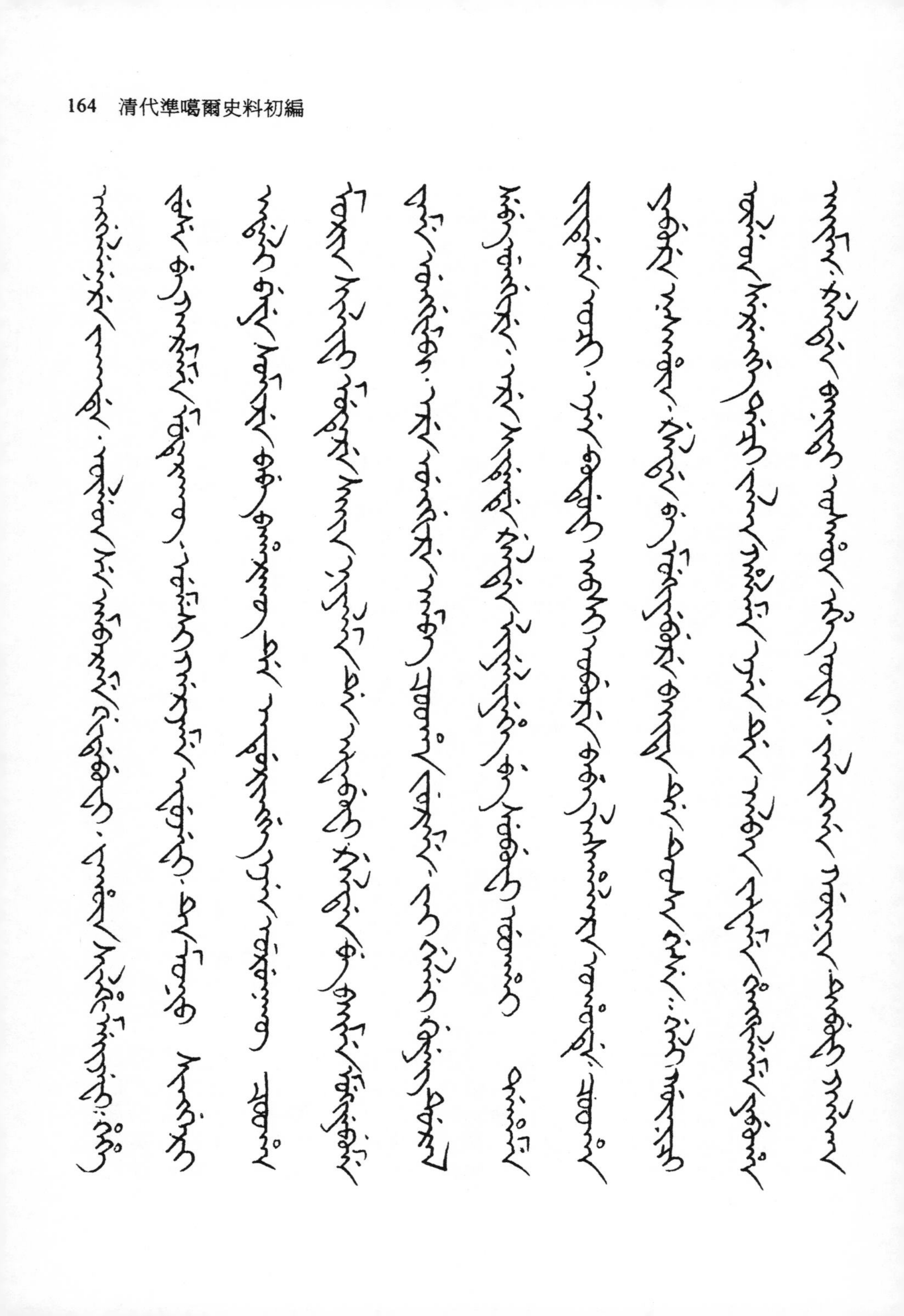

enggelenere jakade, ūlet se ambarame gidabufi, fahūn
去 臨 的 之故 厄魯特們 張大 被敗了 肝
silhi meijefi, hehe juse be karmame muterakū, umesi
膽 碎了 婦女 孺子 把 保護 不能 甚
garjame efujefi, te monio singgeri adali beye somire
破裂 敗壞了 今 猴 鼠 相同 身 藏的
babe baharakū de, enduringge ejen urunakū cooha morin
把處 不得 於 聖 主 必 兵 馬
silifi mutere sain niyalma de afabufi g'aldan be baime
選了 能的 好 人 於 交了 噶爾丹 把 尋
mukiyebume wame unggimbi, ere unggire amba cooha
使滅 殺 遣 此 遣的 大 兵
jurame, jai gelei guyeng dural sebe unggire, ere
啓程 再 格壘 古英 杜拉爾 把們 遣 的 此
sidende g'aldan liyeliyehe be subufi uthai dahame jidere
中間 噶爾丹 迷 了 把 解了 即 降 來的
oci, ejen bodofi absi obure babe lashalara ohode,
若 主 籌了 怎樣 成了 把處 決斷 設若
cooha yabure nashūn, g'aldan be mukiyebure baita de
兵 行的 機會 噶爾丹 把 勦滅的 事 於
tusa gese。geli gūnici ūlet serengge daci jalan halame
益 似 又 想來 厄魯特 云者 原來 世 更換
ejen de alban jafame hengkileme yabuha aiman, g'aldan
主 於 貢賦 上納 叩 頭 行的 部 噶爾丹
banitai oshon ehe ofi, jalingga gūnin tebufi kalka
稟性 暴虐 惡 因 奸 心 居了 喀爾喀

駕臨，故厄魯特大敗，肝膽碎裂，婦孺不保，殘破已極，今似猴鼠，無所藏身，聖主簡選兵馬，付托賢能，往討噶爾丹，勦而滅之，乘此大兵啓程時，再遣格壘古英杜拉爾等歸去，在此期間，若噶爾丹悔悟而即來投，欽惟聖主成算睿裁，似於行軍之機，勦滅噶爾丹之事，不無裨益。又竊思所謂厄魯特者，原係累世向聖主納貢叩首之部落，因噶爾丹賦性暴虐兇惡，居心奸詐，

驾临，故厄鲁特大败，肝胆碎裂，妇孺不保，残破已极，今似猴鼠，无所藏身，圣主简选兵马，付托贤能，往讨噶尔丹，剿而灭之，乘此大兵启程时，再遣格垒古英杜拉尔等归去，在此期间，若噶尔丹悔悟而即来投，钦惟圣主成算睿裁，似于行军之机，剿灭噶尔丹之事，不无裨益。又窃思所谓厄鲁特者，原系累世向圣主纳贡叩首之部落，因噶尔丹赋性暴虐凶恶，居心奸诈，

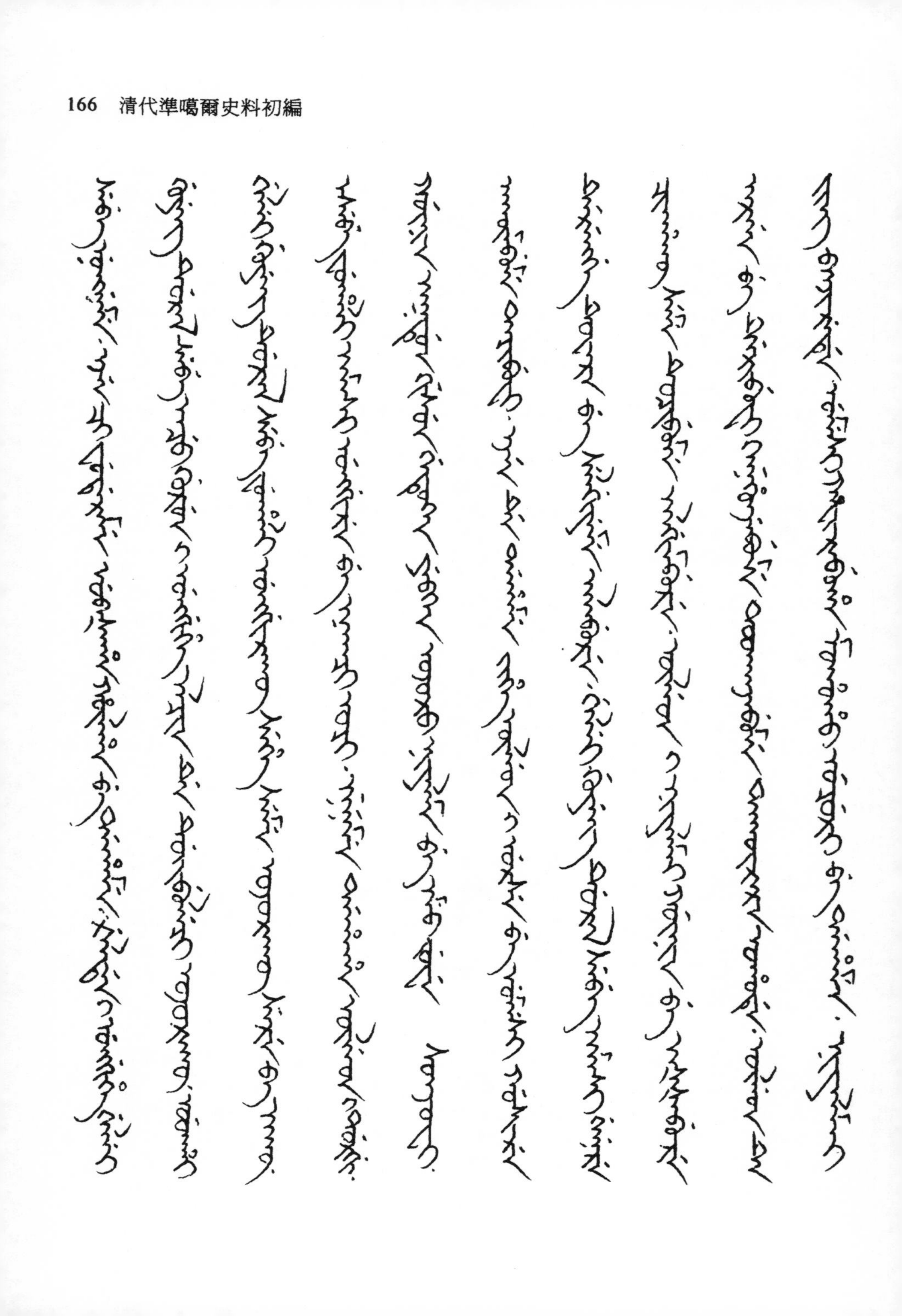

sebe nungneme, ejen ci fudarame ubašaha hūlha be
把們 侵 害 主 從 爲逆 叛 的 賊 旣
dahame, g'aldan i unggihe gelei guyeng dural sebe encu
然 噶爾丹 的 遣 的 格壘 古英 杜拉爾 把們 異
gurun i unggihe elcin de duibuleci ojorakū, uthai gelei
國 的 遣 的 使臣 於 若 比 不可 即 格壘
guyeng dural sebe fuhali unggirakū sehe seme ojorakū
古英 杜拉爾 把們 全然 不 遣 說了 云 不可
sere ba akū, esebe fuhali amasi unggire be nakaci oci
云 處 無 把此輩 全然 往回 遣的 把 若止 若
neneme dahaha ūlet i dorgi, gūnin akdun gisun getuken
先 降的 厄魯特的 內 意 信實 言 明白
yebken ojoro niyalma be emu juwe sonjofi akūmbume
英明 爲 人 把 一 二 選了 盡心
tacibufi, ejen de dahame jihe ūlet i urse be umesi
指敎了 主 於 降 來的 厄魯特的衆人 把 甚
gosire derengge tuwara be selgiyeme alabure, gelei
仁愛 體面 看待 把 傳令 使人告訴 格壘
guyeng dural sebe amasi genere cihakū seme tucibume
古英 杜拉爾 把們 往回 去的 不願 云 使出
algimbure, ūlet i niyalmai gūnin be aššabure arga be
使宣揚 厄魯特 的 人的 意 把 使動 計 把
deribufi kenehunjebume tookanjabume takūrara ohode,
起始了 使疑 使遲延 遣的 設若
ūlet te jing banjirede umesi hafirabuha mohoho ucuri
厄魯特 今 正 於生活 甚 困乏了 窮困了 際
be dahame niyalmai
因爲 人的

侵擾喀爾喀，係悖逆聖主之賊寇，故噶爾丹所遣之格壘古英杜拉爾等不比他國所遣之使，即不將格壘古英杜拉爾遣歸亦未爲不可，若竟不遣歸，則於厄魯特先降之人內，擇其心地誠信、言語明白果斷妥幹者一二人，盡心指示，令其傳示來投之厄魯特人，謂已蒙聖主眷顧寵榮，揚言格壘古英杜拉爾等不願歸去，設計動搖厄魯特人心，使其猜疑迷惑，因今正當厄魯特生計窘迫之時，

侵扰喀尔喀，系悖逆圣主之贼寇，故噶尔丹所遣之格垒古英杜拉尔等不比他国所遣之使，即不将格垒古英杜拉尔遣归亦未为不可，若竟不遣归，则于厄鲁特先降之人内，择其心地诚信、言语明白果断妥干者一二人，尽心指示，令其传示来投之厄鲁特人，谓已蒙圣主眷顾宠荣，扬言格垒古英杜拉尔等不愿归去，设计动摇厄鲁特人心，使其猜疑迷惑，因今正当厄鲁特生计窘迫之时，

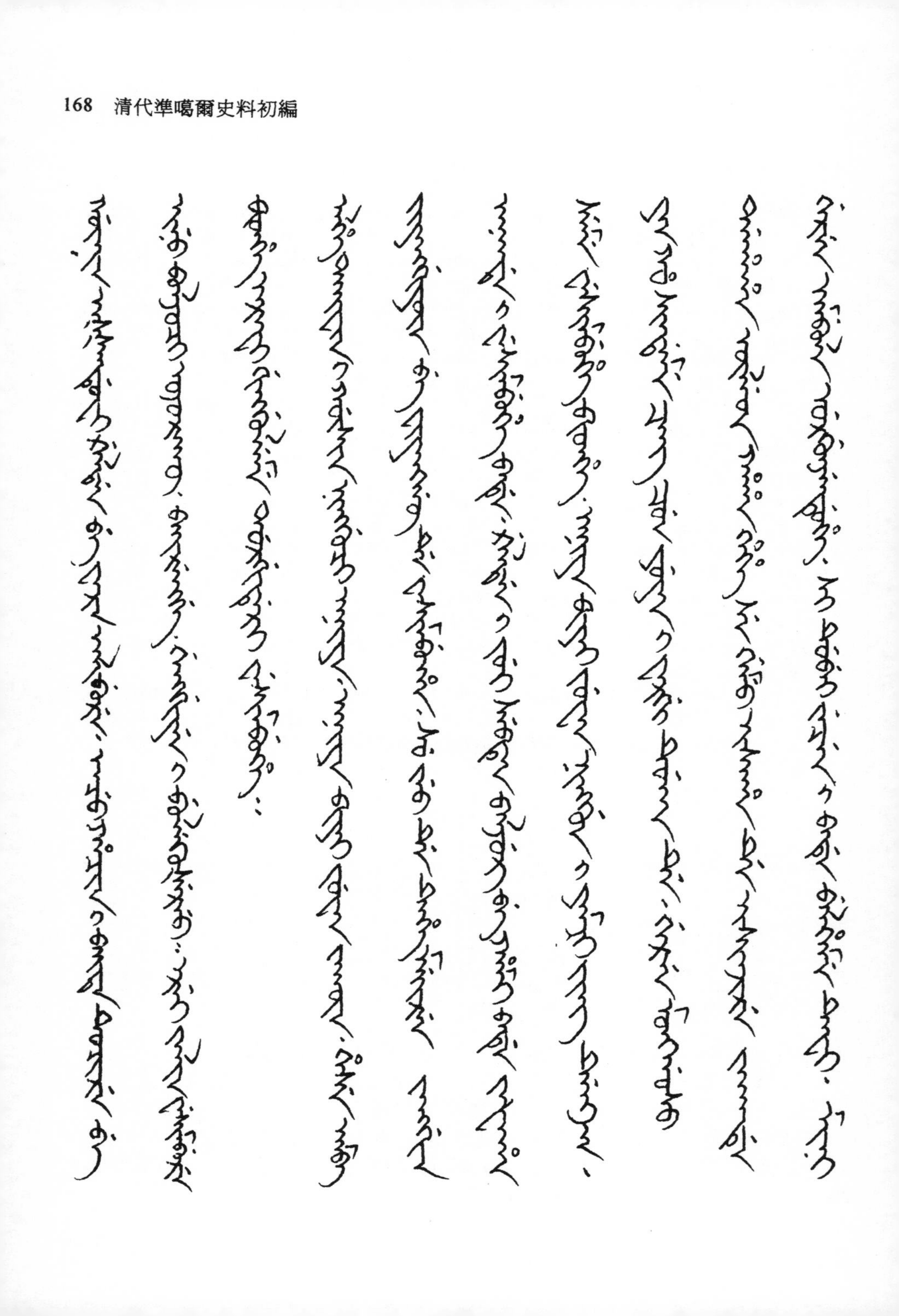

gūnin aššandufi g'aldan be wara alibure, encu hacin i
意 齊動了 噶爾丹把殺的使獻 另項 的
baita tucire be inu boljoci ojorakū, bairengge, genggiyen
事 出的把 亦 若料 不可 所請者 明
i bulekušereo. erei jalin wesimbure bithe arafi
的 請垂鑒 此 爲 奏的 書 寫了
gingguleme dorgideri wesimbuhe.
謹 由內 奏了
elhe taifin i gūsin ningguci aniya, aniya biyai juwan
康熙 的三十 第六 年 正 月的 十
jakūn, hese amba jiyanggiyūn be fiyanggū de wasimbuha,
八 旨 大 將軍 伯 費揚古 於 降 了
su jeo de tehe meiren janggin ananda i wesimbuhe bade,
肅州 於住的 副 都統 阿南達 的 奏 的 於處
g'aldan i jui sebten baljur be hami bade jafaha seme
噶爾丹 的 子 色卜騰巴爾珠爾 把 哈密 於地 拿了 云
wesimbuhe bithe, aniya biyai juwan ninggun i yamji
奏的 書 正 月的 十 六 的 晚
jing dengjan, yan ho sindame cang cun yuwan i wargi
正 燈 烟火 放 暢 春 園 的 西
duka de, geren monggoso dahaha ūlet haha hehe se gemu
門 於 衆 蒙古們 降的 厄魯特 男 女 們 皆
isaha de isinjire jakade geren ambula urgunjenduhe, si
集了 於 到來了 之故 衆 多 共喜悅了 你
dubei jecen i bade belheme tefi, mini
盡 邊 的於地 預備 住了 我的

人心動搖，誅噶爾丹以獻，事出意外，亦未可料，仰請明鑒，爲此恭繕奏章由內呈奏。
康熙三十六年正月十八日，諭大將軍伯費揚古，駐紮肅州副都統阿南達奏稱，於哈密地方擒獲噶爾丹之子色卜騰巴爾珠爾，時當正月十六日夜晚燈節，放烟火，眾蒙古及投誠厄魯特男婦等皆齊集暢春園西門，其奏章一到，眾皆大悅，爾駐邊塞，

人心动摇，诛噶尔丹以献，事出意外，亦未可料，仰请明鉴，为此恭缮奏章由内呈奏。
康熙三十六年正月十八日，谕大将军伯费扬古，驻扎肃州副都统阿南达奏称，于哈密地方擒获噶尔丹之子色卜腾巴尔珠尔，时当正月十六日夜晚灯节，放烟火，众蒙古及投诚厄鲁特男妇等皆齐集畅春园西门，其奏章一到，众皆大悦，尔驻边塞，

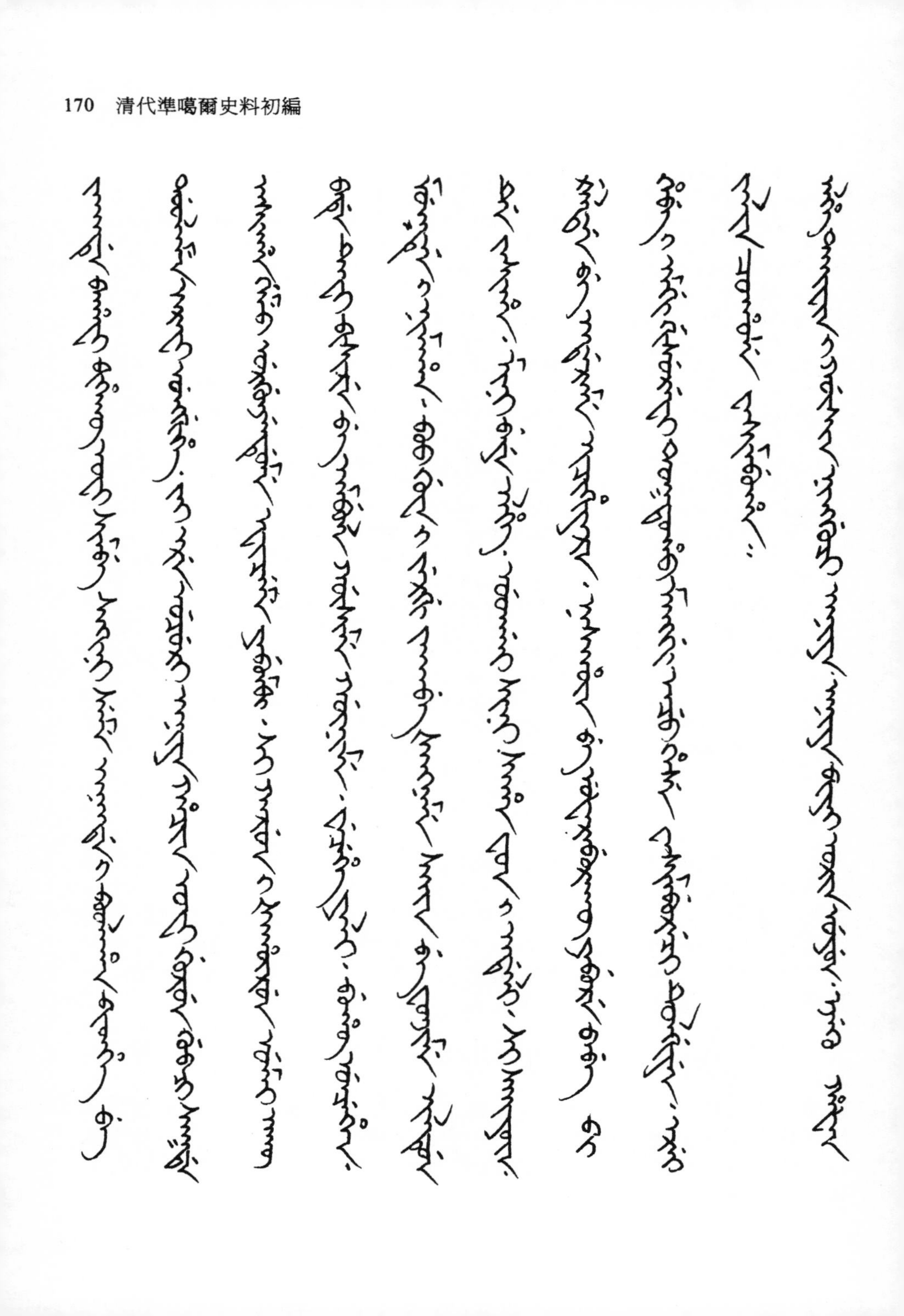

jakade bahafi biheku ofi simbe sakini seme ananda i
跟前 得了 不在 因 把你 令知 云 阿南達 的
boolaha bithe be doolame arafi unggihe, jai ere ucuri
報 的 書 把 謄寫 寫了 致送了 再 此 際
aniya hacin ofi gurun gubci sakda asihan gemu urgunjendume
年 上元 因 國 全 老 少 皆 共喜悅
eficeme yabumbi, si karun i šahurun umai akū bade
共遊戲 行 你 卡倫 的 寒冷 並 無 於地
tefi bisire be ambula gosime gūnime, wecehe yali,
住了 所有 把 多 眷愛 想 祭的 肉
buhū uncehen, mukden i nimaha, boo guwa i jergi jakabe
鹿 尾 盛京 的 魚 匏 瓜 的 等 把物
šangname sain be fonjime ildun de jasiha, mini beye
賞 好 把 問 乘便 於 寄信 我的 自身
elhe, utgai sini saha fon i adali, si saiyūn, g'aldan
安 即 你的 知的 時 的 相同 你好 嗎 噶爾丹
be adarame icihiyara, nashūn be ufaraburakū yabure
把 如何 辦理 機會 把 不 失 行的
babe bi hebe i emgi gisurefi toktoho manggi encu hese
把處 我 議 的 共 議了 定了 後 另 旨
wasimbure ci tulgiyen, erei jalin cohome wasimbuha。
降的 除 以外 此 爲 特 降了
elhe taifin i gūsin ningguci aniya, aniya biyai orin
康熙 的 三十 第六 年 正 月的 二十
uyun, ejeku hafan
九 主事

不得在朕左右，故抄錄阿南達報文，發爾知之，又此際因係上元節，舉國老幼皆歡樂，爾現駐卡倫寒地，殊深軫念，故賜胙肉、鹿尾、盛京魚、匏瓜等物，並乘便寄信問好，朕躬安好，即如爾所知之時，爾無恙否？將噶爾丹作何料理？不失機會，朕與議政諸臣議定後，另有諭旨，爲此特諭。
康熙三十六年正月二十九日，主事

不得在朕左右，故抄录阿南达报文，发尔知之，又此际因系上元节，举国老幼皆欢乐，尔现驻卡伦寒地，殊深轸念，故赐胙肉、鹿尾、盛京鱼、匏瓜等物，并乘便寄信问好，朕躬安好，即如尔所知之时，尔无恙否？将噶尔丹作何料理？不失机会，朕与议政诸臣议定后，另有谕旨，为此特谕。
康熙三十六年正月二十九日，主事

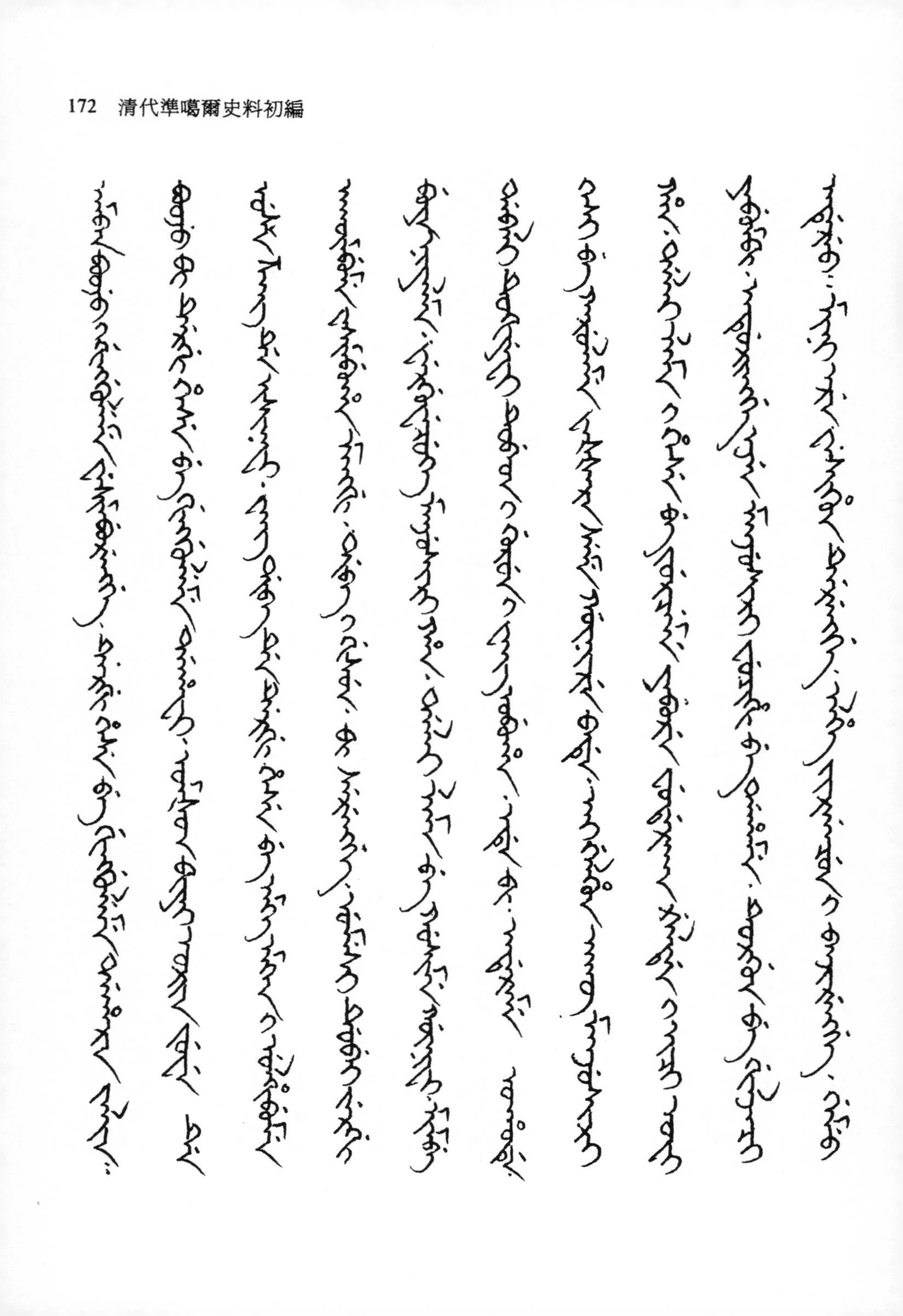

[illegible]

amban booju i gingguleme wesimburengge, dergi hese
臣 保 住 的 謹 所奏者 上 旨
be gingguleme dahara jalin, booju bi dergi hese be
把 謹 隨 爲 保住 我 上 旨 把
gingguleme dahafi, omšon biyai orin juwe de usy
謹 隨了 十一 月的 二十 二 於 烏斯
dzang de isinafi, wang diba de dergi hese be emke
藏 於 到去了 王 第巴 於 上 旨 把 逐
emken i ulhibume akūmbume wasimbuha manggi, diba i
一 的 使曉 盡 心 降了 後 第巴 的
gisun, bi serengge, umesi dubei jergi buya niyalma,
言 我 云者 甚 末 等 小 人
ferguwecuke manjusiri han, dalai lama be gosime
神 奇 文殊師利 汗 達賴 喇嘛 把 眷 愛
gūnifi, mimbe dabali tukiyefi tubet i gurun i wang
想念了 把 我 超越 擧了 土伯特的 國 的 王
obuha, ede bi, adarame ohode, kesi be karulame faššara
做了 因此我 如 何 設若 恩 把 報 奮 勉
seme gūnire bade, ai gelhun akū manjusiri han, dalai
云 想的 於地 何 敢 文殊師利 汗 達賴
lama i hese be jurceme yabure fudaraka g'aldan i ici
喇嘛 的旨 把 違 悖 行的 爲逆的 噶爾丹 的 向
ofi yabumbi, enduringge ejen manjusiri fucihi be
因 行 聖 主 文殊師利 佛 旣
dahame, turgun be giljaci endereo. mini ere wesihun
然 緣 由 把 若體諒 瞞得過嗎 我的 此 尊 貴
derengge, elhe jirgacun i banjirengge, gemu
體 面 安 可安逸 的 生活的 皆

臣保住謹奏，爲欽遵上諭事。臣保住欽遵上諭，於十一月二十二日至烏斯藏，將上諭逐一詳盡曉諭王第巴後，第巴云：我乃微末小人，蒙聖神文殊師利汗眷念達賴喇嘛（註一〇），超擢我爲土伯特國王，爲此我嘗念及何以竭力報恩，何敢違悖文殊師利汗及達賴喇嘛之旨而附逆賊噶爾丹耶？聖主既爲文殊師利佛，當可體諒其情由而不能相瞞，我之此種榮顯安樂生活者，

臣保住谨奏，为钦遵上谕事。臣保住钦遵上谕，于十一月二十二日至乌斯藏，将上谕逐一详尽晓谕王第巴后，第巴云：我乃微末小人，蒙圣神文殊师利汗眷念达赖喇嘛（注一〇），超擢我为土伯特国王，为此我尝念及何以竭力报恩，何敢违悖文殊师利汗及达赖喇嘛之旨而附逆贼噶尔丹耶？圣主既为文殊师利佛，当可体谅其情由而不能相瞒，我之此种荣显安乐生活者，

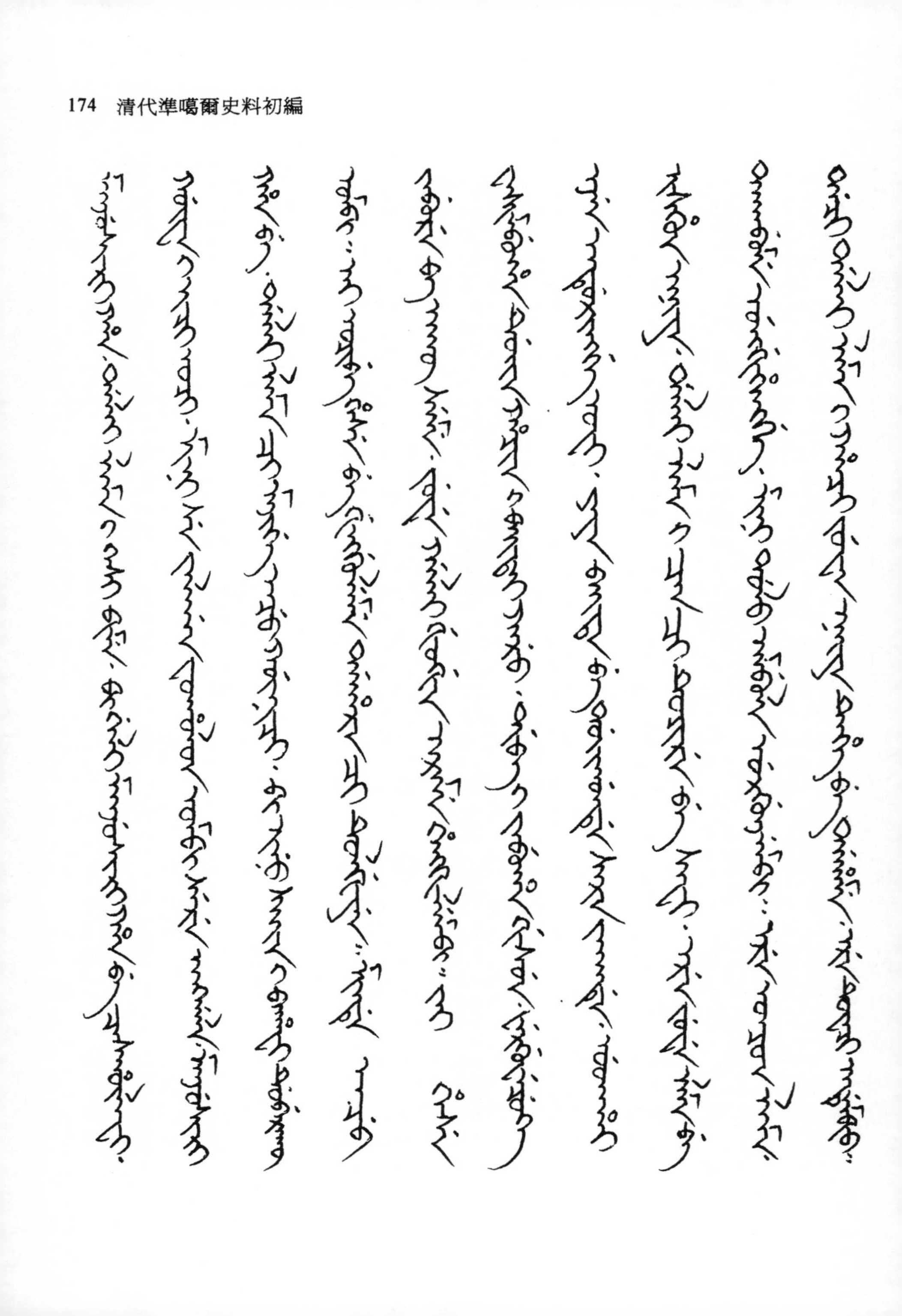

manjusiri han, dalai lama i kesi bime, bi geli
文殊師利 汗 達賴 喇嘛 的 恩 且 我 又
manjusiri han be cashūlafi, guwa i ici oci, mini se
文殊師利 汗 把 背 了 別 的 向 若 我的 歲
jalgan foholon ombi sere anggala, manjusiri han be
壽命 短 可 不 但 文殊師利 汗 把
dalai lama ci majige encu gūnici, bi inu sain i bahafi
達賴 喇嘛 從 稍 異 若想 我 亦 好 的 得了
duberakū ombi. ai ocibe hese be ginggguleme dahara ci
不終 可 不拘 旨 把 謹 隨 除
tulgiyen, minde encu jabure ba akū seme, juwe galai
以外 於我 另 答的 處 無 云 二 手的
giogin arame hengkilembi。jai hese wasimbuha duin
掌 合 叩 頭 再 旨 降 了 四
hacin i baitai karu, diba i jabuha gisun, ferguwecuke
項 的 事 的 報 第巴 的 答的 言 神 奇
ejen enduringge ofi, yaya baita be doigonde sara jakade,
主 聖 因 任何 事 把 預先 知的 之故
uthai ishun aniya, dalai lama i can ci tucire be safi,
即 來 年 達賴 喇嘛 的 禪 從 出的 把 知了
ere juwe lama takabume unggihengge, mini dolo ambula
此 二 喇嘛 使認 遣 的 我的 內 多
urgunjembi, ere oncon lama, daci dalai lama i hanci
喜悅 此 溫春 喇嘛 向來 達賴 喇嘛 的 附近
juwan aniya tehe be dahame, ere tuwaci endembio.
十 年 住的 既 然 此 看時 有錯 嗎

既皆文殊師利汗及達喇嘛恩典，我若又背離文殊師利汗，而向他人時，則不但我之壽數短少，且於文殊師利汗稍有異於達賴喇嘛之意時，我亦不得善終。總之，除欽遵諭旨之外，我別無可答之處，而兩手合掌叩首。至覆所頒諭旨四事，第巴答云：因聖神皇帝聖明，凡事皆能預知之故，即知來年達賴喇嘛之出定，遣此二刺嘛前來識認，我之內心甚喜。此溫春喇嘛，因向在達賴喇嘛近處居住十年，觀此能有錯耶？

既皆文殊师利汗及达喇嘛恩典，我若又背离文殊师利汗，而向他人时，则不但我之寿数短少，且于文殊师利汗稍有异于达赖喇嘛之意时，我亦不得善终。总之，除钦遵谕旨之外，我别无可答之处，而两手合掌叩首。至覆所颁谕旨四事，第巴答云：因圣神皇帝圣明，凡事皆能预知之故，即知来年达赖喇嘛之出定，遣此二刺嘛前来识认，我之内心甚喜。此温春喇嘛，因向在达赖喇嘛近处居住十年，观此能有错耶？

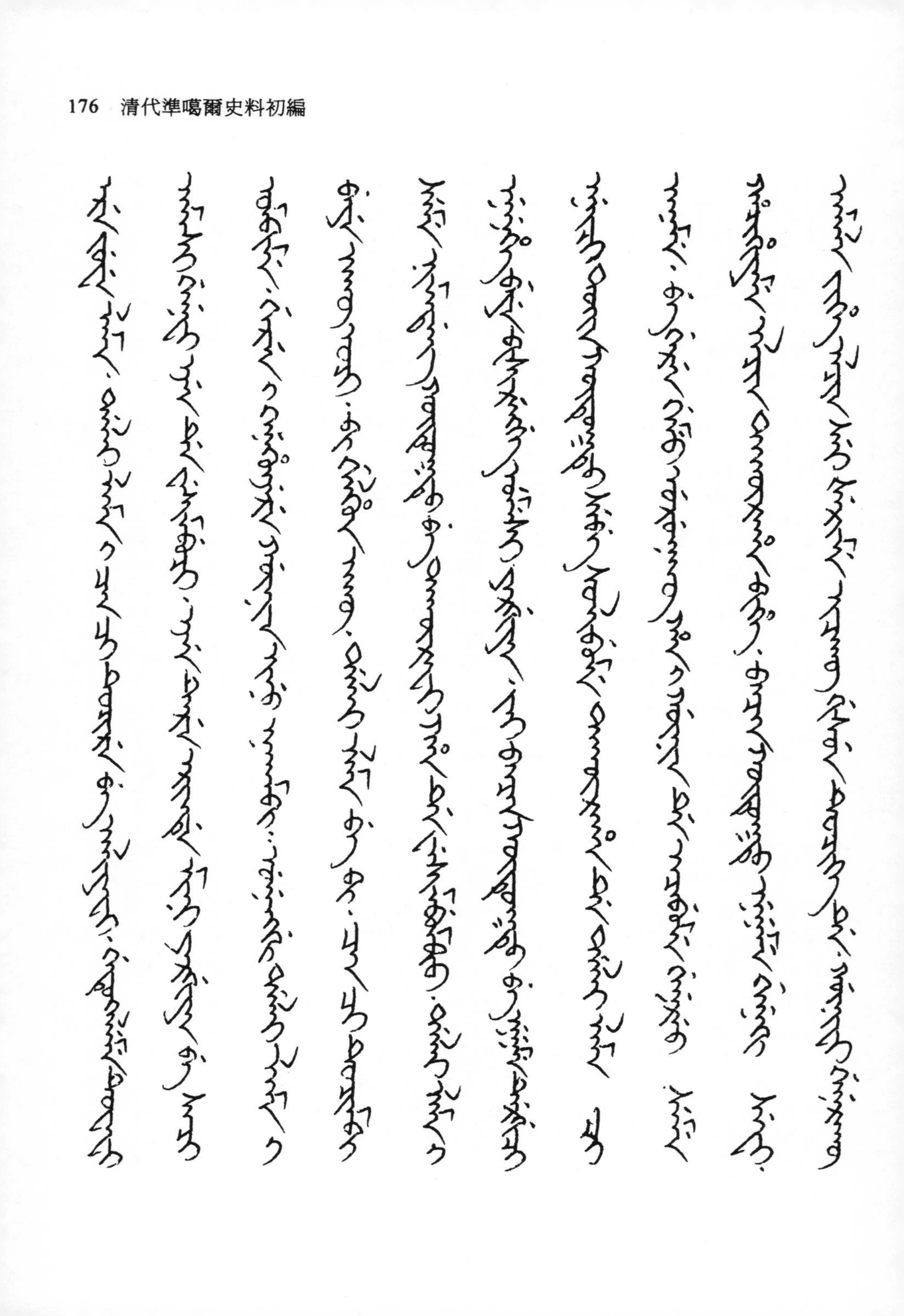

ere juwe lama, dalai lama i can ci tucire be aliyafi,
此 二 喇嘛 達賴 喇嘛 的 禪 從 出的 把 等了
getukeleme tuwafi amasi genefi ejen de wesimbuci,
察 明 看了 往回 去了 主 於 若奏
ejen tere erinde mini yargiyan be saci ombime, geren
主 那 於時 我的 實在 把 知時 且可 衆
i kenehunjere gūnin inu nakambi. unenggi dalai lama i
的 疑 的 心 亦 止住 誠 達賴 喇嘛 的
beye akū oci, bi gelhun akū dalai lama be bi, can ci
身 無 若 我 敢 達賴 喇嘛 把 在 禪 從
tucimbi seme, nimadang kūtuktu be takūrafi han de
出 云 尼麻唐 胡土克圖 把 遣了 汗 於
wesimbumbio, dalai lama i nenehe beye bisirengge umesi
奏 嗎 達賴 喇嘛 的 先 身 現存者 甚
yargiyan, jai bancan kūtuktu be neneme dergici neici
實在 再 班禪 胡土克圖 把 先 由上 內齊
toin kūtuktu sebe solibume takūraha de dalai lama ci
陀音胡土克圖 把們 使 請 遣 的 於 達賴 喇嘛 從
aname, be geren gemu urunakū han i gūnin de acabume
挨次 我們 衆 皆 必 汗 的 意 於 副合
genereo seme hacihiyame elcin takūraha bihe, bancan
請去 云 强 勸 使臣 遣了 來着 班禪
kūtuktu neneme geneki sefi, amala jihe elcin sei
胡土克圖 先 欲去 說了 後 來的 使臣 們的
šerime icakū gisun tucike de gūnifi generakū
勒 詐 不順眼 言 出了 於 想了 不去

此二喇嘛若候至達賴喇嘛出定，看明後還奏於皇帝，彼時皇帝既可知我之誠，而眾人之疑心亦釋矣。若達賴喇嘛之身果已亡故，我豈敢謂達賴喇嘛尚在稱其出定而遣尼麻唐胡土克圖奏聞於皇帝乎？達賴喇嘛之前身現存甚實。又前者蒙皇上遣內齊陀音胡土克圖等召班禪胡土克圖時，自達賴喇嘛以次至我等眾人皆催促遣使勸彼前往，以仰副皇帝之意，班禪胡土克圖初意欲往，其後來使等口出勒詐不順之言，經其思考，遂言不往，

此二喇嘛若候至达赖喇嘛出定，看明后还奏于皇帝，彼时皇帝既可知我之诚，而众人之疑心亦释矣。若达赖喇嘛之身果已亡故，我岂敢谓达赖喇嘛尚在称其出定而遣尼麻唐胡土克图奏闻于皇帝乎？达赖喇嘛之前身现存甚实。又前者蒙皇上遣内齐陀音胡土克图等召班禅胡土克图时，自达赖喇嘛以次至我等众人皆催促遣使劝彼前往，以仰副皇帝之意，班禅胡土克图初意欲往，其后来使等口出勒诈不顺之言，经其思考，遂言不往，

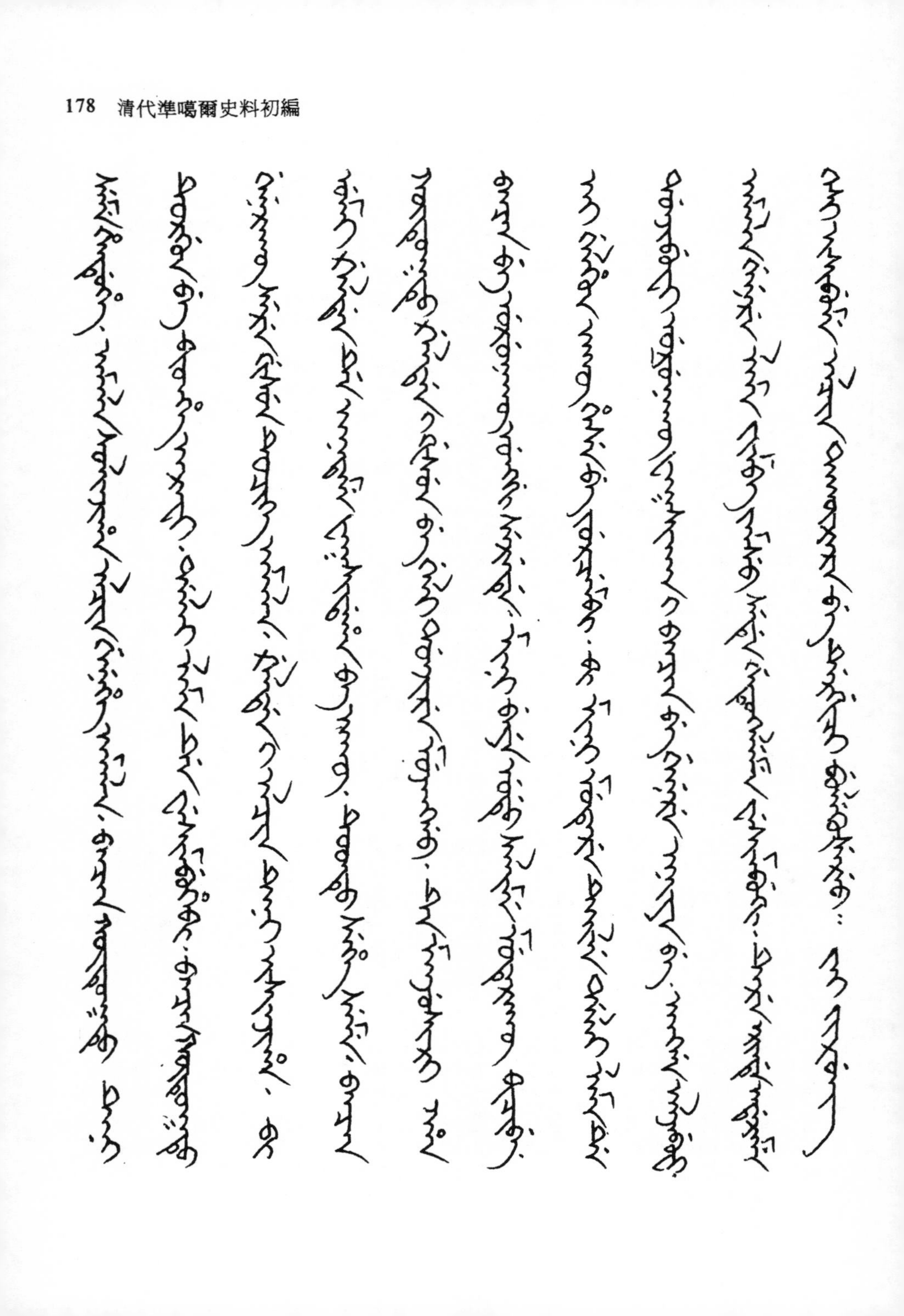

seme henduhe, amala solinjiha elcin genehe amala,
云 說 了 後 來請的 使臣 去了 後
bancan kūtuktu teni turgun be bithe arafi, dalai lama
班禪 胡土克圖 才 緣由 把 書 寫了 達賴 喇嘛
de wesimbuhebi, bancan kūtuktu generakū sere gisun
於 奏 了 班禪 胡土克圖 不去 云 言
tucike amala, g'aldan i elcin teni isinjiha, bi umai
出了 後 噶爾丹 的使臣 才 到來了 我 並
g'aldan de anatame faksidaha ba akū, tuttu sehe seme,
噶爾丹 於 推 諉 巧 辯 的處 無 雖 然 云
bancan kūtuktu g'aldan i gisun be geli donjire
班禪 胡土克圖 噶爾丹 的 言 把 又 聞 了
mujanggo, te manjusiri han bancan be urunakū unggi
果 然 嗎 今 文殊師利 汗 班禪 把 必 令遣
serede, mini beye udu salime muterakū bicibe, ai
云時 我的 自身 雖 自專 不 能 雖 何
gelhun akū hese be jurcembi, bi mini mutere teile
敢 旨 把 違 我 我的 能 儘
dalai lama de donjibufi urunakū faksikan i bancan be
達賴 喇嘛 於 使聞了 必 巧 的 班禪 把
genere aniya be, angga aljabufi, amala genere lama jimba
去的 年 把 口 許 了 後 去的 喇嘛 金巴
jamsu sede getukeleme wesimbuki, tere erinde adarame
扎木素 於們 察 明 欲 奏 那 於時 如 何
kesi isibume elcin takūrara be dergici bulekušereo,
恩 及 使臣 遣 了 把 由上 請 鑒
jai jirung
再 濟 隆

其後來召之使者離去後，班禪胡土克圖始將其情由具書奏聞於達賴喇嘛，班禪胡土克圖出言不往之後，噶爾丹使者始至，我並無推諉於噶爾丹而巧辯之處，然而班禪胡土克圖又豈肯聽信噶爾丹之言乎？今文殊師利汗必欲令班禪前往，我自身雖不能專主，豈敢違旨，我惟儘我所能具聞於達賴喇嘛，務必委婉令班禪於應往年分，應允前往，交後往之喇嘛金巴扎木素等明白奏聞，其時如何施恩遣使，伏候皇上垂鑒。又濟隆

其后来召之使者离去后，班禅胡土克图始将其情由具书奏闻于达赖喇嘛，班禅胡土克图出言不往之后，噶尔丹使者始至，我并无推诿于噶尔丹而巧辩之处，然而班禅胡土克图又岂肯听信噶尔丹之言乎？今文殊师利汗必欲令班禅前往，我自身虽不能专主，岂敢违旨，我惟尽我所能具闻于达赖喇嘛，务必委婉令班禅于应往年分，应允前往，交后往之喇嘛金巴扎木素等明白奏闻，其时如何施恩遣使，伏候皇上垂鉴。又济隆

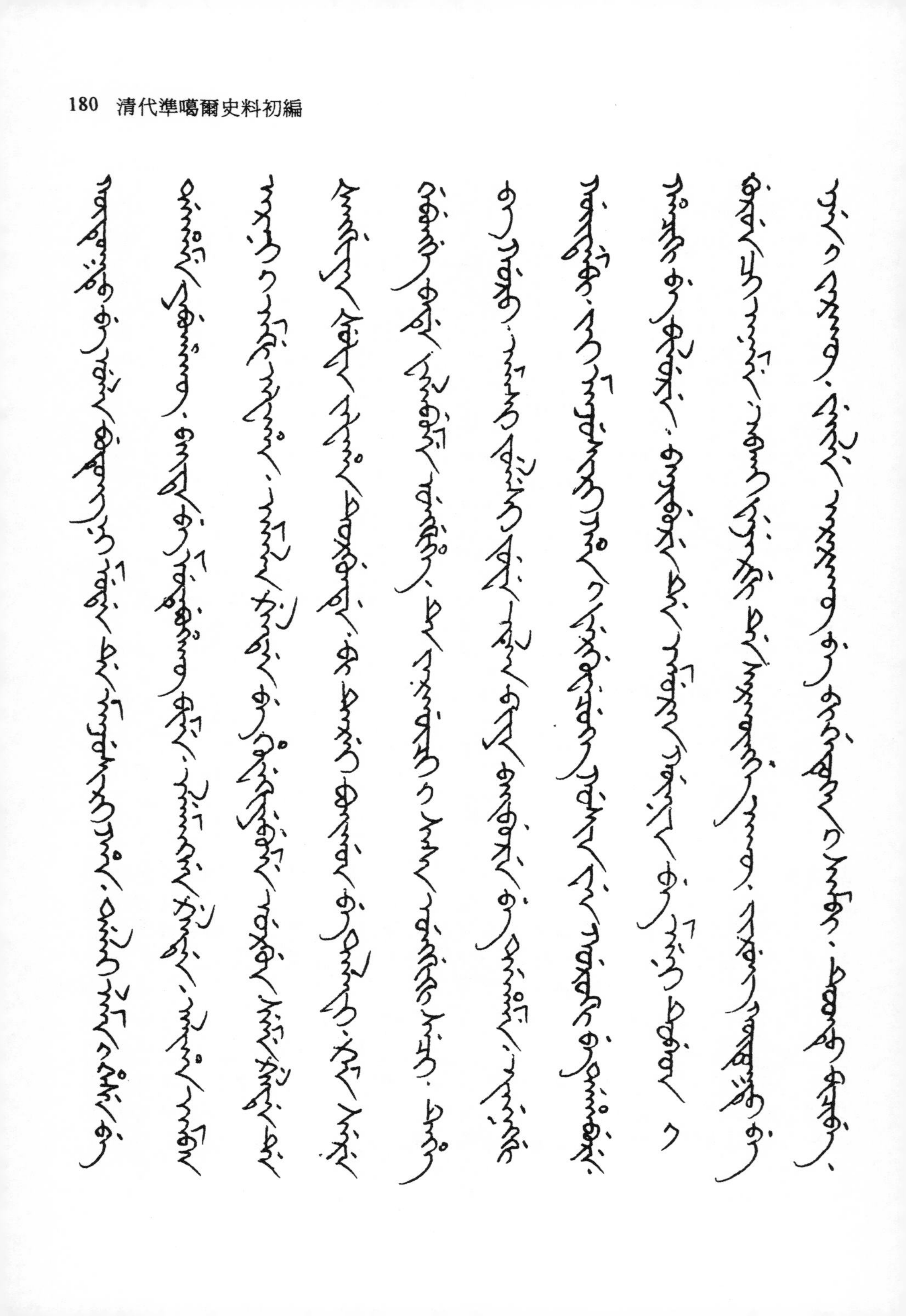

kūtuktu be ulan butung ni mudan de manjusire han,
胡土克圖 把 烏闌 布 通 的 一次 於 文殊師利 汗
dalai lama i hese be dahame yabuhakū, baita be
達賴 喇嘛 的 旨 把 隨 未 行 事 把
mutebuhekū bime, elemangga g'aldan, aliha amban
不 能 且 反 倒 噶爾丹 尚 書
arni i emgi afaha, amala g'aldan be huwekiyebume urgun
阿爾尼 的 同 攻 了 後 噶爾丹 把 鼓 舞 喜
seme g'aldan de šanggiyan šufa jafaha turgunde, bi
云 噶爾丹 於 白 首帕 拿 了 緣 故 我
terei boigon be talafi, k'am sere gebungge bade
他的 家 產 把 抄沒了 喀木 云 名 叫 地方
falabume unggihe, te jargūci i sasa unggiki seci, tehe
流 遣 了 今 欽差使臣 的 齊 欲 遣 若說 住的
ba goro, amasi julesi juwe ilan biya baibure be
地 遠 往回 往前 二 三 月 需 既
dahame, inenggi goidambi, jai manjusiri han i
然 日 久 再 文殊師利 汗 的
ferguwecuke gosin wen goroki be dahabure, hanciki be
神 奇 仁 化 遠 把 招 降 近 把
bilure, banjibure de amuran gūnin be meni tubet i
撫 使 生 於 喜 好 意 把 我們的 土伯特 的
gurun ci aname, abkai fejergi de sarkūngge akū, jirung
國 從 挨次 天的 下 於 不知者 無 濟 隆
kūtuktu be ejen i warakū, weile ararakū be bi getuken
胡土克圖 把 主 的 不殺 罪 不治 把 我 明 白
i sambi, tuttu bicibe,
的 知 那樣 雖 然

胡土克圖在烏闌布通之役，未遵奉文殊師利汗及達賴喇嘛諭旨而行，事既未成，且噶爾丹與尚書阿爾尼一同交戰後，反加慫恿，稱賀於噶爾丹而呈獻白首帕，故我籍沒其家產，流徙於名爲喀木地方，今雖欲與欽差使臣同往（註一一），惟居地遙遠，往返既需二三月，致稽時日。又文殊師利汗聖神仁化，綏遠撫邇，好生之心，自我等土伯特國以至天下無不知者，我灼知皇上不誅濟隆胡土克圖，不治其罪，雖然如此，

胡土克图在乌阑布通之役，未遵奉文殊师利汗及达赖喇嘛谕旨而行，事既未成，且噶尔丹与尚书阿尔尼一同交战后，反加怂恿，称贺于噶尔丹而呈献白首帕，故我籍没其家产，流徙于名为喀木地方，今虽欲与钦差使臣同往（注一一），惟居地遥远，往返既需二三月，致稽时日。又文殊师利汗圣神仁化，绥远抚迩，好生之心，自我等土伯特国以至天下无不知者，我灼知皇上不诛济隆胡土克图，不治其罪，虽然如此，

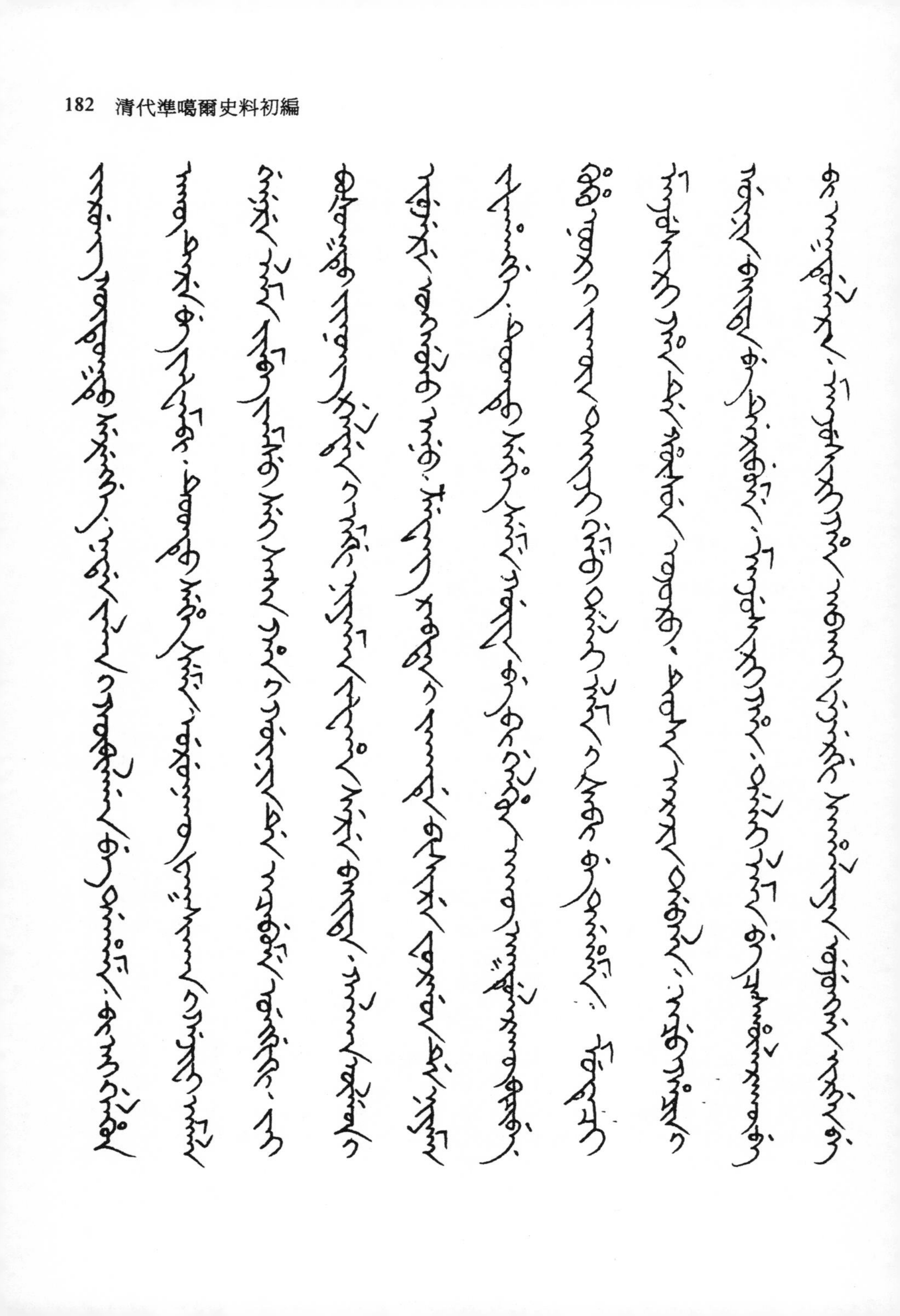

jirung kūtuktu serengge, nadan jalan i kūbilgan be
濟隆 胡土克圖 云 者 七 世 的 呼畢爾罕 既
dahame, bi ai gelhun akū tere be jafambi, tuttu sehe
然 我 何 敢 他 把 拿 雖 然
seme urunakū faksikan i gajifi amala genere lama
云 必 巧 的 的 帶來 後 去的 喇嘛
jimba jamsu sei sasa han i gūnin de acabume unggiki,
金巴 扎木素 們的 齊 汗 的 意 於 合 欲 遣
jai bošoktu jinung g'aldan i emgi niyaman jafaha
再 博碩克圖 濟農 噶爾丹 的 共 親 結了
sere baita, kalka ūlet i efujere onggolo anu, tsewang
云 事 喀爾喀 厄魯特 的 敗壞了 以前 阿奴 策妄
rabtan i jakade bisire forgon de niyaman jafahangge,
喇布坦 的 跟前 現有 時節 於 親 結 的
tuttu sehe seme gūwa be bi gelhun akū akdularakū bicibe,
雖 然 云 別的 把 我 敢 不 保 雖
huhu noor i jakūn taiji gemu dalai lama i šabi be
青海 的 八 台吉 皆 達賴 喇嘛 的 徒弟 既
dahame, muteci manjusiri han de hūsun ojoro, tusa arara
然 若能 文殊師利 汗 於 力 爲 益 做了
dabala, encu hacin i gūnin baita be deribume, manjusiri
罷了 另 樣 的 意 事 把 始 文殊師利
han, dalai lama be cashūlarakū be bi akdulara, manjusiri
汗 達賴 喇嘛 把 不 背 把 我 保 文殊師利
han abkai fejergi sahaliyan ujungga irgen be
汗 天的 下 黑 首 民 把

惟濟隆胡土克圖者，既係七世呼畢爾罕（註一二），我焉敢將其拘執，然而必須委婉招致，與後往之喇嘛金巴扎木素等同往，以仰副皇帝之意。又博碩克圖濟農與噶爾丹結親之事，係在喀爾喀與厄魯特尚未破裂之前，阿奴於策妄喇布坦處之時而結親者，我於他人雖不敢保，惟青海之八台吉既俱係達賴喇嘛之弟子，惟願爲文殊師利汗竭力爲有益之事而已，不起異心，別生事端，我可保其不負文殊師利汗及達賴喇嘛，文殊師利汗於天下黔首黎民

惟济隆胡土克图者，既系七世呼毕尔罕（注一二），我焉敢将其拘执，然而必须委婉招致，与后往之喇嘛金巴扎木素等同往，以仰副皇帝之意。又博硕克图济农与噶尔丹结亲之事，系在喀尔喀与厄鲁特尚未破裂之前，阿奴于策妄喇布坦处之时而结亲者，我于他人虽不敢保，惟青海之八台吉既俱系达赖喇嘛之弟子，惟愿为文殊师利汗竭力为有益之事而已，不起异心，别生事端，我可保其不负文殊师利汗及达赖喇嘛，文殊师利汗于天下黔首黎民

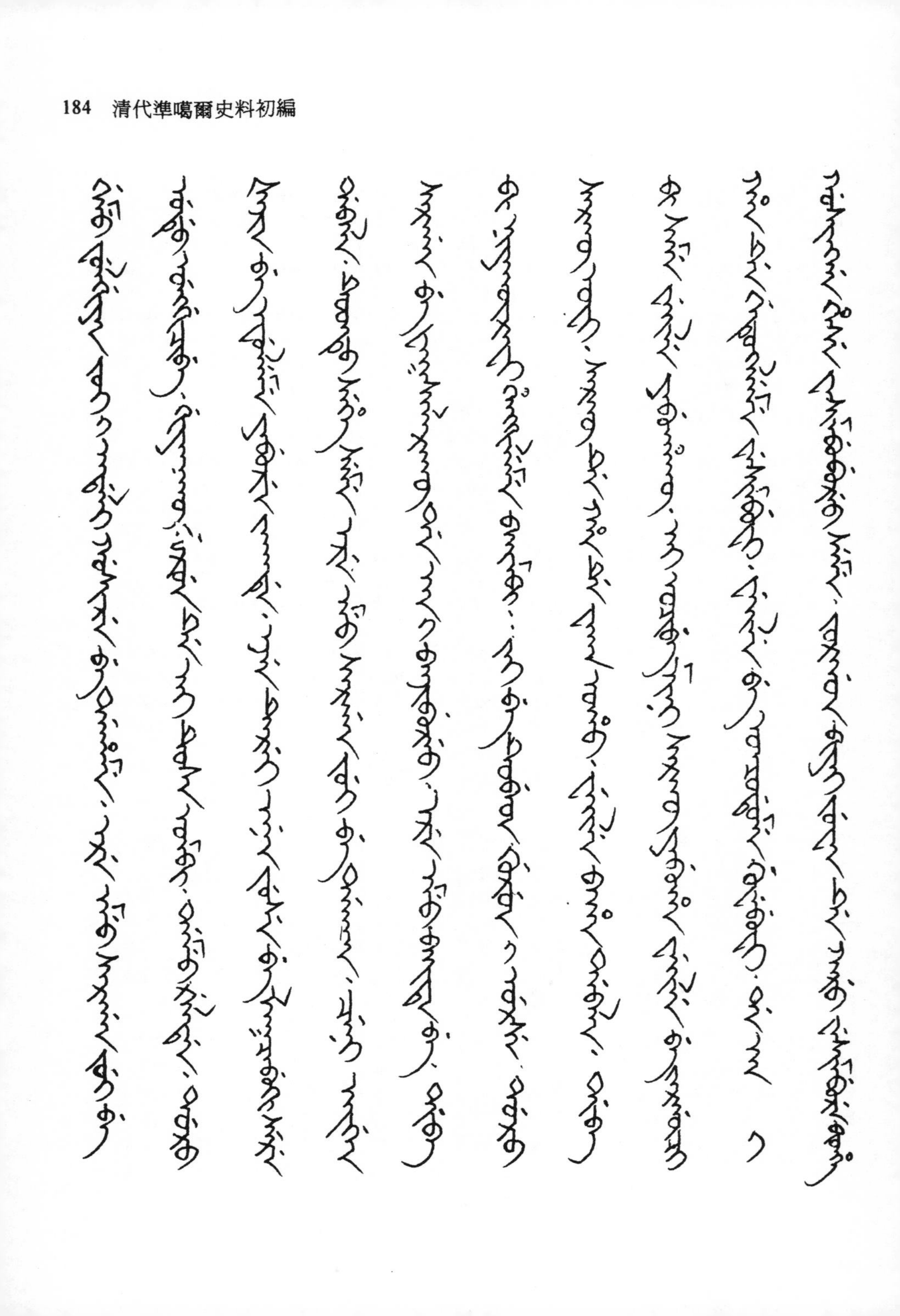

gemu fulgiyan jui i adali gosire be dahame, ere emu
皆 赤 子 的 相同 眷愛 既 然 此 一
sargan jui be udu unggicibe, giyanakū gurun de ai tusa
女 子 把 雖 雖 遣 能幾何 國 於何 益
ombi, damu g'aldan doro šajin be efuleme yabure
可 惟 噶爾丹 道 法 把 破 壞 行 的
jakade, ejen terei enen juse be lakcabuki sere dabala,
之 故 主 他的 嗣 子們 把 欲使斷 云 罷了
tuttu sehe seme ere emu sargan jui be dahame, ceni
雖 然 云 此 一 女 子 既 然 他們的
eigen sargan be faksalarakū da an i banjibureo, ere
夫 妻 把 不分開 照 常 的 請使生活 此
emu baita be, diba bi niyakūrafi hengkileme baimbi.
一 事 把 第巴 我 跪 了 叩 首 請
jai be tubet gurun i urse doro sarkū ofi, sarkū de han
再 我們 土伯特 國 的 衆人 道 不知 因 不知 於 汗
de wakaoho, weile baha dabala, diba bi same weile
於 非 了 罪 得了 罷了 第巴 我 知 罪
yabuhakū, ai ocibe mini sarkū yabuha weile be jargūci
不行 不 拘 我的 不知 行的 罪 把 欽差使者
han de getukeleme wesimbufi, weile be oncodome
汗 於 察 明 奏 了 罪 把 寬
guwebufi, da an i gosingga hese wasimbubureo seme
免 了 照 常 的 眷愛的 旨 請使 降 吧 云
jorgon biyai juwan de karu wesimbure bithe
十二 月的 十 於 報 奏 的 書

皆愛如赤子，雖將此一女子遣往，究於國家何益，然以噶爾丹破壞道法而行之故，皇上不過爲絕其子孫後嗣耳，然而此既不過一女子而已，乞勿離散其夫婦，仍令照舊生活，惟此一事，第巴我跪叩禱求者也。又我等土伯特國眾人，因不諳禮法，以無知蒙咎於皇帝，獲罪而已，第巴我非知而犯罪也。總之，我之無知而行之罪，望欽差使者明白奏聞於皇帝，寬免罪過，仍前頒降恩綸等語，遂於十二月初十日交付覆奏本章，

皆爱如赤子，虽将此一女子遣往，究于国家何益，然以噶尔丹破坏道法而行之故，皇上不过为绝其子孙后嗣耳，然而此既不过一女子而已，乞勿离散其夫妇，仍令照旧生活，惟此一事，第巴我跪叩祷求者也。又我等土伯特国众人，因不谙礼法，以无知蒙咎于皇帝，获罪而已，第巴我非知而犯罪也。总之，我之无知而行之罪，望钦差使者明白奏闻于皇帝，宽免罪过，仍前颁降恩纶等语，遂于十二月初十日交付覆奏本章，

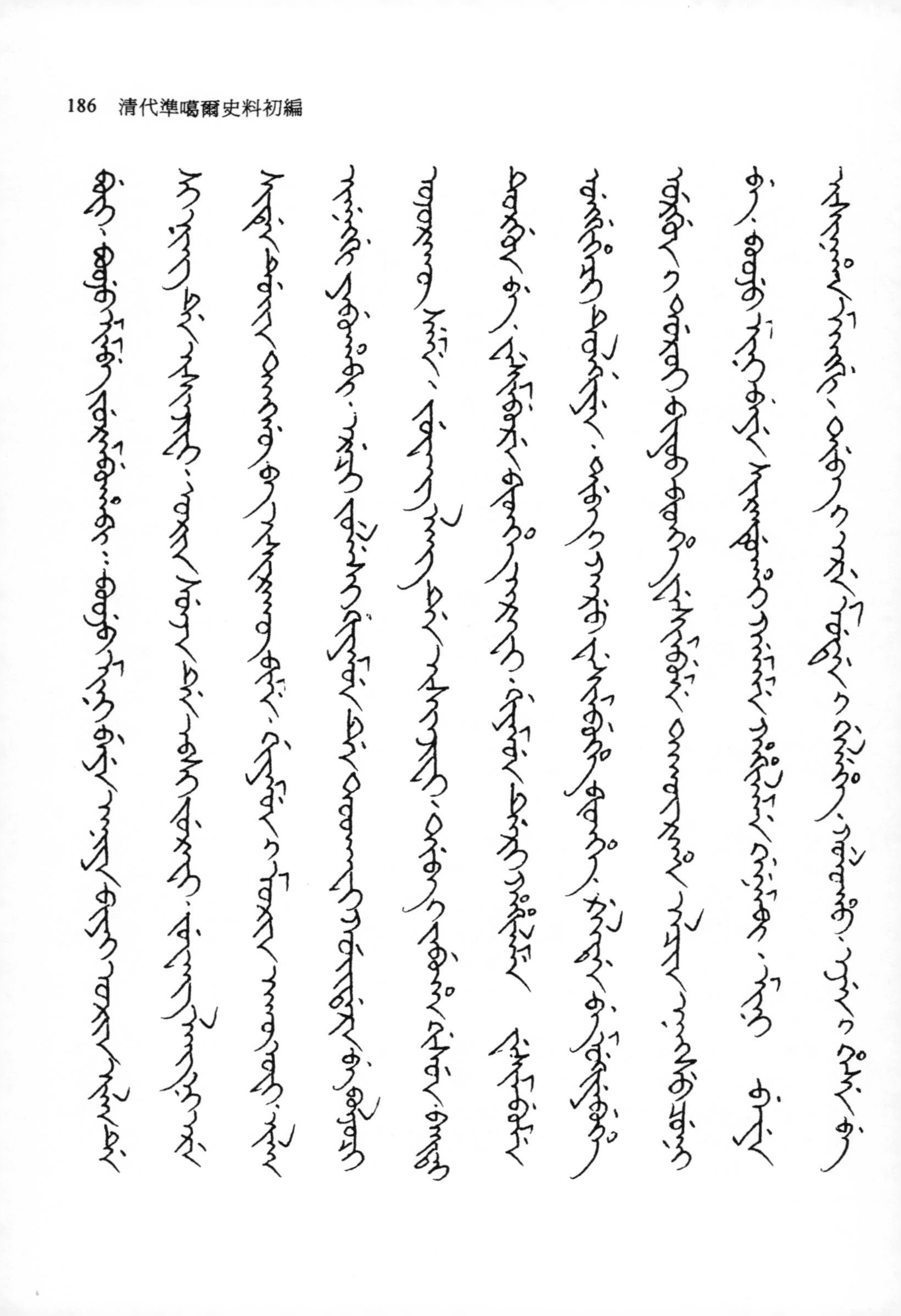

bufi, booju mimbe jurambuhabi. booju mini beye aniya
給了 保住 把我 使啓程 保住 我的 自身 正
biyai orin ilan de, si ning de isinjifi, orin sunja de
月的 二十 三 於西寧 於到來了 二十 五 於
ebsi jurafi, juwang lang ni ere siden duin tanggū ba
往此 啓程了 莊 浪 的 此 中間 四 百 里
isirakū bime, giyamun i morin akū ofi, ilan inenggi
不及 且 驛 的 馬 無 因 三 日
yabuhabi, ereci julesi giyamun de tookafi goidara be
行了 從此 往前 驛 於 遲悞了 久 的 把
boljoci ojorakū seme, juwang lang de isinjifi, diba i
若料 不可 云 莊 浪 於 到來了 第巴 的
jabuha gisun, baitai turgun be, wesimbure bithe arafi,
答的 言 事的 緣由 把 奏 的 書 寫了
giyamun deri hahilame wesimbume unggiheci tulgiyen.
驛 由 上緊 奏 除致送 以外
diba i karu wesimbuhe bithe, g'aldan be mukiyebuhe
第巴的 報 奏 的 書 噶爾丹 把 使滅 的
urgun i doroi biyoo bithe wesimbume takūraha elcin
喜 的禮的 表 書 奏 遣 的 使臣
nangsu cunai be, booju mini beye siranduhai gamame
囊素 楚耐 把 保住 我的 自身 相 繼 帶
hahilame genembi, mini beye isinaha manggi, diba i
上緊 去 我的 自身 到去了 後 第巴 的
ere mudan i gelehe, goloho, ejen i hese be
此 次 的 驚了 惺了 主 的 旨 把

令臣保住啓程，臣保住親身於正月二十三日至西寧，於二十五日啓程前來，莊浪距此間既不及四百里，且因無驛馬，已行三日，前程恐爲驛站所稽，致有遲悞，亦未可料，抵達莊浪後，即將第巴所答之言及，事情緣由，繕具奏章，除由驛上緊馳奏外，賫第巴覆奏本章及勦滅噶爾丹慶賀表章所遣之使者囊素楚耐，臣保住親身隨後帶領加緊前行，俟臣親身到後，將第巴此次惶懼欽奉皇帝諭旨

令臣保住启程，臣保住亲身于正月二十三日至西宁，于二十五日启程前来，庄浪距此间既不及四百里，且因无驿马，已行三日，前程恐为驿站所稽，致有迟悞，亦未可料，抵达庄浪后，即将第巴所答之言及，事情缘由，缮具奏章，除由驿上紧驰奏外，赍第巴覆奏本章及剿灭噶尔丹庆贺表章所遣之使者囊素楚耐，臣保住亲身随后带领加紧前行，俟臣亲身到后，将第巴此次惶惧钦奉皇帝谕旨

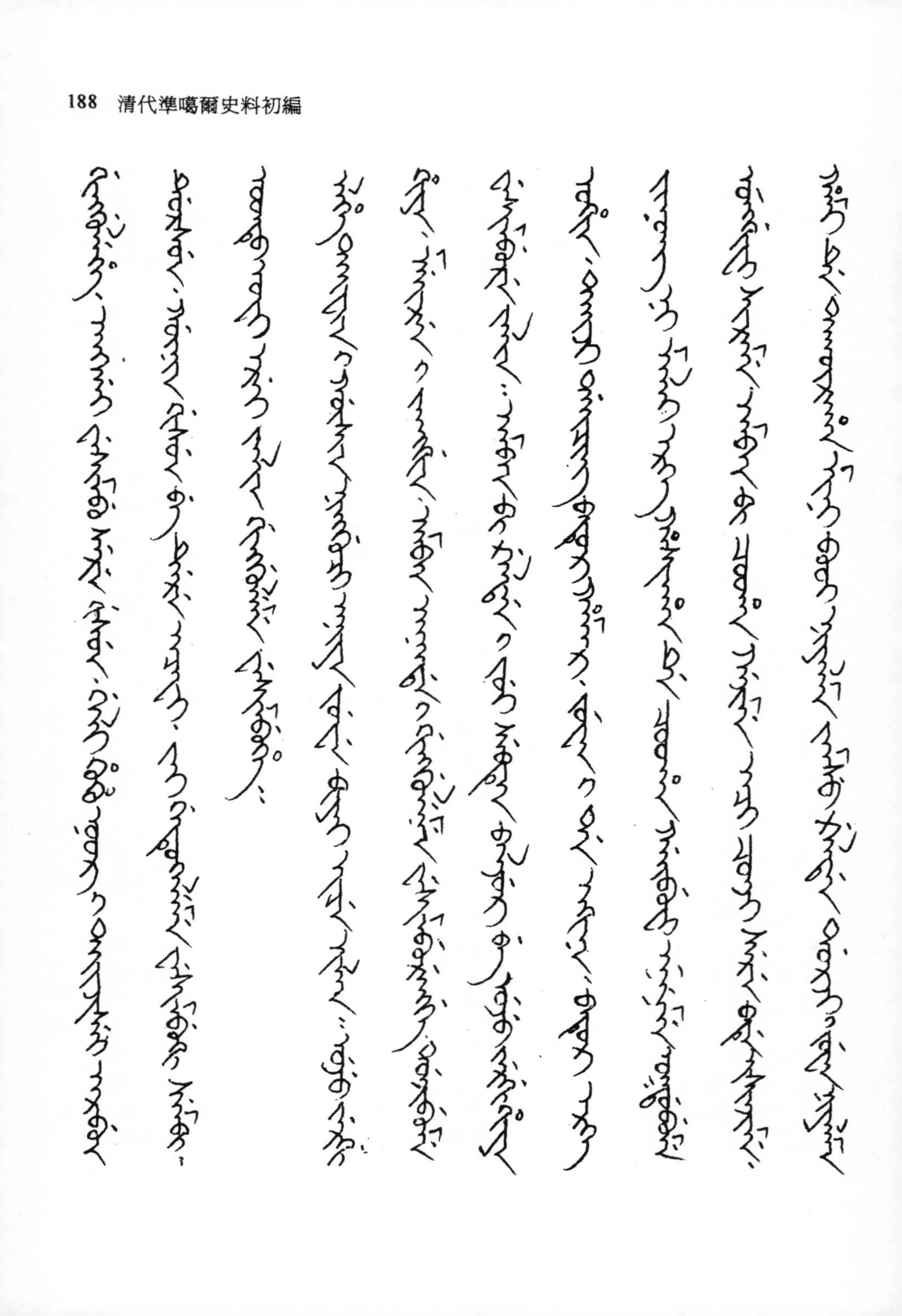

[illegible]

ginggulehe, anggai wesimbu sere gisun, geli huhu
恭謹 口的 令奏 云 言 又 青
noor i taijisei arbun dursun, gūnin gisun be dere acafi,
海 的 台吉們的 形 狀 意 言 把 面 會了
jai getukeleme wesimbuki sembi, uttu ofi erei jalin
再 察 明 欲奏 云 此 因 此 爲
ginggulеme wesimbuhe.
謹 奏了
elhe taifin i gūsin ningguci aniya juwe biyai ice ilan,
康 熙 的 三十 第六 年 二 月的 初 三
uju jergi hiya, meirẹn i janggin, amban ananda i
一 等 侍衛 副 都 統 臣 阿南達 的
ginggulеme wesimburengge, donjibume wesimbure jalin.
謹 所奏者 使 聞 奏 的 爲
amban bi g'aldan i jui sebten baljur be uju jergi hiya
臣 我 噶爾丹 的 子 色卜騰 巴爾珠爾 把 一 等 侍衛
ohin, taiji daicing batur hamar, juwan i da akina, batur
鄂欣 台吉 代 青 巴圖爾 哈馬爾 護 軍 校 阿奇納 巴圖爾
erke jinong ni malai erke hasihan de cooha gaibufi
額爾克 濟 農 的 馬賴 額爾克 哈什漢 於 兵 使領了
neneme okdobume unggifi sirame amban bi cooha gajime
先 使 迎 遣了 接 續 臣 我 兵 帶來
aci conji sere bade isinjime, hami de takūraha mini
阿齊 春 濟 云 於地 到 來 哈密 於 遣 了 我的
booi niyalma jamsu g'aldan dorji i juwan niyalma
家的 人 扎木素 噶爾丹 多爾濟的 十 人

令口奏之言，及青海台吉等情形，心意言詞，俟見面後再爲明白奏聞，爲此謹奏。
康熙三十六年二月初三日，一等侍衛副都統臣阿南達謹奏，爲奏聞事。臣將噶爾丹之子色卜騰巴爾珠爾令一等侍衛鄂欣、台吉代青巴圖爾哈馬爾、護軍校阿奇納、巴圖爾額爾克、濟農之馬賴額爾克哈什漢領兵先行迎之，臣隨即率兵至阿齊春濟地方，遣往哈密臣之家人扎木素及噶爾丹多爾濟之十人，

令口奏之言，及青海台吉等情形，心意言词，俟见面后再为明白奏闻，为此谨奏。
康熙三十六年二月初三日，一等侍卫副都统臣阿南达谨奏，为奏闻事。臣将噶尔丹之子色卜腾巴尔珠尔令一等侍卫鄂欣、台吉代青巴图尔哈马尔、护军校阿奇纳、巴图尔额尔克、济农之马赖额尔克哈什汉领兵先行迎之，臣随即率兵至阿齐春济地方，遣往哈密臣之家人扎木素及噶尔丹多尔济之十人，

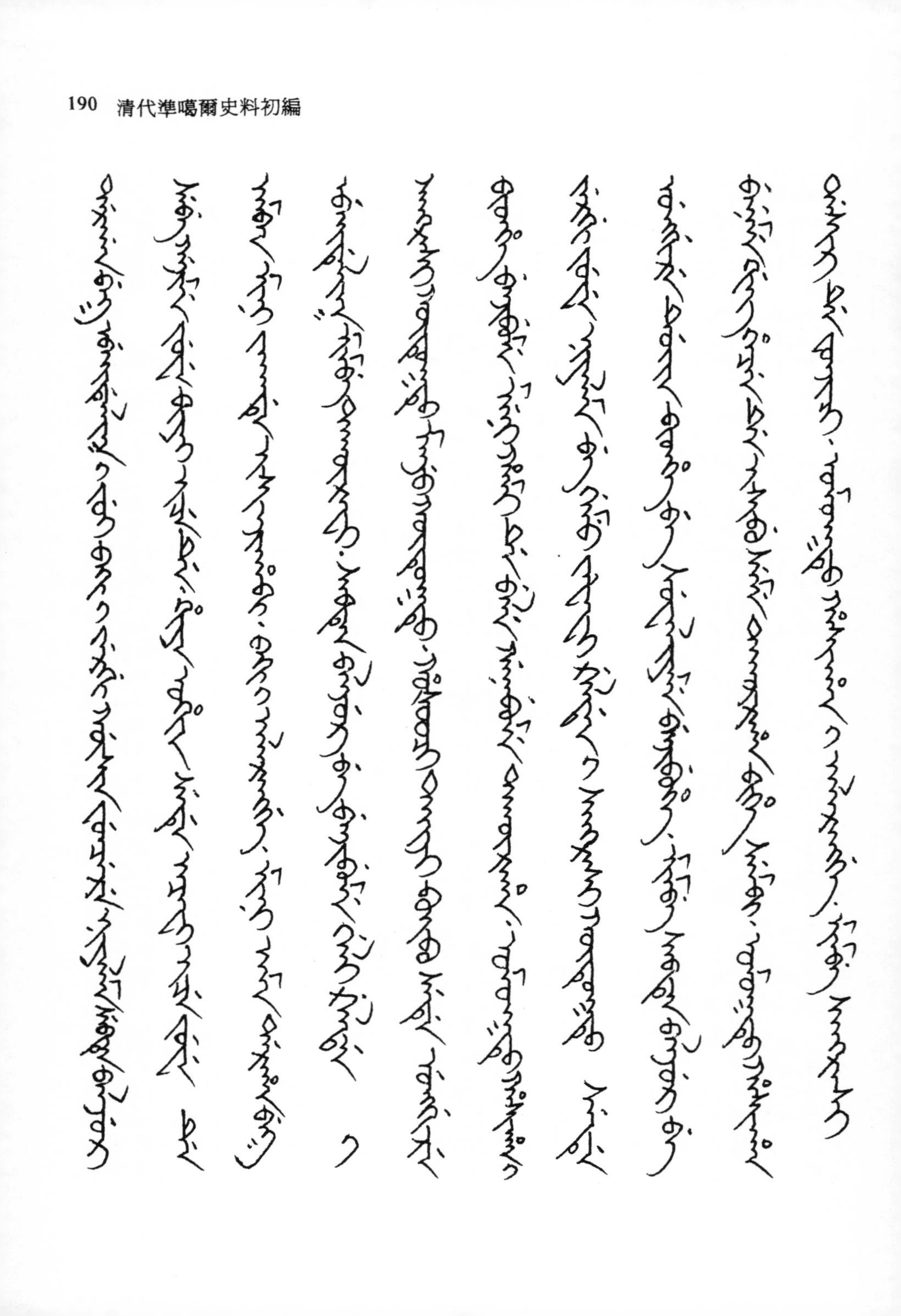

[illegible]

dargan bek ebeidelik i jui baki i jergi gūsin funcere
達爾漢 伯克 額貝德里克 的 子 巴奇 的 等 三十 餘
niyalma sebten baljur sebe gajime juwe biyai ice de,
人 色卜騰 巴爾珠爾 把們 帶 來 二 月的 初一 於
hiya ohin sede acafi ice juwe de amban mini jakade
侍衛 鄂欣 於們 會了 初 二 於 臣 我的 跟前
isinjihabi, baki i alarangge, mini ama darhan bek
到來了 巴奇的 告訴的 我的 父 達爾漢 伯克
ebeidelik mimbe takūrafi, sebten baljur be benjibume
額貝德里克 把 我 遣 了 色卜騰 巴爾珠爾把 使 送 來
geli g'aldan i sangkrasi kūtuktu manju kūtuktu, hošooci
又 噶爾丹 的 桑克拉什 胡土克圖 滿柱 胡土克圖 和碩齊
taiji boibo sede unggire bithe benjibume meni hami de
台吉 貝博 於們 致送的 書 使送來 我們的 哈密 於
bele ganabume takūraha, omoktu hasihan i jergi juwe
米 使去拿 遣 了 鄂莫克圖 哈什漢的 等 二
niyalma be gemu jafafi g'aldan i sangkrasi kūtuktu
人 把 皆 拿了 噶爾丹 的 桑克拉什 胡土克圖
sede unggire duin bithe be suwaliyame benjibuhe, mimbe
於們 致送的 四 書 把 一併 使送來了 把我
sebten baljur be beneme ging hecen de isibu seme
色卜騰巴爾珠爾 把 送去 京 城 於 令至 云
takūraha bihe sembi, omoktu hasihan dasir de fonjici,
遣 了 來着 云 鄂莫克圖 哈什漢 達什爾 於 問時
omoktu hasihan i alarangge, mimbe sangkrasi
鄂莫克圖 哈什漢 的 告訴的 把 我 桑克拉什

達爾漢伯克額貝德里克之子巴奇等三十餘人，將色卜騰巴爾珠爾等來，二月初一日，會見侍衛鄂欣等，初二日，來至臣處。據巴奇告稱：我父達爾漢伯克額貝德里克遣我將色卜騰巴爾珠爾解來，又令齎來噶爾丹致桑克拉什胡土克圖、滿柱胡土克圖、和碩齊台吉貝博等之書，又遣往我哈密地方取糧之鄂莫克圖哈什漢等二人俱已擒獲，噶爾丹致桑克拉什胡土克圖等書四封一併送來，遣我將色卜騰巴爾珠爾送至京城等語。詢問鄂莫克圖哈什漢達什爾，據鄂莫克圖哈什漢告稱：

达尔汉伯克额贝德里克之子巴奇等三十余人，将色卜腾巴尔珠尔等来，二月初一日，会见侍卫鄂欣等，初二日，来至臣处。据巴奇告称：我父达尔汉伯克额贝德里克遣我将色卜腾巴尔珠尔解来，又令赍来噶尔丹致桑克拉什胡土克图、满柱胡土克图、和硕齐台吉贝博等之书，又遣往我哈密地方取粮之鄂莫克图哈什汉等二人俱已擒获，噶尔丹致桑克拉什胡土克图等书四封一并送来，遣我将色卜腾巴尔珠尔送至京城等语。询问鄂莫克图哈什汉达什尔，据鄂莫克图哈什汉告称：

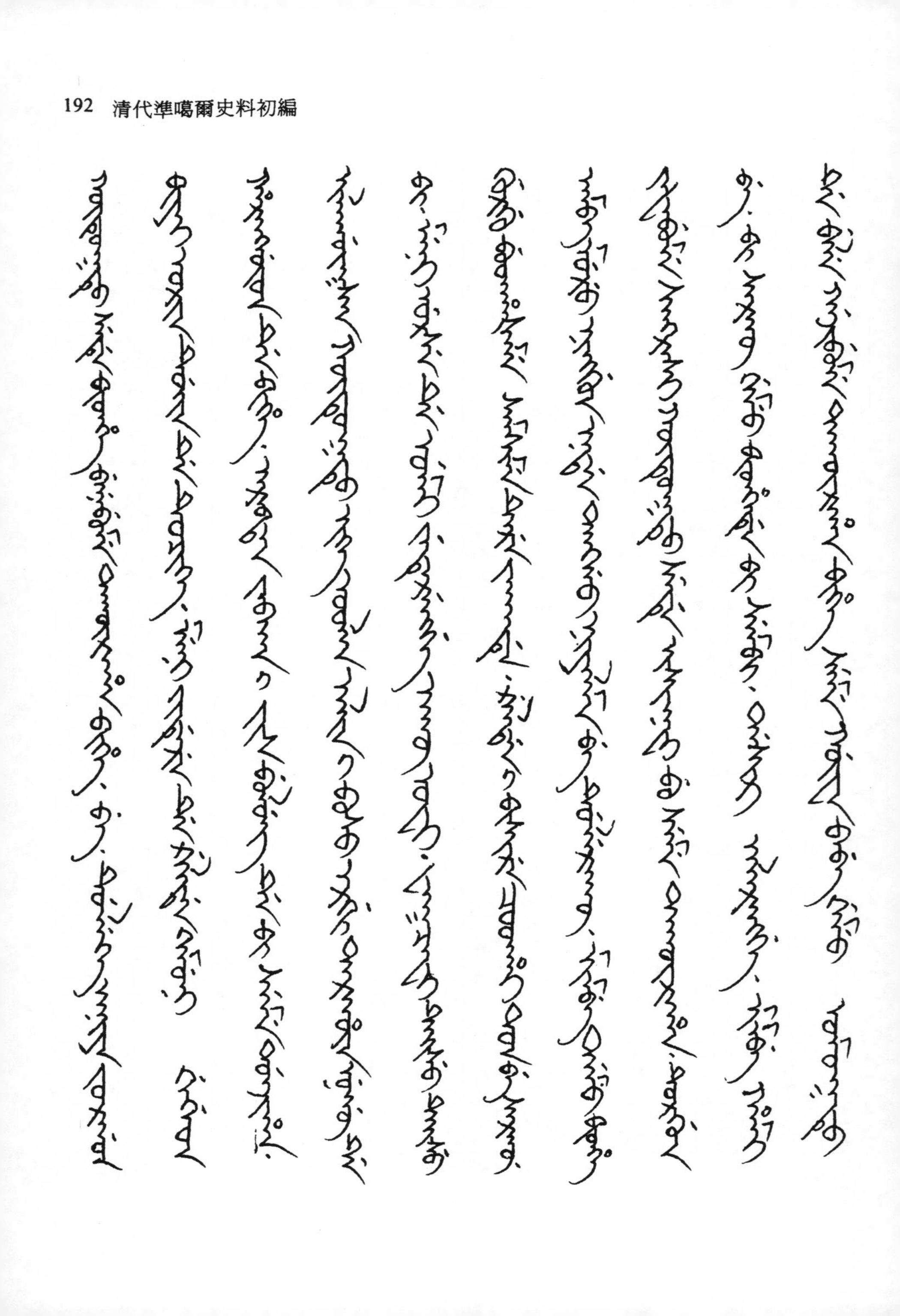

kūtuktu sede bithe benebume takūraha bihe, be duleke
胡土克圖 於們 書 使送 遣 了 來着 我們 去
aniya jorgon biyai orin duin de tucike, meni jidere de
年 十二 月的 二十 四 於 出 了 我們的 來的 於
g'aldan kemuni geget harangūt de bihe, arabtan jabaha
噶爾丹 仍 格格特 哈朗古特 於 來着 阿喇布坦 扎巴哈
i jis bulung de bi seme donjiha, ilagūksan kūtuktu ike
的濟思 布隆 於 在 云 聽 了 伊拉古克三 胡土克圖伊克
oolan alin i boso ergi tarhūn nugū de bi meni urse de
敖闌 山 的 山陰 方 塔爾渾努和 於 在 我們的 衆人 於
umai jeterengge akū ofi, fakcafi teisu teisu gurgu
並 吃 的 無 因 離開了 各人 各人 獸
buthašame samsime tere jakade, g'aldan i bisire coohai
打 牲 散 那 之故 噶爾丹 的 現有 兵的
ton be sarkū, amba muru ninggun nadan tanggū niyalma
數 把 不知 大 概 六 七 百 人
be dulerakū, mimbe damu bithe jafabume sangkrasi
把 不 過 把我 惟 書 令 拿 桑克拉什
kūtuktu sede isinafi bu seme takūraha, turgun be, bi
胡土克圖 於們 到去了 給 云 遣 了 緣由 把 我
sarkū gemu bithede bi sembi, dasir alarangge, mimbe
不知 皆 於書 在 云 達什爾 告訴的 把我
hami de bele gaibume takūraha bihe seme gūwa babe
哈密 於 米 使取 遣 了 來着 云 別的 把處
gemu omoktu
皆 鄂莫克圖

曾遣我送書於桑克拉什胡土克圖等，我等於去年十二月二十四日出來，我等來時，噶爾丹仍在格格特哈朗古特，聞阿喇布坦在扎巴哈之濟斯布隆，伊拉古克三胡土克圖則在伊克敖闌山陰之塔爾渾努和地方，因我等眾人並無食物，故各自散去獵取野獸，噶爾丹現有兵數不得而知，大約不過六七百人，但遣我齎書送與桑克拉什胡土克圖等，其情由我不得而知，俱詳於書內等語。達什爾告云：原遣我至哈密取糧，

曾遣我送书于桑克拉什胡土克图等，我等于去年十二月二十四日出来，我等来时，噶尔丹仍在格格特哈朗古特，闻阿喇布坦在扎巴哈之济斯布隆，伊拉古克三胡土克图则在伊克敖阑山阴之塔尔浑努和地方，因我等众人并无食物，故各自散去猎取野兽，噶尔丹现有兵数不得而知，大约不过六七百人，但遣我赍书送与桑克拉什胡土克图等，其情由我不得而知，俱详于书内等语。达什尔告云：原遣我至哈密取粮，

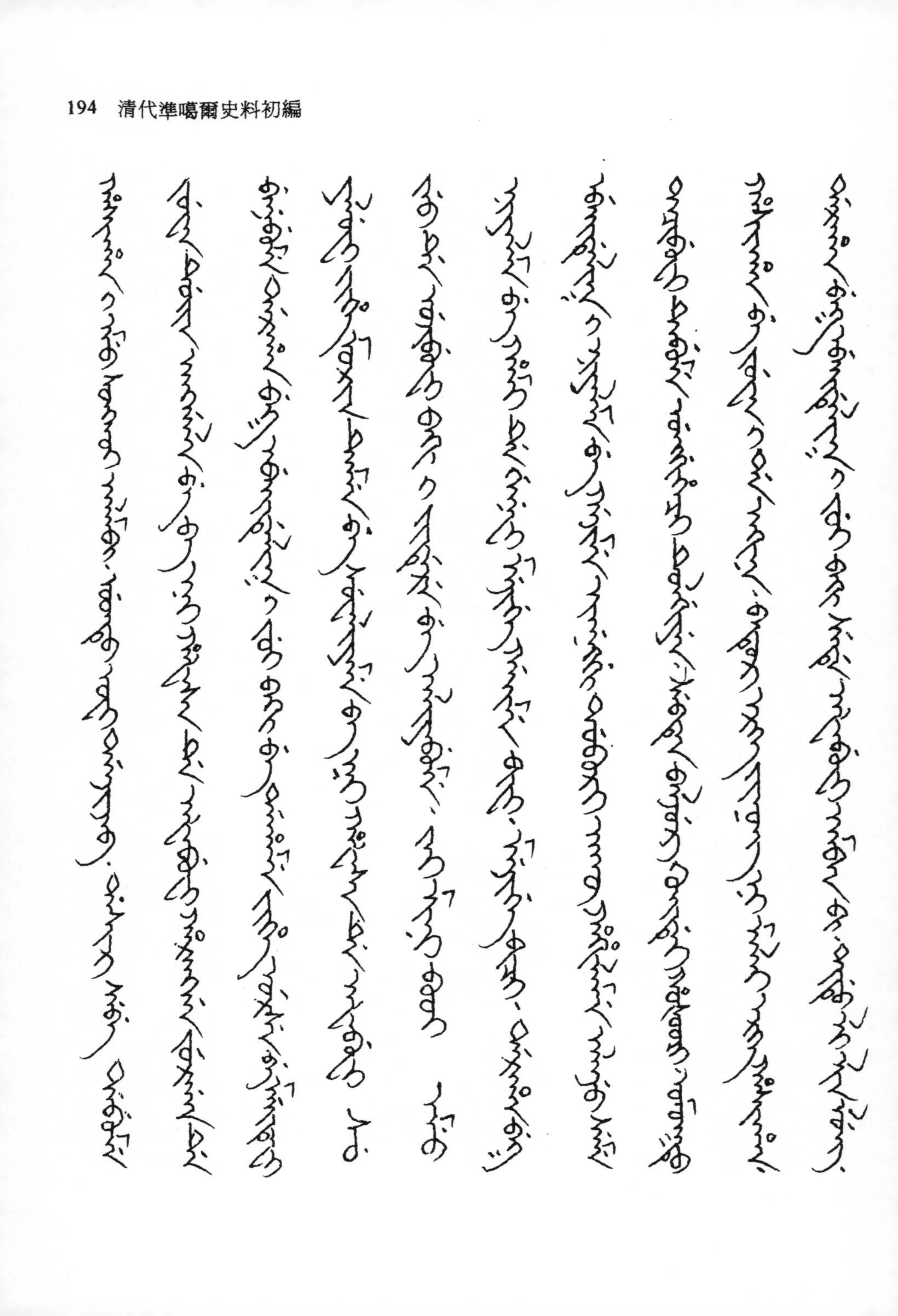

hasihan i emu songkoi alambi, uttu ofi danjijab, dasir
哈什漢 的 一 照 樣 告 訴 此 因 丹濟扎布 達什爾
sebe dabume juwan duin anggala be ba nai hafasa de
把們 算 入 十 四 人 口 把 地 方的 官 們 於
afabufi harangga jurgan de benebume darhan bek ebeidelik
交了 該 部 於 使 送 達爾漢伯克 額貝德里克
i jui baki be dahame jihe urse be meitefi yalufi jihe
的 子 巴奇 把 隨 來的 衆人 把 截去了 騎了 來的
morin temen be suwaliyame ba nai hafasa de afabufi
馬 駝 把 一 併 地 方的 官們 於 交 了
su jeo de ujibufi baki i jidere be aliyabume, jai mini
肅 州 於 使養了 巴奇 的 來的 把 使等候 再 我的
booi emu niyalma be hami de genefi mejige gaime
家的 一 人 把 哈密 於 去 了 信 息 取
bifi, mejige bici, darhan bek ebeidelik i niyalma be
有了 信 息 若有 達爾漢 伯克 額貝德里克 的 人 把
gajime inenggi dobori akū hahilame alaju seme
取 日 夜 無 上 緊 令來告 云
tacibufi tebume unggiheci tulgiyen, sebten baljur
指教了 使 駐 除遣往 以 外 色卜騰 巴爾珠爾
kuidei hošooci, omoktu hasihan be juwan i da akina,
輝得 和碩齊 鄂莫克圖 哈什漢 把 護 軍 校 阿奇納
batur erke jinong ni malai erke hasihan, darhan bek
巴圖爾 額爾克 濟農 的 馬 賴 額爾克 哈什漢 達爾漢 伯克
ebeidelik i jui baki sede afabufi amban bi, tidu li
額貝德里克 的 子 巴奇 於們 交 了 臣 我 提督 李
lin lung,
林 隆

其餘皆與鄂莫克圖哈什漢所言相同，是以將丹濟扎布及達什爾等算入共十四口，交地方官解至該部，將隨達爾漢伯克額貝德里克之子巴奇而來之眾人截除，其騎來之馬駝一併交地方官於肅州餵養，以待巴奇之來，又遣我之家人一名前往哈密探信，若有信息，即諭其將達爾漢伯克額貝德里克攜來，不分晝夜，星速報聞，除前往駐守外，將色卜騰巴爾珠爾、輝得和碩齊、鄂莫克圖哈什漢交付護軍校阿奇納、巴圖爾額爾克濟農之馬賴額爾克哈什漢、達爾漢伯克額貝德里克之子巴奇等，臣與提督李林隆、

其余皆与鄂莫克图哈什汉所言相同，是以将丹济扎布及达什尔等算入共十四口，交地方官解至该部，将随达尔汉伯克额贝德里克之子巴奇而来之众人截除，其骑来之马驼一并交地方官于肃州喂养，以待巴奇之来，又遣我之家人一名前往哈密探信，若有信息，即谕其将达尔汉伯克额贝德里克携来，不分昼夜，星速报闻，除前往驻守外，将色卜腾巴尔珠尔、辉得和硕齐、鄂莫克图哈什汉交付护军校阿奇纳、巴图尔额尔克济农之马赖额尔克哈什汉、达尔汉伯克额贝德里克之子巴奇等，臣与提督李林隆、

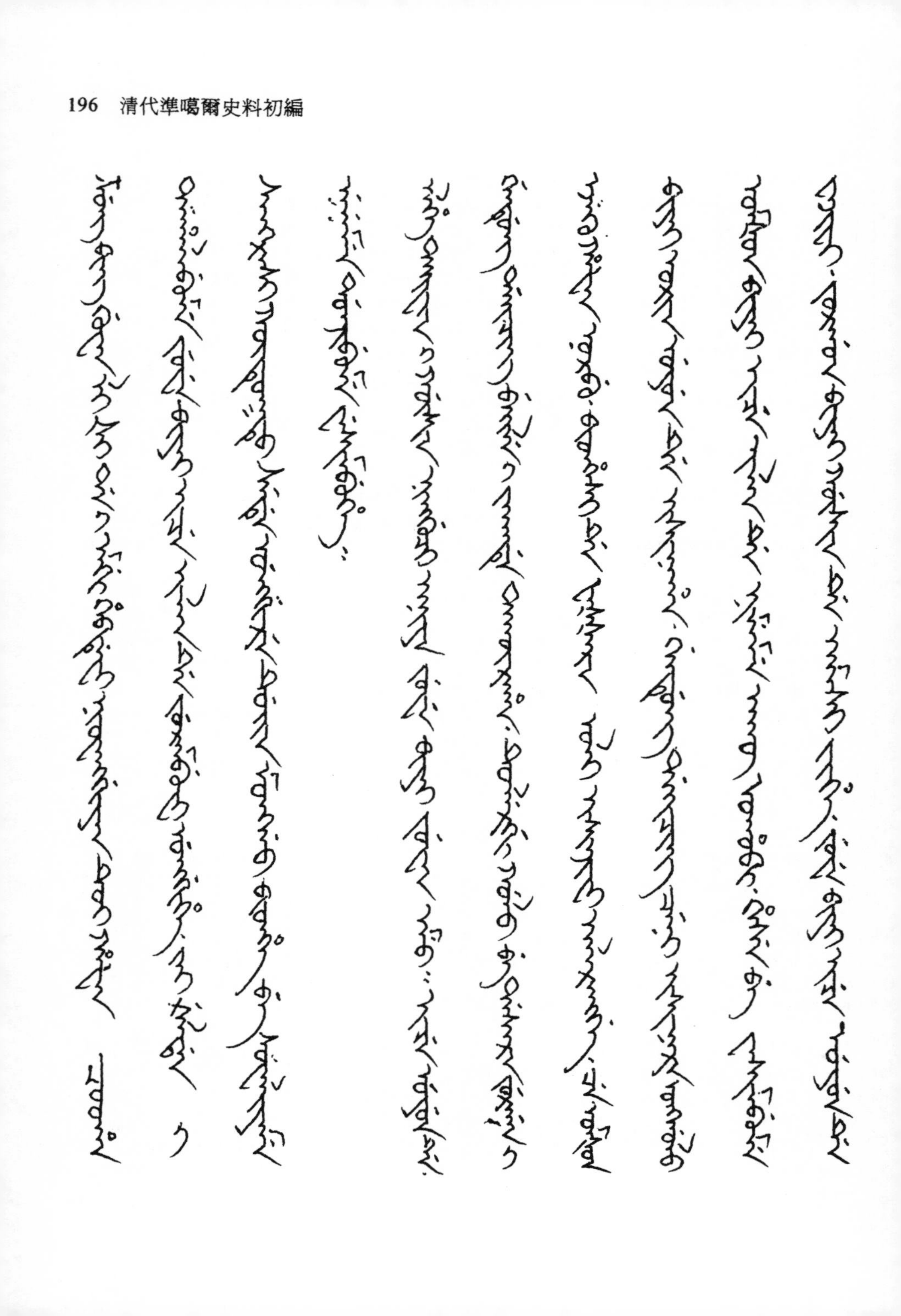

dzung bing guwan li ši da i emgi hebdefi niowanggiyan
總兵官李士達的共商議了綠
tui hafan cooha dahalabume juwe biyai ice ilan de
旗官兵使跟隨着二月的初三於
jurambufi unggihe, jai g'aldan i sangkrasi kūtuktu sede
使起程了遣了再噶爾丹的桑克拉什胡土克圖於們
unggire duin monggo bithe be suwaliyame neneme
致送的四蒙古書把一併先
donjibume wesimbuhe.
使聞奏了
elhe taifin i gūsin ningguci aniya juwe biyai juwan
康熙的三十第六年二月的十
emu. ice uyun de, gendung daicing beile i jakade takūraha,
一初九於根敦代青貝勒的跟前遣了
tulergi golo be dasara jurgan i ejeku hafan norbu,
理藩院的主事官諾爾布
bithesi de faššara oli isinjifi alarangge, ce omšon
筆帖式於効力鄂禮到來了告訴的他們十一
biyai orin uyun de isinaha, gendung daicing ceni isinara
月的二十九於到去了根敦代青他們的到去的
onggolo omšon biyai ice ilan de nimeme akū ohobi,
以前十一月的初三於病亡了
hese be wasimbume wajifi, jorgon biyai gūsin de amasi
旨把降完了十二月的三十於往回
jihe, juwe biyai ice uyun de
來了二月的初九於

總兵官李士達共同商議，撥綠旗官兵護送，於二月初三日啓程前往，又將噶爾丹致桑克拉什胡土克圖等蒙古書四封一併先行奏聞。
康熙三十六年二月十一日。初九日，遣往根敦代青貝勒處之理藩院主事諾爾布及於筆帖式効力之鄂禮來告稱，彼等於十一月二十九日抵達，根敦代青在彼等到達以前已於十一月初三日病故，諭旨頒畢後，於十二月三十日返回，於二月初九日

总兵官李士达共同商议，拨绿旗官兵护送，于二月初三日启程前往，又将噶尔丹致桑克拉什胡土克图等蒙古书四封一并先行奏闻。
康熙三十六年二月十一日。初九日，遣往根敦代青贝勒处之理藩院主事诺尔布及于笔帖式効力之鄂礼来告称，彼等于十一月二十九日抵达，根敦代青在彼等到达以前已于十一月初三日病故，谕旨颁毕后，于十二月三十日返回，于二月初九日

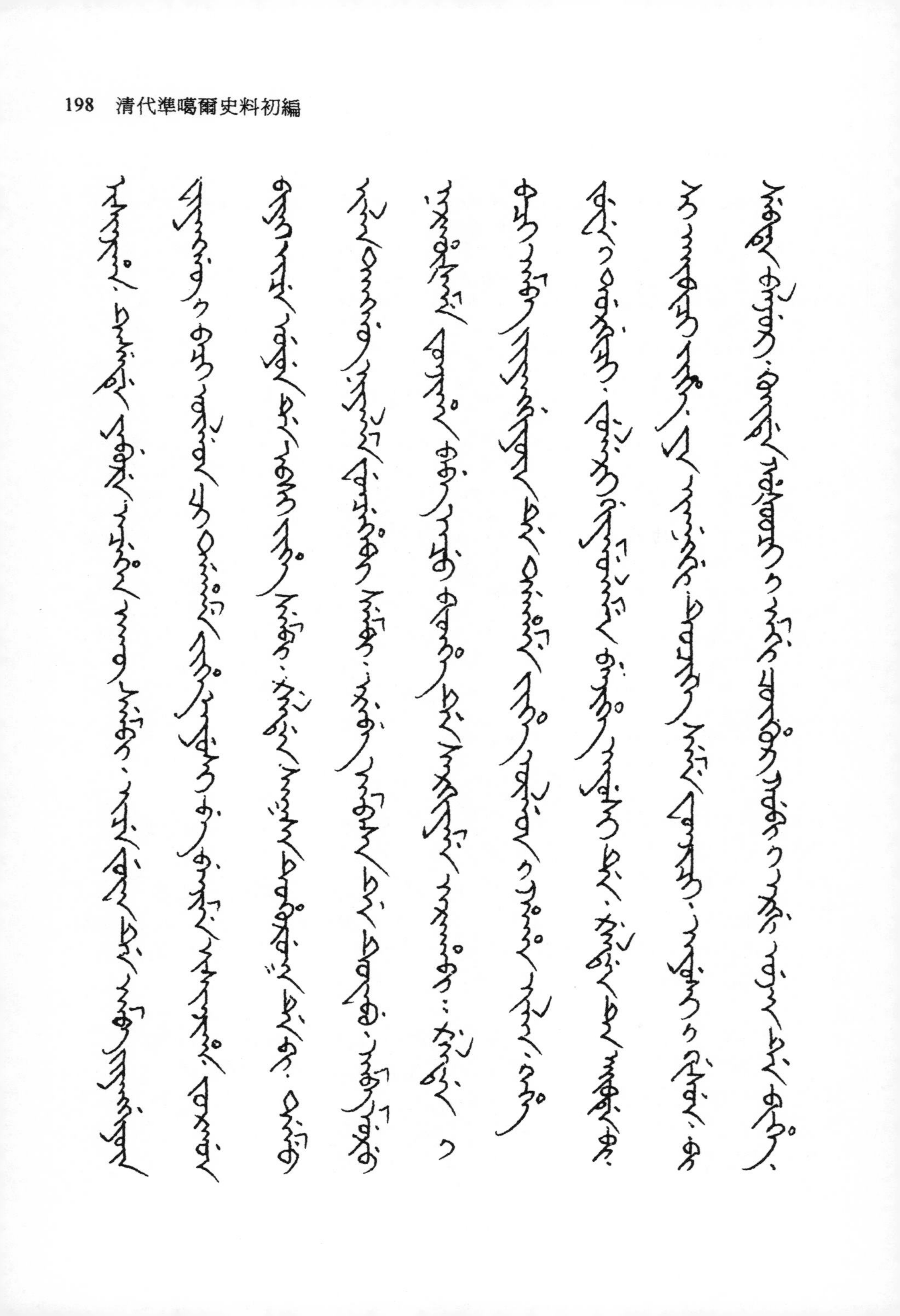

isinjiha, tesede yabure encehen akū sembi, ice juwan
到來了 於彼等 行的 才能 無 云 初 十
de amba jiyanggiyūn fiyanggū i baci ūlet ci dahamejihe
於 大 將 軍 費揚古 的由地 厄魯特 從 降 來的
ayusi be benjime isinjiha, jorgon biyai ice uyun de
阿玉西 把 送 來 到來了 十二 月的 初 九 於
ebsi jihe sembi, g'aldan saksa tuhuruk de bi, damu
往此 來的 云 噶爾丹 薩克薩 特呼里克 於 在 惟
ilan tanggū niyalma funcehebi sembi, erebe ambasa de
三 百 人 餘了 云 把此 大臣們 於
tuwabu, amba muru, narhūšame fonjiha babe encu bithe
令看 大 概 詳細 問了 把處 另 書
de sarkiyame arahabi. g'aldan i baci amba jiyanggiyūn
於 抄 寫 寫了 噶爾丹 的從地 大 將 軍
de dahame jihe ūlet i haha ilan, hehe juwe i dorgici,
於 降 來的 厄魯特 的 男 三 女 二 的從內
juleri giyamulame benjihe ayusi de, g'aldan te aibide
前 馳 驛 送來了 阿玉西 於 噶爾丹 今 何處
bi, si aibici jihe, ya inenggi tucike seme fonjici,
在 你 從何處 來的 何 日 出了 云 問時
ayusi i gisun, bi sebten baljur, kuide hošooci i emgi
阿玉西的 言 我 色卜騰巴爾珠爾 輝得 和碩齊的 共
cūhur gobi i ergi ujan de bihe,
綽呼爾 戈壁的 方 地頭 於 來着

抵達，據云彼等已無行走之能力，初十日，自大將軍費揚古處送到由厄魯特來降之阿玉西，於十二月初九日前來等語，噶爾丹在薩克薩特呼里克，惟僅餘三百人，將此令眾大臣閱看，大概將詳細詢問之處，另抄寫奏章。
【阿玉西口供】自噶爾丹處來降大將軍之厄魯特男丁三人、婦女三口內，詢問送往前站之阿玉西：噶爾丹今在何處？爾來自何處？於何日出來？阿玉西云：我曾與色卜騰巴爾珠爾、輝得和碩齊一同在綽呼爾戈壁邊盡頭，

抵达，据云彼等已无行走之能力，初十日，自大将军费扬古处送到由厄鲁特来降之阿玉西，于十二月初九日前来等语，噶尔丹在萨克萨特呼里克，惟仅余三百人，将此令众大臣阅看，大概将详细询问之处，另抄写奏章。
【阿玉西口供】自噶尔丹处来降大将军之厄鲁特男丁三人、妇女三口内，询问送往前站之阿玉西：噶尔丹今在何处？尔来自何处？于何日出来？阿玉西云：我曾与色卜腾巴尔珠尔、辉得和硕齐一同在绰呼尔戈壁边尽头，

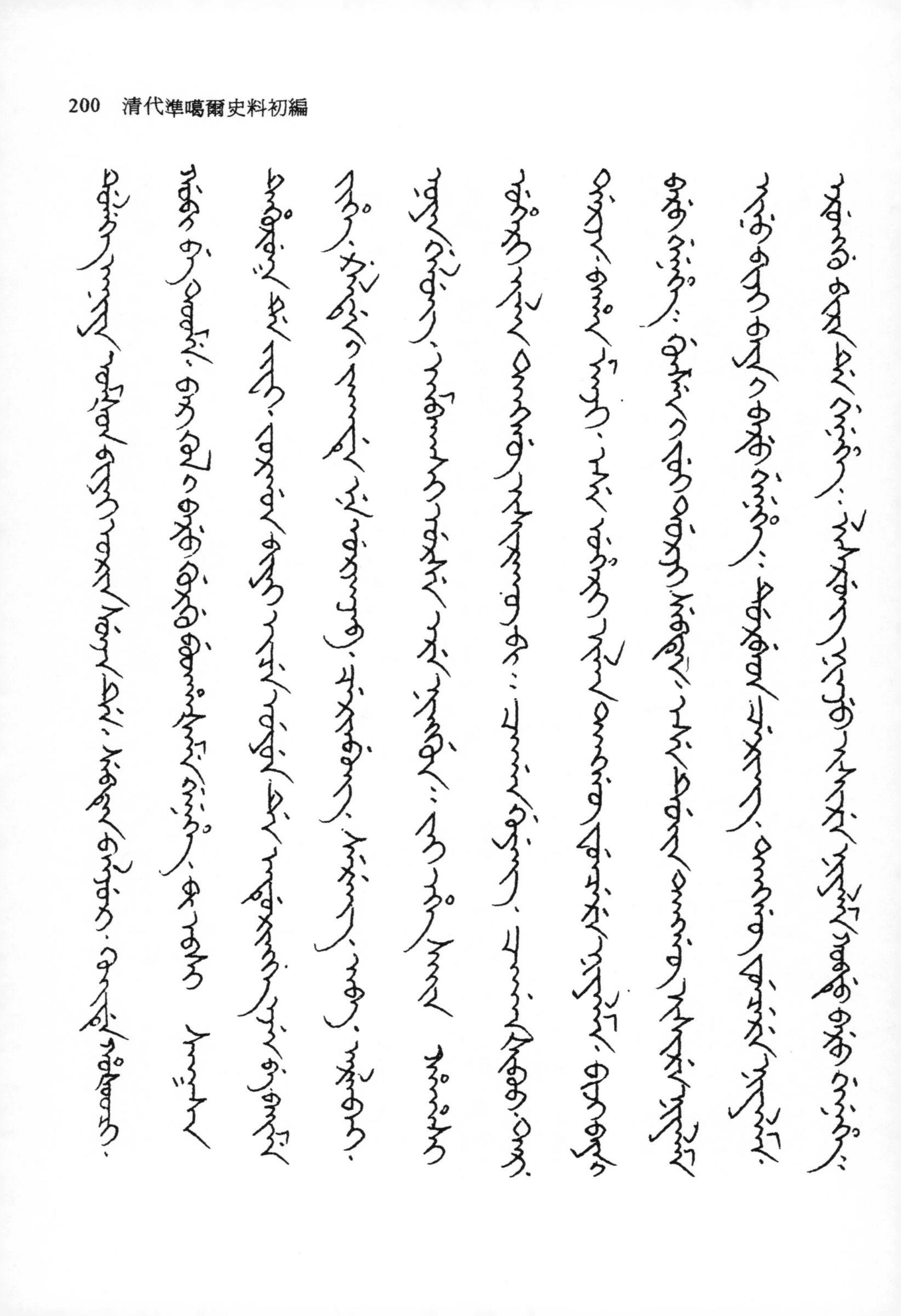

duleke aniya omšon biyai orin sunja de, sebten baljur,
去 年 十一 月的 二十 五 於 色卜騰巴爾珠爾
kuide hošooci, gobi be doome, bar kul i baru gurgu
輝得 和碩齊 戈壁 把 渡 巴爾 庫爾 的 向 獸
buthašame genehe, bi ebsi saksa tehuruk de jifi,
打 牲 去了 我 往此邊 薩克薩特呼里克 於 來了
jorgon biyai ice uyun de enduringge ejen be baime jihe,
十二 月的 初 九 於 聖 主 把 求 來了
g'aldan i jakade ne urjanjab, cerinbung, sereng, aba,
噶爾丹 的 跟前 現今吳爾占扎布 車淩奔 色稜 阿巴
aralbai, noyan gelung, ambakasi urse ere ninggun. jai
阿喇爾拜 諾顏 格隆 大些的 衆人 此 六 再
ehe sain hahasi uheri ilan tanggū isirakū bi. cagan
惡 好 衆男人 共 三 百 不 足 有 察罕
guyeng, cagan šiboo, tar, darja, bahan manji, ese
古英 察罕 什保 塔爾 達爾扎 巴罕 滿濟 此輩
uheri ilan tanggū funcere niyalma, biji baya i baru
共 三 百 餘 人 畢濟 巴雅 的 向
genehe。gundzen i jui dorji sebten, ese duin tanggū
去了 根眞 的 子 多爾濟色卜騰 此輩 四 百
isire niyalma inu biji baya i baru genehe。 durbet
約 人 亦 畢濟 巴雅 的 向 去了 杜爾伯特
cering, tanggū funcere niyalma, erunggu bira de genehe,
車淩 百 餘 人 鄂隆古 河 於 去了
lasrung ninju isire niyalma kobdu baru genehe。
拉斯隆 六十 約 人 科布多 向 去了

去年十一月二十五日，色卜騰巴爾珠爾、輝得和碩齊渡越戈壁，前往巴爾庫爾獵取野獸，我則往薩克薩特呼里克這邊來，於十二月初九日來投聖主。噶爾丹左右現有較大之員爲吳爾占扎布、車淩奔、色稜、阿巴、阿喇爾拜、諾顏格隆六人，及強弱男丁總共不足三百人。察罕古英、察罕什保、塔爾、達爾扎、巴罕滿濟等輩共有三百餘人，前往畢濟巴雅。根真之子多爾濟色卜騰等輩有四百人，亦前往畢濟巴雅。杜爾伯特車淩有百餘人，前往鄂隆古河。拉斯隆有六十人，前往科布多。

去年十一月二十五日，色卜騰巴爾珠爾、輝得和碩齊渡越戈壁，前往巴爾庫爾獵取野獸，我則往薩克薩特呼里克這邊來，於十二月初九日來投聖主。噶爾丹左右現有較大之員爲吳爾占扎布、車淩奔、色稜、阿巴、阿喇爾拜、諾顏格隆六人，及強弱男丁總共不足三百人。察罕古英、察罕什保、塔爾、達爾扎、巴罕滿濟等輩共有三百餘人，前往畢濟巴雅。根真之子多爾濟色卜騰等輩有四百人，亦前往畢濟巴雅。杜爾伯特車淩有百餘人，前往鄂隆古河。拉斯隆有六十人，前往科布多。

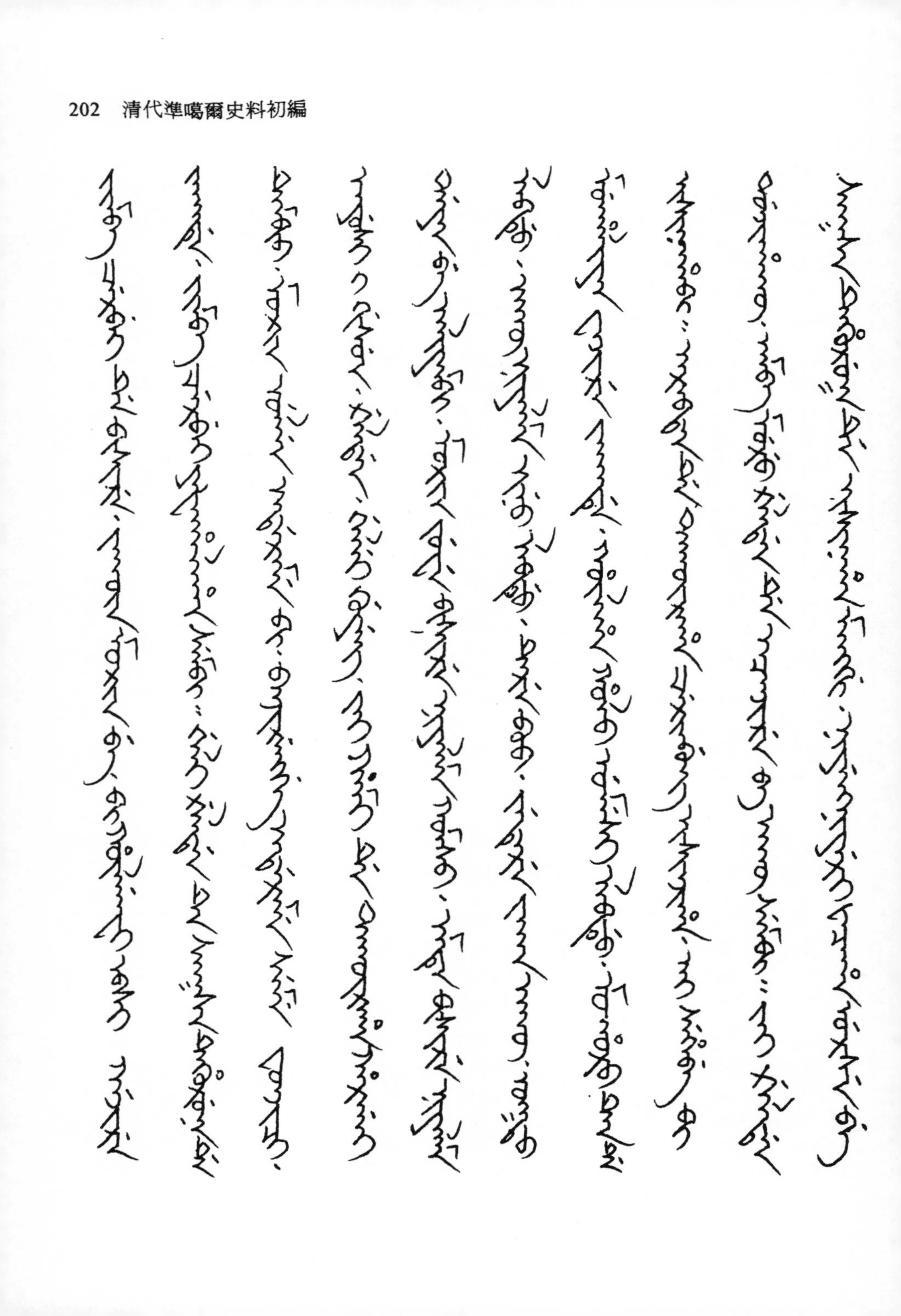

jimba cerbei de bisire, jakūn morin be bi hūlgafi ebsi
金巴　車爾貝　於　所有　八　馬　把　我　偷　了　往此
gajire jakade, jimba cerbei yafahalaha sembi。 geli
帶來　之　故　金巴　車爾貝　徒　步　了　云　又
g'aldan te saksa tehuruk de tembio, morin ulga
噶爾丹　今　薩克薩　特呼里克　於　住　嗎　馬　牲口
adarame bi, banjirengge adarame seme fonjici, ayusi i
如何　在　生活的　如何　云　問　時　阿玉西　的
gisun, g'aldan, gelèi guyen, jai hami de takūraha hargai
言　噶爾丹　格壘　古英　再　哈密　於　遣了　哈爾海
dayan be aliyambi, morin juwe bisire niyalma komso,
達顏　把　等候　馬　二　所有　人　少
emte bisire niyalma labdu, akū niyalma inu labdu,
各一　所有　人　多　無　人　亦　多
tere boo, jetere jaka akū, okto muhaliyan wajire jakade,
居　室　吃　的　物　無　火藥　鉛　子　完了　之　故
hūlha holo umesi labdu, mohoro ten de isinahabi, arabtan
賊　盜　甚　多　窮困　極　於　至　於　阿喇布坦
de takūraha cerinbung isinjiha, ai sehebe bi donjihakū,
於　所遣的　車淩奔　到來了　何　把說了　我　未　聞
amba muru g'aldan de acanjire ba akū sembi。 jai
大　概　噶爾丹　於　來　會　處　無　云　再
g'aldan saksa tehuruk de isinaha manggi, niyengniyeri
噶爾丹　薩克薩　特呼里克　於　到去了　後　春
facaha urse be
散的　衆人　把

金巴車爾貝所有之八匹馬，我竊取帶來，故金巴車爾貝徒步行走。又詢問噶爾丹現今是否住在薩克薩特呼里克？馬匹牲口如何？生計如何？阿玉西云：噶爾丹等候格壘古英及遣往哈密之哈爾海達顏，有兩匹馬之人佔少數，有各一匹馬之人佔多數，無馬之人亦多。因無居室及食物，鉛藥已罄，故盜賊甚多，窮困至極。遣往阿喇布坦之車淩奔到來，所言爲何，我所所聞，大概無往見噶爾丹之處等語。又詢問噶爾丹至薩克薩特呼里克後，曾將春季離散眾人

金巴车尔贝所有之八匹马，我窃取带来，故金巴车尔贝徒步行走。又询问噶尔丹现今是否住在萨克萨特呼里克？马匹牲口如何？生计如何？阿玉西云：噶尔丹等候格垒古英及遣往哈密之哈尔海达颜，有两匹马之人占少数，有各一匹马之人占多数，无马之人亦多。因无居室及食物，铅药已罄，故盗贼甚多，穷困至极。遣往阿喇布坦之车凌奔到来，所言为何，我所所闻，大概无往见噶尔丹之处等语。又询问噶尔丹至萨克萨特呼里克后，曾将春季离散众人

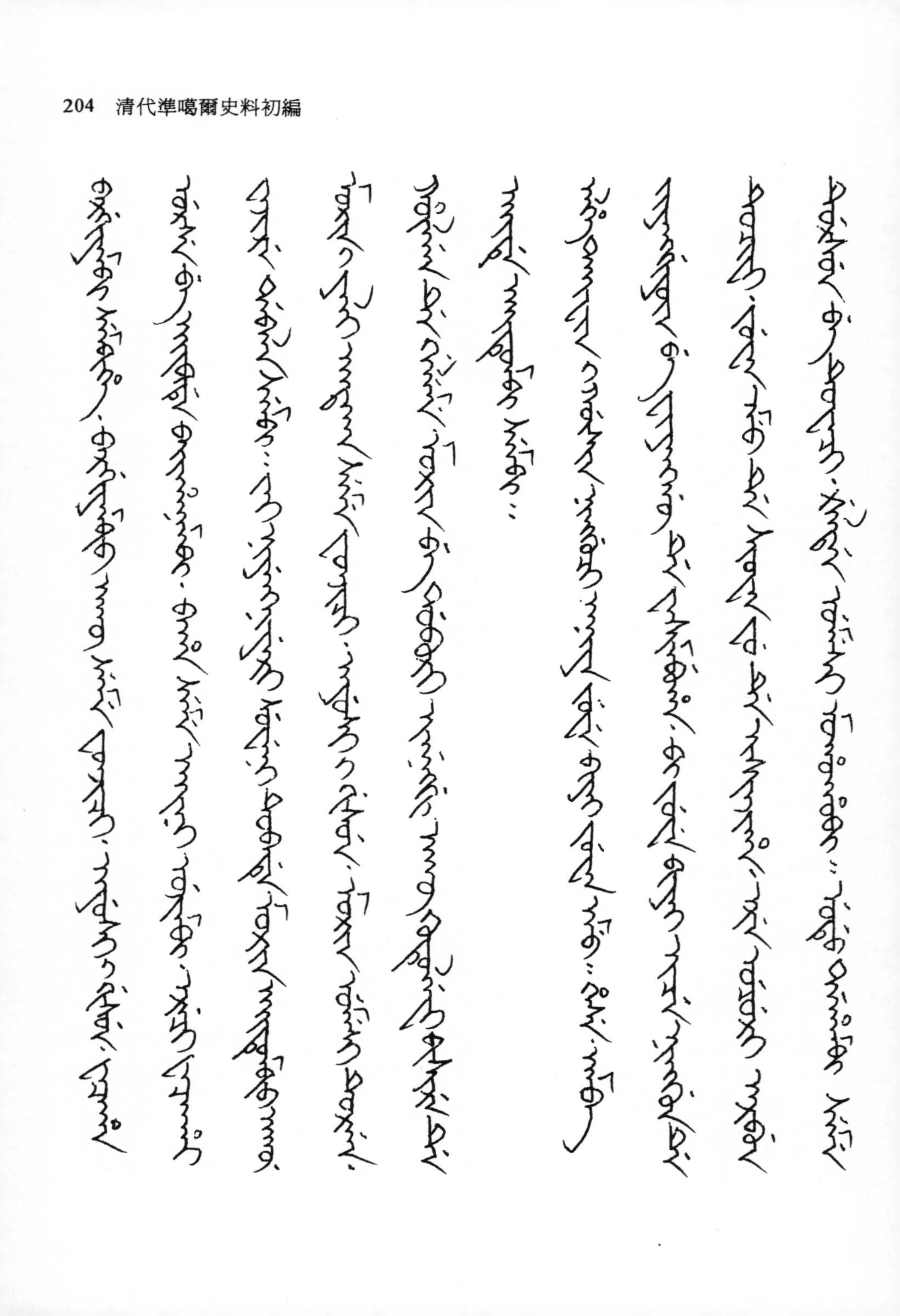

[illegible]

bargiyambi sembihe, bargiyambio akū seme fonjici,
收 云云來着 收 嗎 無 云 問 時
ayusi i gisun, facaha urse be aibide baihanambi, baha
阿玉西的 言 散的衆人 把 何處 尋 去 得了
seme aini ujimbi, ereci facahai wajire dabala sembi。
云 何 養 從此 只管散 完了 罷了 云
jai niyengniyeri suweni tubade morin aitumbio akū,
再 春 你們的 那裏 馬 有救嗎 無
morin i yali antaka seme fonjici, ayusi i gisun, morin
馬 的肉 何如 云 問時 阿玉西的 言 馬
umesi turga, hūlga de geleme morin be dobori inenggi
甚 瘦 賊 於 懼 馬 把 夜 日
akū kutulefi bisire de aide aitumbi sembi。
無 牽了 所有 於 因何 活過來 云
elhe taifin i gūsin ningguci aniya juwe biyai juwan
康 熙 的三十 第六 年 二 月的 十
emu. hese, amba jiyanggiyūn be fiyanggū de wasimbuha,
一 旨 大 將 軍 伯 費揚古 於 降了
bi juwe biyai ice ninggun de tucifi, juwan emu de
我 二 月的 初 六 於 出了 十 一 於
siowan fu de isinjiha, ere ucuri arbun dursun be
宣 府 於 到 來 了 此 際 形 狀 把
tuwaci, g'aldan umesi mohohobi. udu dahambi seme
看 時 噶爾丹 甚 窮困了 雖 降 云

再行糾合云云，曾否糾合？阿玉西云：已離散之眾人，在何處尋覓？即使尋獲，何以養之？從此離散殆盡耳，又詢問春天爾處馬匹復甦否？馬膘如何？阿玉西云：馬匹甚瘦，畏懼盜賊，不分晝夜，牽套馬匹，何能復甦等語。

康熙三十六年二月十一日，諭大將軍伯費揚古，朕於二月初六日出來，十一日至宣府，觀此際情形，噶爾丹困憊已極，雖欲投降，

再行糾合云云，曾否糾合？阿玉西云：已離散之眾人，在何處尋覓？即使尋獲，何以養之？從此離散殆盡耳，又詢問春天爾處馬匹復甦否？馬膘如何？阿玉西云：馬匹甚瘦，畏懼盜賊，不分晝夜，牽套馬匹，何能復甦等語。

康熙三十六年二月十一日，諭大將軍伯費揚古，朕於二月初六日出來，十一日至宣府，觀此際情形，噶爾丹困憊已極，雖欲投降，

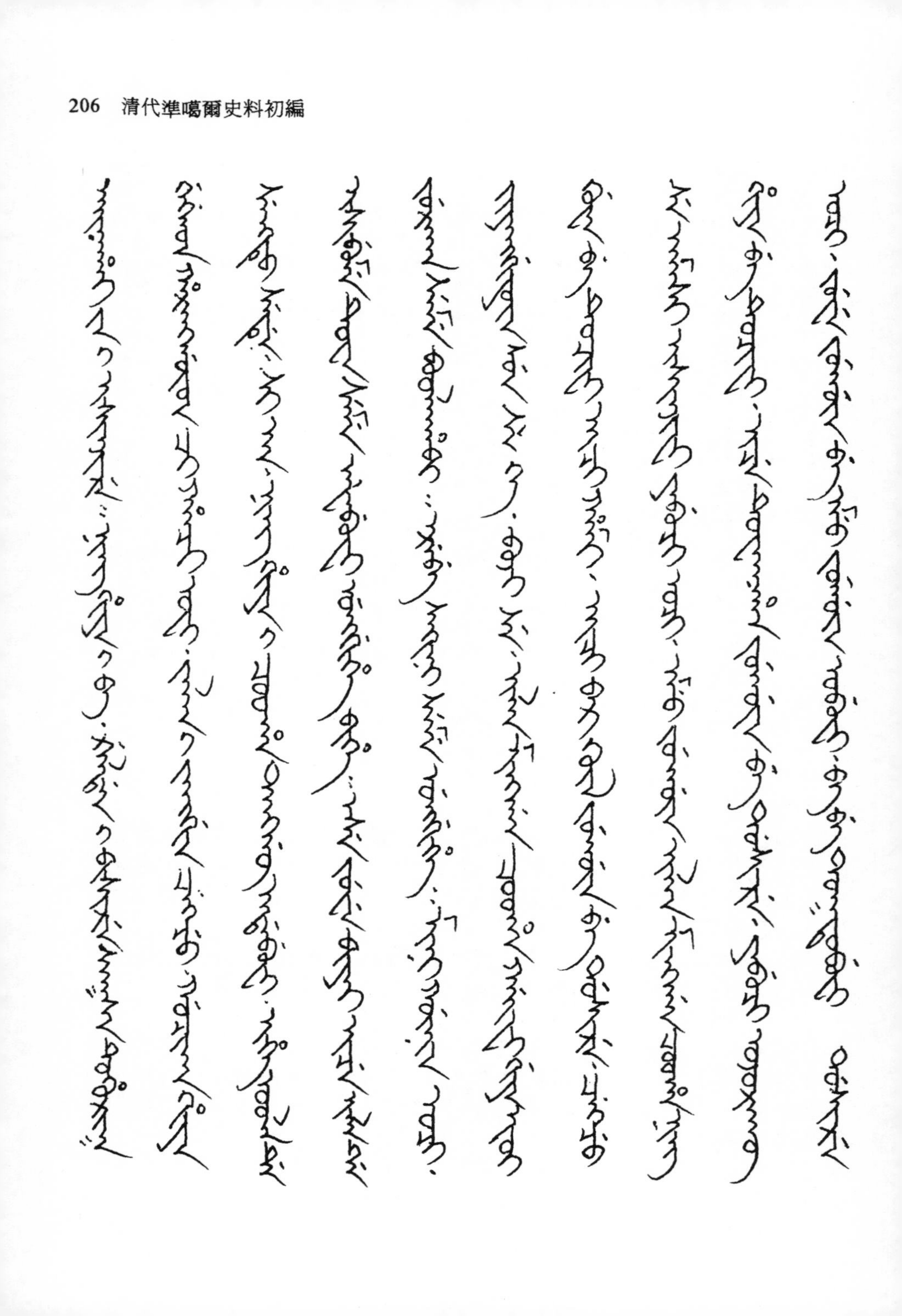

ainahai ja i isinjire。ning hiya i ba, g'aldan i bisire
未必 易的 到來 寧 夏 的 地 噶爾丹 的 所有
saksa tuhurik, gegent haranggūt ci hanci ofi, jalan i
薩克薩 特呼里克 格格特 哈朗古特 從 近 因 參
janggin cekcu, gocika hiya sengtu sede, si an, ning
領 車克楚 御前 侍衛 僧圖 於們 西 安 寧
hiya i cooha tanggū adabufi, ihe oola de isibume tuwa
夏 的 兵 百 陪了 伊克敖拉 於 及 令看
seme afabufi unggihe bihe. ese juwe biyai ice ilan de
云 交付了 遣 了 來着 此輩 二 月的 初 三 於
juraka seme boolahabi. erebe sakini seme unggihe mini
啓程了 云 報 了 把此 令知 云 致送了 我的
gūnin oci, jiyanggiyūn sun s'y ke, boji se, ilan
意 若是 將 軍 孫 思 克 博濟 們 三
minggan cooha gaifi giya ioiguwan be tucifi eici hami。eici
千 兵 領了 嘉 峪 關 把 出了 或 哈密 或
bar kūl jugūn be dosire, cekcu se amasi isinjifi yabuci
巴爾庫爾 路 把 入 了 車克楚 們 往回 到來了 若行
oci, emu jugūn ilan minggan cooha ning hiya be tucifi,
若 一 路 三 千 兵 寧 夏 把 出 了
ice tuwanaha jugūn be dosire, yabuci ojorakū oci,
新 去看的 路 把 入了 若行 不 可 若
juwe jugūn be emu jugūn obufi, ba be toktobufi dosire
二 路 把 一 路 做爲 地 把 使定了 入了

豈易至此，寧夏地方，因去噶爾丹所在薩克薩特呼里克、格格特哈朗古特甚近，故遣參領車克楚、御前侍衛僧圖等隨帶西安、寧夏兵一百名，至伊克敖拉探視（註一三）。彼等報稱，已於二月初三日啓程，將此發下諭知。朕意欲令將軍孫思克、博濟等領兵三千名，出嘉峪關，或入哈密，或入巴爾庫爾之路，俟車克楚等歸後，若可行，則一路三千兵出寧夏，進入新勘之路，若不可行，則以兩路爲一路，擇定地點進入時，

岂易至此，宁夏地方，因去噶尔丹所在萨克萨特呼里克、格格特哈朗古特甚近，故遣参领车克楚、御前侍卫僧图等随带西安、宁夏兵一百名，至伊克敖拉探视（注一三）。彼等报称，已于二月初三日启程，将此发下谕知。朕意欲令将军孙思克、博济等领兵三千名，出嘉峪关，或入哈密，或入巴尔库尔之路，俟车克楚等归后，若可行，则一路三千兵出宁夏，进入新勘之路，若不可行，则以两路为一路，择定地点进入时，

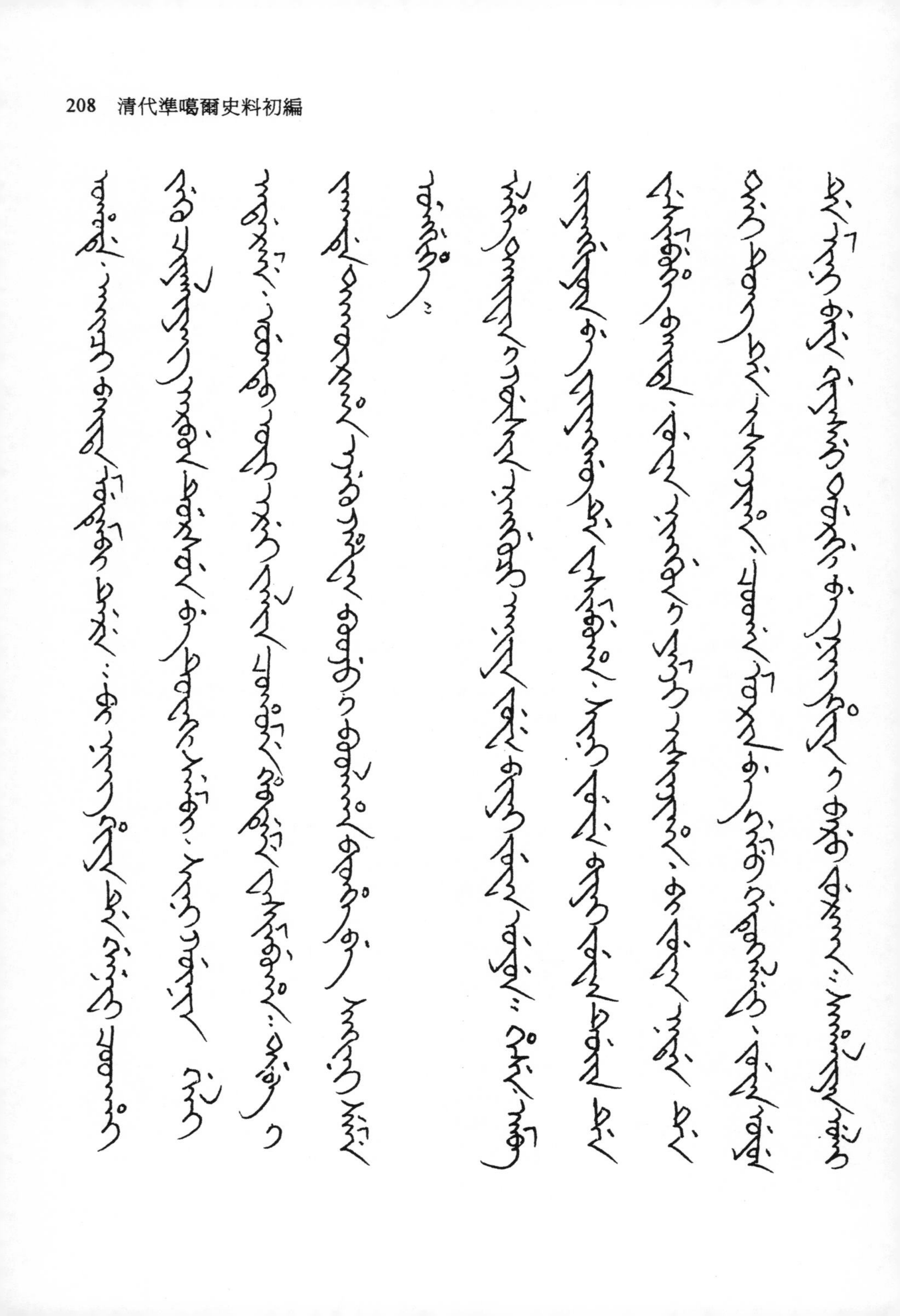

ohode, ainci baita mutembi dere。 bi ning hiya de genefi
設若 或 事 能 吧 我 寧 夏 於 去了
coohai jeku ciyanliyang arbun dursun be tuwaki sembi,
兵的 穀 錢 糧 形 狀 把 欲 看 云
sini gūnin geli adarame, uttu ofi erei jalin cohome
你的 意 又 如何 此 因 此 爲 特
hebdeme wasimbuha. diba i jakade takūraha ejeku hafan
商 量 降 了 第巴 的 跟前 遣 了 主 事
booju i boolaha bithe be sakini seme unggihe.
保住的 報的 書 把 令知 云 致送了
elhe taifin i gūsin ningguci aniya juwe biyai juwan
康 熙 的 三十 第六 年 二 月的 十
uyun. hese amba jiyanggiyūn be fiyanggū de wasimbuha,
九 旨 大 將 軍 伯 費揚古 於 降 了
sini juwe biyai juwan duin de wesimbuhe baita, juwan
你的 二 月的 十 四 於 奏 的 事 十
ninggun i yamji isinjiha, bi juwan nadan de dai tung
六 的 晚 到來了 我 十 七 於 大 同
de isinjiha, cooga morin be gemu getukelefi, juwan
於 到來了 兵 馬 把 皆 察明了 十
uyun de mini beye giyasei dorgi be ning hiya i baru
九 於 我的 自身 邊的 內 把 寧 夏 的 向
juraka. sahaliyan ulai
啓程了 黑 龍 江的

事或可成。朕欲往寧夏，察看兵丁糧餉情形，爾意又如何？爲此頒諭特商，遣往第巴處主事保住之報文，發去令知。
康熙三十六年二月十九日。諭大將軍伯費揚古，爾於二月十四日奏事，於十六日晚抵達，朕於十七日至大同，兵馬俱已察明，十九日，朕親自由邊內啓程赴寧夏，

事或可成。朕欲往宁夏，察看兵丁粮饷情形，尔意又如何？为此颁谕特商，遣往第巴处主事保住之报文，发去令知。
康熙三十六年二月十九日。谕大将军伯费扬古，尔于二月十四日奏事，于十六日晚抵达，朕于十七日至大同，兵马俱已察明，十九日，朕亲自由边内启程赴宁夏，

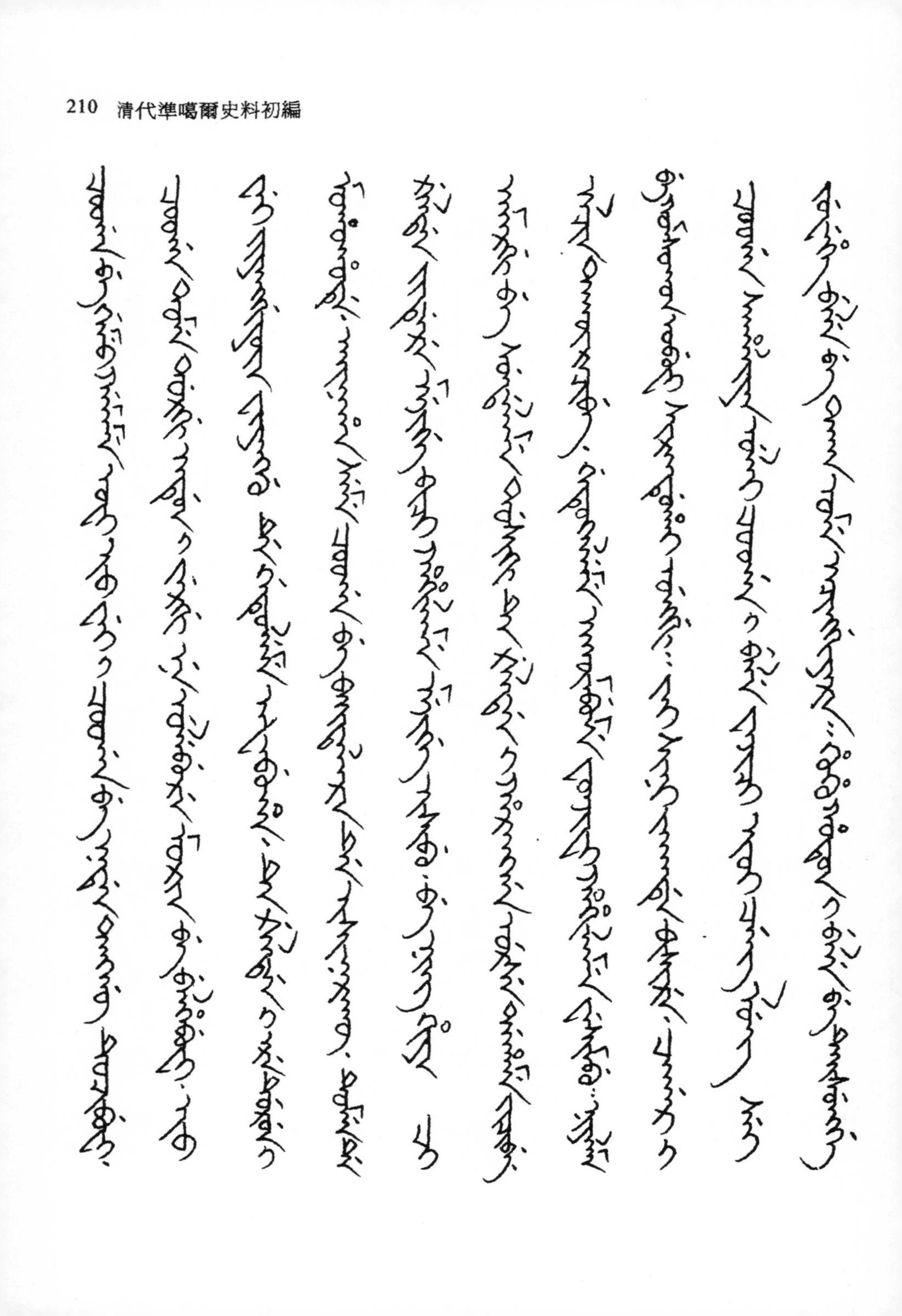

cooga be gemu gamame ofi io wei i cooga be nadan
兵 把 皆 帶去 因 右衛 的 兵 把 七
tanggū tucibufi, cooga tome dorgi adun i jergi ne
百 使出了 兵 每 內 驅院 的 等 現
ulebure morin be belhebufi, io wei jiyanggiyūn fiyanggu
餵 的 馬 把 令預備了 右衛 將軍 費揚固
de getuleme afabuha, te g'aldan i ere durun i
於 明白 交付了 今 噶爾丹 的 此 樣子 的
mohohode, ainaha seme cooga be baitalara de isinarakū,
窮困時 斷 然 兵 把 使用的 於 不至於
tumen de g'aldan jidere mejige bici hahilame mejige
萬 於 噶爾丹 來的 信息 若有 上緊 信息
isibu, be ning hiya ci amargi be sundalame dosiki te
令送 我們 寧夏 從 後 把 抄襲 欲入 今
g'aldan i harangga urse dahame jicibe, elcin takūracibe,
噶爾丹 的 屬下 衆人 降 雖來 使臣 雖遣
getukeleme akūmbume fonjifi hahilame wesimbu。
察明 盡心 問了 上緊 令奏
niyalma be komsokon obufi siranduhai unggi. jai sini
人 把 少少的 做爲 相繼 令遣 再 你的
jakade bisire, cagar i cooga sahaliyan ulai cooga i
跟前 所有 察哈爾 的 兵 黑龍江 的 兵 的
bele wajici ioi ceng lung sei juwehe bele be taka ume
米 若完 于成龍們 的 運的 米 把 暫 勿
acinggiyara. huhu hoton i bele be teisungge
動 歸化城 的 米 把 相當的

因俱帶黑龍江兵，故派出右衛兵七百名，每兵預備內驅院現餵之馬，察明交付右衛將軍費揚固。今噶爾丹窮蹙如此，斷不至於用兵，萬一有噶爾丹前來之信息，即將信息作速報聞，朕等當自寧夏抄襲其後。今若有噶爾丹屬眾來降，或遣使前來時，應詳盡詢問，作速具奏，將其人少數相繼遣送。至爾處現有察哈爾兵、黑龍江兵之糧若盡，暫勿動支于成龍等所運之糧，

因俱带黑龙江兵，故派出右卫兵七百名，每兵预备内驷院现喂之马，察明交付右卫将军费扬固。今噶尔丹穷蹙如此，断不至于用兵，万一有噶尔丹前来之信息，即将信息作速报闻，朕等当自宁夏抄袭其后。今若有噶尔丹属众来降，或遣使前来时，应详尽询问，作速具奏，将其人少数相继遣送。至尔处现有察哈尔兵、黑龙江兵之粮若尽，暂勿动支于成龙等所运之粮，

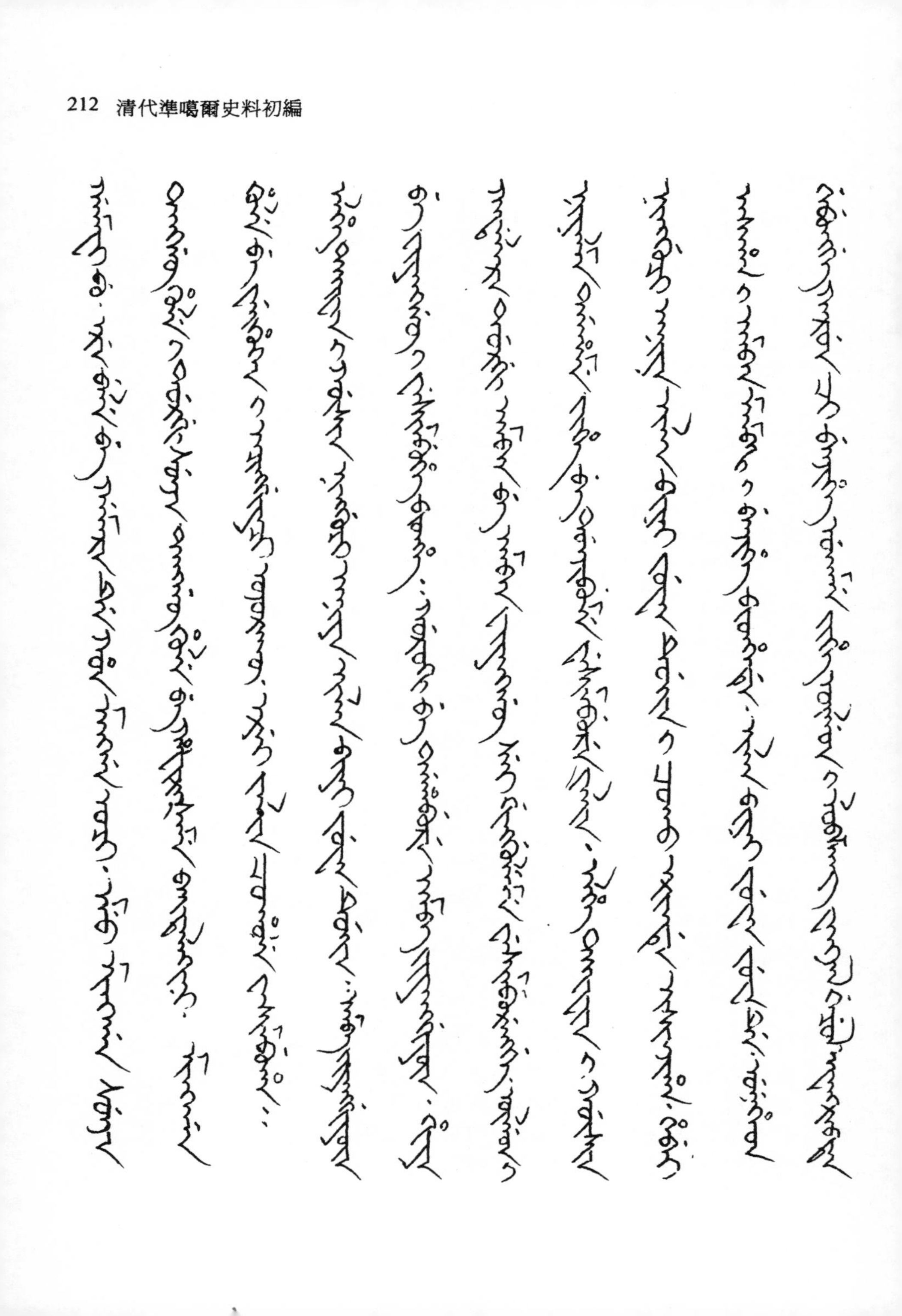

gamafi bu, ere bele be gamara de hon mangga oci, emu
帶了 令給 此 米 把 帶 的 於 甚 難 若 一
minggan sunja tanggū hule i dorgi sunja tanggū hule be
千 五 百 石 的 內 五 百 石 把
hafirašame baitalakini, minggan hule be weihuken i
撙 節 令 用 千 石 把 輕 的 的
acinggiyaci ojorakū, erei jalin cohome wasimbuha.
若 動 不 可 此 爲 特 降 了
elhe taifin i gūsin ningguci aniya ilan biyai juwan
康 熙 的 三十 第 六 年 三 月的 十
duin。amba jiyanggiyūn be fiyanggū i wesimbuhe bithe.
四 大 將 軍 伯 費揚古 的 奏 的 書
goroki be dahabure amba jiyanggiyūn, hiya kadalara
遠 把 招 降 大 將 軍 侍衛 管 的
dorgi amban be amban fiyanggū sei gingguleme
內 大臣 伯 臣 費揚古 們的 謹
wesimburengge, ūlet i niyalma dahame jihe be
所 奏 者 厄魯特 的 人 降 來了 把
donjibume wesimbure jalin, elhe taifin i gūsin
使 聞 奏 的 爲 康 熙 的 三十
ningguci aniya ilan biyai juwan duin i coko erinde
第 六 年 三 月的 十 四 的 酉 於 時
isinjiha, hebei ashan i amban mampi i benjihe bithede,
到來了 議政 侍 郎 滿丕 的 送來了 於 書
ilan biyai juwan juwe de, unehet gebungge karun ci
三 月的 十 二 於 吳納黑特 名 叫 卡倫 從
benjihe ukame jihe ūlet i lobdzang wangjal gecul,
送來的 逃 來的 厄魯特 的 羅卜臧 汪扎爾 格楚爾
awangrabtan
阿旺喇布坦

量取歸化城米糧予之，若攜糧甚難，則可於一千五百石內撙節支用五百石，其一千石不可輕動，爲此特諭。
康熙三十六年三月十四日。大將軍伯費揚古奏章。撫遠大將軍管侍衛內大臣伯臣費揚古等謹奏，爲奏聞厄魯特人來降事。康熙三十六年三月十四日酉刻，准議政侍郎滿丕移咨稱，三月十二日，自吳納黑特卡倫送到逃來之厄魯特羅卜臧汪扎爾格楚爾、阿旺喇布坦

量取归化城米粮予之，若携粮甚难，则可于一千五百石内撙节支用五百石，其一千石不可轻动，为此特谕。
康熙三十六年三月十四日。大将军伯费扬古奏章。抚远大将军管侍卫内大臣伯臣费扬古等谨奏，为奏闻厄鲁特人来降事。康熙三十六年三月十四日酉刻，准议政侍郎满丕移咨称，三月十二日，自吴纳黑特卡伦送到逃来之厄鲁特罗卜臧汪扎尔格楚尔、阿旺喇布坦

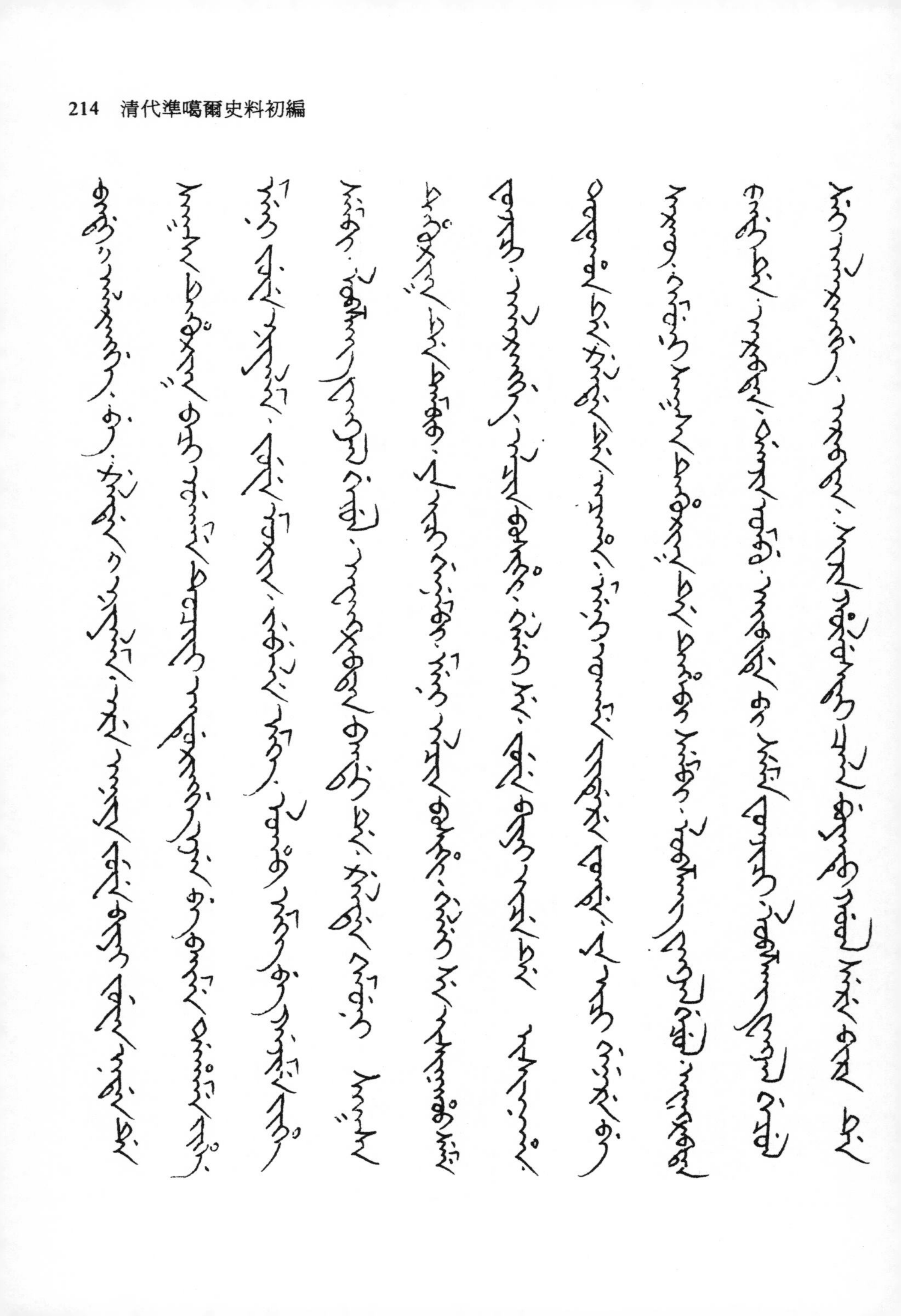

bandi i alarangge, be, g'aldan i niyalma, ere aniya
班第 的 告訴的 我們 噶爾丹的 人 此 年
juwe biyai juwan nadan de saksa tehurik baci ukame
二 月的 十 七 於 薩克薩特呼里克 從地 逃
tucifi enduringge ejen be baime dahame jihe, meni
出了 聖 主 把 求 降 來了 我們的
juwe niyalma, juwe morin, jebele emke, loho emke be
二 人 二 馬 撒袋 一個 腰刀 一 個 把
gajime jihe sembi, lobdzang wangjal gecul, awangrabtan
帶來 來了 云 羅卜臧 汪扎爾 格楚爾 阿旺喇布坦
bandi de, g'aldan kemuni saksa tehurik de tembio, ya
班第 於 噶爾丹 仍 薩克薩 特呼里克 於 住 嗎 何
ici genembi, meni elcin bosihi, gelei se isinahoo seme
方 去 我們的 使臣 博什希 格壘 們 到去嗎 云
fonjici, alarangge, elcin bosihi, gelei se, juwe biyai
問時 告訴的 使臣 博什希 格壘 們 二 月的
ice de isinaha, tofohon de g'aldan de acaha, meni ukame
初一於 到去了 十 五 於 噶爾丹 於 會見了 我們的 逃
jidere fonde, ya ici genere be sarkū, kemuni saksa
來的 時候 何 方 去 了 把 不知 仍 薩克薩
tehurik de tehebi sembi, lobdzang wangjal gecul,
特呼里克 於 住了 云 羅卜臧 汪扎爾 格楚爾
awangrabtan bandi de arabtan, danjin ombu, aibide bi
阿旺喇布坦 班第 於 阿喇布坦 丹 津 鄂木布 於何處 在
seme fonjici, lobdzang wangjal gecul sei alarangge,
云 問時 羅卜臧 汪扎爾 格楚爾 們的 告訴的
arabtan, sira hūlustai cala buyantu gool sere bira de
阿喇布坦 西喇 呼魯斯台 那邊 布顏圖 古爾 云 河 於

班第告稱：我等係噶爾丹之人，今年二月十七日，自薩克薩特呼里克地方逃出，來投降聖主。我等二人攜來馬二匹、撒袋一副、腰刀一口等語。問羅卜臧汪扎爾格楚爾、阿旺喇布坦班第：噶爾丹是否仍居薩克薩特呼里克？往何方去？我等之使者博什希、格壘等到否？據告稱：使者博什希、格壘等於二月初一日已抵達，於十五日見過噶爾丹。我等逃來之時，前往何方？不得而知，仍居薩克薩特呼里克云云。問羅卜臧汪扎爾格楚爾、阿旺喇布坦班第：阿喇布坦、丹津鄂木布在何處？據羅卜臧汪扎爾格楚爾等告稱：阿喇布坦居住西喇呼魯斯台那邊之布顏圖古爾河，

班第告称：我等系噶尔丹之人，今年二月十七日，自萨克萨特呼里克地方逃出，来投降圣主。我等二人携来马二匹、撒袋一副、腰刀一口等语。问罗卜臧汪扎尔格楚尔、阿旺喇布坦班第：噶尔丹是否仍居萨克萨特呼里克？往何方去？我等之使者博什希、格垒等到否？据告称：使者博什希、格垒等于二月初一日已抵达，于十五日见过噶尔丹。我等逃来之时，前往何方？不得而知，仍居萨克萨特呼里克云云。问罗卜臧汪扎尔格楚尔、阿旺喇布坦班第：阿喇布坦、丹津鄂木布在何处？据罗卜臧汪扎尔格楚尔等告称：阿喇布坦居住西喇呼鲁斯台那边之布颜图古尔河，

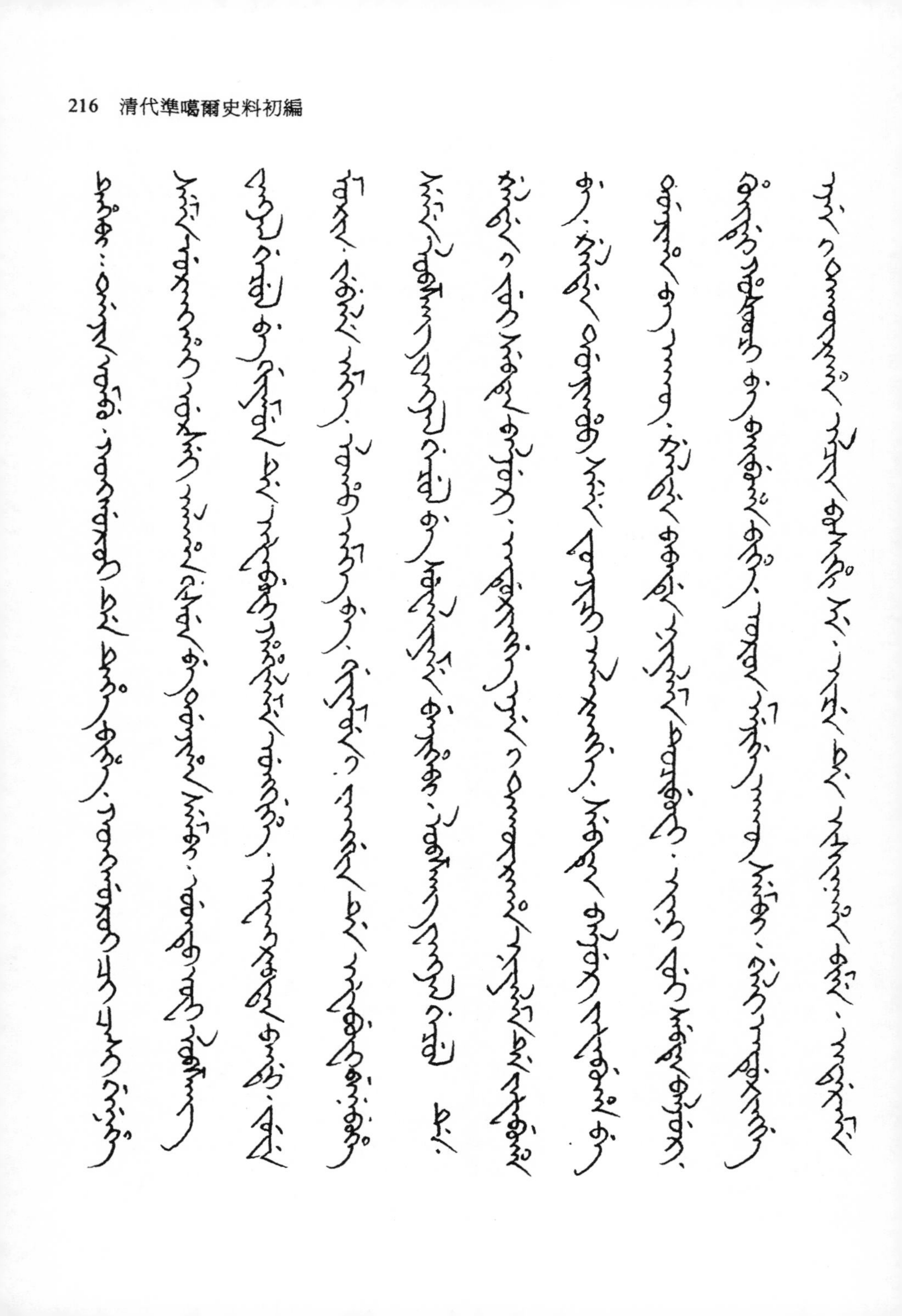

tehebi。danjin ombu, konggoroi de tehe bihe, konggoroi
住了 丹津鄂木布 洪郭羅 於 住了 來着 洪郭羅
ci casi genehe seme uranghai ursei alaha gisun be
從 往彼 去了 云 烏梁海 衆人的 告訴的 言 把
donjiha sembi, uttu ofi lobdzang wangjal gecul be
聞了 云 此 因 羅卜臧 汪扎爾 格楚爾 把
giyamun de afabufi hahilame unggihe, awangrabtan bandi,
驛 於 交了 上緊 遣了 阿旺喇布坦 班第
juwe morin, jebele emke, loho emke be, giyamun i
二 馬 撒袋 一個 腰刀 一個 把 驛 的
janggin de afabufi benebuhe seme lobdzang wangjal gecul
章京 於 交了 使送了 云 羅卜臧 汪扎爾 格楚爾
be suwaliyame benjihebi, lobdzang wangjal gecul de,
把 一併 送來了 羅卜臧 汪扎爾 格楚爾 於
g'aldan i jui sebten baljur, enduringge ejen i takūraha
噶爾丹 的 子 色布騰巴爾珠爾 聖 主 的 遣 的
niyalma de jafabuha be, g'aldan donjihoo seme fonjici
人 於 被拿了 把 噶爾丹 聞嗎 云 問時
alarangge, sebten baljur jafabuha be donjiha ba akū,
告訴的 色布騰巴爾珠爾 被拿了 把聞了 處 無
g'aldan babade niyalma tucibufi, ini jui sebten baljur,
噶爾丹 到處 人 使出了 他的 子 色布騰巴爾珠爾
huidei hošooci be baibuha bihe, oron mejige akū sembi,
輝得 和碩齊 把 令尋了 來着 缺 信息 無 云
geli enduringge ejen i takūraha elcin bosihi se, ice de
又 聖 主 的 遣 的 使者 博什希 們 初一 於
isinaha bime, adarame
到去了 而 如何

丹津鄂木布原居洪郭羅，由烏梁海人聞知已自洪郭羅往前去矣。是以將羅卜臧汪扎爾格楚爾交付驛站作速解送，將阿旺喇布坦班第、馬二匹、撒袋二副、腰刀一口，交驛站章京同羅卜臧汪扎爾格楚爾一併解送。問羅卜臧汪扎爾格楚爾：噶爾丹之子色布騰巴爾珠爾，已爲聖主所遣之人擒獲，噶爾丹聞之否？據告稱：未聞色布騰巴爾珠爾被擒之事，噶爾丹曾遣人至各處尋覓其子色布騰巴爾珠爾、輝得和碩齊，毫無信息。又問聖主所遣之使者博什希等既於初一日抵達，

丹津鄂木布原居洪郭罗，由乌梁海人闻知已自洪郭罗往前去矣。是以将罗卜臧汪扎尔格楚尔交付驿站作速解送，将阿旺喇布坦班第、马二匹、撒袋二副、腰刀一口，交驿站章京同罗卜臧汪扎尔格楚尔一并解送。问罗卜臧汪扎尔格楚尔：噶尔丹之子色布腾巴尔珠尔，已为圣主所遣之人擒获，噶尔丹闻之否？据告称：未闻色布腾巴尔珠尔被擒之事，噶尔丹曾遣人至各处寻觅其子色布腾巴尔珠尔、辉得和硕齐，毫无信息。又问圣主所遣之使者博什希等既于初一日抵达，

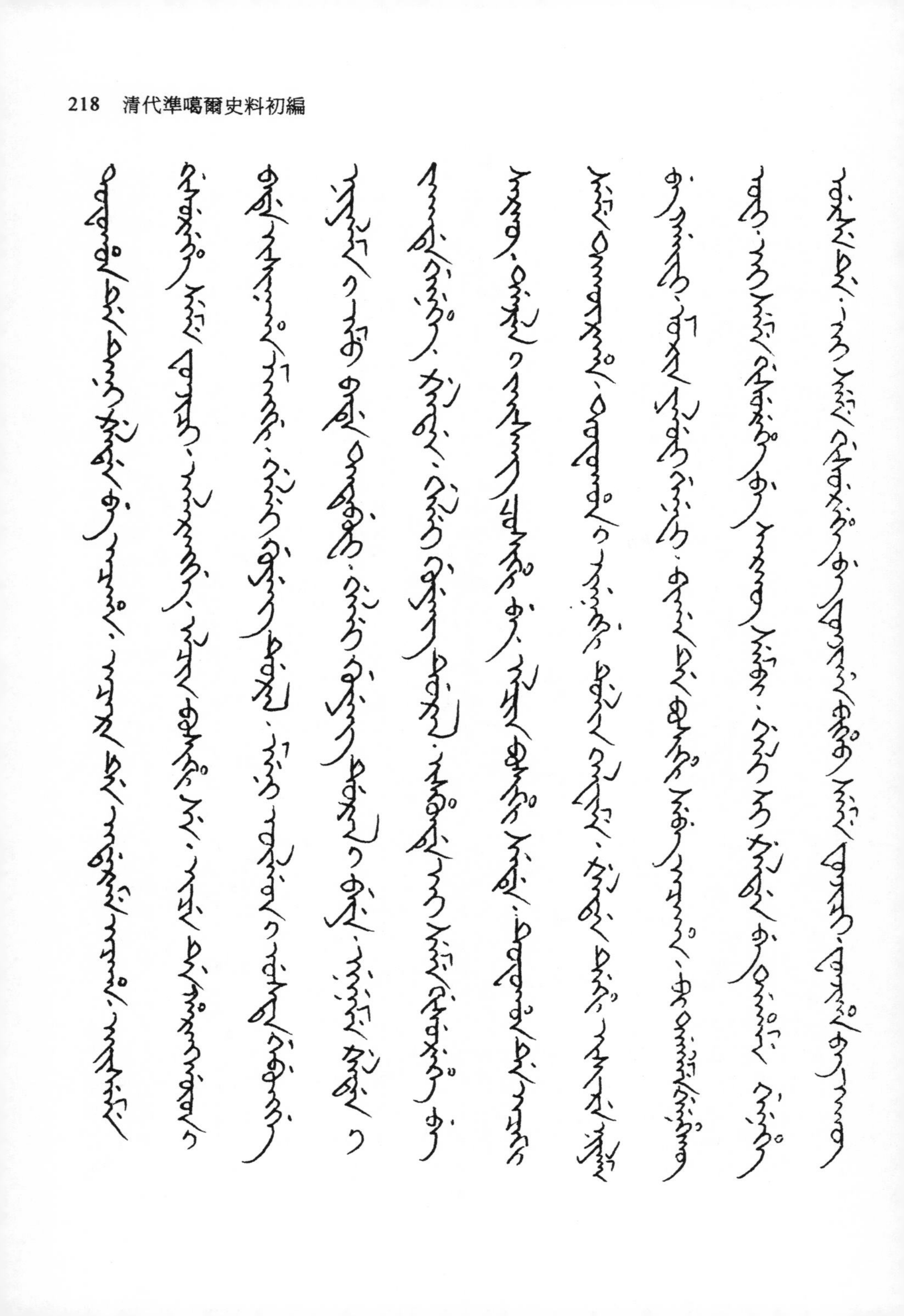

tofohon de teni g'aldan be acaha, acara de adarame
十 五 於 才 噶爾丹 把 會見了 會見的 於 如 何
acaha, aiseme gisurehe seme fonjici, alarangge, elcin
會見了 說什麼 說 了 云 問 時 告訴的 使臣
bosihi se, ice de haranggūt i bade isinaha manggi,
博什希 們 初一 於 哈朗古特 的 於地 到去了 後
gelei guyeng dural, meni ūlet i usta gebungge niyalma
格壘 古英 杜拉爾 我們的 厄魯特的吳思塔 名 叫 人
i emu bade tatabufi, gelei guyeng dural i beye, neneme
的 一 於地 使住了 格壘 古英 杜拉爾 的 自身 先
g'aldan i jakade genehe, g'aldan, gelei guyeng dural,
噶爾丹 的 跟 前 去了 噶爾丹 格壘 古英 杜拉爾
ishunde ai seme gisurehe be sarkū, danjila i jaisang
相互 何 云 說 了 把 不知 丹濟拉 的 寨 桑
cosihi be, elcin bosihi sede, tofohon de acaki seme
綽什希 把 使臣 博什希 於們 十 五 於 欲會見 云
takūraha, tofohon i inenggi dulin kelfime, g'aldan
遣 了 十 五 的 日 半 日略斜 噶爾丹
dehi isire niyalma be gaifi, morin yalufi genefi, bigan
四十 約 人 把 領了 馬 騎 了 去 了 野
de bosihi sebe acaha, bi dahame genehekū ofi, ai seme
於 博什希 把們 會見了 我 隨 沒 去 因 何 云
gisurehe be sarkū sembi, geli si g'aldan be dahame
說 了 把 不 知 云 又 你 噶爾丹 把 隨
genehe urse de ai seme gisurehe be fonjiha biheo seme
去 了 衆人 於 何 云 說 了 把 問 了 來着嗎 云
fonjici, fonjiha ba akū
問 時 問 的 處 無

如何至十五日始見噶爾丹？如何相見？所談何言？據告稱：使者博什希等於初一日至哈朗古特後，格壘古英杜拉爾令其與我厄魯特名吳思塔者居住一處，格壘古英杜拉爾自身先往噶爾丹處，噶爾丹與格壘古英杜拉爾彼此所談何言？不得而知，遣丹濟拉之寨桑綽什希至使者博什希等處，欲於十五日相見，十五日午後，噶爾丹率四十許人，騎馬而往，在曠野會見博什希等人，我因未隨往，所談何言？不得而知。又問彼等所言爲何？爾曾詢問隨噶爾丹前往之人否？據云並未詢問。

如何至十五日始见噶尔丹？如何相见？所谈何言？据告称：使者博什希等于初一日至哈朗古特后，格垒古英杜拉尔令其与我厄鲁特名吴思塔者居住一处，格垒古英杜拉尔自身先往噶尔丹处，噶尔丹与格垒古英杜拉尔彼此所谈何言？不得而知，遣丹济拉之寨桑绰什希至使者博什希等处，欲于十五日相见，十五日午后，噶尔丹率四十许人，骑马而往，在旷野会见博什希等人，我因未随往，所谈何言？不得而知。又问彼等所言为何？尔曾询问随噶尔丹前往之人否？据云并未询问。

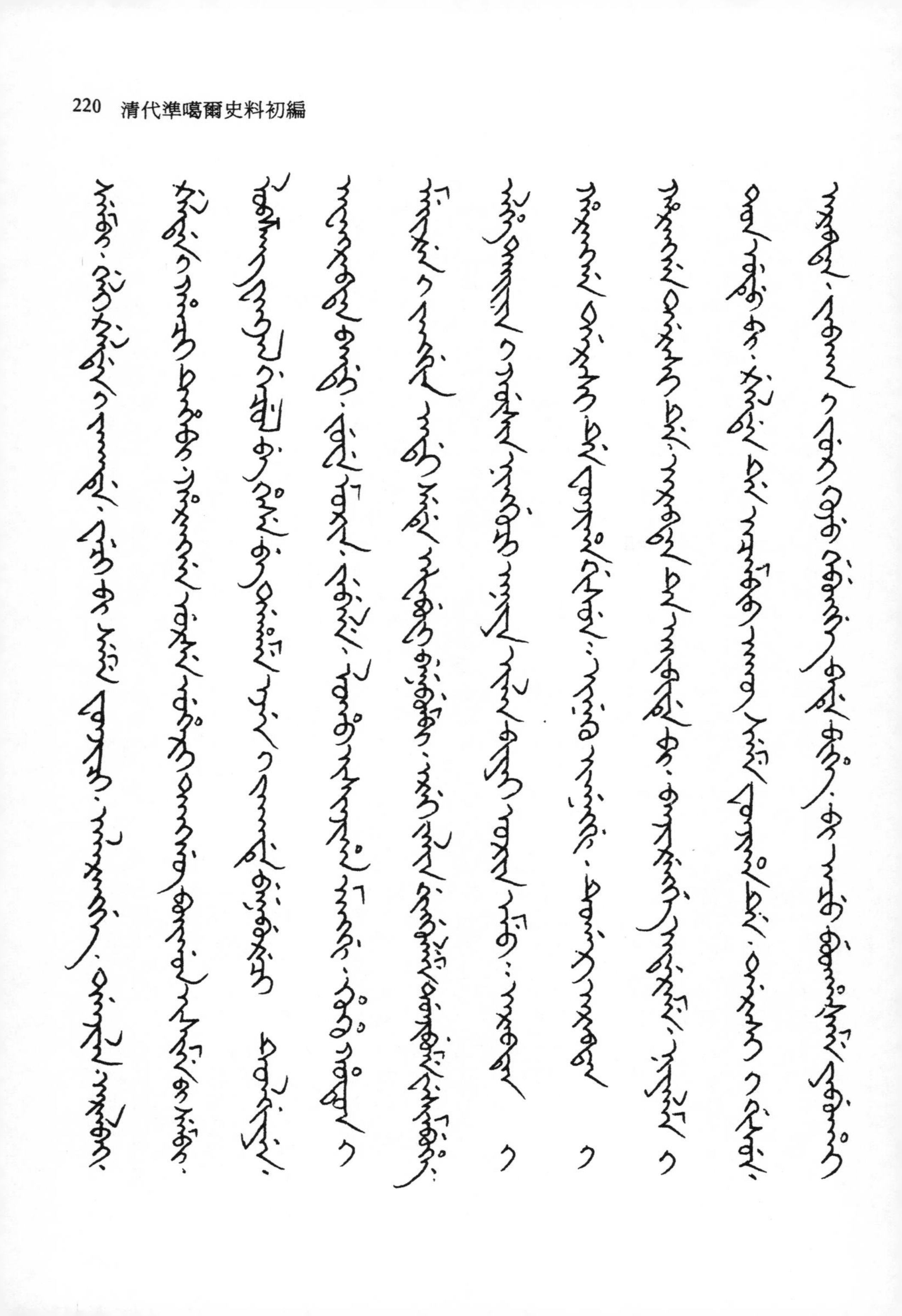

sembi. geli g'aldan i jakade, weci bi seme fonjici
云 又 噶爾丹 的跟前 自誰有 云 問時
alarangge danjila, aralbai, g'aldan i hanci tehebi,
告訴的 丹濟拉 阿喇爾拜 噶爾丹 的附近 住了
harangga urse uheri tanggū boigon isime bi sembi,
屬下 衆人 共 百 戶 及 有 云
lobdzang wangjal gecul be hese be dahame ejen i jakade
羅卜臧 汪扎爾 格楚爾把 旨 把 隨 主 的 跟前
beneburecí tulgiyen, awangrabtan bandi, juwe morin,
除令送 以外 阿旺喇布坦 班第 二 馬
jebele, loho isinjiha manggi, huhu hoton i meiren i
撒袋 腰刀 到來了 後 歸化 城 的 副 都
janggin adi sede afabufi benebumbi, erei jalin
統 阿第 於們 交了 使送 此 爲
gingguleme donjibume wesimbuhe.
謹 使聞 奏了
elhe taifin i gūsin ningguci aniya ilan biyai orin emu.
康熙 的三十 第六 年 三 月的 二十 一
arabtan i harangga darasi de fonjiha gisun. ineku
阿喇布坦 的 屬下 達喇什 於 問 的 言 同
inenggi, dugar arabtan i harangga darasi de, arabtan
日 杜哈爾 阿喇布坦 的 屬下 達喇什 於 阿喇布坦
te aibide bi, banjirengge adarame, niyalma i ton udu
今 何處 在 生活者 如何 人 的數幾
bi, g'aldan de acambio akū seme fonjiha de, darasi i
有 噶爾丹 於 會見嗎 無 云 問的 於 達喇什 的
gisun, arabtan jabaka i jur kuju gebungge bade bihe, bi
言 阿喇布坦 扎巴喀 的朱爾庫朱 名 叫 於地 來着 我
encu buthašame yabuhai
另 打牲 只管行

又問噶爾丹左右有何人？據告稱：丹濟拉、阿喇爾拜在噶爾丹近處居住，屬眾共約百戶。除將羅卜臧汪扎爾格楚爾遵旨解送聖主處以外，俟阿喇布坦、班第、馬二匹、撒袋、腰刀到後，即交歸化城副都統阿第等解送，謹此奏聞。
康熙三十六年三月二十一日。問阿喇布坦屬下達喇什之詞。同日，問杜哈爾阿喇布坦屬下達喇什：阿喇布坦今在何處？生計如何？人數幾何？是否曾見噶爾丹？達喇什云：阿喇布坦住在扎巴喀之朱爾庫木地方，我直往他處打牲，

又问噶尔丹左右有何人？据告称：丹济拉、阿喇尔拜在噶尔丹近处居住，属众共约百户。除将罗卜臧汪扎尔格楚尔遵旨解送圣主处以外，俟阿喇布坦、班第、马二匹、撒袋、腰刀到后，即交归化城副都统阿第等解送，谨此奏闻。
康熙三十六年三月二十一日。问阿喇布坦属下达喇什之词。同日，问杜哈尔阿喇布坦属下达喇什：阿喇布坦今在何处？生计如何？人数几何？是否曾见噶尔丹？达喇什云：阿喇布坦住在扎巴喀之朱尔库木地方，我直往他处打牲，

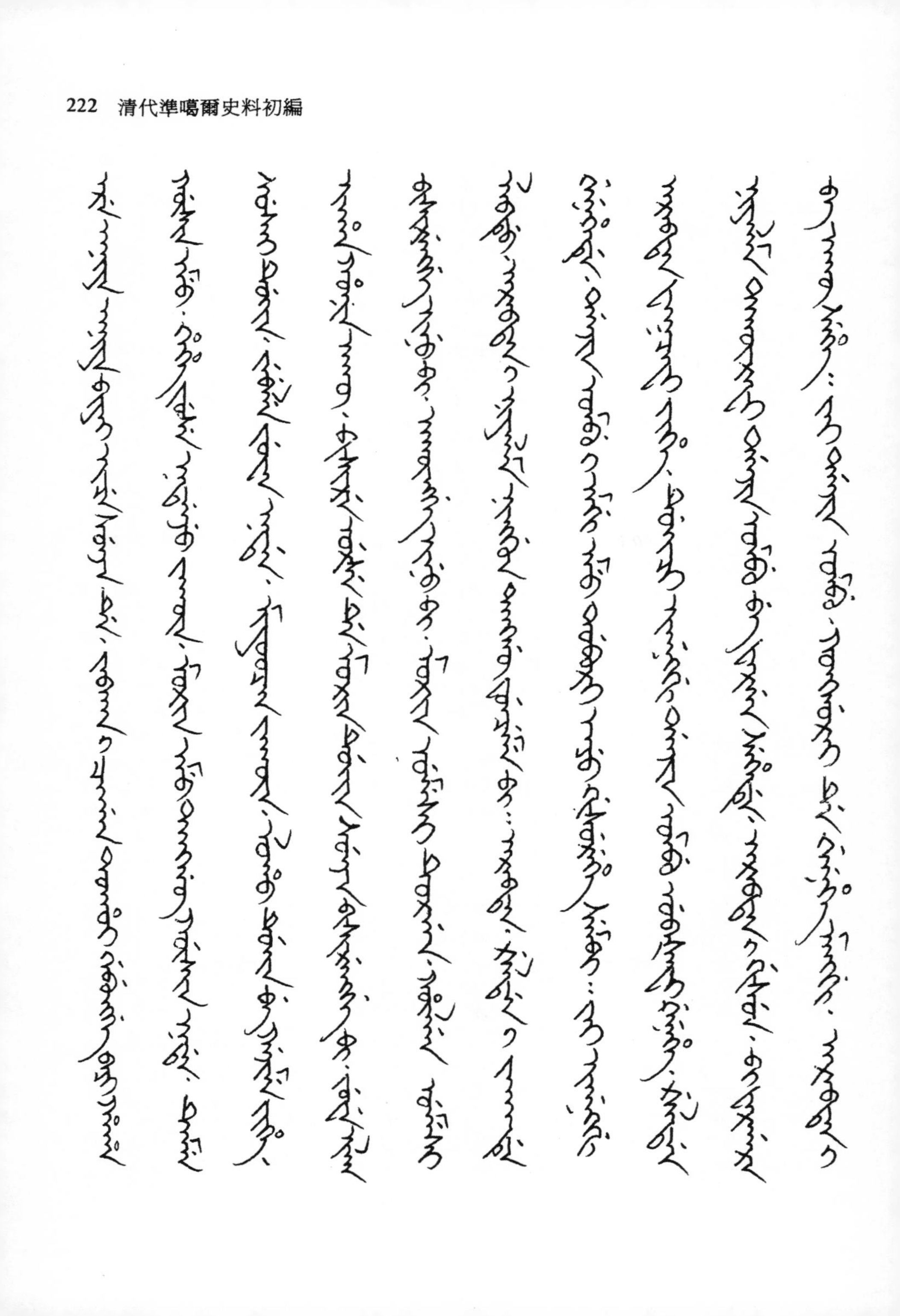

ere aniya aniya biyai ice sunja de, jabaka i cagan tohoi
此年 正月的初五 於扎巴喀的察罕托會
gebungge baci haha gūsin emu, hehe juse nadanju jakūn,
名叫 從地 男 三十 一 婦女孩子們七十 八
morin emu tanggū gūsin nadan, temen susai duin, jebele
馬 一 百 三十 七 駝 五十 四 撒袋
juwan nadan, miyoocan jakūn, loho duin be gajime jihe,
十 七 鳥鎗 八 腰刀 四 把 帶來 來了
ihan honin akū, bisire urse de morin duin sunja
牛 羊 無 所有 衆人 於 馬 四 五
bisirengge bi, juwe ilan bisirengge inu bi, akūngge
有 者 有 二 三 有 者 亦 有 無 者
inu bi, morin umesi turga, hūlga umesi labdu, arabtan
亦 有 馬 甚 瘦 賊 甚 多 阿喇布坦
i niyalma ninggun tanggū funceme bi. arabtan, g'aldan
的 人 六 百 餘 有 阿喇布坦 噶爾丹
i jakade genehede, danjin ombu i emgi emu dobori encu
的跟前 去了時 丹津 鄂木布 的 共 一 夜 另
gisurehe sembi. jai inenggi arabtan fakcafi jihe,
說了 云 次 日 阿喇布坦 離開了 來了
duici inenggi danjin ombu ubašafi genehe, g'aldan
第四 日 丹津 鄂木布 叛了 去了 噶爾丹
niyalma takūrafi danjin ombu be farga sehede, arabtan
人 遣了 丹津 鄂木布 把 令追 說了時 阿喇布坦
i gisun, bi fargara ba akū sehe。jai danjin ombu,
的 言 我 追的 處 無 說了 再 丹津 鄂木布
konggorai de genehe manggi, arabtan i
洪郭羅的 於 去了 後 阿喇布坦 的

今年正月初五日，自扎巴喀之察罕托會地方攜來男丁三十一人，婦孺七十八口，馬一百三十七匹，駱駝五十四隻，撒袋十七副，鳥鎗八桿，腰刀四口，無牛羊，其餘裕之人，馬有四五匹者，亦有二三匹者，亦有無馬者，馬匹極瘦，盜賊甚多，阿喇布坦之人有六百餘名。阿喇布坦前往噶爾丹處時，與丹津鄂木布同至他處交談一夜，次日，阿喇布坦離開前往。第四日，丹津鄂木布叛去，噶爾丹遣人往追丹津鄂木布。阿喇布坦云：我無追趕之處。又丹津鄂木布前往洪郭羅後，

今年正月初五日，自扎巴喀之察罕托会地方携来男丁三十一人，妇孺七十八口，马一百三十七匹，骆驼五十四只，撒袋十七副，鸟鎗八杆，腰刀四口，无牛羊，其余裕之人，马有四五匹者，亦有二三匹者，亦有无马者，马匹极瘦，盗贼甚多，阿喇布坦之人有六百余名。阿喇布坦前往噶尔丹处时，与丹津鄂木布同至他处交谈一夜，次日，阿喇布坦离开前往。第四日，丹津鄂木布叛去，噶尔丹遣人往追丹津鄂木布。阿喇布坦云：我无追赶之处。又丹津鄂木布前往洪郭罗后，

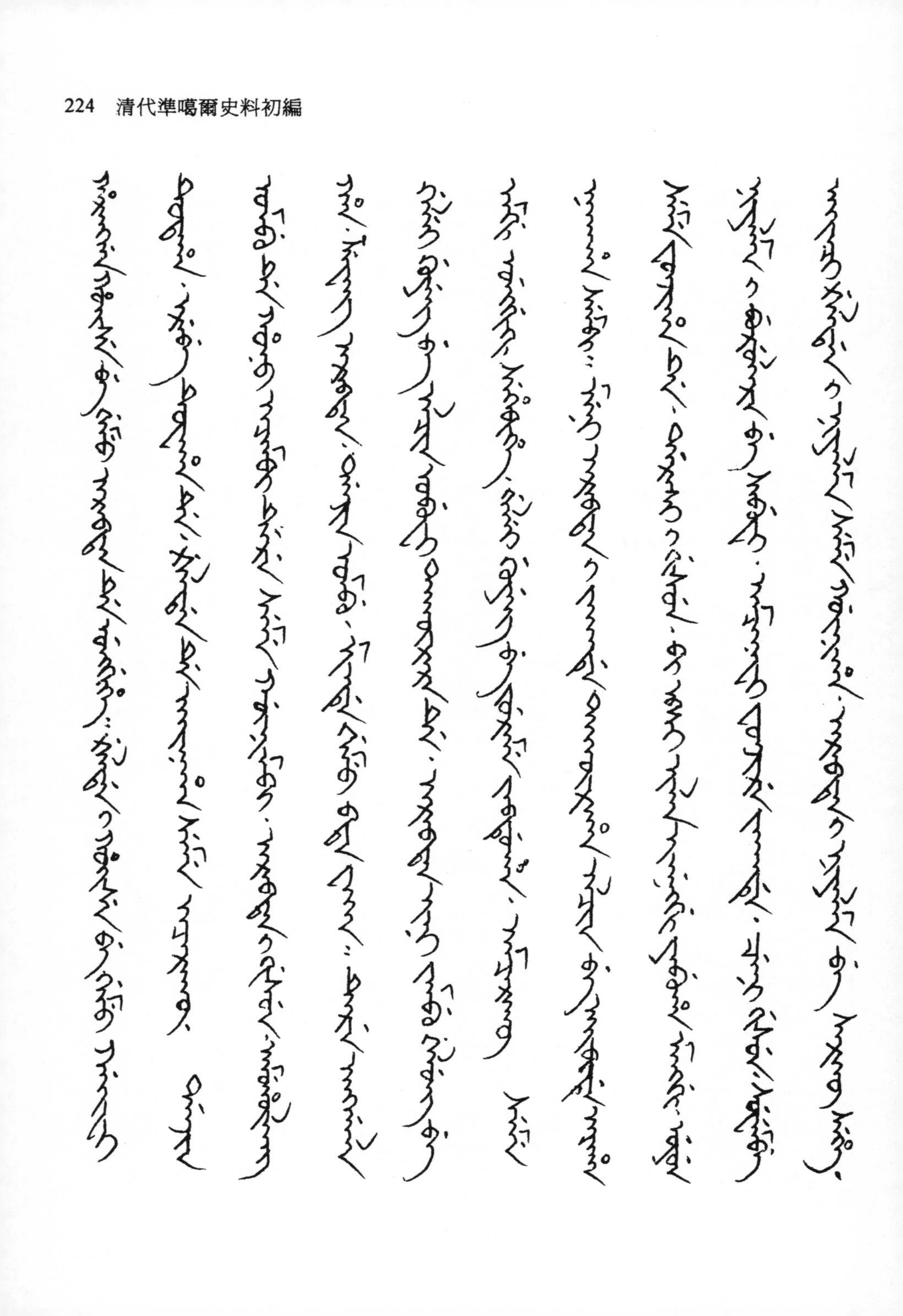

harangga hoise be gemu arabtan de unggihe. g'aldan i
屬下 回子 把 皆 阿喇布坦 於 遣了 噶爾丹 的
hoise be gemu gaifi tutaha, erebe tuwaha de,
回子 把 皆 取了 存住了 把此 看的 於
g'aldan de ainaha seme acarakū, danjin ombu de hono
噶爾丹 於 斷 然 不會見 丹津 鄂木布 於 尚且
acambi dere seme gūnimbi, arabtan i gisun, amuhūlang
會見 想是 云 想 阿喇布坦 的 言 太平
han, dzewang arabtan, danjin ombu, minde gemu bata
汗 策妄 阿喇布坦 丹津 鄂木布 於我 皆 敵
waka. tere anggala gelei guyeng be elcin obufi takūrara
非 況 且 格壘 古英 把 使臣 做了 遣 的
de, arabtan ini jambu gelung be emgi unggiki sehebihe,
於 阿喇布坦 他的 扎木布 格隆 把 共 欲 遣 說了來着
gelei guyeng be jurame jabduha, amcarakū seme nakaha
格壘 古英 把 啓程 完妥了 不 追 云 停了
sembi. meni arabtan i jakade takūraha elcin be aibide
云 我們的 阿喇布坦 的 跟前 遣的 使臣 把 何處
acaha seme fonjiha de, darasi i gisun, bi ebsi ilan
會見了 云 問了 於 達喇什 的 言 我 往此 三
inenggi yabuha manggi, uyun niyalma i burulara be
日 行了 後 九 人 的 敗走的 把
sabufi, amcanafi fonjire jakade, ceni gisun, suwembe
見了 去追了 問 的 之故 他們的 言 把你們
ainci g'aldan i niyalma seme gūniha, arabtan i niyalma
想是 噶爾丹 的 人 云 想了 阿喇布坦 的 人
be sarkū sehe,
把 不知 說了

阿喇布坦所屬回子俱送往阿喇布坦處，俱將噶爾丹之回子截留，觀此，斷不會見噶爾丹，料想尚欲見丹津鄂木布。阿喇布坦云：太平皇帝、策妄阿喇布坦、丹津鄂木布於我皆非敵，況遣格壘古英爲使時，阿喇布坦原欲令其扎木布格隆同往，因格壘古英先已啓程，故停止追趕。問於何處見我等遣往阿喇布坦處之使者？達喇什云：我往內地行走三日後，見九人卻走，追及詢問時，彼等云：誤以爾等爲噶爾丹之人，不知乃係阿喇布坦之人。

阿喇布坦所属回子俱送往阿喇布坦处，俱将噶尔丹之回子截留，观此，断不会见噶尔丹，料想尚欲见丹津鄂木布。阿喇布坦云：太平皇帝、策妄阿喇布坦、丹津鄂木布于我皆非敌，况遣格垒古英为使时，阿喇布坦原欲令其扎木布格隆同往，因格垒古英先已启程，故停止追赶。问于何处见我等遣往阿喇布坦处之使者？达喇什云：我往内地行走三日后，见九人却走，追及询问时，彼等云：误以尔等为噶尔丹之人，不知乃系阿喇布坦之人。

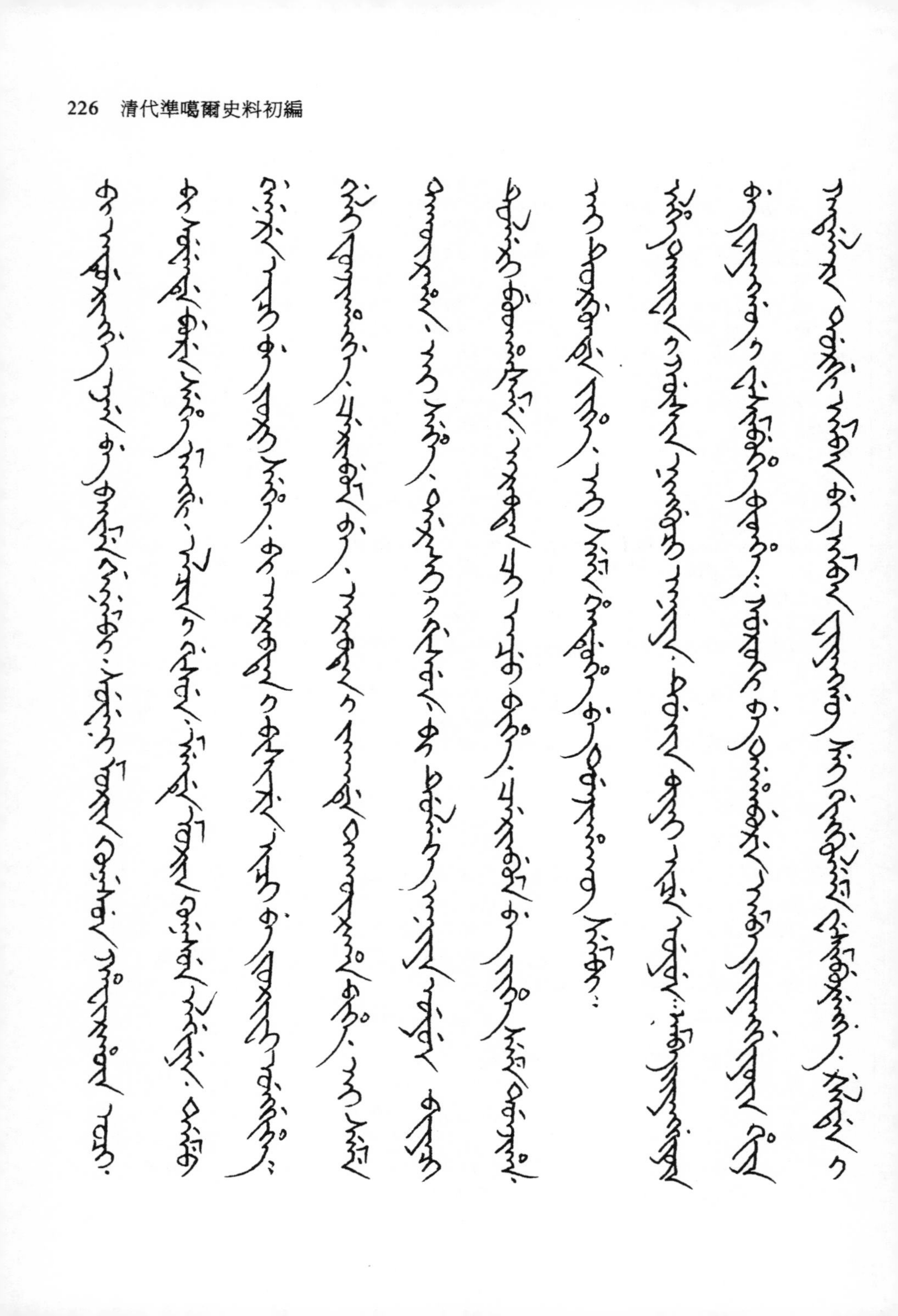

bi enduringge ejen be baime genembi, suweni morin
我 聖 主 把 求 去 你們的 馬
kunesun hafirhūn oci, bi suwende bure sehe manggi,
行糧 窄 若 我 於你們 給 說了 後
elcin i gisun, mende morin kunesun elgiyen, damu
使臣 的 言 於我們 馬 行糧 寬裕 惟
genere ici be jori sehe, bi arabtan i bisire ici be
去的 方 把 令指 說了 我 阿喇布坦 的 所在的 方 把
jorifi unggihe. geli fonjihangge, cerinbum be, arabtan
指了 遣了 又 所問者 車淩布木 把 阿喇布坦
i jakade takūraha bihe, ai seme takūraha, ai sehe,
的跟前 遣了 來着 何 云 遣了 何 說了
darasi i gisun, bi duleke aniya uyun biyaci tuleri
達喇什 的 言 我 去 年 九 從月 外
buthašame, arabtan ci encu bihe, cerinbum be jihe
打 牲 阿喇布坦 從 另 來着 車淩布木 把 來了
seme donjiha, ai turgunde jihe, ai seme henduhe be
云 聞了 何 緣故 來了 何 云 說了 把
donjihakū sembi.
未聞 云
elhe taifin i gūsin ningguci aniya duin biyai ice uyun.
康熙 的 三十 第六 年 四 月的 初 九
amba jiyanggiyūn be fiyanggu i wesimbuhe bithe.goroki
大 將 軍 伯 費揚古 的 奏 的 書 遠
be dahabure amba jiyanggiyūn hiya kadalara dorgi
把 招降 大 將 軍 侍衛 管 的 內
amban be amban fiyanggū sei gingguleme wesimburengge,
大臣 伯 臣 費揚古 們的 謹 所奏者
g'aldan i
噶爾丹 的

我往投聖主，爾等之馬匹行糧若缺乏（註一四），我可給與爾等，言畢，使者云：我等之馬匹行糧寬裕，惟請指示前往之方向。我指示前往阿喇布坦所在之方向。又問：曾將車淩布木遣往阿喇布坦處，爲何差遣？所言何語？達喇什云：我自去年九月出外打牲，離阿喇布坦他往，據聞車淩布木已來，何故前來？所言何語？則未聽說云云。
康熙三十六年四月初九日。大將軍伯費揚古奏章。撫遠大將軍管侍衛內大臣伯臣費揚古等謹奏，

我往投圣主，尔等之马匹行粮若缺乏（注一四），我可给与尔等，言毕，使者云：我等之马匹行粮宽裕，惟请指示前往之方向。我指示前往阿喇布坦所在之方向。又问：曾将车凌布木遣往阿喇布坦处，为何差遣？所言何语？达喇什云：我自去年九月出外打牲，离阿喇布坦他往，据闻车凌布木已来，何故前来？所言何语？则未听说云云。
康熙三十六年四月初九日。大将军伯费扬古奏章。抚远大将军管侍卫内大臣伯臣费扬古等谨奏，

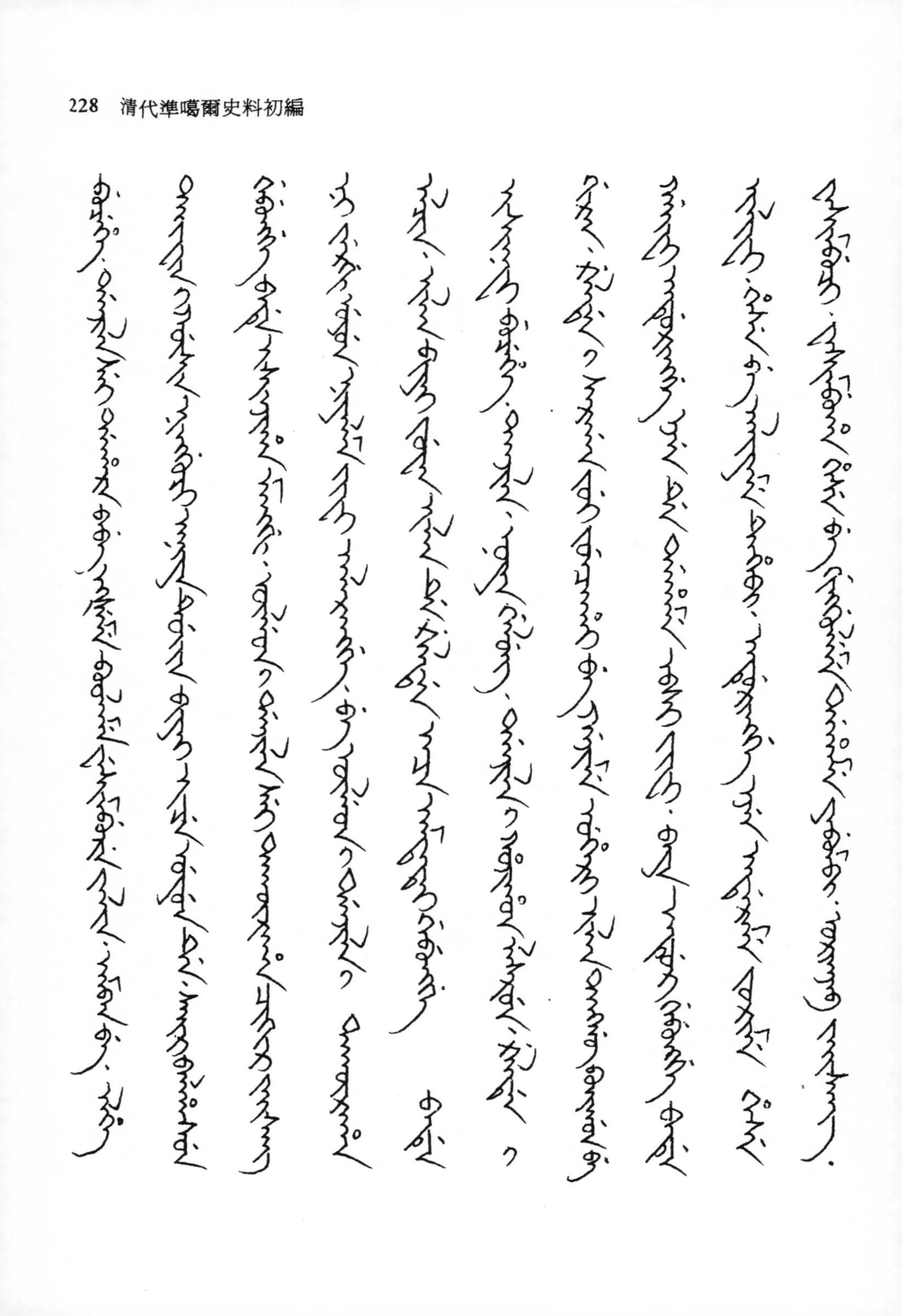

bucehe, danjila sei dahara babe ekšeme boolame
死了 丹濟拉 們的 降的 把處 急忙 報
wesimbure jalin, amban be, elhe taifin igūsin ningguci
奏 爲 臣 我們 康 熙 的三十 第 六
aniya duin biyai ice uyun de, sair balhasun gebungge
年 四 月的 初 九 於 賽爾巴爾哈孫 名 叫
bade isinjiha manggi, ūlet i danjila sei takūraha cikir
於地 到來了 後 厄魯特 的 丹濟拉 們的 遣 的 齊奇爾
jaisang ni jergi uyun niyalma jifi alarangge, be ūlet i
寨桑 的 等 九 人 來了 告訴的 我們厄魯特的
danjila i takūraha elcin, ilan biyai juwan ilan de
丹濟拉 的 遣 的 使臣 三 月的 十 三 於
g'aldan aca amtatai gebungge bade isinafi bucehe,
噶爾丹阿察 阿穆塔台 名 叫 於地 到去了 死 了
danjila, noyan gelung, danjila i hojihon lasrun, g'aldan
丹濟拉 諾顏 格 隆 丹濟拉 的 婿 拉思倫 噶爾丹
i giran, g'aldan i sargan jui juncahai be gajime uheri
的 屍骸 噶爾丹 的 女 兒 鍾察海 把 帶來 共
ilan tanggū boigon be gaifi enduringge ejen de dahame
三 百 戶 把 領了 聖 主 於 降
ebsi jifi, baya endur gebungge bade ilifi, hese be
往此 來了 巴雅 恩都爾 名 叫 於地 止了 旨 把
aliyame tehebi, enduringge ejen adarame jorime hese
等候 住了 聖 主 如何 指示 旨
wasimbuci, wasimbuha hese be gingguleme dahame
若 降 降 的 旨 把 謹 隨
yabumbi, urjanjab jaisang,
行 吳爾占扎布 寨 桑

爲火急奏報噶爾丹之死、丹濟拉等投降事。康熙三十六年四月初九日，臣等至賽爾巴爾哈孫地方時（註一五），有厄魯特丹濟拉等所遣齊奇爾寨桑等九人來告云：我等係厄魯特丹濟拉所遣之使者，三月十三日，噶爾丹至名阿察阿穆塔台地方時死亡。丹濟拉、諾顏格隆、丹濟拉之婿拉思倫，攜噶爾丹屍骸。及噶爾丹之女鍾察海（註一六），共三百戶往內地來降聖主，駐於巴雅恩都爾地方候旨，不拘聖主如何降旨指示，即欽遵所頒諭旨而行。吳爾占扎布寨桑、

为火急奏报噶尔丹之死、丹济拉等投降事。康熙三十六年四月初九日，臣等至赛尔巴尔哈孙地方时（注一五），有厄鲁特丹济拉等所遣齊奇尔寨桑等九人来告云：我等系厄鲁特丹济拉所遣之使者，三月十三日，噶尔丹至名阿察阿穆塔台地方时死亡。丹济拉、诺颜格隆、丹济拉之婿拉思伦，携噶尔丹尸骸。及噶尔丹之女锺察海（注一六），共三百户往内地来降圣主，驻于巴雅恩都尔地方候旨，不拘圣主如何降旨指示，即钦遵所颁谕旨而行。吴尔占扎布寨桑、

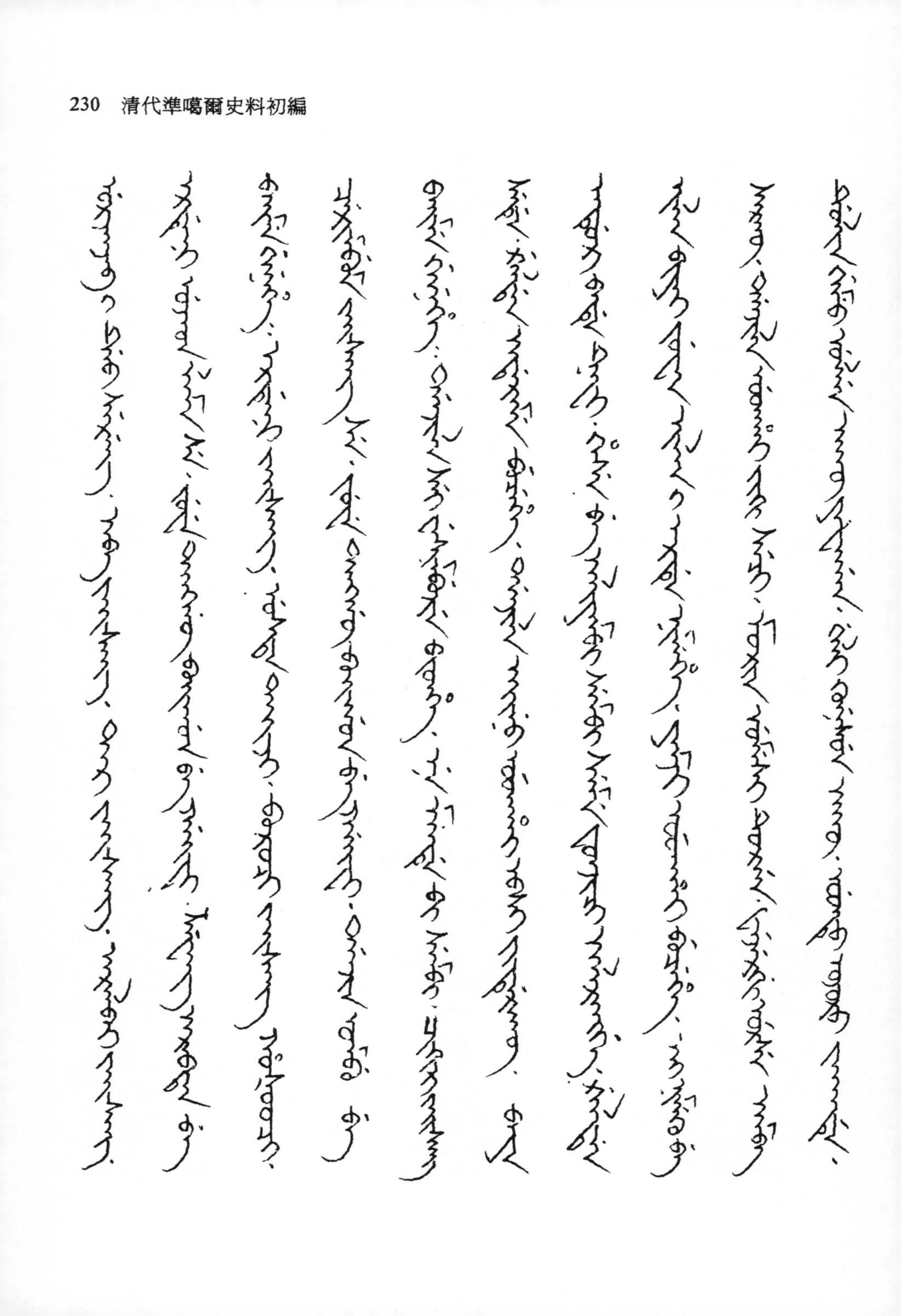

[illegible]

urjanjab i deo sereng, aba jaisang, tar jaisang, aralbai
吳爾占扎布的 弟 色稜 阿巴 寨桑 塔爾 寨桑 阿喇爾拜
jaisang, erdeni ujat lama se, juwe tanggū boigon be
寨桑 額爾德尼吳扎特 喇嘛 們 二 百 戶 把
gaifi, dzewang arabtan be baime genehe. erdeni
領了 策妄 阿喇布坦 把 求 去了 額爾德尼
jaisang, usta taiji, boroci jaisang hošooci, cerimbum
寨桑 吳思塔 台吉 博羅齊 寨桑 和碩齊 車淩布木
jaisang se, juwe tanggū boigon be gaifi, danjin ombu
寨桑 們 二 百 戶 把 領了 丹津 鄂木布
be baime genehe. danjila sei wesimbure bithe, ne
把 求 去了 丹濟拉 們的 奏 的 書 現今
mende bi sembi, cikir jaisang sede, g'aldan adarame
於我們 在 云 齊奇爾 寨桑 於們 噶爾丹 如何
bucehe, danjila ainu uthai ebsi jiderakū, baya endur
死了 丹濟拉 爲何 卽 往此 不來 巴雅 恩都爾
bade tefi, hese be aliyambi sembi seme fonjici
於地 住了 旨 把 等候 云 云 問時
alarangge, g'aldan ilan biyai juwan ilan i erde
告訴的 噶爾丹 三 月的 十 三 的 晨
nimehe, yamji uthai bucehe, ai nimeku be sarkū,
病了 晚 卽 死了 何 病 把 不知
danjila uthai jiki seci, morin umesi turga, fejergi
丹濟拉 卽 欲來 說時 馬 甚 瘦 屬下
urse amba dulin gemu ulga akū yafagan, geli kunesun
衆人 大 半 皆 牲口 無 步行 又 行糧
akū, uttu ojoro jakade,
無 此 因爲 之故

吳爾占扎布之弟色稜、阿巴寨桑、塔爾寨桑、阿喇爾拜寨桑、額爾德尼吳扎特喇嘛等領二百戶人往投策妄阿喇布坦，額爾德尼寨桑、吳思塔台吉、博羅齊寨桑、和碩齊車淩布木寨桑等領二百戶人往投丹津顎木布，丹濟拉等之奏章，現今在我等之處云云：問齊奇爾寨桑等：噶爾丹可何死亡？丹濟拉何以不即前來而留駐巴雅恩都爾地方以候聖旨？據告云：噶爾丹於三月十三日晨得病，至晚即死，不知何病（註一七）？丹濟拉欲即前來，因馬甚瘦，屬衆大半皆無牲口，俱係徒步，復無行糧，因此，

吴尔占扎布之弟色棱、阿巴寨桑、塔尔寨桑、阿喇尔拜寨桑、额尔德尼吴扎特喇嘛等领二百户人往投策妄阿喇布坦，额尔德尼寨桑、吴思塔台吉、博罗齐寨桑、和硕齐车凌布木寨桑等领二百户人往投丹津顎木布，丹济拉等之奏章，现今在我等之处云云：问齊奇尔寨桑等：噶尔丹如何死亡？丹济拉何以不即前来而留驻巴雅恩都尔地方以候圣旨？据告云：噶尔丹于三月十三日晨得病，至晚即死，不知何病（注一七）？丹济拉欲即前来，因马甚瘦，属众大半皆无牲口，俱系徒步，复无行粮，因此，

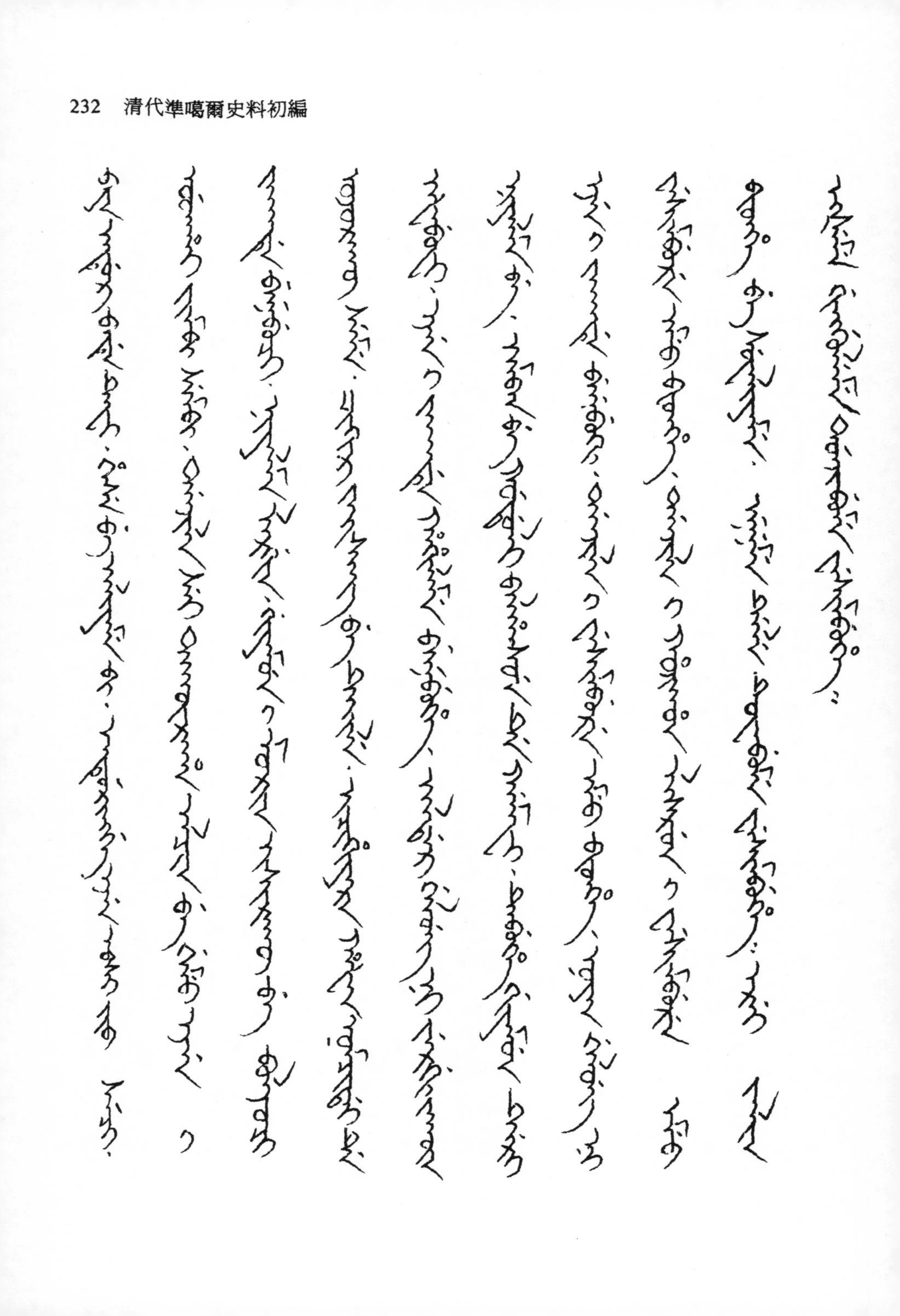

baya endur bade tefi, hese be aliyame bi, enduringge
巴雅恩都爾 於地 住了 旨 把 等 候 在 聖
ejen ebsi jio seci, uthai jimbi sembi, danjila sei
主 往此 令來 云時 卽 來 云 丹濟拉 們的
takūraha elcin be gemu ejen i jakade benebuci, niyalma
遣 的 使臣 把 皆 主 的 跟前 若令送 人
largin, giyamun i morin isirakū be boljoci ojorakū
繁 驛 的 馬 不 足 把 若 料 不 可
seme, cikir jaisang be teile, icihiyara hafan nomcidai
云 齊奇爾 寨 桑 把 僅 辦 理 的 官 諾木齊代
de afabufi, ejen i jakade hahilame benebuhe, aldar
於 交 了 主 的 跟 前 上 緊 令送了 阿爾達爾
gelung ni jergi jakūn niyalma be, amban be godoli
格 隆 的 等 八 人 把 臣 我們 郭 多 里
balhasun de gamafi, tebuhe giyamun deri ejen i
巴爾哈孫 於 帶 了 令駐的 驛 由 主 的
jakade benebuki, danjila i wesimbure emu bithe,
跟前 欲令送 丹濟拉 的 奏 的 一 書
noyan gelung ni wesimbure emu bithe, danjila i
諾顏 格隆 的 奏 的 一 書 丹濟拉 的
hojihon lasrun i wesimbure emu bithe be suwaliyame,
婿 拉思倫 的 奏 的 一 書 把 一 併
neneme dele tuwabume wesimbuhe。erei jalin ekšeme
先 上 使 看 奏 呈 了 此 爲 急 忙
gingguleme donjibume wesimbuhe。
謹 使 聞 奏 了

暫駐巴雅恩都爾地方等候聖旨，聖主若許其前來，即遵旨前來等語。若將丹濟拉等所遣使者俱解送聖主處，恐因人繁多，驛馬不敷。故僅將齊奇爾寨桑交郎中諾木齊代作速解送聖主處，阿爾達爾格隆等人人，由臣等攜往郭多里巴爾哈孫地方，由駐防驛站解送聖主處。丹濟拉奏章一件，諾顏格隆奏章一件，丹濟拉之婿拉思倫奏章一件，俱一併先行奏呈御覽，謹此火速奏聞。

暂驻巴雅恩都尔地方等候圣旨，圣主若许其前来，即遵旨前来等语。若将丹济拉等所遣使者俱解送圣主处，恐因人繁多，驿马不敷。故仅将齐奇尔寨桑交郎中诺木齐代作速解送圣主处，阿尔达尔格隆等八人人，由臣等携往郭多里巴尔哈孙地方，由驻防驿站解送圣主处。丹济拉奏章一件，诺颜格隆奏章一件，丹济拉之婿拉思伦奏章一件，俱一并先行奏呈御览，谨此火速奏闻。

註釋：

註　一：doksin fucihi，音譯作多克心佛，doksin，意即暴虐，或兇惡。
註　二：本什（bunsi），係撫遠大將軍費揚古所遣入奏之郎中。
註　三：漢文領催，滿文讀如 bošokū，原文作 bošoko。
註　四：漢文敗走，滿文讀如 burulaha，上諭原文作 burlaha。
註　五：原文 blungger，似係筆誤，應作 bulunggir，音譯作布隆吉爾。
註　六：典儀係掌諸王貝勒、貝子儀仗事務之員，清代官書多作長史。案王府長史，滿文讀如 faidan i da。
註　七：原文 ibegel，清代官書譯作伊白根。
註　八：文獻叢編，上冊，康熙時關於噶爾丹文書，頁四，altan han，譯作世祖皇帝。
註　九：案蒙古語 ūglige，原意爲施捨，或仁惠之惠，文獻叢編，將 ūglige i ejen 譯作護法主人。
註一〇：manjusiri han，清代官書間亦譯作大乘皇帝。
註一一：jargūci，似由蒙古文音轉而來，原意爲審事人。又蒙古文 jgrgūlumi，意即奉差，原文 jargūci，意即欽差使者。
註一二：呼畢爾罕，又作呼畢勒罕，蒙古文讀如 hūbilgan，意即神，即自在轉生之義。西藏達剌喇嘛、班禪胡土克圖等已除妄念，證得菩提心體，是以相傳皆能不隨業轉，不昧本性，而寄胎轉生，復接其前生之位職。
註一三：滿文硃筆上諭內 ihe oola，文武大臣奏章內間亦作 ike oola，漢文音譯作伊克敖拉。
註一四：原文 hafirhūn，似係筆誤，應作 hafirahūn，意即窄，或貧乏。
註一五：sair balhasun，音譯作賽爾巴爾哈孫，清聖祖實錄作薩奇爾巴爾哈孫。
註一六：按噶爾丹之女，費揚古等奏章作 juncahai，清代官書多作鍾齊海。
註一七：據費揚古奏章及清聖祖起居注冊所載，噶爾丹於康熙三十六年三月十三日因病而死。清聖祖仁皇帝實錄，卷一八三，頁七，據費揚古等奏章摘譯潤飾，稱噶爾丹「仰藥自盡」而死，並將其死亡日期繫於是年閏三月十三日。

滿文運筆順序（清文啓蒙）

次寫 [illegible] 。○如書 [illegible] 字先寫 [illegible] 次寫 [illegible] 。○如書 [illegible] 字先寫 [illegible] 字先寫 [illegible] 次寫 [illegible] 。○如書 [illegible] 字先寫 [illegible] 次寫 [illegible] 次寫 [illegible] 次寫 [illegible] 。○如書 [illegible] 字先寫 [illegible] 次寫 [illegible] 次寫 [illegible] 次寫 [illegible] 。○如書 寫 [illegible] 次寫 [illegible] 。○如書 [illegible] 字先寫 [illegible] 次寫 [illegible] 次寫 [illegible] 次寫 ○如書 [illegible] 字先寫 [illegible] 次寫 [illegible] 次寫 [illegible] 次寫 [illegible] 。○如書 [illegible] 字先寫 [illegible] 次寫 [illegible] 。○如書 [illegible] 字先寫 [illegible] 次寫 [illegible] 次寫 [illegible] 次寫 [illegible] 書 [illegible] 字先寫 [illegible] 次寫 [illegible] 次寫 [illegible] 。○如書 [illegible] 字先寫 [illegible] 次寫 [illegible] 次寫 [illegible] 。○如書 [illegible] 字先寫 [illegible] 次寫 [illegible] 次寫 [illegible] 。○如

○如書 [illegible] 字先寫 [illegible] 次寫 [illegible] 次寫 [illegible] 。○如書 [illegible] 字先寫 先寫 [illegible] 次寫 [illegible] 。○如書 [illegible] 字先寫 [illegible] 次寫 [illegible] 次寫 [illegible] 。

○凡書 [illegible] 字先寫 [illegible] 次寫 [illegible] 次寫 [illegible] 次寫 [illegible] 次寫 [illegible] 。○如書 [illegible] 字

○ [illegible]

字先寫 [illegible] 次寫 [illegible] 次寫 [illegible] 。○如書 [illegible] 字先寫 [illegible] 次寫 [illegible] 。
書 [illegible] 字先寫 [illegible] 次寫 [illegible] 次寫 [illegible] 次寫 [illegible] 。○如書 [illegible]
[illegible] 字先寫 [illegible] 次寫 [illegible] 。○如書 [illegible] 字先寫 [illegible] 次寫 [illegible] ○如
[illegible] 次寫 [illegible] 。○如書 [illegible] 字先寫 [illegible] 次寫 [illegible] 次寫 [illegible] 。○如書
○如書 [illegible] 字先寫 [illegible] 次寫 [illegible] 次寫 [illegible] 。○如書 [illegible] 字先寫
次寫 [illegible] 次寫 [illegible] 次寫 [illegible] 。○如書 [illegible] 字先寫 [illegible] 次寫 [illegible]
○如書 [illegible] 字先寫 [illegible] 次寫 [illegible] 次寫 [illegible] 。○如書 [illegible] 字先寫 [illegible]
[illegible] 次寫 [illegible] 。○如書 [illegible] 字先寫 [illegible] 次寫 [illegible] 次寫 [illegible] 次寫 [illegible] 。
[illegible] 字先寫 [illegible] 次寫 [illegible] 次寫 [illegible] 。○如書 [illegible] 字先寫 [illegible] 次寫
[illegible] 次寫 [illegible] 。○如書 [illegible] 字先寫 [illegible] 次寫 [illegible] 次寫 [illegible] 。○如書
次寫 [illegible] 。○如書 [illegible] 字先寫 [illegible] 次寫 [illegible] 。○如書 [illegible] 字先寫
[illegible] 次寫 [illegible] 次寫 [illegible] 。○如書 [illegible] 字先寫 [illegible] 次寫 [illegible] 次寫 [illegible]

先寫 次寫 次寫 ○如書 字先寫

字先寫 次寫 次寫 ○如書 字

次寫 次寫 ○如書 字先寫 次寫

次寫 ○如書 字先寫 次寫

○如書 字先寫 次寫 次寫 次寫

○如書 字先寫 次寫 ○如書 字先寫 次寫

先寫 次寫 ○如書 字先寫 次寫 次寫

○如書 字先寫 次寫 次寫 ○如書 字

次寫 ○如書 字先寫 次寫 次寫

○如書 字先寫 次寫 次寫 ○如書 字先寫

○如書 字先寫 次寫 如書 字先寫 次寫

次寫 ○如書 字先寫 次寫 次寫

○如書 字先寫 次寫 ○如書 字先寫

次寫 次寫 ○如書 字先寫 次寫
次寫 次寫 ○如書 字先寫
次寫 次寫 ○如書 字先寫 次寫
次寫 ○如書 字先寫 次寫 ○ 如書
 字先寫 次寫 ○如書 字先寫
次寫 次寫 ○如書 字先寫 次寫
次寫 ○如書 字先寫 次寫 次寫
 ○凡書圈點。如
 共二十字。俱係 字首。此 字聯寫必
作 式樣。乃是兩個阿兒。今如下筆。必除去 字的
兩個阿兒之下。圈點方是。以上運筆。字雖無幾。法。可
類推。舉一可貫百矣。

國家圖書館出版品預行編目資料

清代準噶爾史料初編 / 莊吉發譯註. -- 修訂再版 -- 臺北市：文史哲, 民 101.08
面； 公分（滿語叢刊；4）
ISBN 978-986-314-049-8（平裝）

1.滿洲語

802.91 101024706

滿 語 叢 刊 18

康熙滿語精選

譯註者：莊 吉 發
出版者：文 史 哲 出 版 社
http:// www.lapen.com.tw
e-mail:lapen@ms74.hinet.net
登記證字號：行政院新聞局版臺業字五三三七號
發行人：彭 正 雄
發行所：文 史 哲 出 版 社
印刷者：文 史 哲 出 版 社
臺北市羅斯福路一段七十二巷四號
郵政劃撥帳號：一六一八〇一七五
電話886-2-23511028・傳真886-2-23965656

實價新臺幣三六〇元

中華民國一〇二年（2013）元月初版

ISBN 978-986-314-049-8 65104

滿語叢刊

書　目

65001	達呼爾故事滿文手稿	胡格金台著	精裝	360 元	978-957-547-613-7
65002	清語老乞大	莊吉發譯	精裝	360 元	978-957-547-614-4
65003	新編清語摘抄	關克笑等編	精裝	500 元	978-957-547-101-9
65104	清代準噶爾史料初編	莊吉發譯	平裝	320 元	978-986-314-049-8
65005	孫文成奏摺	莊吉發譯	精裝	360 元	978-957-547-617-5
65006	滿漢異域錄校注	莊吉發校注	精裝	360 元	978-957-547-618-2
65007	雍正朝滿漢合璧奏摺校注	莊吉發校注	精裝	360 元	978-957-547-619-9
65008	滿語故事譯粹	莊吉發編譯	精裝	360 元	978-957-547-213-9
65021	滿語故事譯粹	莊吉發編譯	平裝	280 元	978-957-547-214-6
65022	御門聽政：滿語對話選粹	莊吉發著	平裝	360 元	978-957-549-206-9
65023	滿語童話故事	莊吉發編譯	平裝	280 元	978-957-549-556-5
65111	清文指要解讀	張華克校注	平裝	400 元	978-957-549-587-1
65112	尼山薩蠻傳	莊吉發譯注	平裝	280 元	978-957-549-592-3
65113	滿語歷史故事	莊吉發編譯	平裝	380 元	978-957-549-603-6
65114	續編兼漢清文指要解讀	張華克校注	平裝	400 元	978-957-549-606-7
65115	滿語常用會話	莊吉發編譯	平裝	480 元	978-957-549-661-6
65116	滿漢西遊記會話	莊吉發編譯	平裝	480 元	978-957-549-712-5
65117	滿漢諺語選集	莊吉發編譯	平裝	400 元	978-957-549-909-9

80195	蒙文入門	哈勘楚倫編著	平裝	350 元	978-986-314-006-1